Kazimierz Wielki

Szanownemu Panu
– w dowód pamięci
B.J.J. Szablowie
Toronto – 12.09.86

Zakład Narodowy imienia Ossolińskich-Wydawnictwo
Wrocław-Warszawa-Kraków-Gdańsk-Łódź 1986

Redaktor Stefania Słowikowa
Opracowanie typograficzne Stanisław Słowik
Redaktor techniczny Maciej Szłapka

Wydanie drugie

ISBN 83-04-01041-0

Zakład Narodowy im. Ossolińskich — Wydawnictwo. Wrocław 1986
Wydanie II. Nakład: 150 000 egz.
Objętość: ark wyd. 18,20, ark. druk. 16,25 + 1,25 ilustr., ark. A₁-18.
Papier offset. kl. III, 70 g, rola 61 cm.
Druk ukończono w lutym 1986.
Szczecińskie Zakłady Graficzne. Z-6.
Cena zł 270.—

Jerzy Wyrozumski

Kazimierz Wielki

Nie znany nam bliżej kanonik kolegiaty brzeskiej Piotr z Byczyny, domniemany autor *Kroniki książąt polskich*, piszący na Śląsku pod zwierzchnią władzą Korony Królestwa Czeskiego, daleki zatem od króla Polski i jego elity rządzącej, tak scharakteryzował w sposób zwięzły Kazimierza Wielkiego i jego panowanie: „był to za swoich czasów człowiek największej przezorności w sprawach świeckich, umiłował pokój i do dobrego stanu doprowadził Królestwo Polskie, chętnie stawiał kościoły, a dla zachowania pokoju przebudował grody leżące na pograniczach Królestwa i był człowiekiem wielce możnym. A chociaż, jak powiadają, skądinąd był niepowściągliwy i lubieżny, nie pozostawił jednak dziedziców płci męskiej". Na krótko po śmierci króla jakiś kronikarz z kręgu katedry krakowskiej, w ustępie przypisywanym dawniej Jankowi z Czarnkowa, napisał o królu Kazimierzu: „jak mówi prorok – umiłował pokój, prawdę i sprawiedliwość. Był bowiem najgorliwszym opiekunem i obrońcą dobrych i sprawiedliwych, najokrutniejszym zaś prześladowcą złych, łupieżców, gwałcicieli i oszczerców ... Za jego zaś czasów żaden szlachetnie urodzony nie ośmielał się zadawać gwałtu ubogiemu, lecz wszystko było wyrównywane na wadze sprawiedliwości". Współcześnie podkanclerzy Królestwa Janko z Czarnkowa pisał obszerniej o jego „podziwu godnych czynach, wspaniałości i prawości".

Piszący w sto lat po Kazimierzu Wielkim Jan Długosz niczego z tamtych opinii nie uronił, ale przeciwnie, rozbudował je i ubarwił. W tonie swojej oceny musiał być zgodny z przechowaną w pamięci ludzkiej tradycją, chociaż w szczegółach mógł niejedno dodać. Podkreślił szczególnie to, że do króla mieli dostęp zarówno biedni, jak i bogaci, że szczególnie brał król w obronę ludność wieśniaczą, doradzając jej podobno w skrajnych przypadkach, aby podpaleniem poskramiała samowolę swoich panów. Umiłowaniem własnego kraju podobno przewyższał wszystkich władców, którzy panowali w Polsce przed nim i po nim. Ogłaszał prawa, wytyczał drogi, budował zamki i kościoły, tępił rozboje i przestępstwa i wszystkim wymierzał sprawiedliwość. Chociaż nie omieszkał Długosz również zganić króla za jego lubieżność oraz skłonność do nadmiernego jedzenia i picia, to jednak konkludował, że był hojny w zakresie budownictwa, tak jak przystało na władców wspaniałych, a rządził sprawiedliwie w tym stopniu, że niczego mu nie brak do tytułu władcy sprawiedliwego.

Wielkim zaczęto nazywać ostatniego Piasta na tronie polskim dopiero w XVI w. Jeszcze Maciej z Miechowa w swojej *Kronice Polaków*, ogłoszonej w 1521 r., powtarza tylko w skrócie opinię Długosza o tym królu. Ale już kontynuator Miechowity w wydanych równocześnie dodatkach do jego kroniki pisze, że Kazimierz „nazywany był wielkim". Uzasadnia to autor w taki sposób: „Ten władca wielki radą w kraju za czasów pokoju, w wojnie poza krajem dowodził jak największy; tylu dokonał czynów sławnych, ile nigdy nie mógł uczynić żaden władca Sarmacji; tyle w Królestwie wzniósł budowli i od fundamentów wybudował, ile ledwie przez królów następnych aż do czasów Zygmunta I można było uchronić od ruiny. Uwieńczony licznymi cnotami, był sławny w wojnie i w pokoju". Autor zna i podkreśla słabostki króla, ale kładzie je na karb ułomności ludzkiej natury. Wnet po nim uczony kronikarz Bernard Wapowski uzasadniał, że król Kazimierz zwany był wielkim od wielkości swoich dzieł.

Z kolei Marcin Kromer w ogłoszonym w 1554 r. dziele *O pochodzeniu i czynach Polaków* pisał o Kazimierzu Wielkim, że „był bardziej sławny w pokoju niż w czynach i sztuce wojennej; stąd także on jeden wśród władców Polski, jak się wydaje, zasłużył sobie na przydomek wielkiego nie tyle męstwem wojennym i zwycięstwami, ile wspaniałymi czynami i przez obwarowanie licznych zamków i miast, a także dlatego, że do końca utrzymał życzliwość względem siebie zarówno wszystkich wysoko postawionych, jak też ludzi niskiej kondycji społecznej, a to przez te zalety, które zgromadził, to jest sprawiedliwość, przestępność, ludzkość, uprzejmość i łagodność, jakkolwiek dla chwały więcej znaczą cnoty wojenne. Dzisiejsza zaś wdzięczność ludzka łatwiej może być odnoszona do tych cnót łagodności. Zwykle ludzie tamte bardziej podziwiają, lecz te zachowują we wdzięcznej pamięci".

Miał na pewno rację Marcin Kromer, przynajmniej gdy chodziło o Polaków, których dzieje pisał. Godzi się przypomnieć, że współcześni nazywali Wielkim Bolesława Chrobrego. Jako Bolesław Wielki występuje on w najstarszych naszych rocznikach, a także jeszcze w kronice anonimowego przybysza zwanego Gallem. Już w XIII w. przydomek „wielki" zatracił się na rzecz przydomku „chrobry", tj. mężny, waleczny, odważny, który w zbiorowej pamięci narodu lepiej oddawał cechy tego króla. Ostatni Piast na tronie polskim jest zatem jedyny w poczcie polskich monarchów, który ten zaszczytny przydomek trwale zachował. Nie narzucili go naszej tradycji pochlebcy króla ani ludzie z jego otoczenia. Współcześni widzieli wielkość jego dzieła.

Dopiero z perspektywy historycznej dostrzeżono także wielkość osobowości króla. Wysoko oceniono cechy narodowi najbliższe, które niejako w królu się uosobiały. Istniała więc być może jakaś pozaracjonalna więź między ostatnim królem Piastem a poddanymi, którym panował, więź, jakiej mógł i może pożądać każdy władca. Jest ona szczególnie ważna w trudnych okresach historii, do jakich trzeba zaliczyć na pewno panowanie Kazimierza Wielkiego.

Staram się uchwycić w tej książce szary wątek zmagań tego króla na polu dyplomacji, ekonomiki i organizacji państwa, nie tracąc jednak z oczu także barwnej nici jego obrosłych legendą romansów, a także całej sfery bogatego zapewne, ale słabo odzwierciedlonego w naszych źródłach, jego życia prywatnego. Pełniej niż w innych jego monografiach staram się — tam, gdzie jest to wykonalne — głos oddawać źródłom z jego epoki, w nadziei, że go najlepiej Czytelnikowi przybliżą, a zarazem pokażą możliwości naszego w tym zakresie poznania. Wszystkie, obszerne czasem, cytaty źródłowe podaję w przekładzie własnym.

W tym miejscu pragnę podziękować Recenzentom tej książki, Panom Profesorom Stanisławowi Piekarczykowi i Benedyktowi Zientarze, za ich życzliwe uwagi i spostrzeżenia, które starałem się jak najpełniej uwzględnić.

I. W poszukiwaniu portretu

Zachowało się kilka wizerunków Kazimierza Wielkiego, mamy wszakże wątpliwości, czy choćby jeden z nich został wykonany z natury, czy zatem oddaje rysy twarzy królewskiej. Wszystkie one różnią się od siebie wzajemnie, a i czas, i miejsce ich powstania − pewne lub domniemane − nie dają wystarczających podstaw, aby traktować je jako portrety. Mógł bowiem artysta dać swojej postaci twarz szablonową, a jedynie poprzez insygnia i rekwizyty władzy królewskiej nadać jej cechy władcy. Czasami więc tylko drobne szczegóły można uznać za przymiot indywidualny. Częściej jednak artysta dążył do uwypuklenia pewnych rysów twarzy, rzeczywistych lub tylko pożądanych, takich jak dobroć, pogoda, surowość, odwaga, gnuśność itd. Wówczas więc należałoby odczytywać w wizerunku nie cechy, które władca miał rzeczywiście, lecz takie, jakie w niej dostrzegali współcześni, lub nawet ci, którzy władcę zmarłego porównywali już z jego następcą. Tradycja obrazowa ma więc swój bogaty podtekst, nie mniej interesujący dla historyka niż tekst i podtekst źródła pisanego, tyle że znacznie trudniej czytelny. Warto jednak poddać przeglądowi zachowane wizerunki Kazimierza Wielkiego, wszystkie zresztą będące rzeźbami.

Aby uzyskać w tym zakresie pewien punkt odniesienia, należy przypomnieć, że kiedy w r. 1869 dokonano otwarcia grobu Kazimierza Wielkiego w katedrze wawelskiej, a szczątki króla złożono w miedzianej trumnie i ponownie pochowano, Jan Matejko, który uczestniczył zarówno w roboczej, jak i w ceremonialnej części tego aktu, starał się odtworzyć na podstawie czaszki główne zarysy twarzy królewskiej. Mamy prawo przyjąć, że malarz, który czynił liczne studia i wnikliwe obserwacje ciała ludzkiego, mógł w tym wypadku trafnie domyśleć się wielu szczegółów, które umknęłyby uwadze innych. Nie bez znaczenia jest to, że obserwacja Matejki wsparła się na pewnych danych obiektywnych, których dostarczyły wykonane wówczas przez profesora anatomii UJ Antoniego Kozubskiego pomiary czaszki króla, a przez profesora Jana Mayera jej ekspertyza antropologiczna. Rysunek Matejki przedstawia nam więc głowę króla o pochylonym do tyłu czole i wypukłej potylicy, ostro zarysowanych łukach brwiowych, wystającej do przodu szczęce górnej, wydatnym orlim nosie i twarzy raczej wąskiej. Czy i o ile te cechy dają się uchwycić w znanych nam wizerunkach?

Pośród nich na pierwszym miejscu zwrócimy uwagę na postać Kazimierza Wielkiego, której wyobrażenie znajdujemy na jego majestatycznej pieczęci. Pieczęcią tą posługiwał się król już u początków swego panowania, a więc tłok wykonano jeszcze w okresie jego młodości. Tron i tło mieszczą się w konwencji epoki i nie mają cech indywidualnych. W prawej ręce król trzyma berło, a w lewej jabłko królewskie; korona otwarta zdaje się być zdobna w cztery lilie. Płaszcz sfałdowany wskazuje na misterną robotę. Obchodzi nas jednak głównie twarz. Jest ona tutaj młoda, ogolona i wyraźnie roześmiana; na poziomie kości policzkowych jest dość szeroka, zwężająca się wydatnie ku brodzie. Nadzieje nasze na odnalezienie tutaj podobieństwa króla, cech uchwyconych za jego życia, niweczy okoliczność, że tłok pieczętny został wykonany poza Polską na zachodzie, a więc nie zawiera rysunku z natury. Zamawiający go mogli jednak zasugerować wykonawcy pewne szczegóły, takie jak ogolona i młoda twarz, a przede wszystkim pogodny czy nawet wesoły uśmiech. Reszta jest już zapewne tylko szablonem.

Na baczną uwagę zasługuje rzeźba twarzy Kazimierza Wielkiego na jego grobowcu w katedrze wawelskiej. Grobowiec został wykonany już po śmierci króla, zapewne staraniem Ludwika Andegaweńskiego lub jego matki Elżbiety. Surowiec, jakiego użyto w dolnej części grobowca, to marmur, prawdopodobnie pochodzenia węgierskiego. Baldachim z piaskowca jest na pewno późniejszy; pierwotny musiał ulec zniszczeniu. Wysuwano przypuszczenie, że rzeźba postaci królewskiej została wykonana za granicą, a zatem w jej twarzy nie sposób się dopatrywać żadnego podobieństwa. Widziano w niej brak jakiegoś wyrazu, co łączono z szablonem rzeźbiarskim. Prosty, regularny nos i wysokie czoło odbiegają poważnie od rekonstrukcji zaproponowanej przez Jana Matejkę. Bujna broda poszerza dolną część twarzy i tym bardziej utrudnia doszukanie się tych cech budowy, które odtwarzał Matejko. Czy jednak konieczny stąd wniosek, że twórca nie widział króla i że nie starał się w swojej rzeźbie uchwycić podobieństwa? Przede wszystkim rysunkowa rekonstrukcja Matejki nie może być traktowana jako niezawodny punkt odniesienia, a z kolei rzeźby z sarkofagu nie należy brać za naturalistyczną. Twarz wydaje się lekko uśmiechnięta; można w niej odczytać spokój i łagodność. Są to być może te cechy, którymi chciał artysta obdarzyć Kazimierza Wielkiego i kto wie, czy nie na tym polega istota zawartego tu podobieństwa.

Mamy z kolei drewniany posąg Kazimierza Wielkiego, który znajdował się kiedyś w kolegiacie wiślickiej, a dziś zdobi Salę Wspólną (Stuba communis) w Collegium Novum UJ.

Postać króla przedstawia się jako nieduża, stąd utrzymywano dawniej, że jest to rzeźba Władysława Łokietka. Wiadomo jednak, że fundatorem kolegiaty wiślickiej był Kazimierz Wielki, a zatem byłoby niezrozumiałe, dlaczego zdobiłaby ją postać jego ojca. Widziano zresztą w rzeźbie wpływ czeski słynnego warsztatu praskiego Piotra Parlera i próbowano datować czas jej powstania na lata 1378–1382. Pochodziłaby ona zatem z czasu już po śmierci Kazimierza Wielkiego i byłaby współczesna rzeźbie na sarkofagu królewskim. Wykonano ją być może jednak w Krakowie. Korona, która zdobi głowę królewską, przypomina tę z omówionej wyżej pieczęci majestatycznej. Układ włosów i broda są prawie takie same, jak w wyobrażeniu nagrobnym. Podobny wydaje się stosunkowo duży i regularny nos. Inaczej, bardziej skośnie, zarysowane zostały łuki brwiowe. Inne tworzywo i możliwość zastosowania farby, aby uwypuklić cechy spojrzenia, nadają całej twarzy inny wyraz. Słabiej podkreślił tu artysta kości policzkowe, a dolną część twarzy uczynił wyraźnie węższą, jeżeli nie szpiczastą. Jakiś łagodny, spokojny uśmiech zdaje się zdobić także to wyobrażenie twarzy królewskiej. Inaczej niż na majestatycznej pieczęci, berło trzyma król w ręce lewej, a jabłko w prawej. Obie te oznaki władzy monarszej są tutaj mniejsze, a berło ma nieco inny kształt.

Dwa rzeźbione w kamieniu wyobrażenia głowy, czy ściślej twarzy Kazimierza Wielkiego, znajdujemy w kościele parafialnym w Stopnicy (niedaleko Buska Zdroju). Jedna z nich widnieje na zworniku sklepienia prezbiterium, a druga w dawnym antependium ołtarza głównego. Ta ostatnia, umieszczona na hełmie, stanowi na pewno klejnot herbu ziemi dobrzyńskiej. Technika i styl wykonania wskazują na wiek XIV, a ponieważ kościół został ufundowany w 1362 r.. wybudowany w ciągu kilku lat po tej dacie, a fundatorem był Kazimierz Wielki, mamy prawo przypuszczać, że upamiętniają one tego właśnie króla. Rzeźba w zworniku odznacza się niemal pełną wypukłością obrazu, podczas gdy druga jest płaskorzeźbą. Ma to swoje istotne konsekwencje wizualne. Mimo to wydaje się, że w obu wypadkach chodziło artyście o tę samą twarz. Broda jest tu podobna, jak na sarkofagu królewskim i u statuy wiślickiej; włosy są wyraźnie długie. Korona w obu wypadkach przypomina typ zamknięty, przy czym między ich kształtem zachodzą dość istotne różnice. Twarz na zworniku ma albo niższe czoło, albo nasuniętą niżej koronę. W tym ostatnim wypadku artysta zarysował bardzo wyraźnie oczodoły, co uwydatnia dość silnie łuki brwiowe. Tego wrażenia nie odnosimy, patrząc na rzeźbę z antependium. Obie twarze mają wydatny szeroki nos i wystające kości policzkowe. Zwężenia twarzy ku dołowi u żadnej z nich nie zauważamy. Cienie między policzkami a ustami u twarzy na zworniku mogą być 10 odczytane jako uśmiech. Jeszcze wyraźniej wydaje się uśmiechać twarz z antependium. Obie rzeźby mogły być wykonane jeszcze za życia Kazimierza Wielkiego, a w każdym razie nieznany artysta mógł się posłużyć utrwaloną w pamięci autopsją.

Rzeźbę zwornikową wyobrażającą najprawdopodobniej głowę ostatniego króla Piasta znajdujemy dalej na zworniku sklepienia kamienicy hetmańskiej w Krakowie przy Rynku Głównym 17. Jest to rzeźba o dużej wypukłości, umieszczona na hełmie, jak ta z antependium stopnickiego; korona ma tutaj wyraźne dwa rogi przygięte ku środkowi, stanowi więc na pewno klejnot herbu ziemi dobrzyńskiej. Wykonanie tej rzeźby i szeregu innych na sąsiednich zwornikach datuje się ostatnio na lata siedemdziesiąte XIV w. Twarz króla ma w tym wyobrażeniu sporo cech indywidualnych, dalekich od bezwyrazowego szablonu. Czoło jest dość niskie i dość wydatnie wysunięte do przodu, zdecydowanie odbiegające od kształtu odtworzonego przez Matejkę. Łuki brwiowe wystają wyraźnie nad oczodołami. Nos nie tylko nie jest zakrzywiony ku dołowi, ale raczej łagodnie ugięty. Od kości policzkowych w dół twarz jest szczupła, schodząca w szpic ku brodzie. Włosy wydają się takie same jak na wyobrażeniach stopnickich, broda natomiast ma inny kształt, bo zupełnie pozbawiona bokobrodów. Obfity wąs nie znajduje odpowiednika w żadnej z poprzednich rzeźb. Wyraz twarzy jest pogodny, ale uśmiechu trudno się w niej dopatrzeć.

Zwornikową rzeźbę głowy Kazimierza Wielkiego mamy również w dawnej kolegiacie, a obecnej katedrze w Sandomierzu. Kościół został ufundowany przez Kazimierza Wielkiego, a konsekrowany w 1382 r. Ponieważ zworniki należą do elementów wykończenia, możemy przyjąć, że interesujący nas zwornik powstał bliżej daty konsekracji, a więc zapewne już po śmierci Kazimierza Wielkiego. Może to być jednak rzeźba nawet z czasów nowożytnych. Znamionuje się ona małą wypukłością; została umieszczona na tarczy herbowej. Widoczny róg przygięty ku środkowi stanowi element klejnotu ziemi dobrzyńskiej. Korona jest otwarta, w typie, który już parokrotnie się powtarzał. Król ma włosy długie, obfitą rozczesaną na boki brodę i sumiasty wąs. Płaski obraz nie uwydatnia należycie kształtu nosa. Niewidoczne są też kości policzkowe. Twarz bez wyrazu, wydaje się dość szeroka.

Wreszcie zwornikową rzeźbę z twarzą króla jako elementem herbu ziemi dobrzyńskiej znamy z kolegiaty wiślickiej. Twarz ta jest jednak dzisiaj nieczytelna, dlatego ją tutaj pominiemy, tylko ją odnotowując. Wspomniano już, że wykończenie gotyckiej kolegiaty w Wiślicy miało miejsce w latach siedemdziesiątych XIV w., z tego też czasu musi pochodzić wspomniana tu rzeźba.

Przy okazji nadmienić wypada o tablicy erekcyjnej tejże kolegiaty, znajdującej się przy bocznym wejściu od strony Domu Długosza. Tablica przedstawia w konwencji średniowiecznej Matkę Boską z dzieciątkiem, której klęczący monarcha ofiarowuje budynek kościelny. Za monarchą stoi biskup w szatach pontyfikalnych i z pastorałem, a na dole po środku obrazu widnieje orzeł piastowski w koronie. Monarchą tym jest niewątpliwie Kazimierz Wielki — fundator kościoła. Tablica interesuje nas tylko marginalnie, bo nosi datę 1464 r., a zatem jest za późna na to, aby mogła z autopsji oddać cechy zewnętrzne króla. Godna jest jednak uwagi dlatego, że przedstawia jego twarz niebanalną, jakby wziętą z natury, co może oznaczać, że artysta posłużył się jakąś podobizną, lub że ktoś mu do rzeźby pozował. Jest to profil, a więc dość trudno porównywalny z poprzednimi przedstawieniami. Twarz dość duża, ma czoło pochylone do tyłu, nos wydatny, lekko garbaty w górnej części, kości policzkowe wystające. Włosy są długie, a broda bardzo mała; wąsów nie widać. Korona zbliża się kształtem do tej z sarkofagu. Postać króla, w porównaniu ze stojącym biskupem wydaje się bardzo duża.

Znajdujemy jeszcze twarz ostatniego króla Piasta na grobowcu Kazimierza Jagiellończyka. Grobowiec ten jest dziełem warsztatu Wita Stwosza i został wykonany tuż po śmierci władcy (1492), od daty zejścia Kazimierza Wielkiego dzieli go zatem okres ponad 120 lat. Byłaby to w najlepszym razie kopia jakiegoś innego dzieła, może rzeźby z sarkofagu Piasta. Artysta odtworzył twarz o długich włosach, pokrytą w całej dolnej części na okrągło przystrzyżoną brodą i o spływających na ten zarost wąsach. Korona jest tu inna niż na sarkofagu, bo kształtem zbliża się raczej do koron ze zworników, ma jednak zupełnie odmienną ornamentację. Artysta uwypuklił łuki brwiowe, kości policzkowe i cienie między dolną częścią nosa a policzkami. Same policzki, o ile można je dostrzec spod zarostu, wydają się dość zapadnięte. Twarz jest więc starannie wystylizowana, naturalistyczna, ale oddająca na pewno wizerunek króla takim, jakim go sobie artysta wyobrażał, a nie jakim był naprawdę.

Twarz Kazimierza Wielkiego opisał zwięźle również Długosz. Historyk o wiek późniejszy miał tu oczywiście do powiedzenia nie więcej niż twórca wiślickiej tablicy fundacyjnej, a także projektant i wykonawca sarkofagu Kazimierza Jagiellończyka. Według tej relacji był ostatni Piast „fronte venerabilis", a więc o szlachetnych i wzbudzających szacunek rysach twarzy. Miał bujne, kręte włosy i zwisającą, a więc długą brodę. Twarz jego była pełna.

Wszystko, co wyżej powiedziano, prowadzi do wniosku, że portretu Kazimierza Wielkiego nie mamy. Żadne z wyobrażeń jego twarzy

12

nie było robione z natury. Te, które powstały tuż po śmierci króla lub w ostatnich latach jego życia, mogły mieć jednak za podstawę wrażenie odebrane z autopsji. Takie wrażenie pozwalało jedynie uwypuklić i utrwalić pewne cechy, a nie oddać podobieństwo. Późniejsze wizerunki, choćby lepiej artystycznie wykonane, mogły być już tylko powtórzeniem tych cech, lub nawet próbą uformowania nowych, stosownie do wyobrażeń, jakie w pamięci ludzkiej o królu pozostały. Wydaje się jednak, że na podstawie autopsji i pomiarów czaszki królewskiej (1869), a także opartych prawdopodobnie na autopsji najstarszych wizerunków, możemy uchwycić pewne rysy fizjonomii króla. Miał prawdopodobnie ostro zarysowane łuki brwiowe, wydatny, choć niekoniecznie przegięty ku dołowi nos, wystające kości policzkowe i być może wąską dolną część twarzy, jakkolwiek według świadectwa Długosza był „vultu plenus", a więc miałby twarz pełną. Przynajmniej w starszym wieku nosił długie włosy, dość obfitą, choć niedługą brodę i prawdopodobnie wąsy.

Nie dość jasno przedstawia się sprawa budowy ciała królewskiego. Jest ona jednak ważna, istnieje bowiem domysł, że przydomek „wielki" ostatniego Piasta na tronie polskim oznaczał jego duży wzrost czy też potężną budowę. Źródłem nieporozumień na ten temat jest przede wszystkim Długosz, który w jednym miejscu swojej kroniki pisze o Kazimierzu Wielkim, że był „vir statura elevata", „corpore crasso", nieco dalej w tym samym ustępie król został określony jako „crassus", „corpore medius", „vultu plenus". Pierwsze z tych określeń tłumaczono w dawniejszym przekładzie: „był wysokiego wzrostu, otyły", a drugie: „przy miernej otyłości twarz miał pełną". W nowszym przekładzie postąpiono niekonsekwentnie, bo raz król to „mężczyzna wysoki, tęgi", a nieco dalej „otyły, średniego wzrostu". Niestety nie pomogło w rozwikłaniu tej sprzeczności otwarcie grobu królewskiego w 1869 r., dokonano bowiem wówczas tylko bardzo pobieżnych pomiarów, które wystarczającego wyobrażenia o wzroście króla nie dały. Pod wpływem zapewne sugestii płynącej z tekstu Długosza przyjęto, że był on wysoki i raczej oszacowano niż wyliczono, iż mierzył około 184 cm. Tymczasem wiadomo, że sarkofag Kazimierza Wielkiego jest stosunkowo krótki, o 67 cm krótszy od sarkofagu, w którym spoczął nieduży przecież Władysław Łokietek. Wydawało się przed laty Józefowi Muczkowskiemu (1923), że był on wręcz niewystarczający „na pomieszczenie trumny rosłego mężczyzny". Próbowano to tłumaczyć w taki sposób, że widocznie wykonano go za granicą, jak gdyby bez należytych wymiarów. Wewnątrz sarkofagu dopatrzono się na zaprawie śladów gwoździ trumny, co miało oznaczać, że wtłoczoną ją doń siłą.

13

Rzeźbione sylwetki króla także nie przedstawiają się jednoznacznie. Rzeźba nagrobna musiała oczywiście odpowiadać niedużym rozmiarom sarkofagu, nie ma ona więc dla nas dostatecznej w tym względzie wymowy. Statua z kolegiaty wiślickiej wyobraża wyraźnie mężczyznę niedużego i to tak dalece, że głowa jego wydaje się nam nieproporcjonalnie duża w stosunku do reszty ciała. Rzeźba nie jest jednak bynajmniej naturalistyczna i w pełni na jej proporcjach polegać nie można. Wreszcie na tablicy fundacyjnej wiślickiej widzimy postać klęczącego króla o bardzo pokaźnych wymiarach ciała. Niestety rzeźba pochodzi dopiero z 1464 r., a zatem jej świadectwu nie możemy przyznać pierwszeństwa w stosunku do rzeźb wymienionych poprzednio, a prawie współczesnych Kazimierzowi Wielkiemu. Trudno przyjąć, ażeby nawet rzeźbiarz-nienaturalista rzeźbił stosunkowo drobną postać osoby, o której wiedziano, że była wysoka i tęga.

Wydaje się, że w tej sprawie pewnej rewizji wymagają przede wszystkim odnośne fragmenty przekładu Długosza. Zakładamy przy tym, że Długosz miał na interesujący nas temat wiadomości dobre, zasadzające się na żywej jeszcze w jego czasach tradycji ustnej o Kazimierzu Wielkim. Otóż określenie „statura elevata" oznacza raczej wyniosłą postawę aniżeli wysoki wzrost; dotyczy zatem cechy charakteru i sposobu noszenia się, a nie budowy ciała, do której natomiast odnosi się „corpore medius" — „średniego wzrostu". Tylko taki przekład usuwa domniemaną sprzeczność tekstu Długosza i nie kłóci się z wymiarami Kazimierzowego grobowca oraz drewnianej statuy z kolegiaty wiślickiej.

II. Pod okiem ojca ku samodzielnym rządom

W kalendarzu katedry włocławskiej, do którego wpisano w XIV w. wiele godnych pamięci zdarzeń, znajdujemy informację, że „w drugi dzień kalend maja urodził się Kazimierz, syn Władysława, króla Polski, w roku 1310". Po przeliczeniu kalend na naszą rachubę otrzymamy jako dzienną datę urodzin 30 kwietnia. Wprawdzie zapiska nie została utrwalona w kalendarzu współcześnie wydarzeniu, którego dotyczy, lecz przynajmniej 10 lat później, skoro Władysław Łokietek występuje w niej jako król, nie mamy jednak powodu podejrzewać, że owa data dzienna została zmyślona. Katedra włocławska miała bowiem swoje pole działania na Kujawach, te zaś stanowiły ojcowiznę Łokietka. Było w zwyczaju utrzymywanie ściślejszych związków władcy z leżącym na obszarze jego władztwa kościołem katedralnym. O Łokietku nadto wiadomo, że istotnie darzył kościół włocławski szczególnym zaufaniem, a biskup tego kościoła Gerward należał do najbliższych współpracowników Łokietka w dziele odnowy Królestwa. Data roczna urodzin Kazimierza Wielkiego również nie powinna budzić wątpliwości, bo mamy ją poświadczoną przez dwa inne, niezależne od kalendarza włocławskiego i niezależne względem siebie źródła, a mianowicie przez *Rocznik Sędziwoja* i *Rocznik świętokrzyski* (nowy). Pierwszy z nich informuje: „1310, urodził się Kazimierz, syn Władysława, króla Polski". Zapiska również pochodzi z czasów pokoronacyjnych Łokietka, ale źródło jest na ogół dobrze poinformowane. W drugim z tych roczników czytamy, że „w roku pańskim 1310 urodził się Kazimierz, król Polski". Zapiska musiała być zatem zredagowana już w czasach Kazimierza Wielkiego, co nie wyłącza możliwości, że mogła być oparta na źródle wcześniejszym.

W chwili urodzenia Kazimierza ojciec jego przekroczył już pięćdziesiąty rok życia. Również matka jego księżna Jadwiga, córka księcia kaliskiego z linii wielkopolskiej Bolesława Pobożnego, była wówczas kobietą niemłodą, bo miała prawdopodobnie 44 lata. Z małżeństwa tego, które trwało już chyba 17 lat, urodziły się przed r. 1310 inne dzieci, a mianowicie dwu synów: Stefan i Władysław, oraz przynajmniej dwie córki: Kunegunda, wydana około daty urodzin Kazimierza za księcia świdnickiego Bernarda, a po śmierci tegoż za księcia saskiego Rudolfa, oraz Elżbieta, urodzona w 1305 r., wydana w 1320 r. za króla węgierskiego Karola Roberta, matka Ludwika Andegaweńskiego. Była jeszcze trzecia córka, Jadwiga, nie wiadomo, kiedy urodzona, która zmarła około daty koronacji Łokietka.

Spośród dwu wspomnianych synów Łokietkowych jeden zmarł w 1306 r. Wiadomość o jego zgonie pod tą datą i o pochowaniu go u franciszkanów krakowskich podaje *Rocznik małopolski*. Brak w nim jednak imienia zmarłego. Rocznik ten jednak podlegał przeróbkom kopistów tak, że każdy z czterech jego przekazów wykazuje w stosunku do pozostałych pewne różnice. Jeden z tych przekazów, zawarty w kodeksie Kuropatnickiego, podaje pod r. 1274 niepełną genealogię księcia Kazimierza kujawsko-łęczycko--sieradzkiego, ojca Władysława Łokietka. Wyraźnie chodziło w tej genealogii o jego synów, którzy zasiedli na tronie krakowskim, bo mowa jest w niej o Leszku Czarnym, który był księciem krakowskim po Bolesławie Wstydliwym, a także o Władysławie Łokietku, „który osiągnął Kraków po królu czeskim i którego syn Stefan został pochowany u franciszkanów w Krakowie". Rzadkie w dynastii Piastów imię Stefan nie powinno dziwić, jeżeli się zważy powiązania Łokietka z Węgrami, mającymi w rodzinie panującej Arpadów św. Stefana. Ten sam *Rocznik małopolski* poświadcza z kolei pod r. 1312 śmierć drugiego syna Łokietka. Nosił on, tak jak ojciec, imię Władysław, a został pochowany, podobnie jak Stefan, u franciszkanów krakowskich.

Kazimierz Wielki przyszedł na świat, gdy jeden z synów Łokietka już nieżył; drugi zmarł jeszcze we wczesnym dzieciństwie Kazimierza. Był więc Kazimierz dzieckiem niemłodych już rodziców i mamy prawo przyjąć, że stał się przedmiotem szczególnej ich troski, zwłaszcza po zejściu brata Władysława. Jedyny od tego czasu męski potomek Łokietka, liczył się jako sukcesor władzy książęcej, a po Łokietkowej koronacji jako potencjalny następca tronu w odnowionym Królestwie.

Wczesne dzieciństwo Kazimierza przypadło na czasy trudne dla Polski i dla Łokietka. Program zjednoczenia ziem polskich pod jedną władzą daleki był od realizacji i wymagał wielu jeszcze wysiłków i starań. W rzeczywistości Łokietek panował w Krakowie, w ziemiach łęczyckiej i sieradzkiej oraz na Kujawach, gdzie zresztą władzę jego uszczuplali bratankowie z północnej części tej ziemi. Mazowsze separowało się od Korony, mając jakiś program własny w rozgrywkach politycznych. Wielkopolska pozostawała w rękach książąt głogowskich. Śląsk nie podporządkował się Łokietkowi, a 4 księstwa dawnej ziemi opolsko-raciborskiej już w czasach Wacława II były lennem czeskim i należało się spodziewać, że w razie bardziej aktywnej polityki Czech do tego stosunku lennego powrócą. Pomorze Gdańskie, na którym Łokietek zdołał po powrocie do Polski utrwalić swoje rządy, już na rok przed urodzeniem Kazimierza znajdowało się w rękach krzyżackich. Absorbowało ono odtąd stale uwagę Łokietka. Ciągnący się od czasu jego powrotu do Polski spór z biskupem krakowskim Janem Muskatą, gorącym zwolennikiem panowania czeskiego w Polsce, wciąż jeszcze nie mógł uchodzić za rozstrzygnięty. W chwili urodzenia Kazimierza Wielkiego wszedł on w nową fazę. Latem 1309 r. Łokietek, po podstępnym uwięzieniu biskupa, wymógł na nim ugodę. Ale gdy ten ostatni znalazł się na wolności, spowodował, że papież powierzył rozpatrzenie całej sprawy bawiącemu na Węgrzech legatowi papieskiemu Gentilisowi. Kazimierz zaczynał zaledwie trzeci miesiąc życia, gdy tenże ogłosił swój wyrok, dotyczący jednak tylko sporu Muskaty z arcybiskupem gnieźnieńskim. Sprawa między Łokietkiem a biskupem pozostawała na razie w zawieszeniu, bo miał ją rozstrzygnąć w drodze arbitrażu biskup włocławski Gerward. Ledwie ułożono kompromis, a Muskata nie zdołał jeszcze powrócić na krakowskie biskupstwo, gdy w Krakowie wybuchł bunt niemieckiego mieszczaństwa (1311 – 1312), któremu przewodził wójt Albert. Bunt miał na celu restytucję rządów czeskich w tej części Polski, a patronował mu zapewne ideowo Jan Muskata. Książę opolski Bolko, który miał zająć miasto i przekazać je nowemu władcy Czech Janowi Luksemburczykowi, natrafił jednak na zdecydowany opór Łokietka, wskutek czego zabrał wójta Alberta i ustąpił z Krakowa. Nielojalne względem księcia były również niektóre inne miasta małopolskie (Sandomierz, Wieliczka), a także klasztor bożogrobców w Miechowie.

Gdy w końcu 1309 r. zmarł władca Wielkopolski Henryk głogowski, pozostawiając pięciu młodocianych synów, wydawało się, że po dzielnicę sięgnie Łokietek. Na pewno miał to w swoich planach, ale grunt pod tę akcję polityczną nie był jeszcze przygotowany, a okoliczności, o których powiedziano wyżej, nie sprzyjały. Mamy więc dopiero z 1313 r. ślad zorganizowanego działania na rzecz inkorporacji Wielkopolski do Łokietkowego państwa. W sferach rycerskich i kościelnych znalazł on poparcie. Gorzej szło z miastami, które wyrobiły już sobie pewne więzi ekonomiczne z księstwem głogowskim. Opierał się Łokietkowi zwłaszcza Poznań, którego wójt Przemko bronił miasta w imieniu głogowczyków. Dopiero w 1314 r. zakończył Łokietek podbój Wielkopolski.

Ledwie ucichły sprawy wielkopolskie, gdy włączył się Łokietek do koalicji antybrandenburskiej i zbrojnie wtargnął na teren Marchii. Wnet potem rozpoczął staranne przygotowania na gruncie polskim i zabiegi dyplomatyczne w Awinionie, mające na celu jego koronację na króla Polski. Kazimierz miał lat dziesięć i był zapewne zaangażowany emocjonalnie w niejedną sprawę natury państwowej, gdy Polska stała się widownią trzech wielkich wydarzeń, o których musiało być głośno na krakowskim dworze i które zapewne zapadły głęboko w świadomość następcy tronu. Dnia 20 I 1320 arcybiskup gnieźnieński Janisław koronował w Krakowie Władysława Łokietka na króla Polski. Już sama oprawa i sceneria takiego wydarzenia działała silnie na wyobraźnię dziecka, ale tutaj korona królewska była uwieńczeniem wieloletnich zmagań i znojów, uporu i konsekwencji w działaniu, dlatego musiano ją otaczać nimbem szczególnego uznania, akcentowanego tym mocniej, im częściej odzywały się roszczenia luksemburskie do tej korony.

Jeszcze zapewne nie przebrzmiały wrażenia koronacyjne, gdy zrodził się plan poślubienia przez króla węgierskiego Karola Roberta siostry Kazimierza Elżbiety. O Węgrzech – jak przypuszczamy – mówiło się dobrze na dworze Łokietka. Stosunki z państwem węgierskim były przyjazne, ale Łokietkowi musiała ciążyć świadomość nierównego partnerstwa. Andegaweński dwór w Wyszehradzie onieśmielał zarówno sztuką rządzenia, jak i formami bycia, przeniesionymi tu z Francji i z Neapolu, a złoto, którego dostarczało obficie ówczesne górnictwo węgierskie, czyniło z Węgier najbardziej pożądanego sojusznika politycznego. Małżeństwo zatem córki świeżo koronowanego króla „krakowskiego" z królem Węgier mogło być szczytem politycznych marzeń. Doraźnie wzmacniało ono pozycję Łokietka w stosunkach międzynarodowych, ale miało również swoją przyszłość, o czym zapewne nieraz mówiono na krakowskim dworze i czego musiał być świadom nieletni jeszcze Kazimierz.

Trzecim wielkiej wagi wydarzeniem 1320 r. było rozpoczęcie w kwietniu procesu z Zakonem Krzyżackim, przed trybunałem, który powołał papież. Gdyby znaczenie tego procesu oceniać po jego skutkach, to warto by go wspominać tylko ze względu na akta, które po nim pozostały i które są cennym źródłem historycznym. Trzeba go jednak uważać za pewien sukces polskiej dyplomacji w Awinionie w stosunku do państwa zakonnego, względem którego Stolica Apostolska była władzą zwierzchnią. Ale był on także próbą rozstrzygania sporów międzypaństwowych na drodze prawnej, a nie środkami przemocy. I chociaż proces odbywał się w odległym od Krakowa Inowrocławiu, musiano wiele o nim mówić na krakowskim dworze, na którym wszak zrodziła się jego idea.

Kazimierz miał lat około 12, gdy stał się przedmiotem politycznych kombinacji Władysława Łokietka. W nie znanych bliżej okolicznościach doszło do zaręczyn Kazimierza z córką Jana Luksemburczyka Juttą. Źródła polskie tego wydarzenia nie poświadczają, musiało więc być drobnym epizodem. Zna je natomiast

18

źródło czeskie, tzw. *Kronika zbrasławska*. Wiadomo, że już 22 V 1322 Jutta była zaręczona z kolejnym kandydatem do jej ręki Fryderykiem miśnieńskim. Przed tą datą musiało się więc rozwiać jej narzeczeństwo z Kazimierzem, które wiązało się zapewne z jakąś próbą porozumienia polsko-czeskiego.

W wieku lat 15 został Kazimierz wciągnięty w nowe plany polityczne ojca. Oto nie osiągnąwszy żadnego rezultatu na drodze procesu z Krzyżakami, zaczął się król Polski rozglądać za sojusznikiem, przy pomocy którego można by przynajmniej szachować Zakon Krzyżacki i Brandenburgię. Sojusznikiem takim wydawała się Litwa, z jednej strony rozwijająca pod władzą Giedymina (1316 – 1341) ekspansję na Rusi, a z drugiej nękana najazdami krzyżackimi. Niebezpieczne jednak było w opinii świata chrześcijańskiego, z którą Łokietek nie mógł się nie liczyć, łączenie się przeciw Zakonowi z państwem pogańskim. Właśnie w 1323 r. Giedymin wyraził gotowość chrystianizacji Litwy. Wobec tego Stolica Apostolska wymogła na Krzyżakach czteroletni rozejm z Litwą. W tych warunkach nawiązał Łokietek bliższe stosunki z Giedyminem. W 1325 r. doszło do sojuszu, którego trwałość miał gwarantować związek małżeński córki Giedymina Aldony z ·królewiczem polskim Kazimierzem. Źródła polskie znają ją tylko pod imieniem Anny, które to imię musiała otrzymać na chrzcie. Imię Aldona poświadcza późna tradycja (Stryjkowski). Ślub młodej pary odbył się 16 X 1325 w katedrze na Wawelu w czasie mszy odprawionej przez ówczesnego biskupa krakowskiego Nankera. Aldona-Anna była prawdopodobnie równolatką Kazimierza, jak zdaje się to poświadczać *Rocznik małopolski*. Przeżył z nią Kazimierz 14 lat; z małżeństwa tego urodziły się dwie córki (Elżbieta i Kunegunda). Była ona zdaje się wesołą, pełną życia Litwinką, nie przystającą do modelu dostojnej i poważnej damy, jaki przyjmował się na ówczesnych europejskich dworach monarszych. Uszczypliwie napisano o niej około daty jej śmierci (1339), że „była ona tak oddana uciechom tanecznym i wesołości, iż dokądkolwiek konno lub na wozie się udawała, zawsze przed nią szli śpiewacy z harfami, bębnami, piszczałkami, pieśniami i różnymi melodiami, ku zgorszeniu dość wielu". Opinię tę powtarzają dosłownie *Rocznik małopolski* i *Rocznik Traski*, wzajemnie od siebie zależne. Zarazem dodają, że dlatego właśnie doznała strasznego losu i zmarła, ale stwierdzają zarazem, że „jednak potajemnie wspierała duchownych i biednych".

Długosz, który znał tę tradycję współczesnego źródła, nieco opinię złagodził, bo najpierw napisał o uległości Aldony-Anny względem męża, hojności i dobroczynności wobec duchownych i biednych, nie podkreślając wcale, że uprawiała je potajemnie;

jej umiłowanie tańców i wesołości kładł na karb wychowania przez „barbarzyńskich rodziców". Kazimierz miał, zdaniem tego historyka, patrzeć na to pobłażliwie, choć nie aprobująco. Długosz powtarza dalej tradycję o śpiewach i graniu podczas jej podróży, ale bierze za ohydną plotkę domniemanie, jakoby miała umrzeć straszną nienaturalną śmiercią.

Osiem lat, dzielących datę ślubu Kazimierza z Aldoną od daty śmierci Władysława Łokietka, był to w Polsce okres brzemienny w wydarzenia i znoje wojenne. Jeszcze w 1325 r. rycerstwo polskie uderzyło na polecenie Łokietka na Mazowsze płockie, aby wziąć odwet za sojusz tego księstwa z Zakonem. Z kolei, w wyniku sojuszu Polski z Litwą, a także neutralizacji, na drodze osobnego porozumienia, książąt zachodniopomorskich, dokonano wspólnej polsko-litewskiej akcji zbrojnej przeciwko Brandenburgii. Zmuszono tę ostatnią do podpisania w 1329 r. w Landsbergu sojuszniczego traktatu z Polską. Zabezpieczono się w ten sposób przed ewentualnym zagrożeniem jednego do niedawna z głównych wrogów Polski. Pozostali jeszcze dwaj: państwo czeskie Jana Luksemburczyka i państwo zakonne. Wojna z Brandenburgią przyśpieszyła działania ich obu. W 1327 r. Jan Luksemburczyk odnowił swoje roszczenia do korony polskiej i podjął przygotowania, aby ich czynnie dochodzić. Już w styczniu wojsko jego ruszyło pod Kraków. Tylko interwencja Karola Roberta spowodowała odstąpienie Czechów spod Łokietkowej stolicy. Ale w toku tej wyprawy wymógł on na książętach linii opolsko-raciborskiej odnowienie stosunku lennego względem Czech z czasów Wacława II. Z końcem 1328 r. pociągnął Luksemburczyk do Krzyżaków, a z nimi wziął udział w wyprawie wojennej na Litwę. Łokietek, obowiązany do pomocy Litwinom, zaczął działania zaczepne w stosunku do Zakonu. Zawróciwszy z wyprawy, Jan Luksemburczyk wziął udział w najeździe Krzyżaków na ziemię dobrzyńską i w zajęciu tej ziemi na rzecz Zakonu. Sam wymógł na księciu płockim Wacławie, że poddał mu się pod zwierzchność lenną. W drodze powrotnej wymusił dalsze hołdy lenne na książętach śląskich. Już wcześniej, w 1327 r., książę wrocławski Henryk VI zapisał mu za dożywotnią rentę swoje księstwo. W 1331 r. nabył Jan Luksemburczyk za gotówkę księstwo głogowskie. Odtąd tylko księstwa ziębickie, świdnickie i jaworskie broniły jeszcze swojej niepodległości.

W 1330 r. Krzyżacy podjęli niszczący najazd na Kujawy. Łokietek czynił duże wysiłki obronne, ale na inne rozwiązania taktyczne niż niszczenie krzyżackiego pogranicza zdobyć się nie mógł. Zawarto rozejm na przeciąg 1331 r., ale już w lipcu tego roku najechali Krzyżacy Wielkopolskę, a w dwa miesiące później w niszczącym pochodzie doszli po Kalisz, Łęczycę i Sieradz. W drodze powrotnej część rycerstwa zakonnego pod wodzą wielkiego marszałka została przez Łokietka zaatakowana pod wsią Płowce i poniosła dotkliwą porażkę. Już jednak w roku następnym Krzyżacy najechali Kujawy i zagarnęli ten kraj, stanowiący Łokietkową ojcowiznę. Po tych zdobyczach Zakonu strony zgodziły się na rozejm.

Wśród tych wydarzeń stosunkowo mało mamy wiadomości o królewiczu Kazimierzu. Jaką więc odgrywał rolę, czy i w jakim stopniu dzielił z ojcem trudy władcy i obrońcy zagrożonego Królestwa? W jaki sposób wdrażał go ojciec w niełatwe powinności króla? Sam był wszak stary i sterany przeciwnościami losu; musiał się więc liczyć z rychłym swoim odejściem.

Zdaje się, że wnet po ślubie z Aldoną Kazimierz zachorował. Choroba musiała być poważna i przewlekła, o czym wnioskujemy z bulli papieża Jana XXII z grudnia 1327 r., adresowanej do matki Kazimierza królowej Jadwigi. Zdefektowany tekst pozwala uchwycić rzecz zasadniczą. Oto papież wyraża radość z powodu powrotu do zdrowia syna Jadwigi Kazimierza, co stało się za sprawą i przez zasługi św. Ludwika. Wynika stąd, że Jadwiga powierzyła chorego jakiejś szczególnej pieczy patrona dynastii andegaweńskiej, a czyniąc przy tej okazji jakieś votum, powiadomiła o tym Stolicę Apostolską. Z kolei musiała donieść papieżowi o powrocie syna do zdrowia, w odpowiedzi na co adresował on do niej wspomnianą wyżej bullę.

Pewnej aktywności Kazimierza mamy prawo zatem oczekiwać dopiero w r. 1328. Źródła nasze jednak milczą jeszcze na jego temat. Pojawia się on natomiast w epizodzie dziejowym, dającym się datować na przełom r. 1329/1330, lub może raczej na pierwsze miesiące 1330 r. Spotykamy dwudziestoletniego Kazimierza w tych burzliwych czasach nie na wojennej wyprawie, nie na koniu wśród rycerstwa, ale na dworze węgierskim. Pojawienie się w Polsce posiłków węgierskich w 1330 r. pozwala się domyślać, że Kazimierz mógł przybyć do swego szwagra w misji dyplomatycznej, mającej na celu pozyskanie owych posiłków do walki z Zakonem. Jest to wyjaśnienie możliwe do przyjęcia, ale nie konieczne, zważywszy, że ów pobyt poświadczony jest dopiero przez późną tradycję, która zamieszała Kazimierza w ponurą sprawę magnata węgierskiego Felicjana Zacha. Sprawa była na tyle głośna, że znalazła odbicie w źródłach współczesnych nie tylko węgierskich, ale również w polskich, czeskich i innych. A mianowicie 17 IV 1330 Felicjan Zach dobył miecza na króla Karola Roberta, jego żonę i synów. Według *Rocznika małopolskiego* i *Rocznika Traski* ranił on króla w rękę, a królowej obciął rękę.

Czeska kronika Benesza z Pragi podaje wiadomość, że cios wymierzony w króla powstrzymała wyciągniętą ręką królowa, tracąc przy tym kilka palców, król zaś schronił się pod stół i rany żadnej nie doznał. Sam Felicjan Zach, jak poświadczają źródła w sposób zgodny, został zabity na miejscu, a na jego rodzinę i rodowców spadły surowe represje. Żadne źródło współczesne nie dostrzega związku między tą sprawą a ewentualnym pobytem wówczas na dworze budzińskim królewicza Kazimierza. Wśród historiografów późniejszych łączy te dwie sprawy w pewien związek przyczynowy Długosz. Janowi Dąbrowskiemu natomiast zawdzięczamy przekonywające wyjaśnienie, jak pewne plotki dworskie i brak palców u ręki królowej mogły inspirować, w szereg lat po fakcie, do szukania związku między dwiema różnymi sprawami najpierw anonimowego kronikarza weneckiego, a potem wtórnie austriackiego autora kroniki rymowanej, Henryka von Mügeln, z którego korzystał Długosz i z którego mógł odnośnej informacji zaczerpnąć.

Być może jednak sprawa nie była od a do z zmyślona. Trudno twierdzić, że obdarzony bujnym temperamentem królewicz Kazimierz nie mógł wdać się w jakiś romans na węgierskim dworze, że romans taki nie mógł wywołać skandalu czy plotek. Gdyby jednak Kazimierz był sprawcą tak głośnej sprawy Zacha, źródła współczesne nie mogłyby o tym milczeć. Nie milczałby w każdym razie Benesz z Pragi, nie związany ani z dworem węgierskim, ani z polskim. A oto, jak Długosz przedstawił tło całego zajścia, zastrzegając się zresztą, że twierdzą tak niektórzy. Bawiący na dworze Karola Roberta, królewicz polski Kazimierz zapałał żądzą do córki Felicjana Zacha Klary, która przebywała w otoczeniu królowej. Aby ją zwabić do Kazimierza, upozorowano jego chorobę. Najpierw do jego komnaty miała przybyć jego siostra — królowa, jakoby dla sekretnej rozmowy, co uzasadniało usunięcie służby. W towarzystwie królowej znajdowała się jedynie Klara. Zaledwie po paru słowach królowa się usunęła, a młodzi pozostali sam na sam. Zhańbiona dziewczyna nie zatrzymała sprawy w tajemnicy, jak na to liczyła królowa, ale zwierzyła się ojcu. Ten nie mógł się zemścić na Kazimierzu, którego już na Węgrzech nie było, powziął więc zamiar zamordowania całej królewskiej rodziny.

Misja dyplomatyczna Kazimierza na dwór węgierski z 1329/1330 r., jeżeli słusznie się jej domyślamy, nie była przedsięwzięciem trudnym i nie wymagała zręczności ani obrotności. Jechał wszak do szwagra, przy którym dużą rolę odgrywała siostra Kazimierza Elżbieta, mógł więc liczyć na życzliwość i wyrozumiałość. Miał się tam raczej przetrzeć wśród ludzi i spraw, podpatrzeć sztukę dyplomacji, arkana życia dworskiego i ceremoniał, jaki mu towarzyszył. Trudniejsze zadanie spadło na barki Kazimierza w 1331 r., bo — jeżeli zaufamy naszej tradycji historiograficznej — otrzymał wówczas namiestnictwo Wielkopolski i Kujaw, a więc dzielnic bezpośrednio wystawionych na niebezpieczeństwo krzyżackie. *Rocznik małopolski* i *Rocznik Traski* w jednobrzmiącym ustępie podają wiadomość, że na wiecu w Chęcinach 26 V 1331 przekazano Kazimierzowi „w posiadanie" Wielkopolskę, Sieradz i Kujawy, z poleceniem, aby tak jak ojciec, zatroszczył się o odbudowę warowni. Nie ma powodu nie ufać tej informacji. Sprawy o podobnym charakterze faktycznie załatwiano na wiecu jako sprawy publiczne. Skądinąd wiadomo, że istotnie 26 V 1331 był Łokietek w towarzystwie szeregu dostojników w Chęcinach, a więc zapewne odbyto tam wiec.

Mamy dalej relację tych samych, zależnych od siebie dwu źródeł, że decyzją tą poczuł się bezpośrednio dotknięty wojewoda poznański Wincenty z Szamotuł, który dotąd sprawował ową władzę namiestniczą, czyli starościńską, z mandatu Władysława Łokietka, na terenie Wielkopolski i Kujaw. Zastrzeżenie zrobione w tej relacji, że władza jego nie rozciągała się jedynie na Sieradz, upewnia nas co do troskliwości pisarza o konkrety. Wincenty z Szamotuł starał się przeszkodzić Kazimierzowi „w posiadaniu" odnośnych dzielnic, a wreszcie uciekł się do zdrady. Stanowi ona w naszej historiografii sprawę bardzo kontrowersyjną, znajduje bowiem w źródłach niepełne odbicie. A mianowicie mamy dokument Wincentego z 18 VIII 1331, wystawiony na rzecz Ludwika, margrabiego brandenburskiego, i jego wasali w Nowej Marchii, w którym deklarował on odbiorcom tego dokumentu pokój i przyjaźń, ale nie w imieniu króla Polski, lecz wyraźnie przeciw niemu. Klauzula, że ze wszystkimi swoimi warowniami przystanie do margrabiego, jeżeli dozna wrogości ze strony Łokietka, „żadnej ugody ani układów z królem Polski nie czyniąc", nie pozostawia wątpliwości co do intencji układających się stron. Interpretacja tego układu jako próby neutralizacji Brandenburgii na wypadek przeciągania się konfliktu Polski z Zakonem nie wyjaśnia, dlaczego Wincenty nie działał w imieniu króla Polski, z którym wszak podpisała Brandenburgia pokój w Landsbergu w 1329 r., dotąd jeszcze pozostający w mocy.

Jeżeli ten akt Wincentego z Szamotuł był zdradą Władysława Łokietka, to nie wiedzą nic o niej wspomniane dwa roczniki. Być może sprawa pozostała tajna, a w każdym razie nie nabrała rozgłosu. Informują one natomiast o zdradzie na rzecz Krzyżaków. Zagrożony w swojej władzy, czy może powodując się urażoną ambicją, miał Wincenty „chytrze i potajemnie" sprowadzić Krzyżaków na Kujawy. A stało się to około św. Marii Magdaleny (22 VII); zatem data nie kolidowałaby z późniejszym o blisko miesiąc układem z Brandenburgią. Najeźdźcy byliby zajęli Włocławek i całe niemal Kujawy, gdyby im dzielnie nie stawiono czoła. Teraz Wincenty miał ich ostrożnie poprowadzić na Wielkopolskę, gdzie zdobyli i zniszczyli Słupcę. Z kolei pośpieszyli do Pyzdr; tam właśnie przebywał Kazimierz, ale w porę zdołał miasto opuścić. Czy to przez zdradę czy przez niedbalstwo mieszczan Krzyżacy zajęli je i spalili wraz z klasztorem franciszkanów. Spustoszyli dużą część Wielkopolski, aż po Wartę, bez przeszkody z czyjejkolwiek strony, a przy współudziale Wincentego. Autor relacji nie szczędzi temu ostatniemu najcięższych słów, takich jak „najgorszy zdrajca Królestwa i narodu". Długosz rozsnuł szerzej całe to opowiadanie, ale widać, że żadnym innym źródłem nie dysponował. Nie miał jednak wątpliwości, co do istoty sprawy i wyraźnie ufał przekazowi, choć na kartach swojej kroniki często miewał inne opinie niż jego popoprzednicy w pisarstwie historycznym.

Nie podawalibyśmy tu w wątpliwość ani dobrze poświadczonej sprawy namiestnictwa królewicza Kazimierza w Wielkopolsce i na Kujawach, ani zdrady Wincentego z Szamotuł, chociaż może jej rozmiary zostały przesadzone, zdumiewa nas raczej mała aktywność liczącego już 21 lat następcy tronu na bardzo ważnej i odpowiedzialnej placówce. Tradycja nie przechowała żadnych śladów jego działalności na tym polu. Nie znamy ani jednego dokumentu, który by wystawił, jako zastępca ojca na tak wielkim i ważnym obszarze Królestwa. Musiało to więc być w dużym stopniu namiestnictwo nominalne.

Kolejny najazd Krzyżaków na państwo Łokietka nastąpił – jak powiedziano wyżej – we wrześniu 1331 r. *Rocznik małopolski* i *Rocznik Traski* w jednobrzmiącej relacji informują o nim szczegółowo. Widać w niej opinie naocznych świadków, a także opinię samego króla. Jest to niejako oficjalna wersja opisu zaszłych wówczas wydarzeń, wersja, jaką dała strona polska. Epizod łączy się w pewnym stopniu z osobą królewicza Kazimierza, dlatego poświęcimy mu w tym miejscu trochę uwagi. Oto jak przedstawiają ten epizod najazdu krzyżackiego wspomniane roczniki:

„Po niedługim czasie, zebrawszy liczne wojsko, najemników znad Renu i z innych licznych stron Niemiec, [Krzyżacy] przybyli do Łęczycy, a zniszczywszy ją, wtargnęli do Sieradza, paląc miasto Uniejów oraz inny gród ziemi sieradzkiej i inne miasta, dotarli do Kalisza, który oblegali w ciągu dwu dni, a nic nie wskórawszy i 40 czy może więcej swoich utraciwszy, pociągnęli 24 do Konina, gdzie także utracili 20 swych ludzi wysłanych do bitwy. Tymczasem król Polski Władysław, chociaż wyszedł im naprzeciw koło Łęczycy, jednak zaatakować się nie ośmielił, ponieważ i liczebnie, i siłą znacznie go przewyższali. Lecz od Łęczycy z tysięcznym czy dwutysięcznym oddziałem szedł w ślad za nimi, czyniąc im uszczerbki; wezwawszy tam także specjalnym pismem owego Wincentego, o którym wspomniano, zjednał go sobie i synowi. Tenże Wincenty, chcąc zrzucić z siebie miano niewiernego, owych Krzyżaków i ich wojsko umiejętnie rozpoznał, a chociaż wiedział, że są bez porównania liczniejsi i silniejsi, nie chcąc Wielkopolanom, Krakowianom i Sandomierzanom zadawać strachu, twierdził, że gdy się weźmie rzecz relatywnie, są oni niczym i nic nie mogą, jakkolwiek królowi nie omieszkał szepnąć do ucha coś innego. Król więc, przybywając za nimi na Kujawy, koło wsi Płowce położonej za Radziejowem, polecając Bogu oraz świętym biskupom i męczennikom Wojciechowi i Stanisławowi siebie i swoich, w dniu przeniesienia ciała św. Stanisława [27 IX] starł się z nimi, a przy pomocy Boga i jego świętych taką urządził ich rzeź, że podobno 20 000 ich powalił, jak oświadcza sam król i wszyscy inni. Wśród nich padło 500 rycerzy zakonnych i 900 ciężkozbrojnych rycerzy z 600 ich pomocnikami. 40 i więcej ciężkozbrojnych, wśród których część byli to rycerze zakonni, niektórzy – najemnicy z odległych stron, niektórzy – Pomorzanie, Prusowie i ich szlachta, zostali wzięci do niewoli. Między nimi pewien możny szlachcic imieniem Rus w ich habicie, do którego należała cała wojenna siła zbrojna i cała siła tej wyprawy, został wzięty i do Krakowa, dokąd opierał się iść z wojskiem, został sprowadzony i zakuty w kajdany. Działo się to w roku pańskim 1331. Jak twierdzą wszyscy pospołu, którzy uczestniczyli w bitwie, gdyby liczni spośród Polaków z pola bitwy nie uciekli, z mnóstwa tamtych, liczących blisko 40 000, nikt by w ogóle nie umknął. Wspominany bowiem często Wincenty, aby usunąć złe domniemania i powszechną opinię zdrady, która go otaczała, a także wszelkie podejrzenie, sam ze swoimi walkę rozpoczął, mężnie walczył, z panem królem i szlachtą jego Królestwa dzielnie manewrując, przyśpieszał szczęśliwie triumf zwycięskiej chwały nad Krzyżakami i nad tymi, którzy ich wspierali. U wielu budzi wątpliwości to, że wspomniany Wincenty dopuścił się takiej zdrady i sprawił swojemu narodowi takie nieszczęście, gdy równocześnie w tak trudnej i tak bardzo koniecznej potrzebie taką chwałę dla Królestwa Polskiego po wieczne czasy pozyskał. I nie należy pomijać tego, co było w niemałym stopniu cudem, że gdy spośród tamtych tylu poległo, z Polaków zabili oni tylko 12 szlachetnie urodzonych i około

30 zwykłych rycerzy, abyśmy wyraźnie poznali, że to Bóg ze swoimi świętymi przy nich walczył, by na świadectwo takiego cudownego wydarzenia po wieczne czasy był bez przerwy przez naród polski chwalony".

Przytoczyliśmy – w tłumaczeniu na język polski – pełny tekst dotyczący wyprawy pod Płowce, a pochodzący z *Rocznika małopolskiego* i *Rocznika Traski*, ponieważ jest on najbardziej miarodajną, bo opartą na opiniach świadków, relacją strony polskiej. Wynika z niej, że w wyprawie uczestniczył Kazimierz, skoro w jej toku nastąpiło porozumienie między Wincentym z Szamotuł oraz królem i synem królewskim. Źródło jednak nie eksponuje osoby Kazimierza, z czego mamy prawo wnosić, że rola, jaką w tym epizodzie odegrał, była raczej skromna czy wręcz drugorzędna. Nie ma też powodu dopatrywać się tu jakiejś niechęci w stosunku do królewicza, bo nie padło pod jego adresem nic, co by mu przynosiło ujmę.

Mamy jeszcze inne źródła współczesne strony polskiej, informujące o bitwie płowieckiej, ale one zawierają bardzo nieliczne i mało ważne dla nas wiadomości. *Rocznik świętokrzyski* pisze o wycięciu pod Płowcami bardzo licznych Krzyżaków, a wśród poległych po stronie polskiej wymienia Krystyna z Ostrowa chorążego krakowskiego, syna Prandoty kasztelana krakowskiego i Jakuba kasztelana żarnowieckiego. Konkretne wiadomości podnoszą walor całej tej zwięzłej relacji. Niezależny od tego źródła *Rocznik miechowski* rejestruje wydarzenie jeszcze zwięźlej, pisząc że „król Władysław stoczył wojnę z Krzyżakami w dniu św. Stanisława, w której to wojnie pokonane zostały liczne tysiące Prusów". Również niezależny wyraźnie od innych naszych przekazów *Rocznik Sędziwoja* podaje wiadomość, że Władysław Łokietek w dniu św. Stanisława stoczył pod Płowcami wielką bitwę z Zakonem, że powalił na polu bitwy 16 000 spośród jego rycerzy „oprócz tych, którzy zostali zabici w ucieczce z walki, a inni liczni wzięci do niewoli". *Rocznik kapitulny krakowski* i tzw. *Kronika katedralna krakowska* piszą już o 40 000 poległych rycerzy, walczących po stronie krzyżackiej, i licznych wziętych do niewoli. To ostatnie źródło dodaje, że po stronie polskiej padło zaledwie 12 ludzi. Godny przytoczenia jest fragment z *Rocznika kapitulnego krakowskiego*, gdzie stwierdzono, że Krzyżacy, spośród których padło 40 000 ludzi, zostali pokonani przez nielicznych Krakowian, Wielkopolan i Sandomierzan, przy pomocy św. Stanisława i św. Wojciecha, „z zaczynu ich odwagi, którą zostali wsparci i pobudzeni [wszyscy] aż po jego [Łokietka] syna, zwanego królem Kazimierzem, który po śmierci ojca swojego został koronowany z blaskiem swojej chwały". Z kolei dodano jeszcze wiadomość, że nieskończenie liczni rycerze ze znąkomitych herbowych rodów wzięci zostali do niewoli. Z konstrukcji tej ostatniej zapiski widać, że wpisano ją już po śmierci Łokietka, że tak jak w *Kronice katedralnej krakowskiej* jeszcze wyolbrzymiono w niej rozmiary sukcesu, przesadzone już mocno w tej opinii, którą urabiał sam Łokietek i uczestnicy bitwy. Wydaje się, że jak gdyby wzięto tu w obronę dobre imię panującego już na królewskim tronie Kazimierza.

Godna jest ze wszech miar uwagi relacja *Kroniki oliwskiej* na temat bitwy pod Płowcami. Kronika została spisana około połowy XIV w. przez Polaka, ale obchodzący nas tekst miał z pewnością za podstawę te relacje i pogłoski, które dochodziły do Oliwy ze strony krzyżackiej. Warto przytoczyć z kolei ten ustęp bez skrótów:

„Komtur bowiem prowincjonalny, który był dowódcą wojska, z większą jego częścią pośpieszył otoczyć Brześć, a mniejsza część z chorągwią mistrza podążała z daleka, na którą to część król ze swoim wojskiem, tak jazdą, jak i piechotą, nacierał ze wszystkich stron. Przez oba wojska została stoczona zacięta bitwa i padli z obu stron liczni, ze strony panów [zakonnych] czcigodni panowie: wielki komtur brat Otto z Bonsdorf, brat Herman komtur elbląski, brat Albert komtur gdański i inni liczni mądrzy i zacni panowie zakonni i liczni szlachetnie urodzeni z obcych stron; także ze strony króla padli liczni szlachcice, a bitwa ta trwała tak długo, dopóki ci, którzy szli przodem, nie powrócili w bezładnym tłumie. Wtedy utrudzony król uszedł ze swoim wojskiem, a syn jego z nim, i w tej ucieczce zostali zabici liczni tak jeźdźcy, jak też piesi, i osiągnęli panowie [zakonni], jakkolwiek z wielkimi stratami swego wojska, zwycięstwo i triumf. Wobec ucieczki wojowników króla, wojsko panów [zakonnych] udało się z powrotem w kierunku Torunia. Pan zaś Maciej, biskup włocławski, ciała zabitych na tymże polu bitwy kazał pogrzebać i zatroszczył się o wybudowanie tamże kaplicy".

Ze strony krzyżackiej bardzo ważna jest relacja z końca 1331 r., jaką wielki mistrz przesłał rzecznikowi Zakonu w Rzymie. Już w zamierzeniu jej autora miała ona być przeciwstawieniem ewentualnych chełpliwych doniesień króla Polski o jego sukcesie, określonym tu przysłowiowo, a ze znaczną dozą uszczypliwości, jako „kozia wełna". Jest to więc krzyżacka „prawda" o wydarzeniu, podana w formie jak gdyby oficjalnej.

Pisze więc wielki mistrz, że Zakon podjął wyprawę na ziemie polskie z możliwie najliczniejszym wojskiem, które byłoby zdolne przejść całą Wielkopolskę. I gdy wracano spod Kalisza, dwie trzecie wojska zostały skierowane na Brześć, który miały oblec, a jedna trzecia pozostała w tyle na paszy. Tę część król, poczyniwszy zasadzki, zaatakował ze swoim wojskiem, a gdy rozpoczęła się bitwa, nadeszła taka mgła, że „ledwie jeden drugiego mógł poznać i zobaczyć". I nieliczni rycerze zakonni walczyli „z całym wojskiem królewskim". Gdy obie strony były zmęczone, dla odpoczynku przerywano bitwę. W dniu tym ścierano się więc trzykrotnie. Dalej pisze autor o rycerzach krzyżackich, którzy zawierzywszy stronie przeciwnej złożyli broń, ale jako jeńcy zostali wymordowani. Wreszcie nadciągnęło wojsko zakonne, które szło przodem, i urządziło taką rzeź, że trupy zasłały całe pole. „Wtedy syn królewski pierwszy rozpoczął ucieczkę i jednym ciągłym marszem podążył aż do Krakowa, a przybył tam w czasie od piątku do najbliższej niedzieli". Tu autor jeszcze wyjaśnił, że Kraków jest odległy od miejsca bitwy o 60 mil i zamknął swoją relację wiadomością, że „stary król z niektórymi swoimi ludźmi uszedł", a wojsko krzyżackie utrzymało pole bitwy. Strat w ludziach po obu walczących stronach nie szacowano tu wcale.

Kronikarz zakonny ze schyłku XIV w. Wigand z Marburga, który szeroko opowiada dzieje Zakonu lat 1293 – 1394, dał jeszcze inną wersję wydarzeń z września 1331 r. Gdy Krzyżacy szli spod Konina na Radziejów, Łokietek postępował w ślad za nimi. Po drodze powzięto zamiar oblężenia Brześcia. Wojsko krzyżackie rozdzieliło się więc. Główne siły poszły na Brześć, a marszałek zakonny z 350 Krzyżakami i wielką liczbą rycerstwa pruskiego pozostali na miejscu pod wsią Płowce. Wczesnym rankiem, przy gęstej mgle, marszałek, wiedząc o obecności Polaków, natarł na nich jak gdyby próbnie. Polacy się cofnęli, a z kolei obie strony uformowały po 5 chorągwi do boju. Rozpoczęła się bitwa, którą autor datuje błędnie na nony grudniowe, tj. dzień św.św. Kosmy i Damiana 1300 r. Od razu spostrzegamy tu gruby błąd zarówno w datacji rocznej, jak też w dziennej. Przesunięcie wydarzenia w czasie o 31 lat nasuwa poważne wątliwości co do podstaw odnośnych informacji. Ale również data dzienna dowodzi dużej dowolności. Nony grudniowe wypadały bowiem 5 grudnia, gdy tymczasem dzień św. św. Kosmy i Damiana to 26 lub 27 września (zależnie od diecezji), co już byłoby bliskie lub zgodne z prawdą.

Z kolei autor zatrzymuje się na opowieści o chorągwi brata Iwana, który poległ, a Polacy otoczyli jego ludzi i 56 spośród nich wzięli do niewoli. Król miał rozkazać, aby wszyscy oni zostali zabici. Wymienia tu paru Krzyżaków, którzy w ten sposób zginęli, i brata Teodoryka, który został wzięty do niewoli. Dodaje zdanie najbardziej nas interesujące, a mianowicie, że „wtedy

Kazimierz, młodszy król, uciekł do Krakowa, opowiadając, że Polacy zostali pokonani". Tymczasem nadciągnął spod Brześcia komtur i przybył pan von Plauen i na pobojowisku rozegrała się nowa bitwa, z której pobity król się wycofał. Teraz dowództwo krzyżackie miało rozkazać, aby zabito więźniów polskich. Rycerstwo pruskie wolało ich zatrzymać dla okupu, było bowiem wśród nich 100 znamienitych mężów. Z relacji zdaje się wynikać, że chyba jednak zostali zabici.

Ciekawi nas tu jeszcze oszacowanie szkód po obu stronach. Po stronie krzyżackiej miało paść 350 ludzi, a po stronie polskiej 600. Autor dodaje enigmatycznie, że tylu ich było oprócz innych, których zliczyć nie sposób. Z kolei następuje sprzeczna z poprzednią wiadomość, że biskup kujawski Maciej kazał policzyć i pogrzebać ciała i zawiadomił mistrza o tym swoim akcie miłosierdzia „względem swoich", a było ich 4187. Na miejscu bitwy biskup postawił kapliczkę.

Jest w odnośnym tekście Wiganda drobny problem natury filologicznej. Otóż wiadomo, że niemiecki oryginał tekstu zaginął, a zachował się przekład łaciński z XV w. W przekładzie tym owo miłosierdzie biskupa Macieja zostało wyświadczone „contra suos", co można rozumieć, jak wyżej, „wobec swoich" i wtedy należałoby przyjąć, że straty Polaków obliczone zostały na 4187 ludzi, lub raczej trzeba by to tłumaczyć „wbrew swoim", a więc że wbrew wrogim nastrojom Polaków biskup pogrzebał wszystkich. Tylko taka treść zawiadomienia mistrza byłaby oczywiście sensowna.

Długosz, który konstruował swoją relację o bitwie pod Płowcami w sto kilkadziesiąt lat po tym wydarzeniu, a znał źródła zarówno strony polskiej, jak i krzyżackiej, starał się pogodzić sprzeczności, a luki wypełnić doświadczeniem i zmysłem historyka. Pisze on o taktyce podeszłego już wiekiem Łokietka nękania najeźdźców krzyżackich pod Koninem drobnymi potyczkami i napadania na tych, którzy oddalali się od głównego zgrupowania wojskowego. Dalej przyjmuje, że król zdołał pozyskać sobie zdrajcę Wincentego z Szamotuł, że ten przybył do obozu królewskiego nocą i rozmawiał z królem w obecności królewicza Kazimierza, a uzyskawszy przebaczenie, oddał się w sposób gorliwy sprawie obrony Polski przed Zakonem. Powrócił jeszcze do Krzyżaków, aby wprowadzić ich w błąd co do stanu militarnego i nastrojów strony polskiej. Tymczasem król, jak relacjonuje Długosz, polecił swemu synowi Kazimierzowi ustąpić z szeregów rycerstwa do jakiegoś nieznanego Długoszowi imiennie silniej umocnionego grodu i powierzył pieczę nad nim rycerzowi Grzegorzowi Nekandzie z rodu Toporczyków. Chodziło bowiem o to,

29

by w razie niepowodzenia w przewidywanej bitwie miał kto ratować Królestwo. Pod Radziejowem, gdzie Krzyżacy rozbili obóz, znalazł się obok nich Łokietek. Oni zabezpieczyli tabory i rwali się do walki, ale król przeczekał gęstą mgłę. Następuje teraz długa mowa, włożona w usta Łokietka, która jest niewątpliwie popisem literackim samego Długosza. Według tej relacji Krzyżacy górowali w bitwie liczebnością, a Polacy męstwem. Autor przyjmuje za Wingandem z Marburga domniemanie o dwu fazach bitwy, przy czym obie były dla Polaków zwycięskie. Walka trwać miała od wschodu słońca do godziny trzeciej. Padło w niej po stronie wroga 40 000 ludzi lub nawet więcej. Tu Długosz przyjął i jeszcze starał się powiększyć najwyższe z oszacowań czternastowiecznych strony polskiej. Pisze, że jeńców brano mało, walka bowiem była zawzięta. Po stronie polskiej paść miało 12 dostojniejszych mężów i 500 pospolitych. Za *Rocznikiem świętokrzyskim* przyjął imiona trzech poległych dostojników. Pisze o przyprowadzeniu do Krakowa Reussa von Plauen. Kończy swą relację akcentem o moralnym znaczeniu bitwy.

Okoliczności i przebieg wojny Polski z Zakonem w 1331 r., w tym zwłaszcza bitwy pod Płowcami, były już niejednokrotnie przedmiotem naukowych analiz. Bitwa płowiecka istotnie rozegrała się w dwu etapach. W pierwszym była w pełni zwycięska dla wojsk Łokietka, w drugim popołudniowym, gdy Krzyżacy uzyskali wsparcie głównych sił, które wcześniej pociągnęły na Brześć, obie strony poniosły dotkliwe straty. Wojska polskie uległy częściowemu rozproszeniu, ale główny ich trzon z królem opuścił pole bitwy dopiero przy zapadającym zmroku. Krzyżacy jednak również rychło z pobojowiska odeszli, a rezygnując już z oblężenia Brześcia, podążyli szybkim marszem na Toruń, jak gdyby w obawie, że Łokietek zbierze siły i za dnia natrze na nich od nowa.

Nie byłoby celowe w tym miejscu wdawać się w szczegóły taktyczno-militarne bitwy. Jeżeli natomiast przytoczyliśmy różne opinie o tym epizodzie źródeł współczesnych i bliskich mu, to po to, aby pokazać, w jakim stopniu stał się on przedmiotem propagandy zarówno polskiej, jak i krzyżackiej. Starano się wyolbrzymić sukcesy, pomniejszyć rozmiary klęski itp., a ze strony polskiej dopatrywano się wręcz ingerencji w tej bitwie sił nadprzyrodzonych, świętych patronów Polski, co miało oznaczać, że walczono o dobrą sprawę. W ten splot czynników ideowo-propagandowych uwikłana jest osoba królewicza Kazimierza. Wiadomo ze źródeł wzajemnie od siebie niezależnych, że w kampanii przeciw Zakonowi z września 1331 r. uczestniczył, mamy prawo domyślać się, że większej roli w niej nie odegrał, lecz czy prawdą jest to, co podnosiła propaganda krzyżacka, że zbiegł z pola bitwy? Zaprzeczyć się temu nie da, skoro wiadomo z tradycji najbliższej wydarzeniom, bo z relacji zawartej w *Roczniku małopolskim* i w *Roczniku Traski*, a opierającej się na świadectwie uczestników wydarzeń, że część rycerstwa opuściła pole bitwy. Mógł być w tej grupie również syn królewski. *Rocznik kapitulny krakowski* podkreśla, jak zwrócono na to uwagę, że wszyscy, z Kazimierzem włącznie, byli natchnieni odwagą i męstwem przez świętych patronów Polski. To specjalne uwypuklenie osoby Kazimierza może budzić pewne wątpliwości co do okazanych przez niego pod Płowcami talentów rycerskich. Wersja, którą podaje Długosz, iż Władysław Łokietek w ogóle nie dopuścił syna do bitwy, nie ma oparcia w żadnym z wcześniejszych źródeł i jest zapewne efektem kombinacji samego autora. Jeżeli tak, to na pewno Długosz domyślał się trafnie, że Łokietek bał się o los syna, jedynego następcy tronu w Królestwie, które z takim trudem odbudowywano. Łokietek nie mógł być pewny wygranej, bo miał do czynienia z najbardziej doświadczonym rycerstwem. A w takim razie mógł i powinien był powierzyć syna szczególnej trosce najrozważniejszych spośród swoich rycerzy, z poleceniem wycofania się z bitwy w razie niebezpieczeństwa. Wśród tych niewiadomych rysuje się nam postać następcy tronu, który w wieku 21 lat do najprzedniejszych rycerzy nie należał i — jak się wydaje — większej roli przy steranym już trudami i wiekiem ojcu nie odgrywał.

Wiosną i wczesnym latem 1332 r. Krzyżacy opanowali Kujawy, po czym w sierpniu zawarto rozejm między Polską a Zakonem i zdano się na arbitraż Jana Luksemburczyka i Karola Roberta. W działaniach wojennych tego okresu o udziale królewicza Kazimierza nie słyszymy. W ich toku poległ natomiast Wincenty z Szamotuł. Nie wiadomo, czy w związku ze śmiercią byłego starosty wielkopolskiego, czy też od niej niezależnie, Kazimierz pojawia się znowu. na terenie Wielkopolski. Mógł więc przejąć władzę namiestniczą w tej dzielnicy po Wincentym, ale mógł ją również, przynajmniej w sposób nominalny, spełniać bez przerwy od r. 1330. *Rocznik małopolski* i *Rocznik Traski* informują nas w jednobrzmiącej relacji, że po zawarciu rozejmu z Krzyżakami Władysław Łokietek podążył do Wielkopolski, gdzie naszedł zbiegłych a opornych Królestwu Polskiemu książąt. Chodzi tu oczywiście o przedstawicieli głogowskiej linii Piastów, w których rękach pozostawała wciąż jeszcze południowo-zachodnia część dzielnicy wielkopolskiej, a którzy właśnie musieli wspierać Krzyżaków w wojnie z Łokietkiem. Król spalił i zniszczył według tej relacji ponad 50 ich gródków czy umocnionych osad, a gród

Kościan, groźny dla Polski, obległ. Oblężeni, ufni w swoje siły, postanowili się bronić. „Widząc to, syn królewski, przesławny Kazimierz, uderzył na gród z Węgrami i ze swoimi ludźmi, a wziąwszy go siłą, zabił w nim około 100 ludzi, wśród których było 50 opancerzonych, jedni Ślązacy, inni Czesi, jeszcze inni Niemcy, i wielu mężów szlachetnie urodzonych, z których żadnemu nie pozwolił Kazimierz pozostać przy życiu". Tak odebrano książętom śląskim dzierżoną przez nich jeszcze część Wielkopolski. W ich rękach pozostawała odtąd już tylko Wschowa z okręgiem. W tym zakresie źródło współczesne podkreśla wyraźnie znaczną rolę Kazimierza Wielkiego, co istotnie wypadnie nam policzyć na jego konto.

Długosz z perspektywy historycznej bardzo wysoko ocenia to przedsięwzięcie Kazimierza, zaznacza jednak, że podjął je Kazimierz wbrew woli ojca, co by nas upewniało, że Łokietek wciąż bał się o syna, a może nie w pełni ufał jego rycerskim umiejętnościom. Jeżeli wierzyć dalej Długoszowi, czyn ten miał u współczesnych pozyskać Kazimierzowi sławę, a powracającego z wyprawy króla z synem witać miały w Krakowie procesje.

Wnet po tych wydarzeniach z jesieni 1332 r., 73-letni Władysław Łokietek legł złożony śmiertelną chorobą. *Rocznik małopolski* i *Rocznik Traski* informują w jednobrzmiącym tekście, że kiedy dominikanin brat Eliasz, który z mocy Stolicy Apostolskiej miał prawo odpuszczania królowi wszystkich grzechów, dokonał swoich posług religijnych, zwrócili się do króla dwaj oddani mu dostojnicy, Spycimir kasztelan krakowski i Jarosław archidiakon krakowski, z prośbą, aby polecił panom Królestwa swego syna Kazimierza jako następcę tronu; niech go otoczą miłością i przyjaźnią. Wówczas Łokietek, który miał już trudności mowy, zwrócił się do otaczających go dostojników, polecając swego syna ich wierności i mądrości, z kolei obecnemu przy łożu śmierci Kazimierzowi powierzył troskę o dostojników. Zmarł król według tej relacji w szósty dzień przed nonami marcowymi, tj. 2 marca. Przyjmujemy tę datę śmierci Łokietka jako najbardziej prawdopodobną, chociaż inne źródła nie są w tym względzie zgodne.

W przytoczonej wyżej relacji mamy dwie krótkie mowy, z których pierwszą włożył autor w usta dwu wspomnianych dostojników, tj. Spycimira i Jarosława, a drugą w usta Łokietka. Są one oczywiście fikcją literacką i nie zasługują na przytaczanie. Przejął je jednak Jan Długosz, który z powyższej relacji korzystał, znacznie je rozbudował pod względem formy, ale także uzupełnił merytorycznie. Godzi się zwrócić uwagę zwłaszcza na rozwinięcie mowy drugiej, którą miał wygłosić konający król. Spostrzegamy

Pieczęć majestatyczna **Kazimierza Wielkiego**, awers i rewers

Głowa Kazimierza Wielkiego z jego nagrobka

Statua Kazimierza Wielkiego z kolegiaty wiślickiej

Głowa Kazimierza Wielkiego z antependium kościoła parafialnego w Stopnicy

Twarz Kazimierza Wielkiego w zworniku kamienicy hetmańskiej w Krakowie

Twarz Kazimierza Wielkiego w zworniku katedry sandomierskiej

Twarz Kazimierza Wielkiego w zworniku kolegiaty wiślickiej

Kazimierz Wielki na tablicy erekcyjnej kolegiaty wiślickiej

tu nawiązanie do realiów XV w., bo – według tej relacji – Łokietek błagał i zaklinał swoich dostojników, aby „wybrali" Kazimierza na tron królewski. Dalej miał się król zwrócić do syna z zaleceniem sprawiedliwych rządów i rewindykacji „dziedzicznych ziem" Królestwa, a w szczególności podstępnie zagarniętego przez Krzyżaków Pomorza. Przestrzegał przed wszelkimi układami w tej sprawie i groził wieczną hańbą, jeżeli tego zalecenia nie spełni i strat nie odzyska. Ciekawi nas, o ile Długosz czerpał tu z jakiejś innej tradycji, a o ile dorobił intencje do rzeczywistości późniejszej, którą wszak znał dobrze jako historyk.

Nie zwrócono dotychczas w tym związku rzeczowym uwagi na dokument Kazimierza Wielkiego z 1344 r., w którym już jako wieloletni król wspominał zalecenia otrzymane od ojca przy jego łożu śmierci. Już w arendze tego dokumentu, czyli w formule uzasadniającej racjami ogólnymi sens i cel jego spisania, kancelaria królewska podkreśliła, że godzi się królowi wykonywać poruczenia i zalecenia jego przodków, aby i on mógł pozostawić swoim sukcesorom troskę o działanie zgodne z jego przedsięwzięciami i przykładem. Z kolei Kazimierz Wielki wspomina, że ojciec jego Władysław, dokonując swoich ostatnich chwil życia, chociaż chory na ciele, zdrowy jednak na umyśle, przywoławszy swoich dostojników, polecił jemu „pod powinnością synowskiego posłuszeństwa i pod świadectwem sądu bożego" w szczególności sprawę następującą: gdy tylko ziemia kujawska i miasto Brześć powrócą z rąk krzyżackich pod władzę polską, następca tronu powinien zwrócić, bez sprzeciwów, imiennie wymienionym osobom pewne posiadłości na Kujawach, które – jak odczuwał umierający król – niesprawiedliwie na niego przeszły, a więc zostały zapewne skonfiskowane; mógł im nowy władca dać za nie odpowiedni ekwiwalent. Gdy więc w 1343 r. został zawarty „wieczysty pokój" z Zakonem, a Kujawy z ziemią dobrzyńską wróciły do Korony, Kazimierz spełnił wolę ojca.

Mamy więc poświadczone w tym dokumencie przekazanie przez Łokietka synowi swojej ostatniej woli, w takiej mniej więcej scenerii, jaką przedstawiają *Rocznik małopolski* i *Rocznik Traski*. Musiało to być zalecenie odzyskania ziem zabranych przez Krzyżaków, i to zapewne nie tylko Kujaw, lecz i Pomorza, jak to stwierdza Długosz. Były w tym akcie ostatniej woli również sprawy drobne, jak obchodząca nas tu restytucja dóbr, ale podyktowane głębokim poczuciem sprawiedliwości. Tę więc troskę o nienaruszalność terytorium państwowego Polski i o sprawiedliwe rządy przekazywał zapewne Łokietek Kazimierzowi, a ten uważał za swoją powinność dopełnienie we wszystkim woli ojca.

Zgon Władysława Łokietka i wstąpienie na tron Kazimierza Wielkiego *Rocznik Traski* opatrzył następującą refleksją: „Tak owa najjaśniejsza gwiazda narodu, zasnuta mrokiem śmierci, pozostawiłaby wielki chaos błędów i sporów, gdyby niebiański Tytan z promienia takiej gwiazdy nie dał narodowi polskiemu zbawiennej opatrzności. Bowiem pozostawił po sobie narodowi syna imieniem Kazimierz ... Toteż uśmiech dawał umiarkowanie smutkowi, a radość żałobie, ponieważ ci, którzy się zasłużyli u zachodu takiej gwiazdy słonecznej, okazali cześć dla pozostałego [po niej] tak silnego światła". W tej metaforycznej formie dano wyraz ciągłości rządów Łokietka i jego syna Kazimierza, ciągłości, która wynikała z więzi dynastycznej, ale realizowała się w kontynuacji idei odbudowy Królestwa, przy udziale tych samych ludzi pod jednym i pod drugim panowaniem.

To samo źródło informuje − zgodnie z *Rocznikiem małopolskim* − że następca tronu pośpiesznie się koronował, idąc za inspiracją i zaleceniem swego szwagra Karola Roberta. Koronacja odbyła się w katedrze krakowskiej w dniu św. Marka Ewangelisty, tj. 25 kwietnia, a dokonał jej arcybiskup gnieźnieński Janisław. Ten sam czas koronacji i osobę arcybiskupa Janisława jako koronującego podają zupełnie niezależnie tzw. *Spominki gnieźnieńskie*. Uzupełniają te informacje dwa źródła w pełni w tym zakresie wiarygodne i od siebie niezależne, a mianowicie *Kalendarz włocławski* i *Rocznik świętokrzyski*; podają one wiadomość, że obok arcybiskupa gnieźnieńskiego w koronacji uczestniczyli biskup krakowski Jan Grot i biskup poznański Jan Doliwa. Pierwsze z tych źródeł popełnia jednak drobną omyłkę w datacji tego wydarzenia, bo podaje dzień ósmy przed kalendami majowymi, który wypada na 24 IV, a nie na 25 IV. Tzw. *Kronika katedralna krakowska*, spisana już po śmierci Kazimierza Wielkiego, zawiera wiadomość, której brak we wcześniejszych źródłach, że „wszyscy mieszkańcy Królestwa jednomyślną zgodną wolą przyjęli księcia Kazimierza na króla Polski" i dodaje, że koronacji dokonał arcybiskup Janisław ze swoimi sufraganami, tj. biskupami diecezjalnymi, ale imiennie ich nie wymienia. Janko z Czarnkowa powtarza datę dzienną koronacji w tej samej postaci, co *Rocznik świętokrzyski*. Dokonać jej mieli, oprócz wymienionych trzech dostojników kościelnych, także Michał biskup kujawski i Stefan, biskup lubuski. Autor ten stwierdza rzecz zupełnie oczywistą, że akt koronacyjny dokonał się w obecności licznych książąt, baronów i szlachty Królestwa Polskiego. W osobnym ustępie Janko informuje, że Kazimierz wystąpił z propozycją ukoronowania również swojej żony Anny Giedyminówny, ale matka jego oświadczyła, że nie godzi się koronować innej królowej, dopóki żyje ona, prawdziwa królowa. Zgodziła się w końcu na tę koronację, uproszona przez syna, którego bardzo miłowała, i sama usunęła się do klasztoru klarysek w Starym Sączu, gdzie w habicie zakonnym, w służbie bożej dopełniła życia.

Długosz znał niewątpliwie wszystkie wyszczególnione źródła. Starał się scalić je w jednolitą konstrukcję, ale poszerzył niejako w oparciu o własną interpretację. W szczególności napisał, że „prałaci, baronowie i szlachta polska" dokonali na zjeździe wszystkich ziem, odbytym w Krakowie, formalnej elekcji nowego króla. Na zjazd ten mieli przybyć posłowie króla węgierskiego i niemal błagali zebranych, aby wybrali na tron polski Kazimierza i aby uczynili to bezzwłocznie. Elekcja dokonana została niemal przez aklamację.

Nietrudno dostrzec, że Długosz przeniósł tu wstecz praktykę znaną sobie z autopsji czy z relacji jego współczesnych. Asumpt do domysłu o zjeździe elekcyjnym dała mu niewątpliwie wiadomość *Kroniki katedralnej krakowskiej*, iż „wszyscy mieszkańcy Królestwa" przyjęli Kazimierza na króla. Nie ma jednak mowy w tym źródle o „wyborze", a już samo stwierdzenie, że dokonali tego „wszyscy mieszkańcy", przeczy możliwości odbycia zjazdu elekcyjnego. Zjazd, który istotnie miał miejsce, nosił charakter zgromadzenia koronacyjnego i stanowił konieczne tło podniosłej uroczystości, tak jak to pozwala skonstatować Janko z Czarnkowa. W świetle naszych badań nad epoką piastowską desygnacja na tron własnego syna przez koronowanego króla była aktem w pełni wystarczającym. Z kolei wiadomość Długosza o poselstwie węgierskim i o jego zabiegach o wybór Kazimierza jest rozwinięciem zwięzłej informacji *Rocznika małopolskiego* i *Rocznika Traski* o zachęcie Karola Roberta do szybkiej koronacji Kazimierza i połączeniem jej z domysłem o zjeździe elekcyjnym. Wiadomo jednak, że koronacja odbyła się niezbyt pośpiesznie, bo blisko w 8 tygodni po śmierci Łokietka. Nie ma jednak powodu kwestionować samego faktu zasięgania rady u doświadczonego szwagra następcy tronu i nie trzeba wątpić, że doradzał on jak najszybszą koronację, ze względu na rozbudzone już roszczenia Jana Luksemburczyka do korony polskiej.

Kazimierz Wielki dziedziczył więc po ojcu splendor królewskiej korony, ale zarazem ogromnie skomplikowaną sytuację polityczną państwa. Przechodzili w szeregi jego doradców, pomocników i obrońców granicy państwowej ludzie doświadczeni i zahartowani w trudach u boku Łokietka, a często zarazem oddani młodemu królowi. Trwał sojusz z Węgrami Karola Roberta, umocniony więzami rodzinnymi, który miał nadal pozostać kanonem polityki zagranicznej. Nie ustało przymierze z Litwą, którego

35

gwarantką była żona Kazimierza Aldona-Anna. Mogło ono szachować Zakon Krzyżacki, ale nie funkcjonowało już w formie rzeczywistego współdziałania. Było bowiem w pewnym sensie niewygodne i trudno się było doń odwoływać, bez narażania opinii młodego Królestwa w świecie chrześcijańskim, skoro Litwa wciąż jeszcze tkwiła w pogaństwie.

W bilansie tego, co młody władca mógł zapisać na korzyść swojego państwa, i tego, co ujemnie mogło wpłynąć na jego losy, przeważała jednak pozycja druga. Rozejm z Zakonem, zawarty przez Łokietka w sierpniu 1332 r., obowiązywał do najbliższych Zielonych Świątek. Poświadczają to *Rocznik małopolski* i *Rocznik Traski*. Należało się liczyć z tym, że gdy w rozejmie strony zgodziły się na arbitraż Karola Roberta i Jana Luksemburczyka, to ten ostatni, wypróbowany już przyjaciel Zakonu, złożył w toku pertraktacji pisemne oświadczenie, w którym bez uprzedniego zbadania sprawy stronniczo deklarował Zakonowi już nie poparcie, ale wprost ustępstwa, we własnym bowiem mniemaniu działał jako król Polski. Znamy ów jego akt, wystawiony w Norymberdze 26 VIII 1332. Tytułując się królem Czech i Polski oraz hrabią Luksemburga, zapewnił Krzyżaków, że nie wejdzie w żadne układy z „królem Krakowa", a z zagarniętych przez nich Kujaw ustępował im tyle, ile będzie potrzeba dla wyrównania szkód, które ponieśli w toku wojny. W osobnym dokumencie, wystawionym w Pradze 11 IX 1332, zapewniał Zakon, że gdyby doszło do ugody między nimi a „królem Krakowa", wówczas Zakon zachowa w posiadaniu ziemie między Wisłą, rozlewiskiem wodnym, z którego bierze początek rzeka Noteć, oraz miejscowością Prabuty. W tym trójkącie mieści się ziemia chełmińska oraz świeże nabytki w postaci ziemi dobrzyńskiej i Kujaw. Ale groźna dla Polski była nie tylko stronniczość Jana Luksemburczyka. Podtrzymując swoje roszczenia do tronu polskiego, mógł ów awanturnik w królewskiej koronie znów — jak w 1327 r. — dochodzić czynnie swoich domniemanych praw. Był teraz jednak w sytuacji o wiele korzystniejszej, skoro miał swoich lenników na Śląsku i na Mazowszu. Brandenburgia pozostawała neutralna, ale przejęta przez Wittelsbachów, mogła się stać narzędziem polityki cesarskiej, co byłoby podwójnie groźne w wypadku, gdyby w jakimś momencie cesarstwo zwróciło się przeciw Polsce.

Oceniając realnie tę sytuację, doradcy Kazimierza i on sam uważali najprawdopodobniej, że najpilniejszą sprawą jest prolongata rozejmu z Zakonem. Nie chciano zwlekać do ostatniej chwili, aby w razie niepowodzeń w rozmowach nie narazić Polski na nowe najazdy krzyżackie, którym niełatwo byłoby się przeciwstawić. Rozumiano, że z upływem daty rozejmu przychodzi pora suchych i stosunkowo ciepłych dni, które sprzyjały wznowieniu wojny. Dążeniom polskim do utrzymania pokoju na granicy z Zakonem odpowiadały nastroje pokojowe w państwie zakonnym. W jego bowiem interesie było zabezpieczenie się wszelkimi możliwymi środkami w posiadaniu nabytych terytoriów, czas bowiem musiałby pracować na jego korzyść. Pertraktacje pokojowe podjęto, zapewne przez upoważnionych do tego wysłanników, w Toruniu rychło po śmierci Władysława Łokietka, a sfinalizowano je jeszcze przed koronacją Kazimierza. Nie zachowały się odnośne dokumenty, ale wiemy, że zostały wystawione, najpierw przez wielkiego mistrza 18 IV 1333, a z kolei w tydzień później, w dniu uroczystości koronacyjnych, przez Kazimierza Wielkiego.

U schyłku panowania Władysława Łokietka skomplikowała się sytuacja polityczna wewnątrz państwa polskiego. Oto stary król przeniósł w 1327 r. swego bratanka Przemysła, syna Siemomysła kujawskiego, z jego inowrocławskiej dzielnicy do Sieradza. Czynił to zapewne pod pozorem interesów tego księcia, narażonego na najazdy krzyżackie, w rzeczywistości jednak chciał uzyskać swobodę działania w bezpośrednim sąsiedztwie z Zakonem. Niczego przy tym nie ryzykował, bo Przemysł nie miał potomstwa. Może już w tym samym czasie, a w każdym razie przed 1329 r., w którym Krzyżacy zajęli Dobrzyń, przeniósł z kolei Łokietek drugiego swojego bratanka Władysława, syna Siemowita, z jego dobrzyńskiego księstwa do Łęczycy. Motywy przeniesienia musiały być te same, a bezdzietność tego księcia gwarantowała również powrót łęczyckiej dzielnicy do bezpośredniego związku z Królestwem. Nadania Łokietka miały zatem charakter dożywotni. Stary obyczaj rodzinny nakazywał książętom posłuszeństwo i szacunek wobec stryja. Sytuacja zmieniła się wraz z wstąpieniem na tron Kazimierza Wielkiego. Czy młody król mógł liczyć na te same nienaganne stosunki ze strony starszych od niego braci stryjecznych? W razie ich niesubordynacji lub nielojalności narażona byłaby jedność polityczna Polski. Wszak ich księstewka przedzielały dwie prowincje pozostające wówczas pod bezpośrednią władzą króla, tj. Małopolskę i Wielkopolskę.

III. Między Andegawenami, Luksemburgami, Wittelsbachami i państwem zakonnym

We wcześniejszym okresie panowania Kazimierza Wielkiego na czoło polityki zewnętrznej państwa polskiego wysunęły się szczególnie stosunki z czterema państwami Europy środkowej: z Węgrami, Czechami, Marchią Brandenburską i Zakonem Krzyżackim w Prusach. Tylko Węgry były w tym układzie sojusznikiem Polski. I tego sojuszu odziedziczonego po ojcu młody król ściśle przestrzegał. W sojusznika starano się od jakiegoś czasu zamienić również Brandenburgię. Natomiast Czechy luksemburskie i państwo zakonne stały na pozycjach wrogich Polsce, grożących wciąż otwartym konfliktem. Jak przedstawiali się owi główni partnerzy polityczni ówczesnej Polski?

Monarchia węgierska doszła w XIV w. do poważnego znaczenia. W 1301 r. wygasła dynastia Arpadów. Po krótkim epizodzie panowania na Węgrzech Wacława III z domu Przemyślidów i Ottona z domu Wittelsbachów osiadł na tronie węgierskim forsowany przez Stolicę Apostolską Karol Robert Andegaweński. Doświadczenia wyniesione z ojcowskiego dworu w Neapolu i wpływy francuskie, którym ulegał zarówno ten dwór, jak i Karol Robert osobiście, połączone z dobrą koniunkturą Europy Środkowej i mocną pozycją gospodarczą Węgier, dały Karolowi Robertowi możliwość przebudowy państwa węgierskiego i wyniesienia go do wybitnej roli wśród państw europejskich. Ograniczeniu uległy wpływy potężnych rodzin możnowładczych, co już samo przez się oznaczało wzmocnienie władzy monarszej. Nowy król utworzył nową elitę rządzącą, którą związał z sobą nadaniami ziemskimi. Sprawnym narzędziem zarządzania państwem uczynił radę królewską, którą sam spośród oddanych sobie ludzi powoływał. Reorganizacja skarbu, polegająca na wprowadzeniu podatku gruntowego i na wspomnianej już reformie monetarnej, uniezależniła monarchę od społeczeństwa i dała mu środki na realizację wielkich planów politycznych. Zarazem siły militarne państwa wzmocniły się dzięki nowej organizacji służby wojskowej. Efektowne sukcesy tej polityki wewnętrznej zebrać miał syn Karola Roberta Ludwik, którego tradycja węgierska obdarzyła przydomkiem wielkiego.

Ludwik wstąpił na tron po śmierci ojca w 1342 r. Miał ekspektatywę panowania w Polsce, gdyby Kazimierz Wielki nie miał potomstwa męskiego, oraz wytyczony kierunek rozszerzania i utrwalania wpływów rodziny andegaweńskiej na południu Europy. Gdy w r. 1343 zmarł król Neapolu Robert Dobry, brat Ludwika Andrzej przez małżeństwo z wnuczką zmarłego króla Joanną wstąpił na tron neapolitański. W 1345 r. został jednak zamordowany, co skłoniło Ludwika do wypraw odwetowo-represyjnych do Neapolu. Nie przyniosły mu one co prawda sukcesji neapolitańskiej, ale zaostrzyły apetyt na inne kraje południowoeuropejskie. W wyniku wojen z Wenecją zawładnął, choć nietrwale, dalmatyńskim wybrzeżem Adriatyku. Sięgnął po Bośnię, część Serbii i Bułgarii, a nadto rozciągnął wpływy węgierskie na Mołdawię i Wołoszczyznę. Pomyślny rozwój kultury i sztuki na obszarze państwa węgierskiego wieńczył dzieło Ludwika.

Podobnie jak Węgry, również Czechy dostały się w XIV w. w ręce obcej dynastii i pod jej panowaniem przeżyły okres świetności. Rodzima dynastia czeska Przemyślidów wygasła w 1306 r. wraz ze śmiercią Wacława III. Pięcioletni okres walki konkurencyjnej o tron czeski między Habsburgami a skoligaconym przez żonę z rodziną Przemyślidów Henrykiem karynckim zakończył się zwycięstwem Jana Luksemburczyka, syna króla niemieckiego Henryka VII. Jan otrzymał Czechy jako lenno Rzeszy z rąk ojca. Przez małżeństwo z córką Wacława II Elżbietą przejmował prawa wygasłej dynastii.

Rządy Jana Luksemburczyka w Czechach natrafiły na znaczne trudności. Nowy król otoczył się niemieckimi urzędnikami, co wywołało opozycję wśród możnowładztwa czeskiego, a nawet otwarte bunty. Niechęć budziły najemne wojska obce i ledwie mogły ją zrównoważyć liczne ustępstwa natury skarbowej i ulgi w służbie rycerskiej. Dopiero ugoda w Domażlicach z 1318 r. przyniosła względną równowagę w wewnętrznych stosunkach Czech. Nowy król Czech miał usposobienie żądnego przygód rycerza. Wiele podróżował, bywał na różnych europejskich dworach, a dochody skarbu czeskiego były mu w tym pomocne. Pokazał się jednak również zręcznym politykiem, skoro zdołał związać z Królestwem Czeskim liczne nowe nabytki. Już w 1319 r., po wygaśnięciu domu askańskiego, w którego rękach znajdowały się Łużyce, wyjednał sobie u swego sprzymierzeńca, króla niemieckiego Ludwika Wittelsbacha, zachodnią część tego kraju. Wschodnią, która znalazła się w rękach księcia jaworskiego Henryka, odkupił wnet od tegoż, scalając pod władzą Królestwa Czeskiego całą Marchię Łużycką. Podniósł przejęte po Przemyślidach roszczenia do tronu polskiego, a zrezygnował z nich za sumę 20 000 kóp groszy praskich. W latach 1327—1336 wymusił hołdy lenne na rzecz Czech na wszystkich, z wyjątkiem

Bolka świdnickiego i Henryka jaworskiego, książętach śląskich. Nabył za pieniądze pełne prawo własności do księstwa głogowskiego, a w drodze zapisu sukcesyjnego wszedł nadto w posiadanie księstwa wrocławskiego. Zdołał również narzucić zwierzchność lenną Czech księstwu płockiemu. Skromniejsze były sukcesy Jana Luksemburczyka na południu, gdzie również angażował się czynnie w szereg spraw politycznych. W toku realizacji swoich planów włoskich zdołał w 1330 r. zawładnąć częścią Lombardii, ale już w trzy lata później porzucił jej sprawy. Porażkę poniósł na terenie Karyntii i Styrii, które to kraje chciał związać ze swym domem przez małżeństwo swego syna Jana Henryka z Małgorzatą Maultasch. Natrafił bowiem na tym polu na silną konkurencję Wittelsbachów i Habsburgów.

Jeżeli monarcha może zapewnić krajowi świetność, to uczynił to w stosunku do Czech syn i następca Jana, Karol Luksemburczyk. Rządy królewskie w Czechach objął formalnie po śmierci ojca w 1346 r., faktycznie jednak rządził znacznie wcześniej jako margrabia Moraw i zastępca ojca w czasie jego licznych wypraw i podróży. Okolicznością sprzyjającą Czechom pod panowaniem Karola było na pewno to, że jako król niemiecki (od 1346 r.) i cesarz (od 1355 r.), nie podporządkowywał interesów czeskich interesom Rzeszy, ale raczej na czoło wysuwał te pierwsze. Troszczył się o rozwój gospodarczy Czech, popierał miasta i opieką otaczał handel. Jeszcze za życia ojca, w 1344 r., doprowadził do utworzenia arcybiskupstwa w Pradze, gdy dotąd Kościół czeski podlegał wciąż jeszcze prowincji kościelnej mogunckiej. Sam wykształcony, założył w 1348 r. uniwersytet w Pradze, który nie tylko mógł się szczycić tym, że był pierwszą tego rodzaju placówką naukową w Europie Środowej, ale przede wszystkim rzeczywistą siłą oddziaływania na Czechy i na szereg sąsiednich krajów. Dwór Karola i jego kancelaria skupiały ludzi światłych i inspirowały rozwój intelektualny szerszych kręgów społecznych. W polityce był ostrożny, unikał konfliktów zbrojnych, ale w sposób zręczny i konsekwentny zabiegał o dobro Korony czeskiej i o znaczenie rodziny, którą reprezentował. Zrzekł się wprawdzie na rzecz Polski lenna mazowieckiego, ale przez małżeństwo z Anną, bratanicą Bolka II świdnickiego, związał z Czechami to ostatnie niepodległe księstwo śląskie. Aktami inkorporacyjnymi z lat 1348 i 1355 umocnił formalne związki Śląska z Koroną Królestwa Czeskiego. Wytwarzające się więzi ekonomiczne wpływały na zbliżenie rzeczywiste. Szeregiem zabiegów dyplomatycznych uzyskał Karol w 1363 r. prawo dziedziczenia Marchii Brandenburskiej na wypadek braku sukcesorów męskich w rodzinie Wittelsbachów. Już w 1374 r. przejął 40

Brandenburgię i osadził w niej swego syna Zygmunta. Wprawdzie w Czechach Karola IV narastały liczne konflikty, spowodowane m. in. napływem i umacnianiem się w sferach dworskich żywiołu niemieckiego, panowanie jego musi być jednakże uważane za okres świetności państwa czeskiego, której nie dorównano już w czasach późniejszych.

Z kolei należy zwrócić uwagę na Brandenburgię. Swój okres politycznej świetności przeżyła ona w XIII w., szczególnie pod władzą dwu braci: Jana I (zm. 1266) i Ottona III (zm. 1267). Rządzili oni krajem wspólnie od 1220 r. przez lat 40, z kolei podzielili go, co zapowiadało osłabienie Marchii, przynajmniej w jej polityce zewnętrznej. Bracia powiększyli znacznie terytorium swojego państwa i zapewnili mu na jakiś czas dużą rolę polityczną na wschodniej rubieży cesarstwa. Przez małżeństwo Ottona z córką Wacława I czeskiego dostały się Marchii tzw. górne Łużyce, w formie zastawu zamienionego na lenno, które u schyłku XIII w. przekształciło się w pełną własność brandenburską. Ważnym sukcesem politycznym Askańczyków było narzucenie zwierzchności lennej władcom Pomorza Zachodniego, a wreszcie utworzenie tzw. Nowej Marchii, która za punkt wyjścia miała Ziemię Lubuską, a głębokim klinem wbiła się między Wielkopolskę i Pomorze Zachodnie. Jeszcze u schyłku XIII w., po śmierci Przemysła II w Polsce, zdołała Brandenburgia zawładnąć bronionymi dotąd wytrwale grodami Drzeniem, (Drezdenkiem) i Santokiem. Wnet zajęła również terytorium Wałcza i Drahimia, sięgając po Gwdę. Tak przebyta droga wiodła niewątpliwie do opanowania Pomorza Gdańskiego, ale tu Brandenburczycy ponieśli porażkę, bo dali się wyprzedzić Zakonowi Krzyżackiemu. W 1308 r. lub 1309 zmarł jeden z najwybitniejszych margrabiów Otto IV (ze Strzałą). Już obok niego działał inny margrabia Waldemar, nazywany niekiedy wielkim. Ten ostatni miał jeszcze duże aspiracje polityczne, ale musiał stawić czoła groźnej koalicji, do której należała Meklemburgia, Dania, Marchia Miśnieńska, a także Łokietkowa Polska. Musiał się pogodzić w 1317 r. z utratą Miśni, którą od pięciu lat dzierżył jako zdobycz. Utracił także nabytki brandenburskie na Pomorzu Gdańskim, a mianowicie Słupsk, Sławno i Darłowo. Zmarł w 1319 r., pozostawiając Brandenburgię na pastwę konkurentów. W rok później zmarł jego bratanek Henryk, na którym wygasł ród Askańczyków.

W 1323 r. król niemiecki Ludwik Wittelsbach, traktując Marchię Brandenburską jako lenno Rzeszy, oddał ją swemu nieletniemu synowi noszącemu również imię Ludwik. Rządy Wittelsbachów trwały tu równo pół wieku. Nie zapewniły Marchii silnej władzy i nie zdołały się oprzeć atakom z zewnątrz. Korzystając ze słabości tego tworu politycznego, Kazimierz Wielki oderwał od niego Wałcz z Drahimiem i Czaplinkiem i zniweczył w ten sposób pomost, przez który Brandenburgia łączyła się z państwem zakonnym. Nadto król polski wymógł hołd lenny na siedzących z ramienia Brandenburgii na Drżeniu i Santoku panach von Osten.

W 1363 r. Karol Luksemburczyk uzyskał ekspektatywę na sukcesję w Brandenburgii, a w 4 lata później ostatni margrabia brandenburski z rodziny Wittelsbachów Otto, zwany w historiografii Leniwym, sprzedał Karolowi Łużyce. W 1373 r. uwikłany w sieci polityki luksemburskiej, zrzekł się na jego rzecz – za odszkodowaniem – Marchii Brandenburskiej, która zatem przeszła na Luksemburgów, zarządzana kolejno przez synów Karola, najpierw Wacława, a potem Zygmunta.

Trudnościom politycznym Marchii Brandenburskiej w XIV w. towarzyszyło rozprzężenie wewnętrzne z pewnymi objawami kryzysu struktur feudalnych na Zachodzie. Na wsi zaznaczyło się pustoszenie gruntów, a zapewne również odpływ ludności wiejskiej poza granice Marchii i do miast. Jeżeli się zważy, że Brandenburgia leżała w strefie bałtyckiej i dostarczała kupcom hanzeatyckim przede wszystkim zboża, to te ujemne objawy można tłumaczyć obniżonym popytem na zboże z tego rejonu w dotkniętej spadkiem demograficznym Europie Zachodniej. Równocześnie ubożała na tym obszarze szlachta. Było to spowodowane spadkiem renty feudalnej, a pogłębione prawdopodobnie przez zmniejszenie się popytu na zboże. Przyczynić się mógł do takiego stanu również regres polityczny Marchii, który odbierał chleb tym, którzy żyli z zaborczych wojen. Plagą kraju stały się rozboje i szczególna ich postać tzw. raubritterstwo, co zaostrzało stan niepewności i powiększało skalę wewnętrznych konfliktów i napięć.

Wiek XIV był bardzo ważnym okresem w dziejach państwa zakonnego w Prusach. W latach osiemdziesiątych poprzedniego stulecia dokończony został podbój Prus i Jaćwieży. W latach 1308 – 1309 Krzyżacy zawładnęli Pomorzem Gdańskim, a bezpośrednio potem wielki mistrz Zakonu przeniósł swą siedzibę z Wenecji do Malborka. W tym czasie państwo zakonne walczyło jeszcze z dużymi trudnościami, a i Zakon jako zgromadzenie o rozległym międzynarodowym polu działania przechodził kryzys. Tło jego było dwojakie. Z jednej strony ujawnił się konflikt między wielkim mistrzem Zakonu, który znalazł siedzibę w Prusach, a mistrzem krajowym Prus na tle kompetencji i zakresu władzy. Funkcja tego ostatniego stała się bowiem zbędna. Pozbawiony jej Henryk von Plotzke znalazł się w opozycji. Z drugiej strony narastał konflikt wewnątrzzakonny na tle reform, które miały uporządkować jego życie i działanie. Podjął je Karol Beffart z Trewiru, wybrany wielkim mistrzem w 1312 r. Natrafił on w Prusach na rozliczne trudności w zarządzaniu państwem i na opór w samym Zakonie, a zmuszony przez prowincjonalną kapitułę do rezygnacji z godności, opuścił Prusy. Sytuację państwa zakonnego pogarszał stan zagrożenia z zewnątrz. Polska Łokietka nie była wprawdzie wówczas niebezpieczna, ale wzmogły się działania zaczepne Litwy. Kilka najazdów litewskich sięgnęło w głąb ziem pruskich. W 1320 r. Władysław Łokietek wytoczył Zakonowi proces przed trybunałem powołanym przez Stolicę Apostolską, a w r. 1325 zawarł sojusz z Litwą, którego ostrze zwrócone było przeciw Zakonowi, jakkolwiek zaowocować miał on tylko w rozgrywkach z Brandenburgią. Państwo zakonne w Prusach przetrwało wewnętrzne trudności i zagrożenie z zewnątrz, a wnet zyskało sobie potężnego sojusznika i protektora w osobie Jana Luksemburczyka i dużą popularność wśród elity świata feudalnego Europy Zachodniej. Zabór ziemi dobrzyńskiej i Kujaw potwierdził wzrost siły militarnej Zakonu i zmusił Polskę do szukania pokojowych form współżycia z groźnym sąsiadem.

Wzrost znaczenia państwa zakonnego w Prusach byłby niemożliwy bez wzmocnienia jego organizacji wewnętrznej i pomnożenia tych środków i zasobów, które składają się na potencjał ekonomiczny. Nastąpiła w tym zakresie przede wszystkim stabilizacja władzy centralnej. Obniżyło się znaczenie kapituły generalnej w zarządzie Zakonu, a wzmocniła się władza wielkiego mistrza, z którym współdziałała jego rada, złożona zaledwie z siedmiu dostojników, a decydująca o sprawach największej wagi. Dobrze zorganizowany skarb i oparty na braciach zakonnych system administracyjny gwarantowały regularność dochodów i akumulację środków inwestycyjnych. W pierwszej połowie XIV w. Zakon rozwinął na dużą skalę działalność osadniczą na prawie chełmińskim, posiłkując się zrazu napływem osadników niemieckich, ale także polskich, którzy napływali zwłaszcza do południowej części Prus. Przebudowywano także stare osady pruskie, nadając im charakter wsi na prawie czynszowym. Popierano osadnictwo biskupów pruskich i przebudowę dóbr szlacheckich. W połowie XIV w. ustał napływ osadników z Niemiec, ale akcję osadniczą kontynuowano w oparciu o rezerwy ludnościowe własne i o osadników z sąsiednich ziem polskich. Osiągano więc nadal wzrost dochodów gotówkowych i nadwyżki zbożowe, pochodzące z dóbr własnych i od poddanych; one pozwoliły Zakonowi włączyć się do handlu bałtyckiego. Zakon monopolizował pewne agendy gospodarcze, czym przyśpieszał rozwój swego państwa. Podkreśla się słusznie kolonialny charakter państwa zakonnego. Dopływ bowiem braci do Zakonu miał swoje źródła w krajach niemieckich. W jeszcze większym stopniu zasilane było to państwo przez zamożne rycerstwo zachodnioeuropejskie, które szukało w nim atrakcyjnej rozrywki rycerskiej. Dostarczały jej wyprawy zbrojne na Litwę. Przybrane ideą walki z niewiernymi, bardzo silnie działały na wyobraźnię świata feudalnego. Przyjeżdżano na nie z gotówką, która zasilała Zakon, a wracano z nich z łupem, który również pozostawał z reguły na miejscu. Duże znaczenie mieli zwłaszcza jeńcy, których pracę Zakon wykorzystywał przy budowie potężnych zamków i przy innych cięższych pracach. Ten system funkcjonował nienagannie przez wiele dziesiątków lat, a do rozkwitu doszedł w czasie długich rządów wielkiego mistrza Winrycha von Kniprode (1352 – 1382), które uchodzą za okres największej świetności państwa zakonnego.

* * *

Wspomniano już poprzednio, że zaraz po śmierci Władysława Łokietka, zanim jeszcze następca tronu przywdział koronę królewską, podjęto ze strony Polski rozmowy z Zakonem Krzyżackim o prolongatę rozejmu z sierpnia 1332 r. Była to linia polityki zmarłego króla, od której nie myślano wszak odstępować. I choć rozejm pozostawał w mocy jeszcze do Zielonych Świątek, przypadających w 1333 r. na dzień 23 maja, przedłużenie jego załatwiono już z górą miesiąc wcześniej, co wielki mistrz potwierdził aktem z 18 IV 1333, a Kazimierz Wielki w tydzień później, dokładnie w dniu swojej koronacji, działając zatem już jako król Polski.

Kolejnym aktem polityki zewnętrznej Kazimierza Wielkiego było odnowienie pokoju z ówczesnym margrabią brandenburskim Ludwikiem Wittelsbachem starszym. Kontynuowano tu znowu koncepcję polityczną z czasów Łokietka. Chociaż Brandenburgia w rękach Wittelsbachów nie przedstawiała już ani tej siły ekspansywnej, co w czasach askańskich, ani dawnej idei parcia na wschód, a i jej potencjał gospodarczy ulegał powolnemu nadwerężeniu, w Polsce pamiętano zapewne dobrze zarówno narodziny Nowej Marchii oraz uporczywe walki książąt wielkopolskich o utrzymanie Drżenia i Santoka, jak też roszczenia brandenburskie do Pomorza Gdańskiego. Myślano więc zapewne wciąż jeszcze o Brandenburgii jako o potencjalnym wrogu Polski, którego należało zneutralizować, a tylko w bardzo śmiałych planach mogła się ona jawić jako ewentualny sojusznik. Aktualnie zresztą na czoło wysuwały się nowe sprawy, którym obie strony winny były doraźnie przeciwdziałać i które znalazły wyraz w nowych pertraktacjach pokojowych. Były to niepokoje w strefie przygranicznej obu państw, pleniące się raubritterstwo, któremu żadna ze stron z osobna nie mogła położyć tamy, jeżeli druga udzielała schronienia rozbójniczym elementom z marginesu świata feudalnego. Układ pokojowy z Brandenburgią zawarto w dniu 31 VII 1333, a miał obowiązywać już od 25 lipca t.r. przez okres dwu lat. Zachował się jego akt ze strony polskiej; analogiczny w treści zasadniczej wystawić musiała również strona brandenburska. W motywacji, jaką przygotowała dla tej sprawy kancelaria królewska, podkreślono, że niezgoda i nieporozumienia są zgubne dla obu państw, gdy tymczasem „przez łączność i jednomyślną zgodę" można osiągnąć korzyści. Zamieszczona tu formuła, że po wspomnianym dwuletnim okresie układ tracił swoją moc, wskazuje na rozejmowy jego charakter i na pewną nieufność stron w stosunku do siebie. Warto tu w skrócie przytoczyć te warunki, które przyjęła na siebie strona polska, bo one ilustrują doskonale charakter i rozmiary zła, któremu starano się zapobiec. Przewidziano więc, że jeżeli ktokolwiek z ludzi należących do władztwa króla Polski dopuści się w okresie trwania układu przestępstwa po stronie brandenburskiej, wówczas może być pozwany przez wójta margrabiego w Drzeniu, gdzie jednak ma odpowiadać według prawa polskiego, a skazany w takich okolicznościach nie mógł opuszczać tego grodu bez pełnej satysfakcji na rzecz poszkodowanego. Nikt proskrybowany w Brandenburgii, ani żaden zbieg z jej terytorium, nie mógł szukać schronienia w państwie Kazimierza Wielkiego. Nikt z poddanych brandenburskich nie mógł mieć w Polsce warownych obiektów. Również własnym poddanym król zabraniał posiadania tego rodzaju obiektów ku szkodzie Marchii Brandenburskiej, a gdyby się takie wypadki zdarzały, zapowiadał środki represyjne przeciw ich właścicielom. Warto podkreślić, że układ nie przewidywał współdziałania obronnego czy zaczepnego przeciw wrogom zewnętrznym któregoś z kontrahentów, nie zobowiązywał do neutralności w stosunku do jakiegokolwiek państwa, a ograniczał się jedynie do współdziałania w strefach przygranicznych przeciwko grabieżom i nadużyciom. W swojej warstwie zewnętrznej był więc realizacją minimalną, ideowo sięgał jednak zapewne znacznie dalej.

W centrum uwagi dyplomacji Kazimierza Wielkiego pozostawała jednak sprawa krzyżacka. Przedłużony rozejm z Zakonem upływał 24 VI 1334. Podejmowano więc zabiegi ze strony Polski około rozwiązania konfliktu na drodze pokojowej. Liczono przede wszystkim na interwencję papiestwa, które, patronując Zakonowi i jego misyjnej działalności, dawało równocześnie dowody życzliwego stosunku do Polski. Wszak w czasach Łokietka zezwoliło na proces w sprawie zagarnięcia przez Krzyżaków Pomorza, powierzając jego przeprowadzenie polskim dostojnikom kościelnym. Idąc tym śladem, dyplomacja Kazimierza Wielkiego także teraz wywierała nacisk na papieża Jana XXII i forsowała tezę, że oba sąsiadujące państwa tylko jako „pojednane i wzajemną miłością złączone będą silniejsze i możniejsze do obrony własnej i swoich poddanych, a także wyznawców Chrystusa [...] wobec sąsiadujących i konkurujących z nimi niewiernych". Takie racje utrwalenia pokoju między Polską a Zakonem zawarł wspomniany papież w bulli z 10 IV 1334, którą opatrzył swojego legata Galharda de Carceribus, wysłanego do „tamtych krajów" w różnych sprawach kościelnych. Miał on zabiegać o pokój, wezwawszy pomocy miejscowych dostojników kościelnych. Z bulli tej dowiadujemy się, że bawiący w Stolicy Apostolskiej rzecznik strony krzyżackiej zadeklarował gotowość wielkiego mistrza i Zakonu do pertraktacji pokojowych.

W dwu osobnych bullach o podobnej dyspozycji, wystawionych w Awinionie pod tą samą datą 10 kwietnia, a zatem z pewnością złożonych na ręce tegoż nuncjusza, zwracał się papież osobno do wielkiego mistrza i osobno do Kazimierza Wielkiego, upraszając ich pomocy w pokojowej misji, którą nuncjusz miał spełnić. Sprawa nabierała więc charakteru międzynarodowego i o to na pewno chodziło kazimierzowskiej dyplomacji, nieufnej co do arbitrażu, w którym wszak jeden z dwu głosów przysługiwał Janowi Luksemburczykowi, a zdawano sobie już zapewne sprawę z zobowiązań, jakie poczynił on na rzecz Zakonu.

Do pokojowego rozwiązania sprawa jednak jeszcze nie dojrzała. Zakon stał na pozycji silniejszego, który miał w rękach swoją zdobycz i po traktacie pokojowym oczekiwał legalizacji jej posiadania. Król polski działał z pozycji poszkodowanego, dla którego warunkiem pokoju musiały być rewindykacje strat. Wymagało to długotrwałych zabiegów, przygotowania opinii chrześcijańskiego świata i różnych form nacisku na Zakon. Pozostawała więc gra na zwłokę, przy wykluczeniu jednak konfliktu zbrojnego. W takich warunkach doszło do ponownej prolongaty zawieszenia broni, znowu na okres roczny, do 24 VI 1335. Wielki mistrz Zakonu Luter z Brunszwiku wystawił ze swej strony w Malborku rozejmowy dokument już 30 IV 1334. Do warunków, które przyjęto wcześniej, dorzucono nowe, które były doraźnym sukcesem dyplomacji Kazimierza Wielkiego. Zakon godził się przekazać miasto Brześć z grodem i od dawien dawna należącym doń obszarem, ze wszystkimi przynależnościami i źródłami dochodów w jego obrębie, a z wyjątkiem tylko cła w Radziejowie, które zachowywał „dla strzeżenia dróg", księciu Siemowitowi mazowieckiemu lub – gdyby on nie chciał – Maciejowi biskupowi włocławskiemu, ale po uprzednim ʉzyskaniu prolongaty zawieszenia broni ze strony króla Polski i pod warunkiem zwrotu tego obszaru, a także konserwacji grodu w określonych niżej przypadkach. Gdyby mianowicie nie doszło do podpisania wieczystego pokoju między królem Polski i Zakonem – za pośrednictwem królów Karola Roberta i Jana Luksemburczyka – wówczas ów książę mazowiecki lub biskup włocławski mieliby zwrócić dzierżone terytorium na cztery tygodnie przed upływem terminu rozejmu. Również gdyby Karol Robert przez posłów swoich i Kazimierza Wielkiego nie udzielił gwarancji co do zwrotu Brześcia i jego terytorium, miały one powrócić do rąk Zakonu, przy czym rozejm winien trwać do swojej daty końcowej. Gwarantami rozejmu ze strony państwa zakonnego byli król czeski Jan Luksemburczyk oraz książęta mazowieccy Siemowit i Trojden. Tak więc Zakon zgadzał się – jakkolwiek z rozlicznymi zastrzeżeniami – wyłączyć trzon swego ostatniego zaboru spod własnej administracji, co potwierdzało stan tymczasowości jego tam władania i utrudniało wytwarzanie jakichkolwiek więzi zagarniętego terytorium z państwem zakonnym.

Kazimierz Wielki wystawił ze swojej strony odpowiedni dokument w Krakowie 15 V 1334. Przyjmował w nim wszystkie warunki, a na gwarantów wprowadził książąt sieradzkiego Przemysła i łęczyckiego Władysława. Pod tą samą datą wystawiono w kancelarii królewskiej inny jeszcze dokument „dla dobra pokoju i korzyści rzeczy pospolitej", w którym Kazimierz Wielki ponownie zdał się na kompromisowe rozstrzygnięcie sporu przez króla węgierskiego Karola Roberta, zaproponowanego przez stronę polską, oraz króla czeskiego Jana Luksemburczyka, którego proponowała strona krzyżacka. Przyrzekał przyjąć te warunki, które zgodnie ułożą wymienieni królowie, i nie podnosić sprzeciwów, nie apelować do innych instancji itp. Gdyby któryś z arbitrów nie mógł osobiście wziąć udziału w postępowaniu rozjemczym, król godził się w takim wypadku, by w rozpatrzeniu sprawy wzięła udział rada główna danego monarchy. Opinię winna rada przedstawić swemu monarsze, który będzie miał prawo definitywnego orzeczenia. Gdyby któryś z rozjemców zmarł w czasie rozejmu, wówczas strona, której interesy on reprezentował, będzie mogła swobodnie powołać nowego rozjemcę. Z dokumentu wynika, że orzeczenie rozjemcze miało zapaść w obecności obu stron, tj. króla Polski i wielkiego mistrza. Król zatem przyrzekał, że stawi się osobiście w miejscu i w czasie, które wyznaczą rozjemcy, lub wyśle tam swoją radę. Na akcie królewskim przywiesili swoje pieczęcie dostojnicy króla, których wymieniono tu imiennie siedmiu. Analogiczny dokument, z podobnymi zobowiązaniami, wystawił zapewne również wielki mistrz. Jego tekstu jednak nie znamy. W ten sposób konflikt polsko-krzyżacki pozostał w zawieszeniu do 24 VI 1335. Dyplomacja Kazimierza Wielkiego nie czekała jednak biernie orzeczenia arbitrów. Można było wprawdzie liczyć na życzliwość Karola Roberta, ale stosunek Jana Luksemburczyka do Polski był wyraźnie wrogi, a jego deklaracje na rzecz Zakonu wydawały się wiążące. Formalnie rzecz biorąc, była Polska w stanie wojny z królestwem Jana Luksemburczyka, jakkolwiek w rzeczywistości działań wojennych nie było. Zatroszczono się więc o formalne podpisanie rozejmu z pretendentem czeskim do korony polskiej. Był to plan minimum, bo rozwiązaniem najlepszym byłoby wcześniejsze definitywne uregulowanie spraw spornych, ale na to nie mógł zapewne przystać Luksemburczyk, który wszak przyrzekł Zakonowi w 1332 r. nie wchodzić w układy z „królem Krakowa".

Było więc poważnym sukcesem dyplomacji kazimierzowskiej osiągnięcie, jeszcze przed upływem daty końcowej rozejmu z Zakonem (24 VI), porozumienia z Janem Luksemburczykiem. Poznajemy je z dokumentu wystawionego przez Kazimierza Wielkiego w Sandomierzu 28 V 1335. Oświadcza w nim król, że zawarł rozejm z wymienionym królem Czech, z ważnością do 24 VI 1336. Włączył ze swej strony do układu w charakterze jego gwarantów Karola Roberta oraz książąt Przemysła sieradzkiego i Władysława łęczyckiego, którzy mieli poręczyć rozejm, wraz ze swymi poddanymi, przez wystawienie własnych dokumentów. Gdyby rozejm został naruszony, wtedy strony miały, w ciągu dwu miesięcy od otrzymania wiadomości o tym, wysłać swoich posłów w celu rozważenia sprawy krzywd i win. Gdy naruszy go strona polska, wtedy miejscem spotkania będzie Kalisz, a król na taką okoliczność udzielał gwarancji bezpiecznego przejścia dla posłów czeskich od granicznej Baryczy do Kalisza. Gdyby natomiast naruszenie rozejmu nastąpiło ze strony czeskiej, wówczas miejscem spotkania poselstw miał być Wrocław, a z kolei Jan Luksemburczyk miał udzielić podobnych gwarancji bezpieczeństwa dla posłów polskich na odcinku drogi od Baryczy do Wrocławia. 48

Świadkujący wystawieniu tego aktu dostojnicy polscy w osobnej jego formule zadeklarowali podporządkowanie się rozejmowym warunkom.

Do porozumienia między Kazimierzem Wielkim a Janem Luksemburczykiem skłaniały dwie okoliczności. W kwietniu 1335 r. zmarł, bez potomstwa męskiego, były król czeski, książę karyncki Henryk. Spadek po nim, w postaci Karyntii, Krainy i Tyrolu, stał się nęcącym przedmiotem zabiegów ze strony Habsburgów, Luksemburgów i Wittelsbachów. Habsburgowie sprzymierzyli się w tej rozgrywce z Wittelsbachami, co oznaczało pewne osamotnienie Luksemburgów i skłaniało ich zarówno do szukania sprzymierzeńców, jak też łagodzenia konfliktów, które mogłyby ich narazić na nowe kłopoty. Ale był jeszcze fakt drugi, który na pewno zaniepokoił Jana Luksemburczyka. Oto niespełna dwa tygodnie przed podpisaniem z nim rozejmu przez Kazimierza Wielkiego dyplomacja polska doprowadziła do zbliżenia między Polską a domem cesarskim Wittelsbachów. A mianowicie 16 V 1335 wojewoda poznański Mikołaj i towarzyszący mu Jarosław z Iwna zawarli we Frankfurcie nad Odrą wstępny układ z margrabią brandenburskim Ludwikiem Wittelsbachem starszym, synem cesarza Ludwika. Układ przewidywał małżeństwo córki Kazimierza Elżbiety z bratem margrabiego, a drugim synem cesarskim, Ludwikiem młodszym (rzymskim), oraz ścisły sojusz polsko-brandenburski, do którego margrabia zamierzał wprowadzić również ojca. Podpisane we Frankfurcie preliminaria przewidywały, że sojusz ten będzie zwrócony przeciwko każdemu, „kto nie chce się zadowolić prawem i sprawiedliwością", ale że żadna ze stron nie wejdzie również w układy z kimkolwiek, sprzeczne z interesami strony drugiej. Margrabia miał uzyskać zgodę na ewentualny przejazd przez Polskę, czteroosobowa komisja (po 2 osoby z każdej strony) miała orzec o szkodach na obszarze przygranicznym, które wciąż jeszcze musiały się zdarzać, a wreszcie margrabia i król winni się byli zjechać we Wieleniu nad Notecią lub w Dobiegniewie (Woldenbergu) w dniu najbliższego Jana Chrzciciela, kiedy to upływała ważność poprzedniego układu, aby sfinalizować traktat.

Po tych więc preliminariach sojuszniczych, w sposób trochę sprzeczny z ich duchem, doprowadzono w dniu 28 V 1335 do omówionego już układu rozejmowego z Janem Luksemburczykiem. Układ ten nie miał charakteru zaczepno-odpornego, wobec tego nie podpadał wprost pod klauzulę powyższych preliminariów, zobowiązujących króla Polski do „nie zawierania przyjaźni", przeciwko cesarzowi i margrabiemu lub na ich szkodę. Rozejm z Luksemburczykiem nie nosił cech „przyjaźni", ale był nie-

49

wątliwie wstępem do trwałego uregulowania stosunków. Przede wszystkim doraźnie uspokajał króla Czech co do ewentualnego zachowania się Kazimierza Wielkiego względem jego poczynań politycznych, a to już było niezgodne z intencjami Wittelsbachów na tle konfliktu o spadek po Henryku karynckim. Dla Polski natomiast zarówno sojusz z Brandenburgią i cesarzem, jak też rozejm z Janem Luksemburczykiem, miały doraźny cel zaszachowania i postawienia w sytuacji przymusowej Zakonu Krzyżackiego.

Na razie strona polska starała się odwlec ratyfikację traktatu z Wittelsbachami. Zamiast osobistego spotkania między Kazimierzem Wielkim i Ludwikiem margrabią brandenburskim, jeszcze przed przewidywanym terminem (24 VI) stanęło w Marchii poselstwo polskie złożone z obu wspomnianych twórców omówionego układu wstępnego oraz z kanclerza Królestwa, Ottona. Choć nie znamy w pełni tajników służby dyplomatycznej z czasów, w których nie było jeszcze stałych przedstawicielstw akredytowanych w obcych państwach, a i protokół dyplomatyczny nie był jeszcze wyrobiony, wydaje się, że to nowe poselstwo polskie do Marchii otrzymało wyższą rangę i – jak należy przypuszczać – szersze pełnomocnictwa. W dniu 20 VI 1335 r. w miasteczku Chojna (Königsberg) poselstwo to wystawiło dokument, precyzujący i uściślający warunki traktatu sojuszniczego. Syn cesarski Ludwik Wittelsbach młodszy miał zgodnie z preliminariami poślubić starszą córkę Kazimierza Wielkiego Elżbietę. Określono ściśle wysokość bardzo wygórowanego posagu, który miał wypłacić król polski, uzgodniono terminy płatności i wyznaczono dokładnie wiano, jakie ze strony brandenburskiej miała otrzymać Elżbieta. Wreszcie sprecyzowano formę samego sojuszu: król miał się sprzymierzyć z obydwoma Wittelsbachami, tj. z cesarzem i z margrabią; strony gwarantowały sobie wzajemną pomoc przeciwko wszelkiemu wrogowi, w postaci i w rozmiarach szczegółowo opisanych. Przewidziano, że gdyby któreś z narzeczonych zmarło przed zawarciem małżeństwa, sojusz miał trwać mimo to przez trzy lata od daty śmierci. Dodajmy, że Ludwik rzymski miał wówczas zaledwie 5 lat, a wieku Elżbiety ściślej określić się nie da.

W sposób zwięzły powrócono do żywotnej wciąż jeszcze sprawy rozbojów w strefie pogranicznej. W razie trudności pełnego porozumienia, strony miały wyznaczyć czterech rozjemców, każda po dwu, lub jeszcze piątego dla uniknięcia impasu w wotowaniu. Traktat miał być ratyfikowany przez króla i margrabiego – jak przewidywano poprzednio – we Wieleniu i Dobiegniewie, ale dopiero 8 IX 1335.

Jeżeli słusznie się domyślamy, że ze strony polskiej celowo odwleczono do września ratyfikację sojuszu z Wittelsbachami, to miano na uwadze kontynuację rozmów z Janem Luksemburczykiem. Wydaje się bowiem, że sojusz ten traktowano w Polsce tylko jako instrument doraźnych politycznych rozgrywek na innym polu. I chociaż Wittelsbachowie, uwikłani we wspomniany już spór z Luksemburgami o spadek po Henryku karynckim, przedstawiali się jako naturalni sprzymierzeńcy Polski, nie wykorzystano u nas tego atutu do końca, być może w obawie, aby nie narazić się Stolicy Apostolskiej, która tradycyjnie Wittelsbachów zwalczała. Przewleczenie terminu ratyfikacji sojuszu z Brandenburgią powodowało, że już nie tylko Zakon, ale również król czeski winien się był poczuć pod presją sytuacji politycznej, w jakiej znajdowała się Polska. Za cenę ustępstw mógł jeszcze oderwać Kazimierza Wielkiego od sojuszu z Brandenburgią i cesarzem, a może nawet pozyskać dla własnych planów. W tych okolicznościach miało dojść latem 1335 r. do spotkania poselstwa polskiego z przedstawicielami Jana Luksemburczyka na neutralnym gruncie w obrębie Królestwa Węgierskiego, pod patronatem Karola Roberta, co pozwalało mieć nadzieję na pomyślny dla Polski przebieg rozmów. Tymczasem jednak trzeba było jeszcze sprolongować rozejm z Zakonem. Dokonano tego zapewne jeszcze przed 24 czerwca, kiedy upływał termin rozejmu poprzedniego. Nie mamy żadnego dokumentu, który by to poświadczał, ale ponieważ następna prolongata objęła okres od 24 VI 1336 do 24 VI 1337, należy przyjąć, że właśnie w 1335 r. przedłużono rozejm do 24 VI 1336.

W sierpniu 1335 r. doszło do spotkania na Węgrzech w Trenczynie między poselstwami Polski i Czech. W dniu 9 sierpnia delegacja polska otrzymała od Kazimierza Wielkiego pełnomocnictwa do prowadzenia rozmów. W dokumencie, który je zawierał, zaznaczono wyraźnie, że pokój ma być zawarty za radą króla węgierskiego. Wysłannicy króla Polski mogli czynić zobowiązania pieniężne do wysokości 30 000 kóp groszy praskich. Dla orientacji warto dodać, że była to kwota przeszło dwukrotnie przewyższająca roczny dochód skarbu królewskiego, mniej więcej z tego czasu, z wielkiego przedsiębiorstwa górniczego, jakim były wówczas krakowskie żupy solne. Liczono się więc, że polityka ta będzie kosztowna, ale widocznie ze wszech miar chciano uregulowania stosunków z Luksemburgami, od których wszak zależały sprawy z Zakonem. Już 24 sierpnia poselstwo polskie, w którego składzie spotykamy kasztelana krakowskiego Spytka z Melsztyna, prepozyta krakowskiego Zbigniewa, Tomasza z Zajączkowa oraz Niemierzę Mądrostkę, wystawiło dokument stwierdzający, że król czeski Jan Luksemburczyk i jego syn Karol, margrabia Moraw, zrzekli się „dla dobra pokoju" swoich praw do Polski, wyjąwszy ziemie wrocławską i głogowską oraz następujące księstwa na Śląsku, w ziemi opolsko-raciborskiej i na Mazowszu: brzeskie, legnickie, żagańsko-krośnieńskie, oleśnickie, ścinawskie, opolskie, niemodlińskie, strzeleckie, kozielsko-bytomskie, raciborskie, oświęcimskie, cieszyńskie oraz płockie. Wyszczególniono zatem te państewka lenne, które bądź jak wrocławskie i głogowskie przechodziły na własność Luksemburgów, bądź też stanowiły ich lenno. Wysłannicy polscy oświadczyli w tym dokumencie, że król Polski w pełni sprzyja stronie czeskiej i przyrzekli, że na pewno umowę potwierdzi. Chodziło więc o to, aby na zrzeczenie się przez Luksemburgów ich roszczeń do korony polskiej Kazimierz odpowiadał zrzeczeniem praw polskich do ziem, które faktycznie związały się już z Królestwem Czech. Nie wymagano takiej deklaracji zrzeczenia w stosunku do księstw świdnickiego, jaworskiego i ziębickiego oraz innych — poza płockim — księstw mazowieckich, które zwierzchności czeskiej nie uznawały. Były to mimo wszystko warunki, których Kazimierz Wielki przyjąć nie chciał, a w każdym razie nie musiał, wobec dość korzystnych dlań okoliczności politycznych.

Na zjeździe trenczyńskim uzgodniono zapewne czas i miejsce spotkania Kazimierza Wielkiego z Janem Luksemburczykiem. Miało ono się odbyć w jesieni w Wyszehradzie, stolicy węgierskich Andegawenów, zatem znów przy udziale Węgier. Niewątpliwie przy tej okazji miał być rozpatrzony przez Karola Roberta i Jana Luksemburczyka spór Polski z Zakonem. Planowano to z góry i powiadomiono Zakon, który wysłał do Wyszehradu swoje poselstwo. Zostało ono opatrzone w instrukcję, która przewidywała zwrot Polsce ziem zagarniętych w ostatniej wojnie między Polską a Zakonem. Zatem ziemia chełmińska i Pomorze Gdańskie oraz pewne inne drobne nabytki w postaci nadań, ściśle w tej instrukcji określone, miały pozostać przy państwie zakonnym. W artykułach dodatkowych do instrukcji Zakon domagał się, aby król Polski zmienił swoją pieczęć co do tytulatury pomorskiej. Wśród zasadniczych żądań Zakonu miało być zobowiązanie ze strony Polski, że jej król nie będzie się łączył z poganami przeciwko Krzyżakom, że będzie przepuszczał przez swoje terytorium tych, którzy podążaliby, wraz z odpowiednim wyposażeniem, do walki z niewiernymi, że książęta kujawscy, po zwrocie Kujaw Polsce, nie będą wnosić żadnych roszczeń w stosunku do Zakonu, że wzajemne szkody wynikłe z działań wojennych zostaną wyrównane, przy czym szczegółowo i dokładnie określał Zakon procedurę rekompensaty szkód własnych. We wspomnianych już artykułach dodatkowych Zakon domagał się zwrotu jeńców, względów dla mieszczan włocławskich za to, że poddali się Zakonowi, wprowadzenia do traktatu książąt mazowieckich jako sojuszników Zakonu, specjalnej rezygnacji króla węgierskiego z Pomorza i ziemi chełmińskiej, a przede wszystkim uzyskania gwarancji postulowanego traktatu od królów czeskiego i węgierskiego oraz od Stolicy Apostolskiej, o co miała zabiegać Polska.

W dniu 1 IX 1335 dominikanie z klasztorów znajdujących się pod władzą Zakonu, a mianowicie przeorowie Elbląga, Gdańska, Chełmna, Torunia, Tczewa i Brześcia Kujawskiego, ale – bez wątpienia nieprawnie – imieniem całej polskiej prowincji dominikańskiej, wystąpili do Stolicy Apostolskiej z pismem, w którym wysoko wynosili zasługi Krzyżaków. Przedstawiali ich jako „prawdziwych mocarzy wiary", którzy „miłują i czynią pokój, troszczą się o miłosierną gościnność, dają szczodre jałmużny i zabiegają najpobożniej o to wszystko, co należy do kultu bożego i chwały pańskiego domu, pomnażają i zakładają z dnia na dzień nowe kościoły, a osoby duchowne i zakonne otaczają szczodrobliwymi dobrodziejstwami". Podkreślono dalej, że „pragnąc palmy męczeństwa, rzetelnie bronili oni siłą swego oręża ziem chrześcijan, a w szczególności Polski, przed najazdami niewiernych". O tym, że pismo związane było ze sprawą polską, świadczy zdanie następujące: „A gdyby nie gorliwość rozlicznych starań wspomnianych braci, dawno by Królestwo całej Polski w sposób żałosny zginęło". List był środkiem niewybrednej propagandy, która miała zjednać Zakonowi opinię papieską.

Zjazd w Wyszehradzie rozpoczął swoje obrady w dniu 1 XI 1335. W pierwszej kolejności rozpatrzono na nim sprawę między Polską a Zakonem Krzyżackim. Było to nie po myśli Kazimierza Wielkiego, który robił wszystko, aby wyrok w tej sprawie uprzedzić rzeczywistym pozyskaniem sobie Luksemburgów. Preliminaria trenczyńskie stanowiły tyko krok na tej drodze, ale to, że nie były one jednoznaczne z traktatem politycznym, dawało również Kazimierzowi Wielkiemu pewną swobodę manewru. Jeżeli zawarte w nich warunki były narzucone prze Luksemburgów, to w razie niekorzystnego dla Polski wyroku w sprawie z Zakonem, mógł się z nich Kazimierz Wielki wycofać. Obie strony starały się jeszcze wzajemnie w trakcie obrad wyszehradzkich szachować, co jest widoczne z chronologii wystawionych tam dokumentów.

Wyrok w sporze polsko-krzyżackim został przez Karola Roberta i Jana Luksemburczyka ogłoszony 26 XI 1335, jakkolwiek z jego właśnie tekstu wiadomo, że obrady rozpoczęły się 1 listopada, a akta sprawy, której dotyczył, zostały rozpatrzone przez obu monarchów w ciągu kilku kolejnych następujących po sobie dni. Tymczasem w serii dokumentów z 12, 13 i 19 listopada sfinalizowano sprawę między Polską a Luksemburgami. Jeszcze 23 tego miesiąca Kazimierz Wielki zabiegał u Jana Luksemburczyka o pewną korekturę orzeczenia w sprawie z Zakonem (dotyczącą ziemi dobrzyńskiej), a w trzy dni później ogłoszono już wyrok.

Nie mogąc śledzić — z braku odpowiednich źródeł — przebiegu obrad wyszehradzkich, spojrzymy na nie pod kątem widzenia osiągniętych rezultatów, a więc poprzez dokumenty, które w ich toku wystawiono.

12 listopada Kazimierz Wielki wraz ze swoimi kilkunastoma imiennie wymienionymi dostojnikami oświadczył, że wypłacił królowi czeskiemu 10 000 kóp groszy praskich jako pierwszą ratę należnej mu kwoty. Co do pozostałych 10 000, to 4000 wypłacił, zapewne na polecenie Jana Luksemburczyka, Henrykowi z Lipy, 6000 zaś zobowiązał się dostarczyć do najbliższej Wielkanocy do Raciborza lub do Opawy, gdyby księstwo raciborskie wyszło spod władzy króla Czech. Jeżeli się w całości lub w części nie wywiąże z długu, wówczas jego wymienieni imiennie dostojnicy podążą do Opawy i w naznaczonym im domu staną „załogą", aby przyjętym obyczajem odbyć rodzaj aresztu do czasu pełnego spłacenia długu. Gdyby przedtem który z nich zmarł, król miał wyznaczyć na jego miejsce innego. Gdyby zaś dostojnicy zawiedli jako poręczyciele, wówczas Karol Robert, jego żona Elżbieta i ich syn Ludwik mieli zwrócić Janowi Luksemburczykowi dokument, który złożył on na ich ręce, a dokument ten dotyczył zrzeczenia się przez tegoż Jana Luksemburczyka roszczeń do Królestwa Polskiego i tytułu króla Polski. Nie znamy odnośnego dokumentu zrzeczenia, który musiał być wystawiony pod tą samą datą, znamy natomiast akt Karola Roberta z 19 XI 1335, stwierdzający, że Jan Luksemburczyk złożył na jego ręce wspomniany już dokument wystawiony przez siebie jako króla Czech i przez swoich synów, mocą którego zrzekł się na rzecz Kazimierza Wielkiego „tytułu króla Królestwa Polskiego". Karol Robert zobowiązał się, że jeżeli Kazimierz nie spłaci Janowi do najbliższej Wielkanocy długu 6000 kóp groszy praskich w sposób, jaki przewidywała umowa, ani nie poczyni nowych zobowiązań w tej sprawie, wówczas Karol Robert zwróci mu ów dokument zrzeczenia lub sam spłaci należność. Trzeba tu stwierdzić, że układ wyszehradzki z 1335 r. między Polską a Czechami nie był bynajmniej ratyfikacją preliminariów trenczyńskich, które wszak nie przewidywały żadnej rekompensaty gotówkowej za zrzeczenie

się przez Jana Luksemburczyka roszczeń do korony polskiej, natomiast zakładały, że Kazimierz zrzeknie się praw Polski do tych jej ziem, które weszły pod zwierzchność króla czeskiego. Jak widać, w Wyszehradzie Kazimierz zdołał narzucić Luksemburgom wyjście doraźnie dla siebie trudne, bo wymagające wielkiego wysiłku finansowego, ale nie zamykające Polsce drogi do rewindykacji Śląska i Mazowsza płockiego. Luksemburgowie potrzebowali pieniędzy, więc na takie rozwiązanie przystali, licząc zapewne – nie bez racji – na osiągnięcie owego zrzeczenia ze strony Polski przy innej okazji.

Na gruncie układu z 12 listopada między Kazimierzem Wielkim a Luksemburgami zawarto zaraz w dniu następnym drugi, który nosił już cechy sojuszu politycznego. Akt dotyczący tej sprawy nie precyzuje jego warunków, a mówi niejako o środkach gwarancji, którą miało stanowić małżeństwo córki Kazimierza Wielkiego Elżbiety, tej samej, którą zamierzano wydać za Ludwika rzymskiego Wittelsbacha, z wnukiem Jana Luksemburczyka Janem, synem księcia bawarskiego Henryka II i Małgorzaty Luksemburżanki. Jak gdyby rozwinięciem tego układu sojuszniczego był z kolei dokument króla Kazimierza z 19 listopada, w którym dla utrzymania pokoju z Czechami zobowiązał się on szczegółowo powstrzymywać i karać wszelkie naruszenia graniczne ze strony Polski. Na notorycznych gwałcicieli przygranicznego stanu posiadania przewidziano banicję, która miała obowiązywać w Polsce, w Czechach i na Węgrzech. Już stąd widać, że nie był to akt jednostronny króla Polski, ale wynik dodatkowego układu polsko-czeskiego, któremu znowu patronował Karol Robert. Analogiczny dokument musiał więc być wystawiony przez Jana Luksemburczyka, a własną deklarację na piśmie co do egzekwowania banicji dał zapewne również Karol Robert.

Po sfinalizowaniu zatem sprawy polsko-czeskiej zjazd wyszehradzki powrócił do sporu polsko-krzyżackiego. Nie chodziło zapewne o formalne już tylko przygotowanie orzeczenia w myśl wcześniej uzgodnionej przez arbitrów opinii. Najprawdopodobniej powrócono znowu do dyskusji nad poszczególnymi sprawami. Mamy prawo się domyślać, że pierwotnym zamierzeniem Karola Roberta i Jana Luksemburczyka było przyznać Polsce jedynie zwrot Kujaw, w rękach zaś Krzyżaków pozostawić nie tylko Pomorze i ziemię chełmińską, ale również ziemię dobrzyńską. Wydaje się, że dopiero teraz, mając już uregulowane stosunki z Luksemburgami, jął Kazimierz Wielki naciskać na rozjemców o korekturę ich wcześniejszego postanowienia. Z takim tokiem spraw należy łączyć dokument Kazimierza z 23 listopada, znany nam niestety tylko ze streszczenia, w którym król Kazimierz prosił Jana Luksemburczyka o zwrot ziemi dobrzyńskiej księciu Władysławowi. Chodziło o księcia aktualnie siedzącego w Łęczycy, którego dziedziczne prawa do Dobrzynia przypomniano tu zapewne jako dodatkowy i bardzo mocny argument przeciwko roszczeniom Zakonu.

Orzeczenie arbitrów zostało ogłoszone aktem 3 dni później. Dowiadujemy się z tego aktu, że w imieniu Królestwa Polskiego występował w tym sądzie rozjemczym osobiście Kazimierz Wielki, a ze strony Zakonu opatrzeni w pełnomocnictwa: prowincjał ziemi chełmińskiej Henryk Rusin oraz komtur toruński Markward von Sparemberg i komtur Świecia Konrad von Brunsheim, a także inni nie wymienieni już imiennie bracia. Orzeczenie było następujące: Kazimierz Wielki miał odzyskać Kujawy i ziemię dobrzyńską w ich starych granicach i miał je posiadać dziedzicznie, pełnym prawem, które jako prawo zwierzchnie rozciągano również na władztwo księcia inowrocławsko-gniewkowskiego Kazimierza. Zakon miał zachować na obszarze Kujaw i ziemi dobrzyńskiej te wszystkie nadania o charakterze prywatno-prawnym, które na jego rzecz już wcześniej zostały poczynione. Pomorze miało pozostać w rękach Zakonu, przekazane mu − z wszystkimi prawami, które przysługiwały władcom Polski − przez Kazimierza Wielkiego, dla zbawienia dusz jego przodków, na wieczystą jałmużnę, tak jak to wobec arbitrów w formie zrzeczenia uczynił; miał Zakon to terytorium posiadać, tak jak z nadania poprzedników króla Polski posiadł ziemie chełmińską i toruńską. Krzywdy, jakich strony od siebie doznały w czasie wojny, miały być wzajemnie darowane, a winy odpuszczone. Mieszkańcy dotknięci stratami mieli być przywróceni do posiadania swoich dóbr lub otrzymać odszkodowania od władzy, której w wyniku arbitrażu będą podlegać.

Wnet po ogłoszeniu tego wyroku rozjemczego zjazd wyszehradzki zakończył obrady. Kronika Franciszka (kanonika praskiego, powstała niedługo po opisanych wydarzeniach, skoro jej autor zmarł w r. 1362) informuje między r. 1333 a 1336, że Jan Luksemburczyk, który „sprzedał za 20 000 grzywien Królestwo Polskie" Kazimierzowi „już jako królowi", przyprowadził tego ostatniego z Wyszehradu od Karola Roberta ze sobą do Pragi w dniu św. Mikołaja, tj. 6 grudnia. „A król Kazimierz przyjąwszy liczne wyrazy czci, pozostał w Pradze 9 dni i do siebie powracając, prawo i tytuł Królestwa Polski radośnie powiózł. Odtąd król Czech przestał się nazywać królem Polski. Ci przeto trzej królowie na równi związani, gotowi są wzajemnie się wspierać przeciwo każdemu władcy". Dalej kronikarz pisze o planowanym małżeństwie córki Kazimierza Wielkiego z wnukiem Jana Luksemburczyka i dodaje jak gdyby z wyrzutem: „Tak przeto Królestwo Polskie, które 37 lat temu zostało przez najczcigodniejszego króla Wacława zjednoczone z Królestwem Czech, przez tego to króla [Jana] na pewnych warunkach zostało oderwane".

Jeżeli zaufać powyższej informacji kanonika praskiego o powrocie Jana Luksemburczyka do Pragi, to trzeba przyjąć, że po drodze z Wyszehradu, bo w dniu 3 grudnia, wystosował on pismo w języku niemieckim, adresowane do Zakonu, w którym informował, że przez trzy tygodnie zajmował się – jak mógł najlepiej – sprawami państwa zakonnego. W szczególności zwracał uwagę, że Kazimierz Wielki obowiązany jest dać Zakonowi dokument zrzeczenia się Pomorza i ziemi chełmińskiej oraz obietnicę przyjaźni na przyszłość, które to zrzeczenie i deklarację przyjaźni potwierdzają rozjemcy, tj. Karol Robert i Jan Luksemburczyk. Dalej Kazimierz Wielki winien wystosować pismo do Stolicy Apostolskiej, w którym stwierdzi, że ziemia chełmińska została Zakonowi nadana przez jego poprzedników, i ten stan rzeczy zaaprobuje. Z kolei ma Kazimierz Wielki dać Zakonowi dokument, w którym on sam i jego świeccy i duchowni dostojnicy oraz inne poszkodowane w czasie wojny osoby oświadczą, iż nie będą dochodzić na Zakonie swoich szkód. Wreszcie miał być Zakonowi dostarczony dokument zrzeczenia Pomorza i ziemi chełmińskiej ze strony Karola Roberta, jego żony i ich dziedziców, ponieważ – jak zaznacza Jan Luksemburczyk – żona Karola Roberta jest siostrą Kazimierza Wielkiego, zatem brał on tu w rachubę już bezpośrednio po zjeździe wyszehradzkim prawa sukcesyjne Andegawenów do korony polskiej.

Pouczenie Jana Luksemburczyka, mające na uwadze wyłącznie interes Zakonu Krzyżackiego, mogło wpłynąć tylko na usztywnienie stanowiska tego ostatniego i utrudnić wykonanie warunków orzeczenia rozjemczego. Nie kwapiła się zresztą ku temu żadna ze stron. Do czerwca 1336 r. obowiązywał jeszcze rozejm, a zatem można było działać bez pośpiechu. Gdy zaś termin upływu rozejmu się zbliżał, Kazimierz Wielki wystawił pod datą 26 maja dokument, w którym zapewniał Zakon, że całkowicie uznaje wyrok wyszehradzki i zobowiązał się ze swej strony wykonać jego warunki w ciągu roku, licząc od najbliższego św. Jana Chrzciciela (24 VI). Przyrzekał, że w czasie tego roku nie uczyni Zakonowi żadnej krzywdy, a gdyby dopuścił się tego ktoś z jego poddanych, Zakon otrzyma należną satysfakcję. Podobny dokument wystawił zapewne ze swej strony wielki mistrz. W praktyce oznaczało to nowy rozejm, którego ważność trwać miała do 24 VI 1337 r.

57

Tymczasem Kazimierz rozglądał się za nowym sprzymierzeńcem i skutecznymi środkami przeciwdziałania wyrokowi wyszehradzkiemu. W 1336 r. przesłał papieżowi Benedyktowi XII relację z wyników zjazdu wyszehradzkiego, opatrując ją – jak się domyślamy z odpowiedzi papieża – skargą na Zakon z powodu krzywd, jakich Polska od niego doznała, a zarazem podważając zasadność zapadłego wyroku. Nie omieszkał zapewne przypomnieć, że w 1320 r. Stolica Apostolska powołała sąd duchowny dla rozpatrzenia sporu Polski z Zakonem, zwłaszcza w sprawie zaboru przez Krzyżaków Pomorza Gdańskiego, a proces odbyty w Inowrocławiu zasądził Zakon na zwrot zabranej dzielnicy i na odszkodowanie w wysokości 30 000 grzywien. Połowę tej kwoty, której Zakon nigdy nie zapłacił, a która – zdaniem króla – wciąż jeszcze Polsce się należała, obiecywał sprytnie kamerze apostolskiej. Wiedział bowiem zapewne, że jeżeli papież część tego długu przyjmie, to będzie to oznaczało aprobatę de facto wyroku z 1321 r. Istotnie w piśmie do swego kolektora w Polsce Galharda de Carceribus z 20 IX 1336 Benedykt XII polecił odebrać odnośną kwotę i przekazać do skarbu papieskiego. W tej nowej polityce Kazimierza Wielkiego względem Krzyżaków Galhard był mu bardzo pomocny, a zarazem nie ukrywał swojej niechęci do Zakonu. Jak ważna to była pomoc, o tym świadczy fakt, że gdy wnet Zakon dotarł również ze skargą do Awinionu, zarzucając Kazimierzowi Wielkiemu utrudnianie zawarcia pokoju w myśl wyroku wyszehradzkiego, nie odniosło to już pożądanego efektu i nie zmieniło opinii papieża w sprawie zasadniczej, jak temu daje wyraz bulla adresowana do Kazimierza z 12 XII 1336.

Mając za sobą przyjazne stanowisko Benedykta XII i jego nuncjusza Galharda de Carceribus, nie chciał równocześnie Kazimierz narazić poprawnych stosunków z Janem Luksemburczykiem. W czerwcu 1336 r. wziął osobiście udział w jego wyprawie przeciw Habsburgom, czym przede wszystkim demonstrował poszanowanie dla zawartych już układów z Luksemburgami. Niesłusznie dopatrywano się konfliktu polsko-krzyżackiego na wiosnę 1336 r. Nie ulega natomiast wątliwości, że zadrażnieniu uległy stosunki Polski z Brandenburgią. Preliminaria z czerwca 1335 r. nie doczekały się wszak ratyfikacji, którą przewidywano na 8 września tego roku. Już listem do margrabiego Ludwika parę dni później usprawiedliwiał się Kazimierz Wielki, że na umówiony termin nie mógł przybyć, bo przeszkodziły mu w tym „poważne sprawy dotyczące dobra i honoru króla i Królestwa"; zasłaniał się wezwaniem swojego szwagra króla Węgier, którego rady nie godziło mu się lekceważyć. Obiecywał po powrocie uzgodnić inny termin spotkania. Ale wyszehradzka umowa o małżeństwie córki Kazimierza Wielkiego Elżbiety (uprzednio przyrzeczonej bratu margrabiego) z wnukiem Jana Luksemburczyka pogłębiła tylko impas w stosunkach polsko-brandenburskich. W roku następnym margrabia Ludwik zbliżył się natomiast do Zakonu.

Z końcem 1336 r. podpisany został pokój między Luksemburgami a Habsburgami w ich konflikcie o spadek po Henryku karynckim. Luksemburgowie mogli teraz powrócić do spraw krzyżackich. Kronika oliwska informuje pod r. 1337, że król czeski Jan przybył z dostojnikami do Prus „pod pretekstem pielgrzymki", a odbywszy wyprawę na Litwę, „uczynił pokój" między królem Polski i wielkim mistrzem, którzy zeszli się w Inowrocławiu. Zgodę swoją potwierdzili pocałunkiem pokoju i przysięgą, pod warunkiem jednak, że potwierdzi ją na piśmie drugi rozjemca, Karol Robert. Kronikarz dodaje, że ugoda ta została później złamana „poprzez niestałość Polaków i rzadkie dotrzymywanie wierności". Z dokumentów, które przy tej okazji wystawiono, wiadomo, że ów zjazd inowrocławski miał miejsce w marcu 1337 r.

Niejako aktem wstępnym całego toku obrad był dokument Jana Luksemburczyka i jego syna Karola, który zatem również w zjeździe uczestniczył, wydany w dniu 5 marca w języku niemieckim na ręce wielkiego mistrza, a deklarujący opiekę, obronę i pomoc w stosunku do Zakonu, zakładający zatem z góry stronnicze działanie tych głównych promotorów porozumienia. Z kolei powrócono – jak się wydaje – do warunków rozejmu z 1334 r., które nigdy nie zostały przez Zakon wykonane. Chodziło mianowicie o przekazanie Brześcia i jego terytorium do rąk Siemowita księcia mazowieckiego lub biskupa włocławskiego. Wiadomo jednak, że ani jeden, ani drugi tego się nie podjął, prawdopodobnie na wyraźne życzenie Zakonu, któremu nie mogli się przeciwstawić. Teraz to sporne terytorium miało przejść, mocą dokumentu wielkiego mistrza Dietricha von Altenburg, wystawionego w Inowrocławiu w dniu 9 marca, do rąk Ottona z Bergow jako pełnomocnika króla Czech. Jego tymczasowa władza miała się rozciągnąć również na ziemię dobrzyńską. W myśl tego aktu wielkiego mistrza król Kazimierz miał wystawić do dnia 15 VI 1337 żądane przez Zakon dokumenty ratyfikujące i uzupełniające postanowienia wyszehradzkie, a wówczas Otto z Bergow winien był przekazać królowi Kujawy brzeskie, a księciu Władysławowi, siedzącemu aktualnie w Łęczycy, jego dziedziczne księstwo dobrzyńskie. Gdyby król swego warunku przed upływem tego terminu nie spełnił, wówczas dzierżone przez Ottona terytoria powróciłyby pod bezpośrednią władzę Zakonu. Osobnym dokumentem z 10 marca, wystawionym przez Jana Luksemburczyka na ręce Kazimierza Wielkiego, król czeski zobowiązał się dotrzymać powyższych warunków, a równocześnie stwierdził, że przekazał już królowi Polski Kujawy inowrocławskie. Siedział w nich prawdopodobnie uznawany przez Zakon rodzimy książę Kazimierz, który przechodził więc pod władzę zwierzchnią Królestwa Polskiego.

W Inowrocławiu kancelaria Kazimierza Wielkiego sporządziła, na życzenie Luksemburgów i Zakonu, bardzo osobliwy dokument, zawierający zobowiązania pokojowe strony polskiej. Jest to duży pergamin w formie zwoju (rotuł), na którym spisano uzgodnioną przez strony, czy raczej narzuconą Kazimierzowi Wielkiemu, treść ośmiu dokumentów. Nie zostały one opatrzone w listy świadków ani w formuły datacyjne, tylko całość nosi datę dzienną 9 marca i została uwierzytelniona pieczęciami notariuszy publicznych biskupstwa krakowskiego ze strony polskiej i biskupstwa chełmińskiego ze strony krzyżackiej. Wystawcą siedmiu z tych dokumentów był Kazimierz, ósmy zaś miał za wystawców Karola Roberta i jego żonę Elżbietę. W dokumentach kazimierzowskich Zakon miał otrzymać potwierdzenie prawomocności posiadania ziemi chełmińskiej, zrzeczenie się Pomorza przez króla i królową, gwarancję, że Zakon nie dozna od Polski żadnej krzywdy, że król zdejmie ze swojej większej pieczęci tytuł pana Pomorza, że król węgierski, jego żona i sukcesorzy nie wystąpią w stosunku do Zakonu z roszczeniami terytorialnymi, że nikt z poddanych Kazimierza Wielkiego nie będzie dochodził na Zakonie swoich krzywd z czasu wojny, że także król i królowa węgierska nie podniosą takich pretensji na wypadek śmierci Kazimierza, że król Kazimierz nie będzie karał tych, którzy w czasie wojny zbiegli do Zakonu, ani miast Brześcia i Inowrocławia, które poddały się Zakonowi, a zbiegowie będą mogli powrócić do swoich dóbr, że król i jego poddani zwolnią wszystkich jeńców i że wreszcie król nie będzie się sprzymierzał przeciw Zakonowi z poganami. Król i królowa węgierska mieli ze swej strony przyrzec, w imieniu własnym i swoich sukcesorów, że jeżeli tron polski przejdzie na ich dom, uznają dokonane zrzeczenia terytorialne i nie będą w tej sprawie podnosić żadnych roszczeń.

Zarówno okoliczność, że wśród żądanych przez Zakon dokumentów miał być dokument Karola Roberta, który w zjeździe inowrocławskim nie uczestniczył, jak też fakt, że był rozjemcą uprawnionym na równi z Janem Luksemburczykiem, były dla Kazimierza Wielkiego wygodne. Przy wszystkich pozorach dobrej woli w stosunku do Zakonu pozostawały mu one furtką wyjścia z niewygodnej dla Polski sytuacji. Jest bardzo prawdopodobne, że ustępstwa na rzecz Krzyżaków były niepopularne w opinii aktywnej politycznie części społeczeństwa, która wywierała na króla silny nacisk. Nie ulega wątpliwości, że Kazimierz postanowił zrobić wszystko, aby Karol Robert postanowień inowrocławskich nie zatwierdził. Wiemy bowiem z obszernego sprawozdania z działalności w Polsce Galharda de Carceribus, przedstawionego Stolicy Apostolskiej latem 1337 r., że Kazimierz osobiście udał się w sprawie tej ratyfikacji na Węgry i że pokój inowrocławski ratyfikacji nie uzyskał. Nie możemy wątpić w zasadność tej informacji, bo Galhard odbył z królem tę podróż na Węgry i nie jedną musiał z nim przeprowadzić rozmowę. Właśnie bowiem w marcu 1337 r. polecił mu papież dołączyć się do kolektorów apostolskich na Węgrzech, nie odwołując go zresztą z Polski. Nie darmo król nazywał go w jednym z dokumentów „najdroższym sobie przyjacielem". Prawdopodobnie wówczas król zwierzył się Galhardowi z zamiaru wytoczenia Krzyżakom procesu kanonicznego. Galhard był nawet gotów pozwać formalnie Zakon przed Stolicą Apostolską, ale król zrezygnował, ponieważ – jak relacjonował Galhard – sprawy tej jeszcze ze swoimi dostojnikami nie rozważył.

Nie wiemy, kiedy formalnie pozwano Zakon do odpowiedzialności kanonicznej za zagarnięcie ziem polskich i za przestępstwa w stosunku do Kościoła polskiego; zanim jednak rozpoczęto postępowanie sądowe, zaszły pewne ważne fakty w układzie sił politycznych w Europie Środkowej. Na przełomie lutego i marca 1338 r. został zacieśniony sojusz andegaweńsko-luksemburski, a osią sprawy stała się ekspektatywa sukcesji andegaweńskiej w Polsce. Miało wówczas miejsce spotkanie Karola Roberta z Janem Luksemburczykiem i jego synem Karolem, ówczesnym margrabią Moraw. Nie wiemy, czy uczestniczył w nim Kazimierz Wielki, ale udział jego jest prawdopodobny, skoro w grze był tron polski, bowiem wśród bardzo licznych kazimierzowskich dokumentów nie spostrzegamy wystawionych w tym czasie w Polsce, co może oznaczać, że król był właśnie za granicą. Nie jest to jednak konieczny domysł, sprawa bowiem sukcesji andegaweńskiej w Polsce na wypadek, gdyby Kazimierz Wielki nie miał potomstwa męskiego, przynajmniej wstępnie została między Polską a Węgrami ułożona już wcześniej, może na zjeździe wyszehradzkim 1335 r., skoro w Inowrocławiu w dwa lata później przewidywano dokument, w którym Karol Robert z żoną miał ratyfikować zrzeczenia nie tylko w imieniu własnym, ale także swoich sukcesorów i gdzie wyraźnie wspomniano o prawach, jakich może nabyć dom andegaweński na wypadek śmierci Kazimierza i braku jego dziedzica. Można by się domyślać tej umowy sukcesyjnej nawet jeszcze przed zjazdem wyszehradzkim, również bowiem w instrukcji Zakonu co do warunków ugody, przygotowanej na ten zjazd, już figuruje klauzula o dokumencie rezygnacyjnym z Pomorza i ziemi chełmińskiej, jaki miałby przygotować król węgierski.

W dniu 1 III 1338 r. Karol Robert ze swoim synem Ludwikiem wystawił na ręce Luksemburgów dokument, w którym deklarował pomoc margrabiemu Moraw Karolowi, ten zaś ze swym ojcem Janem, królem Czech, miał poprzeć Andegawenów do tronu polskiego, gdyby król Kazimierz zmarł bez potomstwa męskiego. Gwarancją tego układu miało być małżeństwo Ludwika andegaweńskiego z córką Karola Luksemburczyka Małgorzatą. Układ miał jednak trwać nawet gdyby małżeństwo nie doszło do skutku. Karol Robert zobowiązał się do pomocy Luksemburgom przeciwko Kazimierzowi, gdyby ten najechał któregoś z ich wasali w Polsce, a w każdym razie nie miał popierać króla Polski przeciwko tym wasalom. Dalej przyrzekł w obszernym wywodzie, że jeżeli Królestwo Polskie przejdzie na jego dom, nie będzie wtedy wnosił roszczeń do tych księstw, nie przyjmie ich do Królestwa Polskiego nawet w wypadku, gdyby ich książęta chcieli się z nim połączyć, a wreszcie nie udzieli pomocy nikomu, kto by chciał ich poprzeć przeciw Luksemburgom. Warunki powyższe strony zaprzysięgły sobie na Ewangelię. Tego samego jeszcze dnia zawarto osobny kontrakt w sprawie małżeństwa Ludwika z Małgorzatą.

Powyższe zobowiązania potencjalnego następcy tronu w Polsce uderzały bardzo silnie w interes polityczny narodu, nad którym miał panować, a doraźnie stanowiły środek nacisku na Kazimierza Wielkiego. Nie obyło się zapewne bez słownych perswazji i obietnic zarówno ze strony Andegawenów, jak i Luksemburgów. Król był w położeniu trudnym. Zabiegał wszak o rewizję wyroku wyszehradzkiego i układu inowrocławskiego, który wciąż jeszcze nie uzyskał konfirmacji. Bał się zapewne pokrzyżowania jego planów w Stolicy Apostolskiej. Należy przypuszczać, że po akcie z 1 III 1338, o którym musiał wiedzieć, grał na zwłokę, tak jak to czynił nieraz i wcześniej, i później. Gdy już od pięciu dni toczył się w Warszawie przed sądem powołanym przez Stolicę Apostolską proces przeciwko Zakonowi, a poselstwo krzyżackie, pojawiwszy się u jego rozpoczęcia, przestało w nim uczestniczyć, Kazimierz Wielki w przewidywaniu dalszych trudności, przy których w każdym razie niezbędne mu było przychylne stanowisko sprzymierzonych teraz ze sobą ściśle

62

arbitrów, tj. króla Czech i Węgier, uczynił krok, co do którego długo się ociągał. Dokumentem wystawionym w Krakowie w dniu 9 lutego zrzekł się Kazimierz Wielki pod przysięgą na rzecz Luksemburgów swoich praw i roszczeń do imiennie wymienionych — zgodnie z preliminariami trenczyńskimi — księstw lennych Królestwa Czeskiego na ziemiach polskich. Przyrzekł nie dochodzić żadnych praw i przywilejów dawniejszych, jakie wynikałyby czy to z norm prawa świeckiego, czy też kanonicznego. W późnych, bo pochodzących dopiero z XV w. kronikach węgierskich, a mianowicie w *Kronice budzińskiej* i w *Kronice Turociego*, znajdujemy wiadomość, że w lipcu 1339 r. przybył do Wyszehradu Kazimierz Wielki ze swoimi dostojnikami świeckimi i biskupami, i za ich zgodą i wolą dokonał „rezygnacji z Królestwa Polskiego" na rzecz swojego siostrzeńca Ludwika, syna Karola Roberta, ponieważ nie miał potomstwa męskiego. Sporządzono wówczas na to — jak podają ci kronikarze — akt pisany. Długosz prawdopodobnie tę wiadomość przejął ze źródeł węgierskich, czas spotkania uzupełnił nie wiadomo skąd pochodzącą datą dzienną (7 VII), dodał niezupełnie trafnie imienną listę dostojników, o których mniemał, że mogli wówczas królowi w podróży towarzyszyć, a cały wątek relacji swoim zwyczajem rozwinął. Niestety nie znamy dokumentu, o którym wspomina także Długosz, a ponieważ sprawa ekspektatywy na przejęcie tronu w Polsce przez Andegawenów w wypadku, gdyby Kazimierz nie miał potomstwa męskiego, musiała być załatwiona już wcześniej, można mieć wątpliwości co do całej sprawy zjazdu wyszehradzkiego z 1339 r. Chodzi tu może o zjazd roku poprzedniego, ale wówczas nie zgadza się nam również pora roku.

Wnet po zawarciu ścisłego sojuszu między Andegawenami i Luksemburgami, który to sojusz — jak powiedziano — nieco skomplikował położenie Kazimierza, popsuły się już definitywnie stosunki Polski z Witelsbachami. Wobec niedojścia do skutku układu o małżeństwie córki Kazimierza Elżbiety z synem cesarskim Ludwikiem młodszym nastąpiło najpierw oziębienie w stosunkach polsko-brandenburskich. Już w 1338 r. cesarz Ludwik pokazał się wrogiem Kazimierza Wielkiego. Wobec przygotowań do procesu Polski z Zakonem, Krzyżacy dotarli do niego i polecili się jego szczególnej opiece, która zresztą wynikała ze statusu państwa zakonnego jako państwa Rzeszy, w myśl przywileju Fryderyka II z 1226 r., o czym zapewne Krzyżacy nie omieszkali przypomnieć. W dokumencie protekcyjnym, wystawionym na rzecz Zakonu przez cesarza Ludwika we Frankfurcie 22 VII

1338, o Kazimierzu Wielkim powiedziano jako o tym, „który się mieni królem". Ziemie, które posiada Zakon, pochodziły bądź z nadań cesarskich, bądź też zostały zdobyte na niewiernych; ani słowa o tym, co Krzyżacy wydarli chrześcijańskiej Polsce. Mowa tu o najeździe czy najazdach króla Polski, z pomocą niewiernych, na posiadłości zakonne i o ich zniszczeniu. Dokument wspomina o wniesieniu przez Polskę sprawy przed Stolicę Apostolską i o przygotowującym się postępowaniu sądowym. W związku z tym cesarz zabronił Krzyżakom oddawać jakichkolwiek ziem, które posiadają, pod utratą łaski cesarskiej i wszystkich posiadłości. Przypomina dalej, że kto tknie się Zakonu, ten tknie się członków samego cesarza i cesarstwa, co oznaczało surową groźbę. Wreszcie zakazywał Zakonowi stawiania się bez jego zgody przed jakimkolwiek sądem. W ten sposób zyskiwali Krzyżacy godziwy powód, dla którego mogli się nie stawić przed sądem papieskim.

Przypuszczalnie już z początkiem r. 1338, a może nawet w ostatnich miesiącach roku poprzedniego, wystąpił Kazimierz Wielki z formalnym pismem do Stolicy Apostolskiej o wdrożenie sprawy sądowej przeciw Zakonowi. Odnośnego aktu jednak nie znamy. Mamy natomiast bullę papieża Benedykta XII z 4 maja będącą już efektem rozpoznania sprawy przez sąd papieski i powołującą papieskich sędziów, którzy mieli kontynuować postępowanie prawne na miejscu w Polsce. Zostali nimi znany nam już Galhard de Carceribus oraz Piotr, syn Gerwazego, kanonik w Annecy we Francji. Dowiadujemy się z bulli, że po wpłynięciu skargi Kazimierza Wielkiego do sądu papieskiego papież polecił ustnie dochodzenie w tej sprawie dwu kardynałom. Zebrali oni znaczny materiał, ale wnet jeden z nich zmarł, a drugi musiał odejść do innych ważnych spraw. Akta zostały zatem powierzone Janowi biskupowi w Porto we Włoszech, który zreferował sprawę wobec konsystorza (sądu) papieskiego. Wstępnie więc orzeczono, że Krzyżacy są winni zaboru wymienionych ziem polskich, spalenia około stu kościołów i zabójstwa wielu chrześcijan; przy okazji przypomniano wyrok w sprawie polsko-krzyżackiej z 1321 r.

Zadaniem Galharda de Carceribus i jego pomocnika Piotra było rozpoznanie bezpośrednich winowajców szkód i przestępstw i obłożenie ich klątwą, którą zdjąć z nich mogłaby tylko Stolica Apostolska. Drogą takich represji miałyby być zwrócone ziemie zabrane Polsce i naprawione szkody, których oszacowania na podstawie zeznań poszkodowanych właścicieli ziemskich mieliby dokonać również oni. W braku innych środków dowodowych mogli polegać na zaprzysiężonym oświadczeniu króla. Krzyżaków

64

należało wezwać do przedstawienia i zbadania posiadanych przez nich przywilejów, a gdyby tego nie uczynili, przywileje przez sam ten fakt stracić miały – orzeczeniem papieskim – swoją moc.

Pozwy przeciwko winnym i opornym miały być ogłoszone w miejscach publicznych, w kościołach, bez narażania jednak na niebezpieczeństwo sędziów lub osób działających w ich zastępstwie.

Pod tą samą datą z kancelarii Benedykta XII wyszła druga jeszcze bulla, adresowana również do Galharda de Carceribus i jego pomocnika Piotra, zalecająca osobno postępowanie sądowe przeciwko Zakonowi z powództwa arcybiskupa gnieźnieńskiego. Dla większej bowiem skuteczności działania z osobna zaskarżył Zakon w konsystorzu papieskim król, a z osobna arcybiskup Janisław. Bulla powtarza znaczną część poprzedniej, tę, w której mowa o środkach represyjnych, jakie należy zastosować względem winnych podpaleń, gwałtów, rabunków i morderstw. Natomiast znacznie ostrzej piętnuje Zakon jako zbiorowość. Z nutą przygnębienia stwierdza papież, że „osoby duchowne, a co więcej związane regułą zakonną, które winny stać murem w obronie domu pańskiego, nie lękają się dopuszczać w stosunku do kościołów i osób duchownych – dla których stanowić powinny puklerz obronny – podpaleń, rabunków, grabieży, a – co jeszcze bardziej niegodziwe – także zabójstw". I dalej, powtarzając niewątpliwie odnośny tekst skargi arcybiskupiej, wyliczył papież konkretne miejscowości i kościoły na wielkim obszarze diecezji gnieźnieńskiej, włocławskiej, a także poznańskiej i płockiej, które Krzyżacy zniszczyli, ograbili i spalili, dopuszczając się morderstw i gwałtów.

Już w trakcie prac sędziów papieskich w Polsce Kazimierz Wielki przypomniał swoją darowiznę na rzecz Stolicy Apostolskiej 15 000 grzywien z długu w wysokości 30 000 grzywien, na zapłacenie których Zakon został skazany w 1321 r. Teraz król upoważnił Galharda de Carceribus do jej ściągnięcia z Zakonu. Stwierdzono to aktem notarialnym, wydanym w Krakowie w dniu 8 IX 1338. Widać, jak zależało królowi na podtrzymaniu bezpośredniego finansowego zainteresowania Stolicy Apostolskiej w rozstrzygnięciu sprawy krzyżackiej. W ten sposób musiano powracać do wyroku dawniejszego.

Tekst pozwania Zakonu przed sąd papieski odczytywany był w kościołach w Łęczycy, w Przedczu, w Warszawie, w Inowrocławiu, w Murzynnie pod Toruniem i w Płocku, co nadało całej sprawie rozgłosu. Jako miejsce sądu wybrano Warszawę, leżącą na neutralnym gruncie, bo ta część Mazowsza nie uznawała wówczas ani władzy zwierzchniej króla Polski, ani nie była lennem czeskim. Jej książęta uchodzili raczej za sprzymierzeńców Zakonu niż Królestwa Polskiego. Sędziowie w tym procesie zostali wyznaczeni trafniej niż w czasach Łokietka, kiedy rozsądzenie sporu Stolica Apostolska powierzyła trzem dostojnikom kościelnym polskim. Tamten zespół sędziowski mógł być od razu przez Krzyżaków zakwestionowany jako stronniczy. Pozwani mieli stanąć w Warszawie w dniu 2 II 1339.

Proces rozpoczęto w dniu 4 lutego w domu wójta warszawskiego, w obecności pełnomocników króla i Zakonu. Pełnomocnicy zakonni zakwestionowali m. in. zasadność całego procesu, skoro spór polsko-krzyżacki został przez arbitrów rozstrzygnięty; zaprotestowali przeciwko rozprawie i zapowiedzieli apelację. Więcej się już nie pokazywali. Akt oskarżenia składał się z kilkudziesięciu artykułów i zawierał zarzuty zarówno króla, jak też arcybiskupa. Postępowanie dowodowe zakończono dopiero w czerwcu. Sędziowie i ich zastępcy przesłuchiwali wielką liczbę 126 świadków. Byli wśród nich dostojnicy kościelni i świeccy, niżsi duchowni, rycerze, książęta, mieszczanie. Świadczyli o polskości zagarniętych przez Krzyżaków ziem, o okrucieństwie prowadzonych przez nich wojen, o stratach materialnych poniesionych w konsekwencji itp. Niezwykle ciekawe akta tego procesu zachowały się do dziś. Wyrok został ogłoszony w kościele Św. Jana w Warszawie w dniu 15 IX 1339 w obecności licznie zgromadzonych ludzi, wśród nich wysokich dostojników, a także pełnomocnika strony krzyżackiej. Sąd orzekł, że Zakon ma zwrócić Polsce zagarnięte obszary: ziemię chełmińską z kasztelanią michałowską, Pomorze, ziemię dobrzyńską i Kujawy; nadto winien był wypłacić ogromne odszkodowanie, sięgające nierealnej kwoty 200 000 grzywien. Krzyżacy wnieśli natychmiast odwołanie do Stolicy Apostolskiej i rozpoczęli propagandę, która uniemożliwiła uprawomocnienie i wykonanie tego wyroku.

Już w toku procesu, gdy sprawy wyraźnie się wikłały, próbował król zawrzeć pokój z Zakonem. Pod koniec marca 1339 r. Galhard de Carceribus i Piotr spotkali się w Toruniu z przedstawicielstwem Zakonu i zaproponowali wypłatę na rzecz króla 14 000 grzywien. Za tę cenę był wówczas Kazimierz Wielki skłonny zakończyć spór z Zakonem na warunkach orzeczenia arbitrów. Krzyżacy jednak tę propozycję aktem z 31 marca odrzucili, jako w orzeczeniu nie przewidzianą, skłonni co najwyżej do komisyjnego oszacowania szkód wojennych. Widać stąd było, że na ustępstwa Zakonu liczyć nie należy, nawet pod presją toczącego się postępowania sądowego. Sceptycznie oceniano chyba również skuteczność wyroku, który miał zapaść w sądzie działającym z ramienia Stolicy Apostolskiej; mógł on być jednak przydatny jako sankcja moralna w przyszłej rozgrywce zbrojnej z Zakonem, która wydawała się nieunikniona. Z konieczności załatwienie sprawy ulegało zwłoce. W czerwcu 1341 r. papież Benedykt XII powołał specjalną komisję, w skład której weszli biskupi miśnieński, krakowski i chełmiński, dla sfinalizowania sporu Polski z Zakonem. Zadanie jej polegało już nie na zbadaniu sprawy i orzeczeniu o słuszności jednej czy drugiej strony, ale praktycznie na wprowadzeniu w życie wyroku arbitrów, Karola Roberta i Jana Luksemburczyka. Widać więc, że był to rezultat zabiegów dyplomatycznych Zakonu. Można jednak podejrzewać, że Stolica Apostolska wzięła również pod uwagę postulaty Kazimierza Wielkiego przedstawione przez Galharda de Carceribus i Piotra w Toruniu co do finansowej remuneracji ze strony Krzyżaków. Miała ona jednak wynosić 10 000, a nie 14 000 grzywien. Tak więc papież zalecił swoim komisarzom, aby przejęli od Zakonu Kujawy i ziemię dobrzyńską oraz ową kwotę 10 000 grzywien jako ekwiwalent dochodów z tych ziem w czasie ich okupacji przez Zakon; wszystko to mieli zwrócić królowi, a nadto winni się byli zająć rozwiązaniem drobniejszych spraw konfliktowych narosłych w czasie wojny i okupacji i zatroszczyć się o wprowadzenie pokojowch stosunków między stronami. W miesiąc później powiadomił ten sam papież Kazimierza Wielkiego, w związku z misją dyplomatyczną do Awinionu biskupa krakowskiego Jana i rycerza Niemierzy, że nie może zatwierdzić wyroku z 1339 r., ponieważ znajduje w przeprowadzonym wówczas procesie oczywiste usterki. Wiosną 1342 r. zmarł papież Benedykt XII, a już w sierpniu jego następca Klemens VI ponowił polecenie, aby biskupi miśnieński, krakowski i chełmiński sfinalizowali spór Polski z Zakonem w myśl instrukcji poprzednika. Nacisk w tym kierunku wywierał ten sam papież jeszcze rok później, w bulli z 5 V 1343. Skład komisji, mającej doprowadzić do pokoju, jak również jego warunki, pozostawały ciągle te same.

Tymczasem wiosną 1340 r. Kazimierz Wielki zaangażował się w sprawy ruskie. Odciągały one jego uwagę od spraw zachodnich i absorbowały znaczne środki. Sprawom ruskim zaczęły się doraźnie podporządkowywać inne kierunki jego działania. Jeszcze w maju 1339 r. zmarła żona Kazimierza Aldona-Anna. Środkiem przetargów politycznych mogło się stać nowe małżeństwo królewskie. Na tym gruncie nastąpiło w r. 1341 nowe zbliżenie między Polską i Luksemburgami. Latem tego roku ułożono projekt małżeństwa Kazimierza Wielkiego z córką Jana Luksemburczyka, a siostrą Karola margrabiego Moraw Małgorzatą, wdową po Henryku II bawarskim. Przy okazji zawarto sojusz polsko-czeski, który miał zachować swoją moc także w wypadku niedojścia do wspomnianego małżeństwa. Wystawiono w związku z tym szereg dokumentów. Niestety zachowały się tylko niektóre, a zwłaszcza brak nam dokumentów wydanych przez Luksemburczyków. Nie wiemy zatem, do czego zobowiązywali się względem Polski. Kazimierz Wielki natomiast przyrzekał im pomoc przeciwko każdemu wrogowi, z wyjątkiem Karola Roberta i niepodległego wciąż jeszcze księcia śląskiego Bolka świdnickiego. W stosunku do Węgier uściślono to w sposób następujący, że gdyby margrabia Karol wszczął wojnę z Karolem Robertem, wówczas król Polski nie poprze tego pierwszego, a wręcz przeciwnie może stanąć po stronie Karola Roberta. Gdyby natomiast ten ostatni zaatakował Morawy, wtedy margrabia Karol winien oczekiwać pomocy Kazimierza Wielkiego. Nie wiemy niestety, jakie zastrzeżenia czy wyłączenia znajdowały się w odpowiednich dokumentach Luksemburgów, czy i o ile uwzględniały one możliwość konfliktu zbrojnego Polski z Zakonem i jakie stanowisko winni byli zająć w takim przypadku król Jan i margrabia Karol. Nie wiemy także, w jakim stopniu ten nowy sojusz polsko-luksemburski miał szachować Zakon Krzyżacki, a w jakim zobowiązywał Kazimierza Wielkiego do sfinalizowania sporu z Zakonem.

Jeszcze w trakcie zawierania sojuszu Kazimierza Wielkiego z Luksemburgami zmarła przeznaczona mu na żonę Małgorzata. Widocznie zależało Luksemburgom na utrzymaniu zadzierzgniętych więzów, bo bardzo rychło doprowadzili do małżeństwa króla Polski z Adelajdą, córką zaprzyjaźnionego z nimi landgrafa Hesji Henryka II. Ślub odbył się już 29 IX 1341.

Wyraźnie skierowany przeciwko Zakonowi był sojusz Kazimierza Wielkiego z książętami Pomorza Zachodniego Bogusławem V, Barnimem IV i Warcisławem V. Sojusz został zawarty 5 V 1343, a gwarantować go miało małżeństwo Bogusława z córką króla Polski Elżbietą. Miał on charakter zaczepno-odporny, a w zobowiązaniach władców Pomorza zwrócony był głównie przeciw Krzyżakom. Strony miały sobie świadczyć w razie potrzeby pomoc wojskową, a nadto książęta pomorscy zobowiązali się nie przepuszczać przez swoje terytorium posiłków wojskowych dla Zakonu, które mogłyby być użyte przeciw Polsce lub jej sprzymierzeńcom.

Mimo tych wszystkich prób wzmagał się nacisk na Kazimierza Wielkiego rozmaitych okoliczności i czynników w kierunku utrwalenia stosunków pokojowych z Zakonem. Przemawiało za tym zaangażowanie Kazimierza na Rusi, parli ku temu na pewno Luksemburgowie i Andegawenowie, naciskała Stolica Apostolska, a może również dyplomacja Wittelsbachów, tj. cesarza Ludwika i Ludwika, margrabiego brandenburskiego. Na zjeździe w Kaliszu w lipcu 1343 r. strona polska przygotowała dokumenty wieczystego pokoju z Zakonem. Za ich podstawę przyjęto porozumienie inowrocławskie z 1337 r. To, co strona polska zdołała w ciągu sześciu lat zabiegów dodatkowo uzyskać, miała to być kwota 10 000 florenów w złocie. Był to efekt nacisku króla za pośrednictwem Stolicy Apostolskiej, tyle tylko, że król domagał się 10 000 grzywien, co nominalnie było kwotą większą o ponad 50% od 10 000 florenów, ale i z kolei moneta złota miała realną wartość wyższą od srebrnej.

W dniu 8 lipca wystawiła kancelaria królewska na wspomnianym wyżej zjeździe 7 dokumentów: król zrzekł się Pomorza oraz ziemi chełmińskiej i michałowskiej z grodami Orłowem, Nieszawą i Murzynem, w imieniu własnym i jego potencjalnych sukcesorów z domu andegaweńskiego; zrzekł się tytułu władcy Pomorza i obiecał go usunąć ze swej większej pieczęci; przyrzekł wysłać poselstwo do Stolicy Apostolskiej w celu zatwierdzenia pokoju; zobowiązał się ścigać przestępców, którzy by zadawali Zakonowi szkody; udzielił amnestii dla zbiegów i dla miast Brześcia i Inowrocławia, które poddały się Zakonowi; zobowiązał się zwolnić jeńców; wyrzekł się ewentualnej pomocy pogan przeciwko Zakonowi. W tym samym dniu wystawili w Kaliszu dokumenty poręczające pokój z Zakonem dostojnicy wielkopolscy, tj. biskup poznański z wojewodami i kasztelanami tej dzielnicy i osobno miasta Poznań, Kalisz, Włocławek i Brześć. Arcybiskup gnieźnieński oświadczył pod tą samą datą rezygnację z wszelkich roszczeń z tytułu szkód, które poniósł Kościół polski w czasie wojny. W trzy dni później dokument poręczający pokój wystawił książę pomorski Bogusław V, a 13 lipca analogicznego poręczenia, wraz ze zrzeczeniem wszelkich roszczeń co do ziem oddanych Zakonowi, udzielili w jednym dokumencie książęta Kazimierz gniewkowski i Władysław łęczycki i również w jednym – książęta mazowieccy Siemowit wiski, Siemowit czerski i Bolesław płocki. Wreszcie 15 lipca dokumenty poręczające wystawili wojewodowie i kasztelanowie małopolscy oraz miasta Kraków, Sandomierz i Sącz. Poręczenia wyrażano jednakową formułą: „nie będziemy stać przy nim ani wspierać jego czy ich słowem lub czynem, radą lub pomocą, otwarcie lub skrycie na szkodę lub ku całkowitemu zniszczeniu zgody, lecz raczej będziemy go powstrzymywać, wiernie zachęcać i doradzać w sposób skuteczny, jak najlepiej będziemy mogli, aby zgoda ta była silnie i niezłomnie przestrzegana".

69 Po przygotowaniu przez obie strony dokumentów, nastąpiło

spotkanie Kazimierza Wielkiego z wielkim mistrzem Rudolfem Königiem, w obecności wielu dostojników kościelnych, w dniu 23 VII 1343 pod namiotem, we wsi Wierzbiczany koło Inowrocławia. Dokumenty królewskie przekazał wielkiemu mistrzowi arcybiskup gnieźnieński Jarosław ze Skotnik, on też przejął rewersały z rąk krzyżackich. Niestety żaden z tych rewersałów, czyli dokumentów wystawionych przez Zakon, nie zachował się. Z aktu spisanego przy tej okazji dowiadujemy się, że król i wielki mistrz zaprzysięgli zgodę, pierwszy na koronę, a drugi na krzyż, po czym złożyli uroczyście pocałunek pokoju. Stąd też wiemy, że zrezygnowano z przewidywanego dawniej osobnego aktu konfirmacyjnego Andegawenów, jako potencjalnych sukcesorów tronu w Polsce, na rzecz dokumentów poręczających, wystawionych przez książąt polskich, dostojników oraz miasta. Król przysięgał, że nie zdołał takich dokumentów od władcy Węgier uzyskać, co było przyczyną przeciągania się finału traktatu pokojowego z Zakonem. Krzyżacy być może już mniejszą wagę do takiego aktu przywiązywali, skoro król wszedł w nowy związek małżeński; mógł więc mieć potomstwo męskie, które przekreślałoby sprawę sukcesji andegaweńskiej.

IV. O Ruś Halicko-Włodzimierską

Ruś XIV w. nie odgrywała aktywnej roli w życiu politycznym Europy. Było to następstwem daleko posuniętego rozbicia dzielnicowego i zależności od Złotej Ordy, która paraliżowała własną politykę książąt ruskich. Dawno już upadło znaczenie polityczne Kijowa. W kilku liniach rozrodzonej dynastii Rurykowiczów utrzymywano trony wielkoksiążęce, które w pewnym sensie integrowały ulegające coraz to nowym podziałom księstwa. Przynajmniej nominalnie były wówczas na ziemiach ruskich: wielkie księstwo włodzimierskie, wielkie księstwo twerskie, wielkie księstwo suzdalskie, wielkie księstwo riazańskie, czasowo przynajmniej wielkie księstwo smoleńskie. Usamodzielniały się również inne księstwa, a ich geografia podlegała licznym i częstym zmianom. Uzyskanie stanowiska książęcego wymagało konfirmacji Złotej Ordy, czyli tzw. jarłyku. Zabiegi o owe konfirmacje, zwłaszcza na stanowisko wielkoksiążęce, osłabiały dodatkowo pozycję książąt ruskich. Złota Orda ingerowała nadto w sprawy między książętami, rozsądzała ich spory, wkraczała niekiedy nawet w stosunki wewnętrzne. Książęta ruscy byli obowiązani do świadczenia Ordzie pomocy wojskowej i do składania podatków od ludności. W XIV w. przyjęła się praktyka, że książęta sami owe podatki ściągali. Niejednokrotnie starali się pomnożyć przy okazji dochody własne, co zaostrzało konflikty wewnętrzne między książętami i ich poddanymi. W tych warunkach sprawy drobne przesłaniały książętom ruskim szerszy horyzont polityczny. Pośród wielu księstw zaczęła się wybijać w XIV w. Moskwa. Położona peryferyjnie na mapie ówczesnego życia politycznego Rusi, dopiero u schyłku XIII w. stała się siedzibą osobnego księstwa. Wielką karierę polityczną zawdzięczała inicjatywie i zręczności swoich władców, ale przyczyniły się do niej także warunki wewnętrznego rozwoju samego miasta i księstwa, a to w zakresie rolnictwa, rzemiosł i wymiany. Nie docierały tu karne czy pacyfikacyjne zagony tatarskie, nie sięgnęła też tego kraju ekspansywna polityka Litwy.

Do znaczenia zaczęła Moskwa dochodzić pod panowaniem Iwana Kality, który prowadził politykę pełnej lojalności wobec Złotej Ordy. Pozyskał sobie chana na tyle, że mógł się pozbyć głównych rywali, a innych zmusić do posłuszeństwa. Dało mu to również znaczną swobodę działania wewnątrz państwa. W 1328 r. osiągnął Iwan stanowisko wielkiego księcia w księstwie włodzimierskim, ale jego aspiracje szły dalej, bo tytułował się księciem całej Rusi. W tych warunkach Moskwa zaczęła przejmować stołeczną rolę, pełnioną dotąd przez Włodzimierz nad Klaźmą. Jej prestiż podniosło również to, że za Iwana Kality osiadł w niej na stałe metropolita ruski Teognost. W ten sposób Moskwa stała się również kościelną metropolią Rusi.

Nowy etap wzrostu znaczenia Moskwy przypada na czasy wnuka Iwana Kality Dymitra zwanego Dońskim. Przezwyciężył on trudności wewnętrzne, rozprawił się z konkurencyjnymi aspiracjami księstwa twerskiego, ale nade wszystko wpłynął na pewną reorientację polityczną książąt ruskich, skupiając ich wokół idei zrzucenia „jarzma tatarskiego". Polityka ta zaowocowała, bo w 1380 r. siły ruskie pod wodzą Dymitra pobiły na Kulikowym Polu, w pobliżu Donu, wielką armię chana Mamaja.

Niektórzy historycy uważają klęskę Tatarów na Kulikowym Polu za początek upadku Złotej Ordy, ważnego czynnika politycznego na wschodzie Europy, oddziaływającego jednak w sposób pośredni również na bieg wydarzeń w Europie środkowej. Nie umniejszając wagi wydarzenia z 1380 r., trzeba stwierdzić, że przejawy słabości Złotej Ordy wystąpiły już wcześniej i były widoczne przez cały wiek XIV. Stanowiły one następstwo procesu feudalizacyjnego, który się dokonywał od początków istnienia imperium mongolskiego, a w znacznym natężeniu wystąpił w interesującym nas okresie. Towarzyszył mu proces immunizacji licznych posiadłości i przekształcania się władzy namiestniczej w osobne niemal państwa. Osłabiało to skuteczność administracji mongolskiej, a jeżeli nawet w efekcie końcowym nie umniejszało dochodowości chana, to w każdym razie podnosiło rolę społecznych czynników rozkładowych, a więc coraz bardziej udzielnych dostojników i władców prowincjonalnych. Ten właśnie proces umożliwił pewną emancypację księstw ruskich i większą niż dawniej swobodę polityczno-militarnego ich działania, dał Litwie szansę licznych podbojów na Rusi, a również Polsce i Węgrom pozwolił uzyskać przewagę w ziemiach halickiej i włodzimierskiej.

Ważnym składnikiem życia politycznego Europy wschodniej, a częściowo także środkowej, była w XIV w. Litwa, państwo wówczas młode, w swoim rozwoju wewnętrznym spóźnione w stosunku zarówno do monarchii środkowoeuropejskich, jak też w stosunku do Rusi, ale bardzo prężne i o dużej sile ekspansywnej. Jeszcze w XII w. o Litwie niemal nic nie wiedziano. Leżała ona na peryferiach ówczesnej cywilizacji i nie wytworzyła wówczas jeszcze ani silniejszego organizmu politycznego, ani kultury pisanej. Plemiona litewskie żyły w znacznej izolacji, którą potęgowały warunki naturalne, a to opóźniało konsolidację międzyplemienną. Dokonała się ona w XIII w., gdy w północnym sąsiedztwie Litwy działał już Zakon Kawalerów Mieczowych, a na terenie Prus rozwijali ekspansję Krzyżacy. Za właściwego twórcę państwa litewskiego uchodzi Mendog(zm. 1263), który w sojuszu z Zakonem Krzyżackim ochrzcił się i uzyskał w 1253 r. od Stolicy Apostolskiej koronę królewską. Nie przeprowadził jednak chrystianizacji Litwy i sam powrócił do pogaństwa. Okolicznością, która sprzyjała zjednoczeniu się plemion litewskich, było zagrożenie i ujarzmienie Rusi przez Mongołów. Ruś chętnie patrzyła na krystalizujące się w jej sąsiedztwie organizmy polityczne, które mogły stanowić przeciwwagę w stosunku do najeźdźców ze wschodu. Wnet mieli się Rusini poddawać zwierzchności politycznej Litwy, oznaczającej ustanie jarzma tatarskiego, a mało uciążliwej z tego względu, że w zasadzie ograniczonej do kreowania nowego władcy miejscowego, który miał być Litwinom lojalny i posłuszny. Poza tym panujący litewscy zachowywali ruskie instytucje, obyczaj, religię i sami poddawali się ich wpływom.

Ekspansja Litwy na wschód rozpoczęła się już za Mendoga, a została zakończona w drugiej połowie XIV w. Pierwszym etapem formowania się potężnego państwa litewskiego było niewątpliwie polityczne zespolenie Litwy właściwej i Żmudzi. Już za Mendoga przesunęły się granice tego państwa na południe ku Rusi Czarnej, a za jego następców na wschód ku ziemi połockiej. W pierwszej połowie XIV w. ekspansja Litwy skierowała się ku Podlasiu i Wołyniowi, z kolei poszła ku Rusi Kijowskiej, ziemi czernihowskiej i Podolu, a u schyłku XIV w. – ku ziemi smoleńskiej.

Wielkim organizatorem państwa litewskiego był Giedymin. Jego aktywna polityka zagraniczna: dalsze podboje Rusi, zacięta obrona przed Zakonem, który zmierzał do opanowania Żmudzi, aby stworzyć sobie pomost do inflanckiej części państwa zakonnego, wykorzystywanie konfliktów wewnętrznych w Inflantach przeciwko Zakonowi, wciągnięcie w sprawy Litwy Stolicy Apostolskiej, sojusz zaczepno-odporny z Władysławem Łokietkiem i wspólne akcje przeciwko Zakonowi i Brandenburgii, a wreszcie porozumienia lub współdziałanie z republikami nowogrodzką i pskowską, wszystko to byłoby niemożliwe, gdyby nie przebudowa wewnętrzna państwa i wzrost jego potencjału gospodarczego i militarnego. Litwa czasów Giedymina nie była jeszcze tym rozległym państwem, jakim widzimy ją w drugiej połowie XIV w. System danniczy z krajów podbitych nie mógł więc być jeszcze głównym źródłem środków niezbędnych na tak rozległe zamierzenia. Litwa właściwa była krajem mniej więcej o połowę słabiej zaludnionym niż ówczesna Polska, a podobnie przedstawiały się podbite ziemie ruskie. Mały stopień urbanizacji implikował nieduże korzyści z gospodarki miejskiej. Większego znaczenia nabierała natomiast pewna aktywność Litwy w handlu bałtyckim, za pośrednictwem miast i kupców inflanckich. Ważnym emporium handlowym stało się Wilno, które przyciągało kupców różnych narodowości. Ta sama aktywność handlowa, chociaż w mniejszej skali, musiała być udziałem także paru innych miast. Podstawą siły militarnej państwa i jego prężności było jednak bojarstwo. Wywodzące się częściowo z arystokracji plemiennej, z drużyny wczesnofeudalnej i kreowane wprost przez władcę, było na Litwie warstwą społeczną jeszcze młodą, zarówno zahartowaną w wojnach, jak też zainteresowaną w podbojach. Właśnie możliwości podbojów, wiążące się z nimi nadania ziemskie i dopływ jeńców, zamienianych na ludność feudalnie zależną, stanowiły bodźce i źródło siły, którą umiejętnie Giedymin w swojej polityce wykorzystał. Państwo Giedymina nosi więc cechy monarchii wczesnofeudalnych, z reguły prężnych i politycznie aktywnych. Stanęło ono w obliczu tego samego zagrożenia, które było udziałem wielu państw na tym etapie rozwoju, tj. rozpadnięcia się po śmierci wielkiego organizatora na drodze naturalnych praw dziedziczenia. Gdy bowiem Giedymin zmarł, państwo jego zostało podzielone między siedmiu synów. Szczęśliwy był zbieg okoliczności, w których Olgierdowi udało się, przy zgodnym współdziałaniu z bratem Kiejstutem, utrzymać jedność polityczną państwa litewskiego i wytyczony przez Giedymina kierunek jego rozwoju.

Ważnym elementem rozwoju politycznego Europy środkowo-wschodniej w XIV w. było formowanie się organizacji państwowej o charakterze wczesnofeudalnym na terenie Wołoszczyzny i Mołdawii. Znaczny wpływ na ich rozwój cywilizacyjny wywierała już w XII w. Ruś, czego trwałym śladem był przyjęty tutaj i długo utrzymywany w piśmie język ruski. Po podboju Rusi Mongołowie narzucili swoją zwierzchność Mołdawii, a w luźniejszej formie także części Wołoszczyzny. Już wówczas zaczęli tu napływać od strony Bałkanów osadnicy-pasterze, wnoszący na podłoże osadnicze słowiańsko-tureckie język i elementy kultury romańskiej. Węgry, które władały Siedmiogrodem, podjęły w XIV w., pod panowaniem Andegawenów, wysiłki w kierunku zawładnięcia Wołoszczyzną i Mołdawią. Kraje te kusiły jako pomost do ruchliwej czarnomorskiej strefy handlowej. Dzięki Węgrom uległa tu likwidacji zwierzchność mongolska, co było pozytywnym efektem ich ekspansywnych zabiegów. Ale napór węgierski przyczynił się również do konsolidacji wewnętrznej obu krajów i do wytworzenia się w każdym z nich, na podłożu plemiennym, jednolitych organizacji politycznych.

Najpierw dokonało się to w Wołoszczyźnie. Właściwym twórcą państwa wołoskiego był Tihomir, którego działalności bliżej jednak nie znamy. Jego syn Basarab I zadał w 1330 r. klęskę wojskom Karola Roberta, który podjął wyprawę do jego kraju. W 1344 r. zawarł jednak sojusz z Węgrami i pod ich opieką dokończył budowy organizacji państwowej. W 1359 r. Wołoszczyzna uzyskała własną metropolię prawosławną, która stała się ważnym elementem więzi wewnętrznej. Państwo mołdawskie powstało później od wołoskiego i pod bardziej bezpośrednim wpływem Węgier, ale zdołało skutecznie od tego wpływu się uwolnić. A mianowicie w latach czterdziestych XIV w. Ludwik Andegaweński usunął z tego terenu zwierzchność mongolską i zaczął na nim tworzyć podstawy własnej administracji. Podjął także próby wciągnięcia go w krąg Kościoła łacińskiego. W 1359 r. wzniecono tu powstanie, na czele którego stanął jeden z miejscowych hospodarów, Bogdan. Usunięto władze namiestnicze węgierskie. Za następców Bogdana państwo mołdawskie zostało skonsolidowane wewnętrznie. W jakiś czas po powstaniu 1359 r. założono również w Mołdawii odrębną metropolię prawosławną. Równolegle z utrwalaniem się niezależności od Węgier, zaczęły się wpływy polskie w tym kraju, które znalazły wyraz w utworzonym w latach 1369 – 1371, za staraniem Kościoła polskiego, a w szczególności polskich franciszkanów, biskupstwie łacińskim w Serecie. Zapewne król Kazimierz Wielki udzielił tej inicjatywie swojego poparcia.

W ów naszkicowany tu pobieżnie splot spraw ruskich, czy szerzej – wschodnioeuropejskich, weszła polityka Kazimierza Wielkiego. Inspirowały ją w wysokim stopniu interesy rycerstwa, możnowładztwa i mieszczaństwa polskiego, a popierał w całej rozciągłości Kościół polski. Małopolska odgrywała w tych aspiracjach otwarcia Polsce na wschodzie szerokich możliwości osadniczych i handlowych rolę wiodącą. Ale polityka ruska Polski kazimierzowskiej stała się atrakcyjna również na niezależnym od królestwa polskiego Mazowszu, toteż rycerstwo mazowieckie czynnie uczestniczyło w przedsięwzięciach militarnych Kazimierza Wielkiego na Rusi.

* * *

W zaraniu dziejów naszej państwowości przedmiotem sporu między Polską a Rusią były tereny pograniczne w dorzeczu Sanu i Bugu. Dominowały na nich stary gród Przemyśl o znacznym zapleczu osadniczym i kilka zapewne gródków nadbużańskich, położonych wśród lasów i bagien, a kryjących się pod nazwą „grodów czerwieńskich". Cały ten obszar nosił cechy przejściowe, zarówno pod względem kulturowym, jak i etnicznym. Silniejsze wpływy etnicznej grupy polskiej, niesione na fali osadniczej od strony lessowych obszarów nadwiślańskich, dają się stwierdzić zwłaszcza w obrębie grodu przemyskiego. Na walkę konkurencyjną o zwierzchność na tych spornych obszarach nakładała się już bardzo wcześnie dążność, widoczna po stronie Polski, do utrwalenia swych wpływów na Rusi Kijowskiej. Przejawiali ją Bolesław Chrobry i Bolesław Śmiały. W czasach Bolesława Krzywoustego regułą stają się sojusze książąt polskich z ruskimi, stanowiące niejednokrotnie atut w konfliktach wewnątrzdynastycznych. Dwie córki Bolesława Krzywoustego zostały wydane za książąt ruskich, a trzej jego synowie pojęli za żony Rusinki.

Nowy kurs w polityce ruskiej Polski widoczny jest w czasach Kazimierza Sprawiedliwego. Pogodzono się w Polsce już za Władysława Hermana z przynależnością do Rusi owych spornych terenów pogranicznych, przestano szukać wpływów w Kijowie, natomiast Kazimierz Sprawiedliwy zabiegał usilnie o związanie z Polską Rusi Halicko-Włodzimierskiej. Polityka ta sprowadzała się do popierania spokrewnionych z Piastami lub sprzymierzonych z Kazimierzem Sprawiedliwym książąt ruskich, konkurujących o trony halicki i włodzimierski. Spotkała się ona z analogiczną dążnością Węgier. Tak więc stosunek Polski do Rusi zaczął się splatać ze stosunkiem do Węgier i w tym kształcie znalazł wyraz w polityce syna Kazimierza Sprawiedliwego Leszka Białego. Próbą kompromisu polsko-węgierskiego był związek małżeński zawarty w 1214 r. między Kolomanem, synem króla Węgier Andrzeja II, i Salomeą, córką Leszka Białego. Wnet potem koronowano zaledwie siedmioletniego Kolomana na króla Rusi Halickiej. Silniejsze związki z tą częścią Rusi, zapoczątkowane przez Kazimierza Sprawiedliwego, podtrzymywał również drugi syn tego księcia Konrad mazowiecki. Miał za żonę Agafię, córkę Światosława wołyńsko-włodzimierskiego. Jego syn Siemowit I, właściwy protoplasta mazowieckiej linii Piastów, ożenił się z Perejasławą, córką księcia i króla halickiego Daniela. Wnuk tegoż Siemowita Trojden pojął z kolei za żonę prawnuczkę Daniela Marię. Była ona córką króla halickiego Jerzego I (zm. 1308). Jej dwaj bracia, Andrzej i Lew II, panowali po ojcu, pierwszy we Włodzimierzu, a drugi w Haliczu. W dniu 21 V 1323 donosił Łokietek Stolicy Apostolskiej że „dwaj ostatni książęta Rusi ze schizmatyckiego rodu", którzy byli „niezwyciężoną tarczą przeciwko okrutnemu szczepowi Tatarów", zeszli z tego świata. Byli to jeszcze książęta młodzi, zatem istnieje prawdopodobieństwo, że zginęli w działaniach wojennych, skierowanych przeciw Litwie. W linii męskiej wygasła więc halicko--włodzimierska gałąź Rurykowiczów. Pozostała linia żeńska, której jedyną przedstawicielką była wspomniana już Maria Juriewna, siostra zmarłych książąt, a żona Trojdena mazowieckiego. Z jej małżeństwa z Trojdenem urodziło się trzech synów i jedna córka. Najstarszym synem był Bolesław, urodzony zapewne nie później niż w 1313 r. Wspólnym dziełem polityki polsko-węgierskiej było wprowadzenie go może już w drugiej połowie 1323 r. na tron halicki. Pierwszy dokument przez niego wystawiony pochodzi z 1325 r., zatem najpóźniej wówczas musiał już mieć „lata sprawne" (12, czy może raczej 14 lat).

Jako książę ruski przyjął Bolesław Trojdenowic prawosławie oraz imię swojego dziada po matce, Jerzego, czym zapewne starano się podkreślić jego więź z Rurykowiczami. Nazywany więc na Rusi Jerzym II Bolesław Trojdenowic Łokietkowi zawdzięczał tron ruski, ale zapewne również sojuszowi z Giedyminem, który zapewniał mu bezpieczeństwo na granicy północnej. W ten sposób należy tłumaczyć małżeństwo Bolesława-Jerzego z córką wielkiego księcia Litwy Eufemią, zawarte w 1331 r., mimo że stosunki Litwy z Mazowszem były napięte, z racji współdziałania tej dzielnicy Polski z Zakonem Krzyżackim. Starsza siostra Eufemii, Aldona-Anna, była już wcześniej żoną Kazimierza Wielkiego. Oprócz więc dynastycznego pokrewieństwa między Kazimierzem Wielkim, prawnukiem Konrada mazowieckiego, i Bolesławem-Jerzym, praprawnukiem tegoż Konrada, zbliżały władców Polski i Rusi Halicko-Włodzimierskiej również ich żony, które były rodzonymi siostrami. Bolesław-Jerzy utrzymywał stale poprawne związki ze swoją mazowiecką rodziną, co w sferach bojarskich mogło budzić uzasadnione obawy, czy nawet podejrzenia, że w gruncie rzeczy sprzyja katolicyzmowi. Nie brakło też kontaktów z Kazimierzem Wielkim i z innymi Polakami, którym nie wadził sojusz tego księcia Rusi z Zakonem Krzyżackim. Na krótko przed swoją śmiercią, w styczniu 1339 r., książę ten nadał mieszczaninowi sandomierskiemu Bartłomiejowi przywilej na zorganizowanie gminy miejskiej na prawie niemieckim w Sanoku. Za zasadźcą musiał podążyć polski element osadniczy. Sanok nie był tu zapewne przypadkiem odosobnionym. W kancelarii swojej posługiwał się Bolesław-Jerzy językiem łacińskim, co oznacza, że miał w swoim otoczeniu odpowiednią służbę kancelaryjną wykształconą w Polsce, lub – jeżeli gdzie indziej – to w każdym razie w kręgu kultury łacińskiej. Musiał

również tolerować wpływy kościoła łacińskiego na Rusi, choć sam zachowywał przynajmniej z pozoru obrządek prawosławny. Mamy poszlaki źródłowe, że pod jego panowaniem dokonała się bardzo znaczna penetracja zakonu franciszkanów, zwłaszcza w halickiej części jego państwa. Musiało tak być istotnie, skoro już w 1345 r. słyszymy o osobnym wikariacie franciszkańskim na Rusi. W 1327 r. papież Jan XXII informował Władysława Łokietka, że jego krewniak książę Rusi Bolesław, który przyjął był obrządek prawosławny, „powziął zamysł powrotu do jedności ... Kościoła". Równocześnie w osobnej bulli zachęcał Bolesława, mając na uwadze ten jego zamysł, aby powrócił do „światła prawdy". Mamy prawo przypuszczać, że w czasach Bolesława-Jerzego wznowiło swoją aktywność na Rusi biskupstwo lubuskie, które już w XIII w. aspirowało do katolicyzacji tego kraju. Taki cel mógł przyświecać pewnemu zbliżeniu biskupa lubuskiego do Łokietka w ostatnich latach jego panowania, obecność tegoż biskupa przy koronacji Kazimierza Wielkiego, a wreszcie zainteresowanie Kazimierza obsadą tegoż biskupstwa. Istnieje wreszcie pewne prawdopodobieństwo, że jeszcze czasów Bolesława-Jerzego sięgają początki łacińskiego biskupstwa w Przemyślu.

Książę halicko-włodzimierski został otruty przez swoich podwładnych – bojarów, co poświadcza szereg źródeł polskich, jak zwłaszcza *Kronika katedralna krakowska, Rocznik małopolski* i *Rocznik Traski*. Stało się to w r. 1340, według dwu ostatnich zależnych od siebie źródeł około Zwiastowania Panny Marii, które wypada na 25 marca. Datę ścisłą podaje *Rocznik poznański*; był to dzień siódmy przed idami kwietniowymi, przypadający na 7 IV. Datę tę przyjmujemy powszechnie jako bardzo bliską poprzedniej, wyrażonej niedość precyzyjnie. *Rocznik małopolski* i *Rocznik Traski* przytaczają w jednobrzmiącym tekście następujące motywy tego otrucia, oparte na wiadomościach zasłyszanych, a mianowicie, że książę ten „był dla swoich bardzo gwałtowny, dopuszczający się więzienia ich, wymuszający od nich pieniądze, porywający i bezczeszczący ich córki i żony, a także wynoszący ponad nich inne narodowości, jak Czechów i Niemców". Stąd – jak pisze autor tej relacji – wydaje się, że „poruszeni tyloma nieprawościami, przygotowali mu taką śmierć", tj. otrucie. *Kronika katedralna krakowska* dopatrzyła się przyczyny śmierci Bolesława-Jerzego z rąk ruskich bojarów w tym, że „usiłował on zmienić ich prawa i wiarę".

Z tych samych źródeł wiadomo, że już około Wielkanocy, która w 1340 r. wypadała 16 kwietnia, Kazimierz Wielki podążył na Ruś. Około św. Jana Chrzciciela podjął drugą wyprawę. Na podstawie źródeł węgierskich należy przyjąć, że między pierwszą i drugą wyprawą przybyły na Ruś posiłki węgierskie. Nic nie wskazuje, jakoby to była jakaś akcja konkurencyjna Węgier, a w tàkim razie należy przyjąć, że podjęto w tym zakresie pewne współdziałanie. Stwierdzenie to jest bardzo istotne dla oceny całej polityki ruskiej Kazimierza Wielkiego. Królowie węgierscy podtrzymywali bowiem swoje stare roszczenia do Rusi Halicko-Włodzimierskiej, co jest widoczne w ich tytulaturze „królów Galicji i Lodomerii" (Halicza i Włodzimierza). W dokumencie układu z Kazimierzem Wielkim z 1350 r. Ludwik Andegaweński tak wyłożył prawa Węgier do tego kraju „Królestwo Rusi, które niegdyś weszło – jak wiadomo – w posiadanie naszych przodków, śp. znakomitych królów Węgier, w konsekwencji, gdy na nas zostały przelane prawem dziedzicznym zarząd Królestwa Węgier i tron królewskiej godności, stało się – jak wiadomo – nasze". Jeżeli zatem Kazimierz podjął swój plan zawładnięcia Rusią za wiedzą i poparciem Węgier, musiało to być efektem wcześniejszego porozumienia, uprzedzającego śmierć Bolesława-Jerzego. Nie mogło się wszak dokonać między datą jego śmierci (7 IV) a datą pierwszej wyprawy polskiej na Ruś (zapewne tuż po 16 IV).

Bardzo prawdopodobny jest domysł naszej historiografii, że układ polsko-węgierski dotyczący Rusi musiał być elementem dodatkowym układu o sukcesji andegaweńskiej w Polsce. Karol Robert zapewne scedował na Kazimierza Wielkiego węgierskie tytuły prawne do Halicza i Włodzimierza w zamian za ekspektatywę przejścia tronu polskiego na Andegawenów. Była to rachuba o tyle korzystna dla Węgier, że wraz z tronem polskim weszliby oni w posiadanie Rusi. Do czasu niejasna musiała być sytuacja na wypadek, gdyby Kazimierz Wielki miał potomstwo męskie, gdyby zatem sukcesja andegaweńska w Polsce nie doszła do skutku. Okoliczność taką przewidywano i tej sprawy dotyczył właśnie wspomniany układ 1350 r., w którym strony uzgodniły, że gdyby Kazimierz Wielki miał potomstwo męskie, wówczas Andegawenom będzie przysługiwało prawo wykupna Rusi za wielką kwotę 100 000 florenów, odpowiadającą około 50 000 kóp groszy.

Nie ulega zatem wątpliwości, że Andegawenowie liczyli się z prawami Kazimierza Wielkiego do sukcesji ruskiej, problem tylko w tym, kiedy i w jakich okolicznościach prawa te zostały przez króla Polski nabyte. Badacze tej kwestii domyślali się, że książę halicko-włodzimierski Bolesław-Jerzy, który potrzebował na Rusi pomocy z zewnątrz, uczynił Kazimierza Wielkiego za cenę skutecznego poparcia swoim sukcesorem w wypadku, gdyby nie miał potomstwa męskiego, zupełnie analogicznie, jak to w sprawie tronu polskiego uczynił Kazimierz w stosunku do Andegawenów. Przyjmowano (A. Prochaska, W. Abraham, H. Paszkiewicz), że umowa taka doszła do skutku w Wyszehradzie, niejako pod patronatem Karola Roberta, w czerwcu 1338 r. Według bowiem *Kroniki budzińskiej* w roku tym „około święta apostołów Piotra i Pawła przybył do Wyszehradu do króla Karola książę ruski Lothka z wybranymi ludźmi spośród swojego rycerstwa, obiecując jemu [tj. Karolowi] pomnożenie swojej przyjaźni". Imię Lothka trzeba by wziąć na karb pomyłki kronikarza i przyjąć, że chodzi tu o Trojdenowica, bo kontakty dworu węgierskiego z innym księciem ruskim wydają się wówczas nieprawdopodobne. Mamy równocześnie wiadomość w liście Galharda de Carceribus do papieża z 11 VI 1338, że Kazimierz Wielki, wezwany przez chorego Karola Roberta, udał się na Węgry. Jest więc rzeczą w pełni prawdopodobną, że w Wyszehradzie Kazimierz spotkał się z Bolesławem-Jerzym i że w obecności Karola Roberta odbyto tam jakieś rozmowy.

Trudno jednak uwierzyć, aby Karol Robert, mając już znacznie wcześniej przyrzeczoną ńa rzecz swego domu sukcesję w Polsce, wikłał sobie widoki na ewentualną sukcesję Andegawenów na Rusi, a w zamian jeszcze obiecywał księciu ruskiemu pomoc, na którą ten przede wszystkim musiał liczyć. Równie uprawniony, a łatwiej trafiający do przekonania wydaje się domysł, że między Kazimierzem Wielkim a Bolesławem-Jerzym do jakichś rozmów doszło już wcześniej i że zatem już wcześniej miał Kazimierz ekspektatywę na tron halicko-włodzimierski. Możliwości łatwego kontaktu wszak nie brakowało. Zachował się pergaminowy dokument Kazimierza Wielkiego z 24 VI 1337, dotyczący wsi Żukowice w dawnym powiecie pilzneńskim; wystawca do normalnej tytulatury króla Polski dodał tutaj: „a także dziedzic i pan całej ziemi ruskiej". Dokument ten wymagałby dokładnego zbadania co do swojej autentyczności, taka bowiem tytulatura już się nie powtarza aż do 1346 r. Jeżeli natomiast nie jest on falsyfikatem, lub nie został mylnie datowany, to mielibyśmy w nim wskazówkę, iż już wówczas Kazimierz Wielki miał jakiś tytuł prawny do tronu halicko-włodzimierskiego.

W Wyszehradzie mógł więc król Polski postawić Karola Roberta już przed faktem poczynionych zobowiązań i zabiegać o ich akceptację, która na pewno była konieczna, jeżeli nie miała prowadzić do zadrażnienia stosunków polsko-węgierskich i rusko--węgierskich. Taką akceptację być może w Wyszehradzie uzyskano. Dalszego rozwoju wydarzeń nikt jeszcze wówczas nie mógł przewidzieć, a w każdym razie nie należało się spodziewać rychłej śmierci księcia ruskiego, który był niewątpliwie nieco młodszy od Kazimierza Wielkiego. Mógł wówczas Karol Robert obiecać Kazimierzowi pomoc zbrojną dla osiągnięcia Rusi, jak to nieraz w takich układach bywało, ale wszystko to musiały być przyrzeczenia mgliste. Doraźnie pomocy potrzebował na pewno Bolesław-Jerzy. W chwili jednak jego śmierci również dla Węgrów sytuacja zarysowała się w innym świetle. Ruś w rękach Kazimierza Wielkiego winna była przejść na Andegawenów wraz z tronem polskim, ale pod warunkiem, że Kazimierz Wielki nie będzie miał potomstwa męskiego. Warto więc było wesprzeć Polskę militarnie w jej planach ruskich, ale należało zabezpieczyć interesy Węgier na wypadek, gdyby król Polski takie potomstwo posiadł. W ten sposób dopiero zasupłał się węzeł polsko-węgiersko-ruski, do którego definitywnego rozwiązania na korzyść Polski miano się w przyszłości posłużyć królową Jadwigą andegaweńską. Sytuację komplikowały nadto roszczenia litewskie. Syn Giedymina Lubart Dymitr był wszak skoligacony z halicko-włodzimierską linią Rurykowiczów. Była wreszcie Złota Orda, która uzurpowała sobie prawo zwierzchności do całej Rusi, a nie pozostawała z reguły bierna wobec cudzych roszczeń.

Najmniej do powiedzenia w sprawach Rusi miała jej własna aktywna politycznie warstwa społeczna, tj. bojarstwo. Od dawna demoralizująco działało na nie „jarzmo tatarskie", stwarzające możliwość służenia dwu panom, szukania oparcia w Ordzie przeciwko własnym książętom czy własnym przeciwnikom. Daleko idące rozbicie całej Rusi sprzyjało zatracie horyzontów politycznych i rozluźnianiu się tych więzi wewnętrznych, które zdolne jest wytworzyć dłuższe trwanie jednolitego organizmu państwowego. Brak sił, które by konsolidowały wewnętrznie społeczeństwo ruskie, ujawnił się na obszarach Rusi Halicko-Włodzimierskiej już za ostatnich panujących tu Rurykowiczów i w sposób równie jaskrawy wystąpił za Bolesława-Jerzego. Z kolei w sytuacji, kiedy z roszczeniami do tej części Rusi wystąpiły Polska, Węgry i Litwa, a nie zrezygnowała z nich również Złota Orda, siły dezintegracyjne wśród bojarstwa jeszcze się pogłębiły. Nawet zagrożone prawosławie nie wytworzyło zwartego frontu obrony. Gdy więc zaczynał się po śmierci Bolesława-Jerzego wieloletni okres zmagań o Ruś Halicko-Włodzimierską, toczyły się one między Polską i Węgrami z jednej strony, Litwą z drugiej, a od wypadku do wypadku również z Tatarami z trzeciej. Nie skonsolidowane bojarstwo popierało po trosze każdą ze stron lub każdą z nich po trosze zwalczało. Nie zdołało nawet wygrać ku własnej korzyści tego, co w sprawie ruskiej mogło dzielić Polskę i Węgry i utrudnić im współdziałanie. Dla Polski zatem wojna o Ruś była to wojna z Litwą i z Tatarami, a równocześnie cicha rozgrywka konkurencyjna z Węgrami. Nie była w każdym razie wojną z Rusią samą, bo jej społeczeństwo większego za-

81

grożenia od strony Polski nie odczuło i na obronę w stosunku do niej — poza fazą początkową całej sprawy — nie zdecydowało się, jakkolwiek musiało ponosić siłą rzeczy niemały ciężar działań wojennych, wśród których nie obywało się bez grabieży, zniszczeń i gwałtów.

Pierwsze zabiegi Kazimierza Wielkiego o Ruś po śmierci Bolesława-Jerzego przedstawiają najpełniej w jednobrzmiącym tekście *Rocznik małopolski* i *Rocznik Traski*: „Król Kazimierz, słysząc, że [Bolesław-Jerzy] w taki sposób rozstał się z życiem, około Wielkiej Nocy [16 IV] z małą liczbą [rycerstwa] na Ruś wkraczając, chrześcijan i kupców, którzy skupili się w grodzie Lwów, po spaleniu grodu sprowadził aż do swojego Królestwa z żonami, dziećmi i mieniem. Zabrał stamtąd liczne łupy w srebrze, złocie i drogich kamieniach, skarbiec dawnych książąt, w którym było kilka złotych krzyży, szczególnie jeden, w którym został znaleziony wielki kawałek drewna z krzyża pańskiego, i dwa bardzo kosztowne diademy, i jedną wielce kosztowną szatę, a także krzesło ozdobione złotem i drogimi kamieniami. To wszystko zabrawszy, powrócił do siebie. W tym samym roku [1340] około święta Jana Chrzciciela tenże król Kazimierz, zebrawszy silne około 20-tysięczne wojsko, znowu wkroczył na Ruś, gdzie burząc kilka grodów i budowli warownych, podporządkował je sobie ku własnej korzyści. A chociaż zebrało się blisko 40 000 Tatarów i tyluż lub więcej Rusinów, to jednak z jakiegoś strachu i trwogi liczni zostali powaleni i zabici przez bardzo dzielnych choć szeregowych Mazowszan i być może bardziej z pomocą boską pokonani, zaczęli ucieczkę, a król w ten sposób ze zwycięstwem i wielką chwałą do siebie powrócił, bez żadnych obrażeń czy straty swojej szlachty". W tekście *Rocznika Traski* po tym ustępie następuje zdanie „Traska był tam także". To właśnie raz tylko występujące tutaj imię posłużyło dla nazwy rocznika. Ale w tej chwili istotna jest dla nas okoliczność, że przedstawił się nam bezpośredni uczestnik wydarzenia, który pod powyższą relacją, przez niego napisaną lub przepisaną, niejako się podpisał.

Wspomniano już wyżej, że w jednym z dokumentów węgierskich, datowanym na 15 V 1340 znajdujemy wiadomość, że król Węgier odroczył pewną sprawę z powodu wyprawy ruskiej swojego Królestwa, która zatem około tego czasu musiała na Ruś wyruszyć.

Mamy jeszcze dwa przekazy źródłowe, bardzo istotne dla tej początkowej fazy walki o Ruś, na które warto tu zwrócić pełniejszą uwagę. Jeden z nich zawiera *Kronika* Janka z Czarnkowa. Podkanclerzy Królestwa, blisko związany z osobą króla i jego doradcami, miał niewątpliwie wgląd w tajniki rozgrywek politycznych i wyrobiony pogląd polityka na całokształt sprawy. Jego podkanclerstwo przypada jednak na lata stosunkowo odległe od interesujących nas wydarzeń (1366 – 1372), a więc nie należy po nim oczekiwać takich konkretów i szczegółów, jakie podały powyższe roczniki.

Janko relacjonuje więc, myląc przy tym pierwotne imię Trojdenowica, że „w niedługim czasie po śmierci znakomitego księcia Kazimierza, zwanego Jerzym, władcy całego Królestwa Rusi, syna Trojdena, księcia mazowieckiego, który to Kazimierz wstąpił na tron książęcy Rusi po swoim dziadku i zginął otruty przez Rusinów [...] król Kazimierz z wielką siłą swojego narodu do Królestwa Ruskiego skutecznie wkroczył, chcąc wziąć odwet za zabójstwo swego krewniaka. Nie mogąc się oprzeć jego potędze, przywódcy Rusinów, baronowie, komesi i inni szlachetnie urodzeni, z dobrej woli powierzyli Kazimierzowi Wielkiemu siebie samych i swoje mienie, przyjmując go wiernie na swojego pana i przysięgą potwierdzając mu hołd wierności". Dalej kronikarz pisze, że po osiągnięciu tego Kazimierz Wielki powrócił do siebie. Wtedy to „wielce niegodziwy dostojnik imieniem Detko, który dzierżył gród Przemyśl, z niejakim Danielem z Ostrowa, potajemnie, gdy nie wiedzieli o tym inni bojarzy ruscy, ujawnili [to] cesarzowi [chanowi] Tatarów, twierdząc, że król Polski Kazimierz najechał i zajął Ruś i zakazał, aby Rusini świadczyli Tatarom trybut, który zwykli dawać". Na to chan wysłał na Ruś wielkie wojsko, polecając mu zniszczyć Polskę. Do spotkania z królem Polski doszło nad Wisłą, ale Polacy nie pozwolili Tatarom na przekroczenie tej rzeki, utracili jednak – jak relacjonuje Janko – jednego ze swoich dostojników, wojewodę sandomierskiego Mikołaja Czeleja, który padł przeszyty tatarską strzałą. W drodze powrotnej udali się Tatarzy pod gród Lublin, który usiłowali zdobyć. Mimo że miał on tylko drewniane umocnienia, jego załoga zmusiła najeźdźców do odstąpienia. Marginesowo warto tu dodać, że ten najazd tatarski mamy nadto zwięźle poświadczony w *Roczniku małopolskim*, jednak w dwu jego przekazach pod różnymi datami (1340 i 1342).

Zapowiedzianą powyżej kolejną ważną relację na temat wydarzeń na Rusi bezpośrednio po śmierci Bolesława-Jerzego zawdzięczamy kancelarii królewskiej, która przygotowała ją dla Stolicy Apostolskiej. Nie znamy wprawdzie listu królewskiego, w którym pomieszczono odnośne wiadomości przekazane papieżowi, ale zachowała się bulla Benedykta XII adresowana do biskupa ·krakowskiego, stanowiąca jak gdyby odpowiedź na pismo królewskie i powtarzająca – zwyczajem kancelarii papieskiej – zasadniczy trzon jego treści. Czytamy zatem w tej bulli, że „gdy niedawno schizmatycki naród Rusinów w sposób okrutny zamordował przy pomocy trucizny prawdziwego krewniaka tegoż króla, niejakiego Bolesława księcia Rusi, poczętego z prawowiernych rodziców, a także niektórych innych wiernych chrześcijan, posłusznych temu księciu, i gdy król, przejęty taką zbrodnią i rozpalony żądzą pomszczenia krzywdy wyrządzonej wierze chrześcijańskiej, z wojskiem swoim wkroczył na ziemię ruską, aby pokonać ten naród, i zadał mu liczne szkody, wtedy [...] namiestnik tegoż narodu, zwróciwszy się do Uzbeka, cesarza Tatarów, z którym naród ów – jak wiadomo – łączy stosunek trybutarny, osiągnął to, że przeznaczył on aż nazbyt wielkie wojsko z tychże Tatarów w celu najazdu i zniszczenia Królestwa Polskiego". Dalej papież wspomina, że król Kazimierz, w sytuacji, która zagrażała chrześcijaństwu, oczekiwał pomocy innych władców, ale jej nie otrzymał. Dlatego pilnie wszystko rozważywszy, gdy równocześnie ów starosta (którego imienia bulla nie podała, lecz na pewno chodzi o Dymitra Detkę) podporządkował się poleceniom królewskim, król zawarł z nim sojusz pod warunkiem „pewnych służebności i podległości, które powinien świadczyć". Złożywszy ze swej strony przysięgę na ten układ, król przyrzekł, że „powinien namiestnika i wspomniany naród otaczać opieką i zachować w ich obrządku, prawach i zwyczajach". Król jednak podejrzewał, że układ może być nie dotrzymany przez stronę ruską, dlatego prosił o ewentualne zwolnienie go od przysięgi, do czego papież upoważnił właśnie w omówionej bulli biskupa krakowskiego. Bulla nosi datę 30 VI 1341, stanowiącą bardzo istotny element chronologiczny dla całej pierwszej fazy walki o Ruś.

Z innych wzmianek źródłowych wynika również, że groźny najazd tatarski, który dotknął wschodnich kresów Polski, a osobnym zagonem spadł na Węgry, miał miejsce w pierwszych miesiącach 1341 r. Kazimierz Wielki w swoim piśmie do Stolicy Apostolskiej chyba nie przesadzał co do rozmiarów grożącego wówczas niebezpieczeństwa. Wiadomo bowiem także skądinąd, że królowie obu zagrożonych państw faktycznie wezwali pomocy innych monarchów. Kronikarz niemiecki Jan Vitodoranus, piszący współcześnie tym wydarzeniom, podaje wiadomość, że cesarz Ludwik Wittelsbach zbył owo wezwanie ironicznie, oświadczając, że „jeżeli są to potężni królowie i silni, to niech się bronią sami przed najazdem niewiernych". W związku z tym wydarzeniem kronikarz czeski Benesz z Pragi zapisał, że „Kazimierz król Polski miał wojnę z Rusinami i niewiernymi Litwinami, którzy przybyli, aby zająć Królestwo i ziemie Polski, ale z pomocą boską w krótkim czasie odstąpili".

84

Źródła ruskie, odnoszące się do pierwszej połowy XIV w., są niezwykle skąpe i do sprawy zajęcia Rusi przez Kazimierza Wielkiego prawie nic nie wnoszą. Szczęśliwym trafem zachował się jednak dokument Dymitra Detki, adresowany do Zakonu Krzyżackiego, a zapraszający na Ruś kupców pruskich. Wystawca informował w nim o „niezgodzie zasianej za sprawą szatana" między nim i królem Kazimierzem, która jednak już została zażegnana, a strony doszły do porozumienia i pogodziły się. Dokument ten niestety jest niedatowany, ale zawarta w nim wiadomość o układzie polsko-ruskim zgadza się w pełni z treścią bulli Benedykta XII, o której mowa była wyżej.

Nauka od dawna starała się określić ściśle stanowisko, jakie zajmował na Rusi Dymitr Detko. W dokumencie dla Zakonu tytułował się on wprawdzie jako starosta (namiestnik) Rusi, mówił jednak o prawach swoich „poprzedników" dla kupców obcych, stawiając się niemal na równi z książętami. Już sam fakt, że to on w imieniu własnym, a nie król ów przywilej wystawiał, świadczy o szerokim zakresie jego władzy. Wiadomo zarazem z bulli Benedykta XII, że Dymitr Detko podporządkował się na pewnych warunkach królowi Polski. Także tytuł starosty, którego sam używał, nie jest równoważny z książęcym. Według Janka z Czarnkowa dzierżył on gród przemyski, ale w tym przekazie jego rzeczywista funkcja i rola została poważnie zacieśniona. Wydaje się zatem, że formalnie i zgodnie z układem z 1341 r. był on namiestnikiem na Rusi, faktycznie jednak miał szerokie pole działania, skupiając w swoich rękach agendy władzy monarszej.

Wyłania się w tym miejscu kwestia sensu pojęcia „Królestwo Rusi", które w tym czasie było w użyciu, zwłaszcza w kancelarii węgierskiej. Zdaje się, że spełniało ono tam rolę dwojaką. W tytulaturze królów węgierskich (król Galicji i Lodomerii) oznaczało trwanie tradycji królewskiej Kolomana i niewygasłych roszczeń węgierskich do Rusi, w użyciu kancelaryjnym akcentowało natomiast w sposób teoretyczny odrębność i suwerenność kraju. W myśl bowiem przyjętej wówczas doktryny prawnej „król był cesarzem w swoim królestwie", a więc dopiero monarcha koronowany uchodził z istoty królewskiej korony za władcę suwerennego, a królestwo było tej suwerenności obszarem. Taki musiał być sens tego pojęcia zwłaszcza w niektórych dokumentach książąt ruskich. Używanie go przez kancelarię węgierską w sytuacji, jaka się wytworzyła po śmierci Bolesława-Jerzego i po układzie Kazimierza Wielkiego z Dymitrem Detką, stawiało króla Polski jako zwierzchnika Rusi w roli niejasnej. O to zresztą na pewno chodziło dyplomacji węgierskiej, skoro Węgry wcale nie ustępowały ze swoich roszczeń do Rusi. Mniej zrozumiałe jest natomiast to, że i kancelaria polska, jakkolwiek sporadycznie i dopiero poczynając od r. 1350, również tym pojęciem się posługiwała w formie „król Polski i Rusi". Wcześniej, bo w 1346 r., pojawia się w tytulaturze Kazimierza Wielkiego „pan i dziedzic Rusi". Czy pojęcie „król Rusi" u króla Polski było tylko naśladownictwem kancelarii węgierskiej, czy próbą akcentowania roszczeń polskich na przekór roszczeniom węgierskim, to pytania, które wciąż muszą powracać. Na pewno tytulatura taka nie miała na celu zacierania odrębności Rusi, a w ścisłej interpretacji prawnej musiałaby oznaczać unię personalną. Czy z tych subtelności zdawał sobie sprawę Kazimierz Wielki, nie wiemy, ale nie ulega wątpliwości, że już w układzie z Detką owa odrębność Rusi znalazła silny wyraz.

Gdy w części halickiej spuścizny Bolesława-Jerzego ustabilizowała się władza namiestnicza Dymitra Detki, część północną, włodzimierską z Łuckiem, Włodzimierzem, Bełzem i Chełmem, zajęli Litwini. Ten stan rzeczy utrzymał się – jak się wydaje – przez kilka lat, do których zresztą brakuje wiadomości. Pewne poszlaki zdają się wskazywać na jakieś kolejne konflikty, a zwłaszcza sugeruje to okoliczność, że w 1343 r. Kazimierz Wielki uzyskał zwolnienie Polski z dwuletniej dziesięciny papieskiej, z przeznaczeniem uzyskanych stąd środków na walkę z Litwinami, Rusinami i Tatarami. Ale równocześnie wiadomo, że Kazimierz był w tym samym czasie bardzo aktywny w rozgrywkach politycznych na zachodzie i północy swego państwa. W tym samym bowiem roku zawarł sojusz z Bogusławem V pomorskim, sfinalizował pokój z Zakonem i prowadził wojnę z książętami głogowskimi, w wyniku której rewindykował Wschowę. W następnym roku wszedł w konflikt z Luksemburgami i wnet zbliżył się ponownie do Witelsbachów. W r. 1345 wszczął w sojuszu z cesarzem Ludwikiem i jego synem wojnę z Luksemburgami, mając na celu odzyskanie Śląska. W tym samym roku został pomówiony w Stolicy Apostolskiej o jakieś kontakty z Litwinami, a nawet o wspieranie ich przeciw chrześcijanom. W październiku w bulli adresowanej do Kazimierza Wielkiego papież przestrzegał go, aby poddani jego „nie udzielali schizmatykom przeciw chrześcijanom, w sposób bezpośredni lub pośredni, jawnie lub skrycie, pomocy, rady czy wsparcia moralnego". Dopiero w jesieni 1348 r. zawarł Kazimierz Wielki pokój z Karolem IV i aż do tego czasu trwał prawdopodobnie na Rusi stan rzeczy ukształtowany w r. 1341. Co najwyżej dokonano w nim pewnych korektur. Źródła ruskie poświadczają bowiem, że Ludwik Andegaweński wyprawiał się w latach 1345 i 1346 przeciwko Tatarom.

Może przy okazji umocnił nieco własne stanowisko na Rusi, a Kazimierz Wielki ze swej strony wprowadził własne załogi do Przemyśla i Sanoka, co zdaje się wynikać z przywileju dla kupców sądeckich z 1345 r. Może w związku z tymi wydarzeniami zaczął się Kazimierz tytułować „panem i dziedzicem Rusi".

Wydarzenia o doniosłym znaczeniu zaszły w 1349 r. *Kronika katedralna krakowska*, w ustępie przypisywanym dawniej Jankowi z Czarnkowa, informuje pod tą datą, że Kazimierz Wielki wkroczył na Ruś z silnym wojskiem, posiadł ją „w całości ze wszystkimi grodami i miastami, Lubartowi oddając z własnej dobrej woli tylko miasto Łuck, wraz z jego terytorium". *Rocznik miechowski* pisze, również pod tą samą datą, że „na końcu tegoż roku król Kazimierz wszedł w posiadanie ziemi ruskiej". Wydaje się, że była to akcja bez udziału zaangażowanego wówczas w sprawy Dalmacji Ludwika Andegaweńskiego, którą król Polski starannie przemyślał i przygotował. Wykorzystał świeżą porażkę Litwy w wojnie z Zakonem, a z osobna zabezpieczył się od strony tatarskiej. Mamy bowiem w tym samym źródle zasługującą . w pełni na wiarę wiadomość, pierwszą w rzędzie trzech informacji z r. 1349, a więc dotyczącą zapewne pierwszych jego miesięcy, że „do króla Polski przybyli posłowie Tatarów". Z całą pewnością pomyślny przebieg rozmów z nimi ośmielił Kazimierza Wielkiego do wyprawy przeciw Lubartowi. Już 5 grudnia wystawił Kazimierz Wielki przywilej dla kupców państwa zakonnego, zachęcający ich do uczęszczania na Ruś i do miasta Włodzimierza, obiecując zarazem wynagradzać ze swego skarbu ewentualne poniesione w drodze szkody.

Są jednak pewne niejasności w przebiegu całej tej sprawy, których niestety w pełni usunąć się nie da. Doskonale zorientowany w nieco późniejszych sprawach ruskich autor powstałej na Węgrzech tzw. *Kroniki dubnickiej* informuje, że Ludwik Andegaweński w czasie podjętej wspólnie z Kazimierzem Wielkim wyprawy przeciw Litwie z 1351 r., a po dojściu do porozumienia z Kiejstutem, wypuścił na wolność brata Kiejstutowego Lubarta, którego wziął do niewoli w pewnym silnym grodzie Kazimierz Wielki. Wydarzenie to nie mogło mieć miejsca w czasie wyprawy 1351 r., bo Kazimierz już w Lublinie ciężko się rozchorował i na Ruś w ogóle nie dotarł. Jeżeli natomiast odnosić je do r. 1349, to niełatwo byłoby ten fakt pogodzić z wiadomością *Kroniki katedralnej krakowskiej* o oddaniu Lubartowi przez Kazimierza grodu Łucka. Trzeba by więc przyjąć jakąś inną jeszcze wyprawę kazimierzowską na Ruś, do której przypuszczalnie doszło w pierwszej połowie 1351 r.

Kolejną poważną wątpliwość nasuwają trzy bulle papieża Klemensa VI, wystawione przez kancelarię papieską 16 IX 1349, a będące odpowiedzią na wcześniejsze już doniesienia z Polski, że Kiejstut i jego bracia gotowi są przyjąć wiarę chrześcijańską. Nie chodziło tu na pewno o jakieś mgliste nadzieje, lecz o sprecyzowane obietnice. W jednej z tych bull, adresowanej do Kazimierza Wielkiego, powierzył papież jego trosce doprowadzenie zapowiadanej sprawy do końca, w drugiej, której adresatem był arcybiskup gnieźnieński, polecił Kościołowi polskiemu wysłanie na Litwę odpowiednio przygotowanych duchownych dla dokonania dzieła chrystianizacji w imieniu Stolicy Apostolskiej. Trzecia bulla była adresowana do samego Kiejstuta. Zachęcał go papież do wytrwania w zamiarze i obiecywał królewską koronę, o czym informował również Kazimierza Wielkiego. Można stąd wnosić, że taka właśnie była myśl króla Polski. Chrześcijańskie królestwo Litwy podważyłoby wszak zasadność istnienia i działania u jego boku Zakonu Krzyżackiego. Całą tę sprawę chrystianizacji Litwy musiał Kazimierz Wielki wstępnie przygotować już na parę miesięcy przed wystawieniem przez Klemensa VI owych bull, zapewne w drodze specjalnego poselstwa do Kiejstuta, a w takim razie nie dość jasny jest konflikt zbrojny już w jesieni 1349 i zajęcie przez Polskę w jego wyniku Rusi Włodzimierskiej. Bardziej byłoby prawdopodobne, że ową obietnicę chrystianizacji uczynił Kiejstut w wyniku przegranej wojny z Kazimierzem, ale wtedy działania wojenne należałoby datować przynajmniej na wczesne lato 1349.

Jakkolwiek było, do chrystianizacji Litwy wówczas nie doszło. Według tradycji mazowieckiej, utrwalonej w tzw. *Spominkach sochaczewskich*, w r. 1350 „pewien książę litewski ze swoim wojskiem spustoszył ziemię łęczycką w Zielone Świątki", które wypadały wówczas 16 maja. Wielu ludzi zginęło. Kazimierz postępował za najeźdźcą i 20 maja dopadł jego wojsko we wsi Żukowo koło Sochaczewa. Natarł na nie i zadał mu klęskę. Wielu Litwinów zatonęło w rzece Bzurze. Autor kończy swoją relację morałem, że „dlatego tak licho zginęli, ponieważ byli złodziejami". Z kolei dobre źródło dla XIV w., jakim jest *Rocznik miechowski*, informuje pod tą samą datą roczną, że „około św. Bartłomieja (24 VIII) Litwini spustoszyli Ruś, wielu uprowadzili, a wielu zabili". Była to niewątpliwie już druga wyprawa litewska w tym roku. Rozmiary poniesionych wówczas przez Polskę strat przedstawia *Kronika katedralna krakowska* w ustępie przypisywanym dawniej Jankowi z Czarnkowa. Duchowny zapewne autor kroniki wiąże spadłe wówczas na Polskę nieszczęścia z niefortunną sprawą wikariusza katedry krakowskiej Mikołaja

Baryczki, fałszywie oskarżonego przed królem i na jego polecenie utopionego w Wiśle. Litwini spustoszyli zarówno halicką, jak i lwowską część Rusi, zdobyli silne grody Włodzimierz, Bełz, Brześć i inne mniejsze, a wreszcie pociągnęli do ziem łukowskiej, sandomierskiej i radomskiej, uprowadzając w niewolę licznych chrześcijan. W kilku potyczkach wojska Kazimierza poniosły klęskę. W większą bitwę Litwini nie dali się wciągnąć. Znękany wojną Kazimierz przystał na pokój, odstępując Litwinom Ruś Włodzimierską, a sobie zatrzymując jej część lwowską.

Zanim jeszcze spadły na Polskę owe dwa najazdy litewskie, 4 IV 1350 doszło do wspomnianego już układu Kazimierza Wielkiego z Ludwikiem Andegaweńskim co do Rusi. Czy wymógł go Ludwik wobec sukcesów Polski na Rusi z r. 1349, czy zabiegał o jego zawarcie Kazimierz, przewidując odwet ze strony Litwy, nie jest sprawą jasną. Układ ten, który dawał Ludwikowi prawo wykupna od Polski Rusi za wielką sumę 100 000 florenów, gdyby Kazimierz miał potomstwo męskie, a zatem tron polski nie miał przejść na Andegawenów, wydaje się jednostronnie zabezpieczać interesy Węgier. Tylko w wypadku, gdyby przedstawiciel domu andegaweńskiego osiągnął koronę polską, Ruś miała pozostać przy Polsce. Nie należy jednak zapominać, że w grze była wielka kwota i że niełatwo byłoby Węgrom ją zapłacić. Współcześnie odczytywano sens tego układu zapewne inaczej, skoro Kazimierz Wielki nie tworzył bynajmniej stanu tymczasowości na Rusi, ale zmierzał ku jej gospodarczej i kulturalnej integracji z Polską. Jak większość swoich układów, również i ten traktował on chyba jako zło konieczne w przewidywaniu rozlicznych trudności na Rusi.

Jeżeli w r. 1350 musiał się Kazimierz borykać samotnie z najazdami litewskimi, to w następnym roku podjął już wspólnie z Ludwikiem działania zaczepne w stosunku do Litwy. Przygotowując się do nich, starał się przede wszystkim o odpowiednie zabezpieczenie materialne. Część jej kosztów starał się przerzucić na Stolicę Apostolską, wciąż pokazując jej miraż chrystianizacji Litwy. Bullą z 14 III 1351 papież Klemens VI przeznaczył na cel walki z Litwą i sprzymierzonymi z nią Tatarami połowę dziesięciny papieskiej z Polski w ciągu czterech lat. Wczesnym latem 1351 r. rozpoczęto wyprawę przeciw Litwie. Jej przebieg i efekty znamy niemal wyłącznie z cytowanej już *Kroniki dubnickiej*, która w tych sprawach była bardzo dobrze i w sposób kompetentny poinformowana. Siłą rzeczy autor skoncentrował uwagę na działaniach węgierskich.

Ludwik Andegaweński wyruszył z Budy w dniu Gerwazego

i Protazego (19 VI), na św. Jana (24 VI) był w Koszycach, a stąd pociągnął na Kraków. Po ośmiodniowej przerwie, w której zapewne radzono i układano plany współdziałania, połączone już prawdopodobnie siły polsko-węgierskie ruszyły na Sandomierz. Osiągnięto ten etap marszu w dniu św. Małgorzaty (13 VII). Być może w Sandomierzu dołączyły się dalsze oddziały polskie, w każdym razie autor kroniki zaznacza, że stąd już Węgrzy i Polacy razem udali się do Lublina. Ale tutaj król Kazimierz ciężko zachorował i wydawało się, że może umrzeć. W tej sytuacji Ludwik zadbał przede wszystkim o własne prawa sukcesyjne. Wówczas odebrał od dostojników przysięgę na *Ewangelię*, że przyjmują go na „pana naturalnego i króla"; postawiono mu jednak warunki, które Ludwik zaaprobował. A mianowicie uznano teraz prawa sukcesyjne samego Ludwika, natomiast wyłączono z nich jego brata Stefana. Zrobiono również zastrzeżenie imienne co do dwu Niemców, że nie wprowadzi ich Ludwik do Polski. Kronikarz relacjonuje, że wołano wówczas do następcy tronu: „W jakiejkolwiek porze dnia postawisz nad nami w charakterze kasztelana jakiegokolwiek Niemca, wiedz, żeśmy od twojej władzy odstąpili". Osobny warunek przewidywał żołd z tytułu wypraw wojennych, wystarczający na drogę tam i z powrotem, a także na utrzymanie rodziny.

Teraz Ludwik, pozostawiwszy Kazimierza Wielkiego w Lublinie, ruszył na czele obu wojsk w kierunku Litwy i po 15 dniach marszu przez lasy, doszedł do jej granicy. Wówczas wysłał do książąt litewskich imiennie wymienionych trzech posłów. Pozostali oni w ich rękach jako zakładnicy, a Kiejstut udał się do Ludwika, „pokornie mu się we wszystkim podporządkował i podpisali pokój". Kronikarz starannie w punktach zrelacjonował jego warunki, które musiał znać z wystawionych wówczas dokumentów. Kiejstut zobowiązał się przyjąć chrzest wraz ze swoimi braćmi i podległymi mu ludami, jeżeli otrzyma od papieża koronę królewską. Miał na własny koszt uczestniczyć w wyprawach wojennych Ludwika, jeżeli królowie Węgier i Polski zwrócą mu ziemie zabrane przez Krzyżaków i będą bronić Litwy przed Krzyżakami i Tatarami. Na Litwie miało powstać arcybiskupstwo, biskupstwa i klasztory. Kiejstut miał się udać z Ludwikiem na Węgry i tam się ochrzcić. Dodano warunek, że królestwa Litwy, Węgier i Polski pozostaną w pokoju, a Węgrzy mogą swobodnie bez opłat mytniczych udawać się na Litwę, tam pozostawać lub – kiedy zechcą – powracać.

Pokój ten został zawarty w namiocie Ludwika w święto Wniebowzięcia (15 VIII) przy świadkach, wobec których Kiejstut złożył pogańską przysięgę, tak zrelacjonowaną przez kronikarza, może uczestnika tych wydarzeń. Kazał Kiejstut „przyprowadzić wołu czerwonego koloru i przywiązać przy dwu pniach, a chwyciwszy nóż litewski rzucił do wołu i trafił w środkową żyłę i natychmiast obficie popłynęła krew, którą on sam i wszyscy Litwini posmarowali ręce i twarze, wołając po litewsku: «Rogachina roznenachy gospanany», co się tłumaczy: Boże, przez wzgląd na nas i na [nasze] dusze, spójrz na wołu, a przysięgę dziś przez nas złożoną miej za spełnioną. I to powiedziawszy odciął głowę wołu i na tyle od szyi oddzielił, żeby sam Kiejstut i inni Litwini przez ową przerwę między głową a szyją tego wołu trzykrotnie przeszli". Teraz przyprowadzono Kiejstuta przed króla Ludwika, który złożył Kiejstutowi przysięgę na dotrzymanie pokoju.

Pokój ten zawarł Ludwik najwyraźniej tylko w imieniu własnym i z zabezpieczeniem wyłącznie interesów węgierskich. Zobowiązanie co do obrony Litwy zostało natomiast nałożone również na Polskę. Obietnica osobnego arcybiskupstwa dla Litwy miała od razu wytworzyć stan niezależności kościelnej nowo nawróconego państwa od Polski, a chrzest Kiejstuta na Węgrzech odebrać Kazimierzowi Wielkiemu zasługę w sprawie, o którą od dłuższego czasu zabiegał.

Kronika dubnicka relacjonuje dalej, że Ludwik, wypuściwszy na wolność Lubarta, który został wzięty do niewoli przez Kazimierza Wielkiego, o czym wspomniano już wyżej, i wydawszy jakąś małą ucztę, udał się w drogę powrotną, zabierając ze sobą Kiejstuta. Po trzech dniach podróży Kiejstut z Litwinami w środku nocy po cichu się oddalili i powrócili do siebie, wypuszczając zakładników węgierskich, którzy pozostawali wciąż jeszcze na Litwie. „Król, uznając, że zarówno on, jak i król Polski, zostali tak bardzo okpieni, wielce się razem z tamtym zasmucił, lecz naprawić już niczego nie mogli". Nie dość jasną rolę odegrali w całej sprawie Polacy uczestniczący w wyprawie Ludwika, ich pieczy bowiem został powierzony, w świetle tego samego źródła, Kiejstut. A w każdym razie Ludwik liczył, że mają Kiejstuta w wystarczającym stopniu na uwadze. Ze źródeł polskich tymczasem wiadomo, że w czasie tej wyprawy Ludwika zginął książę płocki Bolesław, syn Wańki (Wacława). Data dzienna jego śmierci jest dobrze poświadczona i wypada na 20 lub najwyżej 21 sierpnia. Zważywszy, że pokój Ludwika z Kiejstutem został zawarty 15 VIII, śmierć ta miała miejsce już w czasie powrotu z Litwy. *Spominki płockie*, a więc źródło powstałe w kręgu, gdzie wypadkiem na pewno żywo się interesowano, relacjonują, że „książę Bolesław zginął w czasie wyprawy, ponieważ książę Kiejstut przyrzekł Karolowi [!] królowi Węgier i Kazimierzowi królowi Polski ochrzcić się ze wszystkimi swoimi braćmi Litwinami i ponieważ bynajmniej tego nie dopełnił i nocną porą uciekł, a wspomniani królowie ze wstydem powrócili". Tę samą wiadomość w równie niejasnym związku przyczynowym, a więc za *Spominkami płockimi*, powtarzają tzw. *Zdarzenia godne pamięci*. Może więc Kiejstut powierzony został osobistej opiece Bolka płockiego i może zatem zabili go Litwini, gdy próbował tej ucieczce przeszkodzić. Trudniej przypuścić, aby poniósł śmierć z rozkazu Ludwika, jako karę za niedopełnienie powinności.

W drodze na Węgry zatrzymał się Ludwik znowu w Krakowie, gdzie doszło do krwawego incydentu. Ludzie z otoczenia króla węgierskiego natrafili tu bowiem na jakiegoś Jaśka (herbu Rogala?), któremu zarzucano, że w czasie pierwszej wyprawy Ludwika przeciw Litwinom okradł skarbiec tego króla. Zabili więc Jaśka i zapewne gospodarza, u którego stał zajazdem i który próbował go bronić. Rychło po tym zajściu ruszono w dalszą drogę, bo 15 września był Ludwik już w Budzie. Tak zakończył się epizod wspólnej wyprawy polsko-węgierskiej przeciw Litwie z 1351 r. *Rocznik miechowski* pokwitował ją stwierdzeniem, że król Kazimierz zyskał w niej niewiele.

Nową wyprawę polsko-węgierską przeciw Litwie zaplanowano na miesiące zimowe 1352 r. Chodziło niewątpliwie o wykorzystanie zamarzniętych dróg, które w miesiącach wiosennych i w jesieni były w tej części Europy trudno dostępne. Dzięki *Kronice dubnickiej* znów znamy cały szereg związanych z tą wyprawą szczegółów, dotyczących jednak głównie Ludwika Andegaweńskiego. Wyruszył on z Budy 22 lutego i podążył na Sanok, dokąd przybył 12 marca. Stąd zaś, pokonując rozliczne trudności, udał się pod Bełz, gdzie stanął już 21 marca i gdzie spotkał króla Kazimierza „z bardzo dużym wojskiem". Stali pod grodem 6 dni, wymieniając poselstwa z kasztelanem tego grodu i żądając poddania się. Kasztelan zaś grał na zwłokę i równocześnie przygotowywał gród do obrony, a na ósmy dzień (28 III) wypowiedział wojnę. *Kronika dubnicka* relacjonuje dalej, że królowie Węgier i Polski, nie bacząc na umocnienia i system obronny grodu, przypuścili w przeddzień Niedzieli Palmowej (31 III) szturm. Woda w fosach sięgała rycerzom szyi. Gdy zbliżono się do wałów, posypały się strzały, kamienie i wielkie drwa. Jakiś „drewniany młot" ugodził króla Ludwika. W tym starciu poległ książę Władysław, którego kronikarz nazywa krewniakiem tegoż króla. Był to prawdopodobnie syn księcia cieszyńskiego. W grodzie „od strzał węgierskich" padło według tej relacji 300 ludzi, natomiast po stronie Węgrów i Polaków straty były niezliczone. Rozmiary klęski musiały być duże, bo już następnego dnia, tj. w Niedzielę Palmową, Ludwik zarządził powrót. Ale – jeżeli wierzyć *Kronice dubnickiej* – musiał jeszcze przedtem wywieść w pole Kazimierza. Bo oto wdał się w układy z owym kasztelanem bełskim, który złożył Ludwikowi hołd, a zdjąwszy ze szczytów wież flagi litewskie (głowa ludzka o czarnych włosach) wciągnął na nią węgierskie.

Nie znamy dalszego przebiegu tej kampanii, bo kronikarz opisał już tylko powrót wojsk węgierskich. Szły one przez tereny zdewastowane przez Litwinów i Tatarów, cierpiąc na brak żywności. Wydaje się, że chodziło o jakieś świeże najazdy. Jeszcze po drodze, której przebieg jest tu nie dość przejrzysty, w pierwszych dniach kwietnia ostrzeżono Ludwika o zbliżaniu się wojsk tatarskich poinformowanych o jego przemarszu.

Brak nam wiadomości o losach Kazimierza Wielkiego i jego wojsk w dalszym toku tej wyprawy. Musiał on równie szybko powrócić do Polski wobec nadchodzących wieści o Tatarach. *Rocznik miechowski* zanotował pod r. 1352, że Tatarzy najechali ziemię lubelską. Stało się to zapewne właśnie wczesną wiosną. O niebezpieczeństwie musiał Kazimierz szybko donieść Stolicy Apostolskiej, bo już bullą z 15 maja wezwał papież Klemens VI do krucjaty Polskę, Węgry i Czechy, wobec najazdów ziem polskich przez Tatarów i innych niewiernych. Trudno dziś powiedzieć, w jakim stopniu propaganda królewska przesadzała w ocenie sytuacji, a o ile była ona naprawdę groźna. Nie ulega wątpliwości, że król szykował się zarówno do obrony, jak też do nowych działań zaczepnych na Rusi. Z braku gotówki, wymógł już w czerwcu na Kościele polskim oddanie kosztowności archikatedry gnieźnieńskiej na cele wojenne. Oszacowano je na około 1000 florenów i w formie oprocentowanej pożyczki oddano królowi. W tym samym celu zdecydował się król oddać w zastaw nabyty niedawno po śmierci Bolka Wańkowica Płock książętom mazowieckim, a ziemię dobrzyńską Krzyżakom.

W sierpniu i wrześniu 1352 r. bawił król na Rusi. Spotykamy go pod Szczebrzeszynem, gdzie 23 sierpnia wystawił dokument. Pobyt króla na pograniczu władztw polskiego i litewskiego związany był niewątpliwie z mającymi się zacząć lub zaczętymi już rozmowami z Litwą, które zakończyły się podpisanym wówczas układem. Zachował się nie datowany dokument książąt litewskich spisany w języku ruskim, a dotyczący warunków rozejmu z królem Kazimierzem Wielkim, który historiografia wiąże właśnie z tą wyprawą króla na Ruś. Rozejm miał obowiązywać od 1 października, a zatem pertraktacje odbywały się na pewno we wrześniu. Wystawcami dokumentu są Giedyminowice Jawnuta, Kiejstut i Lubart, a nadto Jerzy Narymutowicz i Jerzy Koriatowicz. Ślubowali oni również w imieniu Olgierda, Koriata i Patryka, że dotrzymają pokoju. Ze strony polskiej w układzie uczestniczyli – obok króla – książęta mazowieccy Siemowit i Kazimierz. Jest bardzo znamienne, że wystawcy w tytulaturze Kazimierza Wielkiego w rzędzie innych ziem stawiają ziemię lwowską, co świadczy, że ta część Rusi nie była przedmiotem sporu i że władztwo Polski w jej obrębie Litwa aprobowała. Książęta litewscy zobowiązali się, że nie będą zagarniać ziem ani ludzi, które król aktualnie dzierżył, podział zaś Rusi przedstawiał się następująco: Kazimierz zatrzymywał ziemię lwowską, a wystawcy dokumentu łucką, włodzimierską, bełską, chełmską i brzeską. Stan posiadania Polski zatem się kurczył. Rozejm miał trwać 2 lata, w ciągu których stronom nie wolno było budować ani odbudowywać grodów. Krzemieniec przyrzeczono zdaje się Jerzemu Narymutowiczowi, ale miał go otrzymać z rąk Polski i Litwy za dwa lata, a więc przy zawarciu trwałego pokoju.

Bardzo istotna jest rola Węgier, uwzględnionych w tym układzie. Gdyby król węgierski pociągnął na Litwę, król polski miał dać pomoc Litwie, jeżeli natomiast pociągnąłby na Ruś litewską, król Polski mógł pomocy nie świadczyć. Analogicznie Litwini zobowiązali się w sprawie Tatarów, że jeżeli zaatakują oni Polskę, wtedy Litwa Polsce dopomoże, jeżeli Ruś królewską, wtedy do pomocy nie jest obowiązana. Powróciła wówczas sprawa Lubarta, który był kiedyś więziony przez króla Polski. Była ona wciąż jeszcze sporna, bo postanowiono oddać ją pod rozjemstwo Ludwika Andegaweńskiego, co nie świadczy wcale, że uznawano jego zwierzchność nad Rusią. Po upływie terminu rozejmu, jeżeli któraś ze stron nie zechce go dalej utrzymać, obwieści to na miesiąc wcześniej. Wprowadzono do układu klauzulę, która krępowała swobodę działania bojarów ruskich, zapewne pozostających pod władzą Litwy. W razie najazdu tatarskiego na Ruś królewską, mogli oni „lwowianom" pomocy nie udzielać, ale byli do niej obowiązani, gdyby Tatarzy szli na Lachów. Gdyby któryś z książąt litewskich naruszył warunki, starszy książę miał go okiełzać, w stosunku zaś do ludzi niższej kondycji miał to czynić wojewoda lub pan. Zbiegów należało wydawać, a w każdym razie obu stronom przysługiwało prawo ich poszukiwania. Specjalnie zastrzeżono, że król będzie wydawał chłopów i niewolników, którzy by zbiegli do Lwowa. Miasto musiało już mieć bowiem znaczną siłę atrakcyjną.

Powyższy układ rozejmowy, jakkolwiek korzystny dla Litwy, rychło został przez Litwinów zerwany. Dobre źródło, jakim jest *Rocznik miechowski*, zapisuje pod r. 1353, że po święcie Trójcy św.

(19 V) „Litwini zniszczyli Lwów i wielu zabili". Długosz, korzystając z jakiegoś nie znanego nam dziś źródła, informuje, że Lubart najechał w dniu 7 lipca tegoż roku Halicz, który był w posiadaniu Kazimierza Wielkiego. Zdobył, złupił i spalił miasto, a licznych jego mieszkańców wyciął, nie szczędząc kobiet i dzieci. Następnie ukrywszy łupy, przybył 9 września w okolice Zawichostu, które spustoszył w promieniu czterech mil. Ścisłe daty, którymi operuje Długosz, wskazują, że przekaz nie jest tylko kombinacją kronikarza, ale że ma jakąś solidną podstawę informacyjną. Zachował się oryginalny dokument Kazimierza Wielkiego, wystawiony 23 X 1353 w Bełzie, świadczący, że król przebywał wówczas w tej części Rusi, która mocą układu rozejmowego z 1352 r. przypadła Litwie. Była to prawdopodobnie wyprawa odwetowa. Z innych źródeł dokumentowych wynika, że w 1354 r. przynajmniej Ruś Halicka znajdowała się w rękach króla Polski. Był to, jak się wydaje, okres względnego pokoju w stosunkach polsko-litewskich, ale zarazem czas przygotowań do nowej, bardziej skutecznej rozprawy zbrojnej. W wyniku wcześniejszych zabiegów Kazimierza Wielkiego papież Innocenty VI wezwał bullą z 10 XI 1354 Polskę, Czechy i Węgry do krucjaty przeciw Tatarom i Litwinom, a równocześnie przyznał Polsce ulgi w zakresie dziesięciny papieskiej. Widać pewną ustępliwość Kazimierza Wielkiego w stosunku do Czech, które wzięły na siebie starania o pomoc w Brandenburgii, a wreszcie wzmożone wysiłki o skuteczne współdziałanie na Rusi ze strony Węgier, poparte nowymi zobowiązaniami co do sukcesji andegaweńskiej w Polsce. Zdaje się, że kilkakrotnie próbował król pozyskać sobie Zakon Krzyżacki dla swoich planów litewskich, jak to wynika z jego korespondencji z wielkim mistrzem z 1355 r. W niej również znajdujemy ślad skutecznych zabiegów o sojusz z Tatarami. Program minimalny przewidywał oczywiście ich neutralizację na wypadek wojny Polski z Litwą, ale królowi udało się uzyskać coś więcej, bo – jak wskazuje ta sama korespondencja – również zbrojne posiłki.

Wielka wyprawa wojenna przeciw Litwie szykowała się niewątpliwie na r. 1355. Milczenie źródeł na jej temat jest jednak tak duże, iż niejednokrotnie sądzono, że w ogóle nie doszła do skutku. Mamy tylko pewne poszlaki, przemawiające za tym, że istotnie miało wówczas miejsce starcie zbrojne. Wskazują na to wzmianki o przybyłych chyba posiłkach węgierskich i tatarskich, a nade wszystko bulla Innocentego VI z 17 XI 1356, adresowana do wielkiego mistrza, w której papież czynił Zakonowi wymówki, że nie tyko nie pomógł królowi Polski w wojnie z nieprzyjaciółmi wiary, jakimi są Litwini, chociaż otrzymał z rąk władców polskich odpowiednie uposażenie i chociaż król o taką pomoc uporczywie i często zabiegał, ale – co więcej – w czasie toczącej się wojny, gdy król był zajęty, Zakon najechał bez żadnej uzasadnionej przyczyny „księstwo mazowieckie, które podlega temu królowi prawem lennym i które znajduje się w granicach Królestwa", a niektóre jego grody okupował i dzierży w dalszym ciągu „przeciwko sprawiedliwości". Skarga w tej sprawie wpłynęła oczywiście do Stolicy Apostolskiej znacznie wcześniej i jest być może odbiciem wydarzeń z lata 1355 r. Mała kroniczka rodziny Ciołków (tzw. *Spominki o Ciołkach*) podaje wiadomość, że słynny w swoim czasie siłacz rycerz Stanisław Ciołek „zginął w wojnie tatarskiej, gdy Tatarzy najechali Włodzimierz, wysłany przez króla Kazimierza dla zdobycia tego grodu, w roku pańskim 1356". Wygląda więc na to, że jeszcze w 1355 r. król zdobył Ruś Włodzimierską, lub tyko jej część; na tę świeżą zdobycz najechaliby Tatarzy i w czasie tego najazdu miałby polec Stanisław Ciołek, może zdobywca Włodzimierza z roku poprzedniego. Na Rusi Halickiej tymczasem władza Kazimierza Wielkiego uległa stabilizacji, skoro 17 VI 1356 wyszedł z kancelarii królewskiej dokument lokacji Lwowa na prawie magdeburskim. Chociaż aktowi takiemu towarzyszyła z reguły likwidacja wszelkich innych praw na obszarze miejskim, tutaj król pozwolił Ormianom, Żydom, Saracenom (Tatarom) i Rusinom zachować w obrębie nowej gminy miejskiej zarówno własne prawa, jak też obyczaj. Istotnie tolerancja miała być podstawą polityki kazimierzowskiej na Rusi.

W r. 1356 zawarł Kazimierz Wielki jakiś układ z Litwą, o którym jeszcze nie wiedział Innocenty VI w dniu 17 września. Jego poświadczenie znajdujemy w bulli tegoż papieża z 24 I 1357. Doniósł mu o tym wydarzeniu ze schyłku lata lub wczesnej jesieni 1356 r. Zakon Krzyżacki, przedstawiając swoje zagrożenie, które wynikało z porozumień króla Polski zarówno z Litwą, jak i z Tatarami. Papież nie szczędził Kazimierzowi wymówek, że świeżo zawarł z Litwinami, „głównymi wrogami wiary, pokój i porozumienie sojusznicze", a także o to, że zmierza do umocnienia sojuszu z Tatarami. Mowa tu o części Rusi, którą Kazimierz zdobył z wielkim przelewem krwi chrześcijańskiej i na której uczynił Tatarów swoimi trybutariuszami. Jeżeli nie jest to refleks czczych oskarżeń ze strony Zakonu, chodziłoby chyba w tym ustępie o Podole.

Po osiągniętych już sukcesach w polityce litewsko-rusko-tatarskiej odnowił Kazimierz Wielki swoje zabiegi o chrystianizację Litwy przez Polskę i o włączenie jej do polskiej prowincji kościelnej. Spośród obfitej zapewne wówczas korespondencji dyplo-

Twarz Kazimierza Wielkiego na grobowcu Kazimierza Jagiellończyka

Profil twarzy Kazimierza Wielkiego w rekonstrukcji malarskiej Jana Matejki

matycznej zachowały się dwie supliki Kazimierza Wielkiego do Stolicy Apostolskiej, rozpatrzone w Awinionie 17 XII 1357. W jednej z nich król prosił, aby papież zechciał zachęcić Ludwika Andegaweńskiego i Karola IV do pomocy Polsce w obronie tych, którzy już przyjęli wiarę chrześcijańską, jak i tych, którzy ją przyjmą; w drugiej prosił wyraźnie o przyznanie Kościołowi polskiemu prawa zwierzchnictwa kościelnego na Litwie. Pierwszą z tych suplik kancelaria papieska opatrzyła formułką „fiat" (niech się stanie), drugą, nasuwającą zapewne więcej wątpliwości, pozostawiła jak gdyby w zawieszeniu. Planom polskim przeszkadzał zapewne Zakon Krzyżacki. Z jego to niewątpliwie inspiracji zwrócił się Karol IV już jako cesarz pismem z 18 IV 1358 do książąt litewskich z zachętą, aby pod jego cesarską opieką przyjęli wiarę Chrystusa. Ze źródeł niemieckich wiadomo, że „król litewski" wysłał w lipcu 1358 r. swojego brata do Karola IV przebywającego właśnie w Norymberdze; tam wysłannik oświadczył, że Litwa pragnie chrystianizacji i zapowiedział, że wielki książę Litwy przybędzie w celu ochrzczenia się do Wrocławia na Boże Narodzenie tegoż roku. Karol IV skierował tymczasem na Litwę arcybiskupa praskiego, mistrza Zakonu Krzyżackiego z terenu Niemiec, i innych duchownych. Ta akcja konkurencyjna nie osiągnęła jednak efektów, bo wielki książę litewski nie przybył do Wrocławia, gdzie go oczekiwał w dworskiej okazałości Karol IV, i zapowiedział, że się nie ochrzci, dopóki Zakon Krzyżacki nie zwróci Litwie zabranych ziem. W ten sposób wymknął się Karolowi IV z rąk łatwy i – jak się wydawało – bliski sukces.

Kazimierz Wielki sprawy nie zasypiał i prawdopodobnie właśnie latem 1358 r. prowadził z Litwą jakieś rozmowy. Pokój między Polską i Wielkim Księstwem Litewskim w każdym razie się umocnił. Być może wówczas postanowiono doprowadzić do związku małżeńskiego córki Olgierda o imieniu chrzestnym Joanny z wnukiem Kazimierza Wielkiego Kaźkiem słupskim. Jak ważny był ten związek, przynajmniej dla strony polskiej, świadczy okoliczność, że nie baczono na pokrewieństwo drugiego i trzeciego stopnia, jakie zachodziło między narzeczonymi (Joanna była wnuczką Giedymina po ojcu, a Kaźko słupski prawnukiem po babce Aldonie-Annie). Dopiero w 1360 r. Kazimierz Wielki prosił papieża o dyspensę w tej sprawie. Wiadomo z supliki, rozpatrzonej w Awinionie w lipcu 1360 r., że małżeństwo trwało już od około roku. Jest więc prawdopodobne, że rozmawiano o nim w lecie 1358 r.

Pod r. 1359 Długosz informuje nas o wyprawie mołdawskiej podjętej wówczas przez Polskę w związku z walką o tron hospodar-

97

ski w Mołdawii. W relacji Długosza miało to wyglądać w ten sposób, że gdy zmarł hospodar Stefan, jego dwaj synowie szukali poparcia na zewnątrz dla swoich aspiracji, Piotr na Węgrzech, a Stefan II w Polsce. Ten ostatni przyrzekał podobno Kazimierzowi wierność i posłuszeństwo. Kazimierz Wielki zdecydował się udzielić mu poparcia zbrojnego. Gdy więc wyprawa rycerstwa ziem krakowskiej, sandomierskiej, lubelskiej i ruskiej ruszyła do Mołdawii, bracia zdążyli się już pogodzić i urządzili wspólną zasadzkę na nadchodzące wojska w lasach ziemi szypienickiej, waląc na nie podcięte wcześniej drzewa. Wielu poległo i jeszcze więcej dostało się do niewoli. Długosz wymienia imiennie niektórych uczestników wyprawy, a także chorągwie, które wpadły w ręce Mołdawian. Relacja nosi więc wszelkie cechy prawdopodobieństwa, nie znajduje jednak potwierdzenia w żadnym źródle bliższym wydarzeniu. Natomiast data śmierci Stefana I i walka jego synów o tron mogą się odnosić do czasów kilkanaście lat późniejszych, a epizod łączyłby się prawdopodobnie z wyprawą mołdawską Ludwika Andegaweńskiego (1377) i byłby mylnie przeniesiony przez Długosza w czasy Kazimierza Wielkiego.

W ciągu 10 lat po układzie z Litwą z 1356 r. na Rusi panował względny spokój. Był to ważny okres utrwalania się wpływów polskich w halickiej części spuścizny Bolesława-Jerzego Trojdenowica, a także zręcznych rozgrywek Kazimierza Wielkiego w stosunkach z książętami litewskimi i z Tatarami. Wiadomo, że król zdołał związać z Polską stosunkiem lennym Jerzego i Aleksandra Koriatowiczów. Pierwszy z nich jeszcze w układzie z 1352 r. znajdował się po stronie Litwy. Jest rzeczą prawdopodobną, że Jerzy Narymutowicz przynajmniej przez pewien czas chylił się ku ściślejszemu związkowi z Polską. Większych konfliktów zbrojnych w całym tym okresie raczej na wschodzie nie było. Pozwoliło to Kazimierzowi na bardziej aktywną politykę w stosunku do zachodnich sąsiadów.

Cytowana już niejednokrotnie *Kronika katedralna krakowska* pisze, że w r. 1366 król „zebrawszy mnóstwo swego wojska, wkroczył potężnie na Ruś, a na usługi oddał mu się książę bełski Jerzy, jak się później jasno pokazało – podstępnie. Król zaś, pozyskując – stosownie do swoich sił – ziemię włodzimierską, którą dzierżył Lubart, ze wszystkimi grodami tej ziemi, oddał ją w całości księciu Aleksandrowi, bratankowi Olgierda i Kiejstuta, najwierniejszemu władcy, oprócz grodu Chełma, który dał księciu Jerzemu. Książę Aleksander dzierżył to [nadanie] aż do śmierci króla, służąc mu wiernie". Wiadomość ta zapisana w stołecznym

Krakowie najpóźniej w latach siedemdziesiątych XIV w., zasługuje w pełni na wiarę. Wojna zwrócona była głównie przeciw Lubartowi. U boku króla stał niewątpliwie Aleksander Koriatowicz, znacznie wcześniej na pewno już przezeń pozyskany. Niejasno przedstawia się w świetle tego przekazu ów książę Jerzy. Z późniejszych źródeł wiadomo, że był to Narymutowicz, który mimo jakiejś zdrady pozostał w Chełmie, a nadto uzyskał jeszcze Bełz, co jest zrozumiałe, jeżeli zdrada jego czy podstępność miały wyjść na jaw dopiero „później".

Zachował się akt pokoju z 1366 r., spisany w języku ruskim, szczegółowo przedstawiający podział Rusi włodzimierskiej. Lubart otrzymał Łuck i część okręgu włodzimierskiego. Sam Włodzimierz jednak wziął król. Nadto Kiejstut oddał królowi Krzemieniec i z większych grodów również Bełz i Chełm, zatrzymywał zaś Brześć, Drohiczyn, Mielnik i parę innych grodów. Z zestawienia tych dwu przekazów widać, że Aleksander Koriatowicz i Jerzy Narymutowicz otrzymali z rąk Kazimierza jako lenno ziemie, które jemu przypadły. Nad nabytkami w tej części Rusi Polska zatrzymywała więc tylko prawo zwierzchności.

Pokój 1366 r. kończył zarówno ›pewien etap działań wojennych, jak też przeszło dziesięcioletnich przygotowań pokojowych. Miał więc poważne zadatki trwałości. Do śmierci Kazimierza sytuację na Rusi trzeba uważać za ustabilizowaną. Mamy jeszcze do czynienia z najazdem Kiejstuta z 1368 r., ale dotknął on już tylko Mazowsza, zatem pośrednio dotyczył Królestwa Kazimierza Wielkiego, które wszak rozciągało nad Mazowszem swoją władzę zwierzchnią.

Utrwalaniu się związku politycznego Polski z Rusią Halicko-Włodzimierską towarzyszyła penetracja na jej teren Kościoła łacińskiego. Była to zarówno konsekwencja programu misyjnego dominikanów, franciszkanów i innych ogniw organizacji kościelnej względem schizmatyków, jak też potrzeb napływających coraz liczniej na Ruś osadników katolickich. Kościół prawosławny mógł się czuć zagrożony rozwojem Kościoła łacińskiego i jego uprzywilejowanej pozycji, ale nie został zlikwidowany i swoją działalność duszpasterską utrzymał na dużą skalę, a nawet korzystał z opieki króla Polski.

Zachował się list Kazimierza Wielkiego z nieznanej nam bliżej daty, spisany w języku greckim, w którym to liście król zwracał się do patriarchy konstantynopolitańskiego z prośbą o zatwierdzenie na dawnej stolicy metropolitalnej w Haliczu, wyniesionego tam od nowa metropolity Antoniego, który przybył — jak można wnosić — z Konstantynopola. Chodziło tu o odnowienie metropolii, która w 1347 r. została zniesiona. Jej potrzebę król argumentował troską, „aby obrządek Rusi nie zaginął, ani nie podległ skażeniu", grożąc, że w przeciwnym razie patriarcha nie powinien utyskiwać, „jeżeli przyjdzie potrzeba chrzcić na wiarę łacińską Rusinów, gdy nie ma metropolity na Rusi, albowiem kraj nie może być bez zakonu" (przekł. A. Małeckiego).

Co do Rusi katolickiej, to Kazimierz Wielki zmierzał do związania jej z polską prowincją kościelną, jak dał temu wyraz najmocniej w suplice z 1357 r. Ale w planach katolicyzacji krzyżowały się tu różne tendencje. Pojęcie „Królestwo Rusi", podtrzymywane zwłaszcza przez kancelarię węgierską, a akcentujące niejako suwerenny charakter tego kraju, było wyrazem polityki węgierskiej, która miała swoje odbicie również w zakresie spraw kościelnych. Węgry opowiadały się konsekwentnie za odrębnością organizacji kościelnej na Rusi, skoro nie mogły jej związać z Kościołem węgierskim. Stolica Apostolska chętnie utrzymywała swoją bezpośrednią zwierzchność w stosunku do nowych biskupstw, a dominikanie i franciszkanie przejawiali w tym zakresie niejednakowe tendencje.

Penetracja Kościoła łacińskiego na Ruś jest wcześniejsza niż rządy Kazimierza Wielkiego w tym kraju. Początki biskupstwa przemyskiego sięgają schyłku panowania Bolesława-Jerzego. To nam wystarczająco tłumaczy, dlaczego biskupstwo to nie zostało podporządkowane arcybiskupstwu gnieźnieńskiemu. Znacznie wcześniej, bo jeszcze w XIII w., rozwijało swoją działalność na Rusi biskupstwo lubuskie. Chociaż było ono sufraganią Gniezna, to w sprawie swojej jurysdykcji ruskiej kontaktowało się bezpośrednio ze Stolicą Apostolską, dążąc zapewne do kreowania na Rusi nowej metropolii. W latach 1358 – 1359 pojawiają się tytularne biskupstwa: chełmskie, włodzimierskie i lwowskie, z których pierwsze zostało powierzone franciszkaninowi, a dwa pozostałe dominikanom. W r. 1368 doszło do jakiejś ugody między ówczesnym biskupem lubuskim a królem Polski, a przy współudziale zarówno Ludwika Andegaweńskiego, jak też najwyższych dostojników kościelnych Królestwa Polskiego. Chociaż nie znamy jej treści, możemy przypuszczać, że chodziło w niej o wspólną linię polityki kościelnej na Rusi. Była ona konieczna wobec faktu, że już w 1367 r. w nieznanych nam bliżej okolicznościach została powołana do życia metropolia Kościoła łacińskiego w Haliczu, którą później przeniesiono do Lwowa. Jej sufraganie, czyli biskupstwa, nie były jeszcze wówczas w pełni ustalone.

Trzeba tu jeszcze wspomnieć o Kościele ormiańskim. Stosownie do gwarancji zachowania m. in. przez Ormian własnej religii i własnego prawa utworzone zostało w 1363 r. biskupstwo ormiańskie we Lwowie, co Kazimierz Wielki zaaprobował, a wyznawców tego Kościoła otoczył opieką prawną. Z tego zapewne czasu pochodzi w swoim zasadniczym zrębie przepiękna lwowska katedra ormiańska, jeden z najciekawszych zabytków architektury wschodniej w tej części Europy.

V. Śląsk, Mazowsze
i Pomorze Zachodnie w polityce króla

Gdy Kazimierz Wielki wstępował na tron, tylko trzy księstwa śląskie: ziębickie, świdnickie i jaworskie, pośród kilkunastu, nie uznawały jeszcze zwierzchności Królestwa Czeskiego. Formalnie rzecz biorąc, nie wchodziły one również w skład odrodzonego Królestwa Polskiego. Opór ich władców wobec politycznych aspiracji Czech na Śląsku wypływał jednak z poczucia łączności z Polską. Brat księcia ziębickiego Bolka, Bernard, był zięciem Władysława Łokietka, ożeniony z jego córką Kunegundą. Urodzeni zaś z tego małżeństwa Bolko i Henryk, książęta na Świdnicy, byli siostrzeńcami Kazimierza Wielkiego. Na Jaworze zaś siedział książę Henryk, który był bratem Bolka ziębickiego i Bernarda, a stryjem wspomnianych dwu książąt świdnickich. Utrzymanie niepodległości trzech niedużych księstw śląskich było możliwe tylko przy zdecydowanym poparciu ze strony Polski, na które zapewne wspomniani książęta liczyli.

Tymczasem Luksemburgowie nie wahali się użyć siły przeciwko opornym. W 1335 r. Karol Luksemburczyk najechał księstwo Bolka ziębickiego, a chociaż nie zdołał go pokonać, zagroził jednak poważnie jego niepodległości. Dalszy opór mógł się wydawać beznadziejny, skoro w Trenczynie rozważano możliwość zupełnej rezygnacji Kazimierza Wielkiego z praw Polski do Śląska. Wiadomo, że w Wyszehradzie w 1335 r. Kazimierz takiego zrzeczenia nie dokonał, ale też nie uczynił w tym czasie niczego, co by wskazywało na jego rzeczywiste dążenia do rewindykacji dzielnicy śląskiej. Zarówno ten stan rzeczy, jak i bezpośrednie groźby ze strony Czech, jak wreszcie obietnice doraźnych korzyści sprawiły, że Bolko ziębicki zaprzestał oporu. Otrzymawszy od Jana Luksemburczyka w dożywocie Kłodzko, złożył mu ostatecznie latem 1336 r. hołd lenny. Odtąd książętami niepodległymi na Śląsku pozostawali już tylko Bolko i Henryk świdniccy oraz ich stryj Henryk jaworski. Byli wierni Kazimierzowi także wtedy, gdy ten pod presją sprawy krzyżackiej zrzekł się w 1339 r. praw Polski do Śląska. Czuli jednak (zwłaszcza książęta świdniccy) poparcie Kazimierza Wielkiego, który zabezpieczał na arenie międzynarodowej ich interesy jako sojuszników. Taki stan rzeczy miał się utrzymać w ciągu kilku lat. W 1343 r. zmarł najpierw młodszy brat Bolka Henryk, a z kolei w trzy lata później Henryk jaworski, po którym Bolko odziedziczył jego księstwo. Od 1346 r. zatem mamy do czynienia na

Śląsku już tylko z jednym niepodległym księciem.
Bardzo ważne miejsce w polityce Kazimierza Wielkiego zajmowało Pomorze Zachodnie. Zerwało ono swoją łączność polityczną z Polską już w ostatniej ćwierci XII w., a mając własną dynastię, stało się lennem cesarstwa, uwikłanym dodatkowo w coraz to odnawiającą się zwierzchność brandenburską. To, czego stale bronili książęta pomorscy, to był właśnie status bezpośredniego lenna cesarskiego, dający im większą swobodę działania. W XIV w. władztwo książąt pomorskich rozciągało się od rzeki Łeby na wschodzie po wyspę Rugię i brzeg Bałtyku w rejonie Stralsundu na zachodzie. Obejmowało zatem położone na zachód od Odry miasta dzisiejszej Niemieckiej Republiki Demokratycznej: Wolgast (Wołogoszcz), Greifswald (Gryfia) i Stralsund (Strzałowo). Nadmorskie położenie kraju sprzyjało rozwojowi miast i handlu, rzutując na cały jego profil gospodarczy. Szereg miast Pomorza Zachodniego miał już wówczas członkostwo Hanzy i odgrywał w niej poważną rolę. Z punktu widzenia geopolitycznego było to natomiast położenie bardzo niekorzystne. Rozciągnięta szeroko granica lądowa oznaczała bezpośrednią styczność z kilkoma państwami, a mianowicie z Zakonem Krzyżackim (od 1308 r.), z Polską (przed r. 1308 i po r. 1365), na wielkim obszarze z Brandenburgią, dalej z Meklemburgią, a wreszcie nieobojętne było z punktu widzenia politycznego sąsiedztwo z Danią. Przy tym wszystkim słowiańskiej dynastii Pomorza Zachodniego nie udało się utworzyć jednolitego i prężnego organizmu państwowego. Prawo wszystkich członków rodziny monarszej do posiadania osobnego państwa, lub przynajmniej udziału we władzy, było czynnikiem rozbijającym jedność działania i osłabiającym własne racje polityczne książąt pomorskich. Sile ekonomicznej miast zawdzięczali miejscowi władcy długie trwanie odrębności Pomorza Zachodniego. Miasta zaś popierały tych władców, doceniając ich łagodne i tolerancyjne rządy.
W interesującym nas okresie władały Pomorzem Zachodnim dwie linie książąt: wołogoska i szczecińska. Była jeszcze linia książąt rugijskich, która wygasła w 1325 r. na Wisławie III, a Rugia przeszła na książąt wołogoskich. Na Wołogoszczy panował do 1326 r. Warcisław IV. Na jego rzecz zrzekł się Waldemar brandenburski Pomorza sławieńsko-słupskiego, które pozostawało w rękach Brandenburgii od czasu jej zabiegów o Pomorze Gdańskie, on też u schyłku życia objął w posiadanie Rugię. Władztwo jego przeszło na najstarszego syna, Bogusława V (zm. 1373), który współrządził dzielnicą z braćmi Barnimem IV (zm. 1365) i Warcisławem V (zm. 1390). W 1368 r. Pomorze Zachodnie uległo podziałowi. Bogusław V osiadł na Słupsku, synowie zmarłego już Barnima IV na Wołogoszczy, a War-

cisław V na Szczecinku. Z tą linią nawiązał bliższe stosunki Kazimierz Wielki. W drugiej – szczecińskiej linii książąt pomorskich w latach 1295–1344 panował Otton I, z którym współrządził od 1320 r. jego syn Barnim III (zm. 1368). W swojej polityce Otton lawirował między Wittelsbachami a Luksemburgami.

Odzyskanie Pomorza Zachodniego przez Polskę nie mieściło się zapewne w najśmielszych nawet planach Kazimierza Wielkiego, ale do sojuszu z tą dzielnicą przywiązywał on dużą wagę i łączył z nią być może nadzieje na dalszą przyszłość. Poważny problem monarchii kazimierzowskiej stanowiło również Mazowsze. Księstwo płockie, jak już wspomniano wcześniej, było od r. 1329 lennem Luksemburgów. Także inni książęta mazowieccy nie tylko nie uznawali zwierzchności nad sobą Władysława Łokietka, ale przez dłuższy czas byli sprzymierzeńcami największego wroga Polski, Zakonu Krzyżackiego. Historiografia nasza wysuwa domysł, że zwierzchność luksemburska rozciągnęła się w latach czterdziestych na całą dzielnicę, jakkolwiek miałaby charakter tylko formalny. Zbliżenie z książętami mazowieckimi, blisko spokrewnionymi z kujawską linią Piastów, którą reprezentował Kazimierz Wielki, rozerwanie ich związku lennego z Królestwem Czech i odciągnięcie od sojuszu z Zakonem musiało być pilnym i ważnym zadaniem kazimierzowskiego państwa. Jednakże polityk-realista, jakim był niewątpliwie ostatni król Piast, rozumiał na pewno, że najgroźniejszy był ów sojusz mazowiecko--krzyżacki, że natomiast zwierzchność czeska, ze względu na odległość i trudności bezpośredniego współdziałania Czech i Mazowsza, mogła być pozostawiona czasowi i działaniu korzystnych okoliczności.

W zakresie interesujących nas tu spraw ważne wydarzenia zaszły w 1343 r. Na początku roku zawarł Kazimierz Wielki przymierze z książętami zachodniopomorskimi linii wołogoskiej, Bogusławem V, Barnimem IV i Warcisławem V, w myśl którego Bogusław miał poślubić córkę króla Polski Elżbietę. Z dokumentu wystawionego w związku z tym przymierzem przez wymienionych książąt w Poznaniu 24 II 1343 dowiadujemy się co prawda, że to oni zabiegali wielokrotnie, aby córka Kazimierza Wielkiego została zaślubiona Bogusławowi „obyczajem królewskim". Inicjatywa nie należała więc do króla Polski, ale została przez niego podjęta, mimo że Elżbieta była już wcześniej i mogła być nadal środkiem przetargów o większej doraźnie doniosłości politycznej.

Dokument zawiera znamienną formułę przyjęcia przez książąt pomorskich Kazimierza Wielkiego za ojca, co mogło mieć poważne 104 konsekwencje natury prawnej. Z synowskiej powinności mieli stawać przy nim, służąc mu radą i pomocą, zupełnie analogicznie jakby to wynikało ze związku lennego. Synowska powinność pociągała za sobą dożywotni charakter umowy, na mocy której książęta pomorscy winni byli służyć Kazimierzowi na jego wezwanie oddziałem 400 rycerzy w zbrojach, wystawianych w ciągu 4 tygodni od daty nadejścia wezwania. Ta pomoc zbrojna mogła być użyta przeciwko każdemu nieprzyjacielowi, a w szczególności przeciw Krzyżakom. Książęta zobowiązali się dalej nie przepuszczać przez swój kraj posiłków dla Zakonu, które mogłyby być użyte przeciw Polsce i jej sojusznikom. Analogiczną pomoc miał świadczyć Pomorzu ze swej strony król Kazimierz. Książęta pomorscy mieli wyznaczyć Elżbiecie uposażenie wartości 2000 grzywien, które mogło wrócić do ich rąk jedynie po jej śmierci. Gdyby zaś Bogusław zmarł wcześniej, uposażenie to pozostać miało nienaruszone, a gdyby miało być przez pozostałych przy życiu książąt wykupione, to za dziesięciokrotnie wyższą kwotę. Brak w tej części dokumentu zobowiązań ze strony króla, ale one mogły się znajdować w nieznanym nam rewersale królewskim tego aktu, a mogło ich też nie być, skoro o małżeństwo to zabiegali tylko książęta pomorscy.

Na nieporozumieniu polega zapewne wiadomość Długosza, że przy okazji ślubu wypłacono Bogusławowi i Elżbiecie posag w wysokości 20 000 grzywien, jak również błędna jest podana przez niego data ślubu, która jest datą wystawienia powyższego dokumentu. Wspomniany tu posag musiałby być wypłacony przez Kazimierza Wielkiego, a tymczasem nie do pomyślenia jest, aby tak wielką kwotę król na ten cel przeznaczył, a jeszcze mniej prawdopodobne, aby mógł ją jednorazowo wypłacić. Ślub Bogusława i Elżbiety odbył się niewątpliwie już po zawarciu powyższej umowy, ale przed 11 VII 1343, w dokumencie bowiem z tej daty Bogusław nazywa Kazimierza Wielkiego swoim ojcem, a z kolei w akcie notarialnym wystawionym na rzecz Zakonu 23 lipca nazwany on jest zięciem tegoż króla.

Drugim ważnym wydarzeniem w Polsce w 1343 r. było niewątpliwie omówione już wcześniej sfinalizowanie pokoju wieczystego z Zakonem. Dawał on Kazimierzowi, przynajmniej na pewien okres, swobodę działania na innych polach. Przy okazji spostrzegamy fakt bardzo istotny, dotyczący Mazowsza. Oto niewątpliwy wasal Królestwa Czeskiego Bolesław książę płocki, jego brat stryjeczny Siemowit wiski i syn Bolesława Siemowit czerski — przy braku tylko młodocianego Kazimierza Bolesławowica — wystawili na życzenie królewskie dokument, poręczający warunki pokoju. Nazywają króla „swoim najdroższym bratem", ale przede wszystkim, jak przystało na sojuszników – poręczycieli, zobowiązali się, że gdyby król lub ktokolwiek inny, naturalnie z jego ramienia, wystąpił w stosunku do Zakonu z roszczeniami do ziem, które tenże otrzymał, wówczas nie będą stać przy królu i nie udzielą mu rady ani pomocy, lecz raczej go od takiego kroku postarają się powstrzymać. Sami wyrzekli się również roszczeń do nabytków Zakonu.

Na krótko po zawarciu pokoju kaliskiego z Zakonem rozpoczął Kazimierz Wielki działania wojenne przeciwko książętom śląskim z linii głogowskiej, w których rękach pozostawał wciąż jeszcze skrawek Wielkopolski. Była to wojna, która wymagała wielkiej rozwagi, mogła bowiem nie tyko naruszyć z trudem wypracowany sojusz z Królestwem Czech, ale wciągnąć Polskę w konflikt zbrojny z Luksemburgami. Kazimierz Wielki wykorzystał okoliczność, że po śmierci Henryka żagańskiego (1342) jego syn Henryk Żelazny nie złożył Luksemburgom hołdu lennego, a nadto postanowił rewindykować z ich rąk Głogów. Formalnie rzecz biorąc, nie był on wasalem Czech, które zatem nie powinny go bronić. Wszelkie poróżnienie między książętami śląskimi a Luksemburgami było na pewno korzystne dla Polski. Należało tylko umiejętnie podobne sytuacje wygrywać. Widocznie nie było szans na ściślejsze porozumienie z Henrykiem Żelaznym i pozyskanie go dla Królestwa Polskiego lub może stawka była zbyt niska, aby poświęcić dla niej wciąż jeszcze potrzebny Polsce sojusz z monarchią luksemburską, bo Kazimierz postanowił uderzyć na swego potencjalnego sprzymierzeńca, sięgając po mniejsze, ale pewniejsze korzyści. Być może potrzebne były Kazimierzowi i demonstracja siły, i błyskotliwy sukces na zachodzie państwa, wobec świeżych, na pewno niepopularnych ustępstw w stosunku do Zakonu Krzyżackiego.

Wojna z Henrykiem Żelaznym i wciągniętymi do niej dwoma jego stryjami: Janem ścinawskim i Konradem oleśnickim, rozegrała się u schyłku lata 1343 r. i miała przebieg szybki, nie pozostawiający Luksemburgom czasu na ewentualne zorganizowanie pomocy. Informację o niej zawdzięczamy autorowi *Kroniki katedralnej krakowskiej*, który zapisał: „I ponieważ książę żagański okupował od długiego czasu pewne terytorium Królestwa Polskiego z miastem zwanym Wschowa, wspomniany poprzednio król Kazimierz w roku pańskim 1343, zebrawszy dużą liczbę zbrojnych, zyskał to miasto i wziął w nim licznych jeńców, a ziemię tegoż księcia obracając w popiół i zgliszcza, zagarnął gród murowany zwany Ścinawą, zburzywszy jego mury. Wreszcie przejednany prośbami i obietnicami tegoż księcia, potwierdzonymi jego książęcym dokumentem, że nigdy już wspomnianego terytorium nie zechce sobie uzurpować, z ziemi jego do siebie powrócił".

Tę samą relację znamy z innej nieco szerszej wersji, którą przytacza szesnastowieczny heraldyk Bartłomiej Paprocki w swoim dziele *Herby rycerstwa*, za nieznaną dziś kroniką Alberta Strepy. Znajdujemy w tej drugiej wersji szczegół o oblężeniu Wschowy, a dalej wiadomość bardzo istotną o tym, że na czele zdobytego grodu Ścinawy postawił Kazimierz swojego szlachetnie urodzonego rycerza Jerzego Kornicza, a wreszcie, że — na prośby księcia — owego Jerzego Kornicza odwołał. Wynikałoby stąd, że wkroczenie Kazimierza na terytorium dawnego księstwa głogowskiego miało na celu nie tyle zniszczyć mienie przeciwnika, ile obsadzić jego główne grody i zagarnąć możliwie największą część jego księstwa.

Jeżeli w pierwotnym zamierzeniu Kazimierza Wielkiego wojna o Wschowę miała być prowadzona z Henrykiem Żelaznym, to w toku wydarzeń wciągnęła ona na pewno stryjów Henryka, Jana ścinawskiego i Konrada oleśnickiego. Śląska *Kronika książąt polskich* poświadcza, że wojska Kazimierza Wielkiego podeszły blisko Oleśnicy, ale tam zostały przez Konrada pobite, a liczni rycerze polscy ze szlacheckich rodów dostali się do niewoli. Nie ma powodu kwestionować śląskiej tradycji o tych wydarzeniach i nie ulega także wątpliwości, że owa porażka Polaków pod Oleśnicą miała miejsce w czasie tej samej wyprawy, źródło bowiem wyraźnie mówi, że „ta wojna prowadzona była wtedy, gdy król Polski Kazimierz spalił i wziął Ścinawę". Konrad w starciu z Polakami pod Oleśnicą uczestniczył osobiście, ale o królu po stronie polskiej źródło w tym związku nie wspomina. Trzeba więc przyjąć, że to jeden z oddziałów polskich tę klęskę czy porażkę poniósł. Być może taki przebieg wojny, do której wciągnięci wszak zostali wasale Luksemburgów, złagodził nastroje na dworze praskim i uchronił na razie Polskę przed otwartym konfliktem z Czechami. Warunki pokoju zostały jednak w pewnym stopniu przez Polskę naruszone.

Tymczasem ponownemu zaostrzeniu ulegały stosunki między Luksemburgami i Wittelsbachami. Papież Klemens VI, który rozpoczął swój pontyfikat w 1342 r., powrócił do polityki nieuznawania godności cesarskiej Ludwika Wittelsbacha i zażądał jego detronizacji. Zjazd elektorów we Frankfurcie wprawdzie uznał prawomocność jego władzy, ale była to nie tyle obrona osoby Ludwika, ile zasady, którą przyjął sejm Rzeszy w Rhense, a w myśl której zwyczajowo usankcjonowany wybór cesarza nie wymagał konfirmacji papieskiej. Na tron cesarski przeciwko Ludwikowi Klemens VI forsował Karola Luksemburczyka. Zagorzałym przeciwnikiem Luksemburgów, a zarazem zwolennikiem Wittelsbachów był na Śląsku Bolko świdnicki. Śladem swojego ojca Bernarda utrzymywał przyjazne stosunki z dworem bawarskim. Jest zatem rzeczą bardzo prawdopodobną, że Bolko stał się rzecznikiem i promotorem nowego zbliżenia między Kazimierzem Wielkim a Wittelsbachami, ściślej z Marchią Brandenburską, które dokonało się z końcem 1344 r. W dniu 1 I 1345 wystawił bowiem Kazimierz dokument, konfirmujący ze strony Polski warunki zawartego układu. Niestety nie znamy rewersału wystawionego przez Wittelsbachów.

W układzie powrócono przede wszystkim do sprawy małżeństwa syna cesarskiego Ludwika młodszego (rzymskiego) z córką Kazimierza Wielkiego. Nie chodziło już o Elżbietę, która w 1343 r. została wydana za Bogusława V, ale o młodszą córkę Kunegundę z tego samego małżeństwa z Aldoną-Anną. Warunki układu były podobne do dawniejszych. Ślub córki królewskiej z Ludwikiem rzymskim miał się odbyć w ciągu roku. Wartość posagu określono na 8000 kop groszy czeskich, ustalając sposób i terminy jego uiszczenia. Określono również wartość tzw. oprawy, którą Kunegunda winna była otrzymać ze strony swego męża. Miała ona sięgać 12 000 kóp groszy praskich i być zabezpieczona na miastach brandenburskich lub bawarskich. Pozostał warunek pomocy wojskowej w sile 400 zbrojnych, którą uzupełniono jednak o tyluż jeszcze łuczników. Pomoc owa ze strony Polski miała być świadczona zarówno samemu cesarzowi, jak też jego synom. Osobny warunek, że król Kazimierz winien był uderzyć na napastnika Wittelsbachów od strony swego państwa, wskazuje na Luksemburgów, jako tych, przeciw którym układ był wymierzony. Tę samą wymowę miał również warunek, zastrzegający, że bez porozumienia z Wittelsbachami Kazimierz nie mógł wchodzić w układy z domem luksemburskim. Powtórzono wreszcie z dawniejszych układów klauzulę o komisji polsko--brandenburskiej dla załatwienia wysuwanych zapewne z obu stron skarg i pretensji w sprawach granicznych. Tak więc Kazimierz Wielki znalazł się po stronie Wittelsbachów w ich konflikcie z Luksemburgami, podobnie zresztą jak obaj jego siostrzeńcy, Bolko świdnicki i Ludwik Andegaweński. Ślub młodocianej Kunegundy z piętnastoletnim Ludwikiem rzymskim odbył się latem 1345 r., zatem warunki układu pozostały w mocy.

Stosunki polsko-czeskie znalazły się teraz w impasie. W marcu 1345 r., gdy Karol Luksemburczyk wracał z wyprawy do państwa zakonnego, został uwięziony w Kaliszu, niewątpliwie na polecenie Kazimierza Wielkiego. Wiadomość o tym przechowały źródła czeskie, jako przyczynę podając niewypłacenie długu zaciągniętego przez Czechy w Polsce. Chodzi tu o pożyczkę uzyskaną przez Karola od Kazimierza Wielkiego w kwietniu 1343 r., którą częściowo Karol spłacił w czerwcu t.r. Dawniejszy bowiem dług margrabiego Moraw zaciągnięty w Polsce dwa lata wcześniej, został dobrze zabezpieczony na Namysłowie, Kluczborku, Byczynie i Wołczynie. Chociaż Luksemburczyk zdołał rychło z więzienia się uwolnić, to jednak sam fakt zastosowania tego rodzaju represji wobec następcy tronu czeskiego, o którym zapewne już się mówiło jako o kandydacie do tronu cesarskiego, był niezwykle śmiały i mógł pokrzyżować plany zwrócone przeciw Wittelsbachom.

Czternastowieczna kronika Benesza z Pragi pisze pod r. 1344, że Bolko świdnicki zamorzył głodem pewnego rycerza, wasala króla czeskiego Jana, za co tenże wraz z synami najechał księstwo świdnickie, niszcząc je i paląc. W szczególności zajął Kamienną Górę (Landeshut) i spalił przedmieścia Świdnicy. Wtedy Kazimierz, wuj księcia Bolka świdnickiego, uderzył na księstwo opawskie i zaczął je niszczyć, na co Jan Luksemburczyk, mimo iż wokół miał nieprzyjaciół, podążył na Kraków, obracając w perzynę wsie i miasta. Król Kazimierz wyszedł mu najpierw naprzeciw, ale zmuszony został schronić się w Krakowie. Już w pierwszym starciu i w ucieczce — jak relacjonuje kronikarz — zginęło około 400 Węgrów, niewątpliwie posiłkujących króla Polski.

Opisane tu wydarzenia to cztery odrębne epizody, z których tylko pierwszy mógł mieć miejsce jeszcze w 1344 r., pozostałe zaś, poświadczone dobrze przez inne źródła, należą już do roku następnego. Epizod świdnicki przypada na kwiecień lub jeszcze początek maja 1345 r. *Kronika książąt polskich*, dość dobrze zorientowana w przebiegu tych wydarzeń, poświadcza, że ślepy już wówczas Jan Luksemburczyk zdołał zaledwie dotknąć bram Świdnicy i musiał od niej odstąpić. Natomiast istotnie Czesi zajęli Kamienną Górę, ale Bolko zdołał ją odzyskać, osaczając w niej zdaje się Karola Luksemburczyka. Z relacji kronikarza wynika, że książę świdnicki użył tu fortelu, wprowadzając do miasta zbrojnych ludzi, których ukrył na wozach, pozorując być może karawanę kupiecką. W tym samym czasie książęta oleśnicki i głogowski podjęli, nieudany zresztą, atak na Wschowę.

Kolejny epizod, tj. zbrojny pochód Kazimierza Wielkiego na Śląsk, rozegrał się w czerwcu 1345 r. Wojsko polskie posiłkowane przez Węgrów i Litwinów wkroczyło na teren księstwa opawskiego, w skład którego wchodziło wówczas dawne księstwo raciborskie. Gdy już zbliżono się do Raciborza, w Czechach podjęto pośpieszne przygotowania do odsieczy. Mimo iż było to przedsięwzięcie na terenie Czech niepopularne, Jan Luksemburczyk zebrał dużą i dobrze uzbrojoną armię i już pod koniec czerwca zbliżył się do wojsk Kazimierza. Ten jednak nie przyjął bitwy w otwartym polu, nie czując się widocznie na siłach, lecz jął się wycofywać na Kraków. Być może oczekiwał, że Jan Luksemburczyk zatrzyma się na granicy Królestwa, nie ryzykując marszu w jego głąb. Stało się jednak inaczej, bo król czeski, upojony łatwym sukcesem, podążył do Krakowa. Niepowodzenie wyprawy śląskiej Kazimierza Wielkiego było, zdaje się, spowodowane w wysokim stopniu brakiem współdziałania uczestników koalicji antyluksemburskiej. Bierny w tym momencie pozostał cesarz, a także jego syn margrabia brandenburski, którego posiadłości znalazły się zresztą w strefie bezpośredniego zagrożenia ze strony Luksemburgów. Pod koniec maja 1345 r. bawiło w Brandenburgii polskie poselstwo i nie sposób pomyśleć, aby nie uzgodniono wówczas planów współdziałania antyluksemburskiego.

Kalendarz krakowski bardzo ściśle datuje podejście Jana Luksemburczyka pod Kraków, podając aż dwa elementy chronologiczne, tj. czwarty dzień przed idami lipca i dzień św. św. Feliksa i Nabora. Nie ulega więc wątpliwości, że było to 12 lipca. Autor zapiski pomieszczonej pod tą datą pisze, że Jan przybył z silnym wojskiem, że zamiarem jego było zniszczenie Krakowa, ale został „pokonany i zawstydzony dwukrotną klęską, wycofał się trwożnie do Czech". *Rocznik miechowski* zapisał to wydarzenie mylnie pod r. 1346, ale podał interesującą a ważną dla jego autora wiadomość, że Czesi spalili w czasie tego najazdu wszystkie wsie klasztorne i miasto Miechów. *Rocznik świętokrzyski* z kolei informuje nas, że oblężenie Krakowa przez wojska Jana Luksemburczyka trwało 8 dni. Tzw. *Spominki włocławskie* podają wiadomość, że Węgrzy pobili wojska czeskie pod Lelowem w czasie, gdy Kazimierz bronił się w Krakowie, dodając, że zawstydzeni tą porażką Czesi powrócili do siebie. Drugą porażkę, o której mowa w *Kalendarzu krakowskim*, poniósł drugi oddział, najprawdopodobniej w okolicach Będzina we wsi Pogoń, jak mówi tradycja przechowana u Długosza. We wrześniu został zawarty rozejm między Kazimierzem Wielkim i jego sojusznikiem Bolkiem świdnickim a Janem Luksemburczykiem, z ważnością do św. Marcina (11 XI). Na wojnie tej skorzystał Bolko, który przeprowadził ze swoim stryjem Henrykiem jaworskim umowę na przeżycie i w roku następnym, gdy ten zmarł, przejął jego księstwo, powiększając tą drogą swoje niezależne od Czech państwo.

Koalicja antyluksemburska w Europie Środkowej wzmacniała stanowisko Wittelsbachów. Była nie na rękę lub wręcz krzyżowała 110 plany Stolicy Apostolskiej, która zatem starała się wszelkimi sposobami do niej nie dopuścić, a powstałe już ogniwa rozerwać. W bardzo krótkim czasie po przedstawionej wyżej wojnie polsko--czeskiej Klemens VI podjął środki zaradcze, mające przywrócić pokój między Luksemburgami i Kazimierzem Wielkim. W dniu 18 X 1345 wyszło z kancelarii papieskiej kilka bull, których zadaniem było zachęcić czy nawet przymusić skłócone strony, które właśnie zawarły zawieszenie broni z terminem do św. Marcina, aby je przedłużyły i podjęły pertraktacje nad układem pokojowym. Jedną z bull w tej sprawie adresował papież do Jana Luksemburczyka, drugą do jego syna Karola, zapowiadając im interwencję u Kazimierza Wielkiego i specjalną legację w tej sprawie z ramienia Stolicy Apostolskiej. Z bulli do Kazimierza Wielkiego z tej samej daty dowiadujemy się, że król Polski dwukrotnie zwracał się do papieża, próbując usprawiedliwić swoją politykę i tłumacząc, że według posiadanych przezeń informacji został przez swoich konkurentów wobec Stolicy Apostolskiej zniesławiony. Papież po ojcowsku zapewnił, że nie daje wiary wszystkim oskarżeniom, ale zganił króla surowo za sojusz ze schizmatyckimi Litwinami, dalej za sojusz z cesarzem Ludwikiem i za oddanie swojej córki za żonę synowi cesarskiemu, a wreszcie za nie dość zrozumiałe dla nas rzekome ulokowanie poprzez małżeństwa licznych swoich córek na dworze Ludwika. Zaszło tu zapewne nieporozumienie. Za Kunegundą poszły z pewnością na dwór Wittelsbachów niektóre jej dworki, wchodząc tam w związki małżeńskie, co w stylizacji kancelarii papieskiej wypadło tak, jak gdyby to były córki samego króla. Papież stwierdził, że warunki traktatu Polski z Wittelsbachami na szczęście nie zostały dotrzymane, co należy rozumieć, że w wojnie z Janem Luksemburczykiem Kazimierz nie otrzymał pomocy z ich strony, do której byli obowiązani. Zachęcał więc Kazimierza do zerwania tego traktatu i zawarcia sojuszu z Luksemburgami. Wreszcie dał obszerny wywód racji, dla których Ludwik Wittelsbach jest pod klątwą kościelną i dla których godne jest potępienia wszelkie z nim przymierze. Również i tutaj zapowiedział papież wysłanie swego nuncjusza w celach mediacji między Polską i Królestwem Czech.

Jak dużą wagę przywiązywało papiestwo do pokoju między Polską i Czechami, świadczy to, że już 29 X 1345 wysłano z Awinionu kolejne bulle do Jana i Karola Luksemburczyków. Teksty ich są bardzo podobne, a intencja ta sama. Wyrażono w nich obawę, że wobec zbliżającego się terminu upływu zawieszenia broni, działania wojenne między Polską i Czechami mogą się rozpocząć na nowo. Chodziło głównie o to, że Stolica

Apostolska nieco się spóźniła z wysłaniem nuncjusza, którym miał być prepozyt kościoła pożońskiego Wilhelm z Pusterli, że zatem kroki wojenne mogły być podjęte jeszcze przed rozpoczęciem jego misji. Apelował więc papież do obu Luksemburczyków o cierpliwość do czasu przybycia owego nuncjusza i o wstrzymanie się od wszelkich działań, które mogłyby zakłócić pokój. Groził co prawda nie cenzurami kościelnymi, ale swoim niezadowoleniem, gdyby się stało inaczej. Równocześnie papież zapowiedział wysłanie analogicznej bulli do króla Polski. Było to zresztą rzeczą zupełnie oczywistą i istotnie Kazimierz Wielki musiał ją otrzymać, jakkolwiek nie zachowała się do naszych czasów. Działań wojennych jednak po św. Marcinie nie rozpoczęto, co oznacza, że albo interwencja Stolicy Apostolskiej odniosła zamierzony skutek, albo też że strony zaniechały działań zaczepnych, choćby przez wzgląd na jesienną porę, bynajmniej nie sprzyjającą prowadzeniu wojny. Obie zajęły więc postawę wyczekującą.

Tymczasem 28 XII 1345 zwrócił się Klemens VI do Kazimierza Wielkiego osobnym pismem, polecając mu innych swoich legatów, a mianowicie Bertranda patriarchę Akwilei i Franciszka biskupa Triestu, których wysłał wprawdzie na Węgry, ale którzy mogli dotrzeć również do króla Polski. Był to zapewne drugi tor interwencji papieskiej w sprawie pokoju w Europie Środkowej. Kolejna bulla z 22 V 1346, którą adresował do Kazimierza Wielkiego papież Klemens VI, informuje, że ze swej strony Kazimierz w nieznanym nam liście deklarował gotowość zawarcia pokoju z Luksemburgami. Mogło to być oświadczenie szczere wobec bierności margrabiego Ludwika Wittelsbacha, ale równie dobrze można przyjąć, że Polska grała na zwłokę. Pokój był potrzebny przede wszystkim Luksemburgom, których papiestwo angażowało coraz mocniej w sprawy korony cesarskiej, a także samemu papieżowi, który był promotorem takiego planu.

Z cytowanej tu bulli (22 V) wiadomo, że Jan Luksemburczyk ze swoim synem Karolem byli właśnie w Awinionie i tam pod przysięgą zdali się na arbitraż Klemensa VI w sprawie spornej z Polską, wyrażając w imieniu swoim, swoich wasali i poddanych gotowość zawarcia pokoju i jednostronnie ustanowili wadium 10 000 grzywien na wypadek, gdyby się papieskiemu orzeczeniu nie podporządkowali. Zwrócił się więc papież do Kazimierza Wielkiego, aby wysłał do Awinionu poselstwo z odpowiednimi pełnomocnictwami, a tymczasem, aby starał się o zachowanie pokoju lub też – niezależnie – o przedłużenie rozejmu, do czego także miał skłonić Luksemburgów. Równocześnie papież zapowiedział przybycie do Polski jego specjalnego wysłannika w tej sprawie. Troskę o zawarcie pokoju powierzył w osobnej bulli arcybiskupowi gnieźnieńskiemu. Konsekwentna polityka Klemensa VI w stosunku do cesarstwa, ogłoszona przez niego detronizacja cesarza Ludwika Wittelsbacha, skłoniły elektorów do wyboru w dniu 11 VII 1346 na tron niemiecki Karola Luksemburczyka. W rzeczywistości Karol został postawiony w roli antykróla niemieckiego, co pociągało za sobą możliwość wojny wewnątrz Rzeszy. Niewiele później Jan Luksemburczyk, który wspierał Francję w jej wojnie (stuletniej) z Anglią, poległ w bitwie pod Crécy (26 VIII 1346). Przed Karolem stanął zatem wolny tron czeski. Były to okoliczności, które odciągały uwagę Luksemburgów od spraw Śląska i Królestwa Polskiego, a to dawało z kolei Kazimierzowi Wielkiemu i Bolkowi świdnickiemu względną swobodę działania. Z pokojem mogli się nie śpieszyć, skoro okoliczności do tego nie zmuszały. Istotnie Bolko przejął po swoim stryju, który zmarł w maju 1346 r., księstwo jaworskie, a Kazimierz mógł się przysposobić do ewentualnej obrony, czy nawet do ofensywnego działania w sprawie rewindykacji Śląska. Już w lutym 1346 r. zdołał on skłonić księcia Władysława bytomskiego do zobowiązania się w specjalnie w tej sprawie wydanym dokumencie, iż nie udzieli on pomocy królowi czeskiemu, jego synowi Karolowi i księciu opawskiemu Mikołajowi, dopóki nie zawrą oni pokoju z Polską. Ze strony Władysława bytomskiego było to niemal naruszenie związku lennego z Czechami, powinnością bowiem wasala była pomoc suwerenowi. Widocznie jednak Kazimierz Wielki przedstawiał się jako groźny partner, a poczucie więzi Śląska z Polską jeszcze nie wygasło, skoro układ taki mógł dojść do skutku.

Jednak przez lata 1346 i 1347 działań zaczepnych ze strony Polski w stosunku do Czech lub do książąt śląskich jako wasali Królestwa Czeskiego najprawdopodobniej nie było. Pozorowano wciąż rokowania pokojowe. Natomiast w jesieni 1347 r. sytuacja uległa gwałtownej zmianie. Dnia 11 października zmarł bowiem cesarz Ludwik Wittelsbach. Dotkliwe dla Polski było jednak nie to, że ubywał jej możny sojusznik, bo ostatecznie z efektywnej jego pomocy Kazimierz Wielki nie korzystał. Śmierć ta natomiast wzmocniła w sposób bardzo istotny pozycję Karola Luksemburczyka. Miał on teraz nie tylko wolne ręce do działań na innym polu, ale przede wszystkim stawał się dysponentem środków i potencjału, które należały do cesarstwa. Z tym wszystkim musiał się Kazimierz Wielki liczyć i przystosować do nowej sytuacji, ale realnie ją oceniając, zapewne orientował się, że podporządkowanie spraw czeskich Rzeszy przez Karola i zabiegi o koronę cesarską jeszcze na jakiś czas mogą odwrócić jego uwagę od Śląska.

113

Widocznie Kazimierz Wielki już wcześniej nawiązywał kontakty z książętami śląskimi, kaptował ich samych lub ludzi z ich otoczenia, może nawet starał się o deklaracje neutralności z ich strony na wypadek wznowienia działań wojennych, w każdym razie nie były tajemnicą jakieś nieoficjalne lub półoficjalne poselstwa ze strony Polski, skoro dokumentem z 22 XI 1347 Karol Luksemburczyk zaapelował do książąt śląskich o zaprzestanie konfliktów wewnętrznych i nieudzielanie poparcia czy posłuchu ludziom, działającym zwłaszcza ku szkodzie księstwa wrocławskiego, które – jak wiadomo – było pod bezpośrednią władzą Luksemburgów. Trafnie odczuwano we Wrocławiu, skąd zapewne odpowiednie sygnały ostrzegawcze odebrał Karol IV, stan szczególnego zagrożenia ze strony Polski i księstwa świdnickiego. Z listów bowiem, jakie wysyłało miasto do króla Czech na wiosnę 1348 r., dowiadujemy się rzeczywiście o ataku z końcem marca lub z początkiem kwietnia na księstwo wrocławskie oddziałów wojskowych króla polskiego, które zatem musiały przejść przez terytorium przynajmniej jednego księstwa śląskiego. Wyprawa była prawdopodobnie tylko demonstracją siły w stosunku do władztwa Luksemburgów na Śląsku, nie tyle dla zagarnięcia czegoś z ich mienia, ile dla uzyskania możliwie korzystnej podstawy wyjściowej dla przyszłych negocjacji. Z pełną rezerwą w całej tej sprawie zachowywać się musieli nie tylko książęta śląscy, ale również biskup wrocławski Przecław z Pogorzeli, skądinąd oddany Luksemburgom. Rychło zawarto krótkoterminowy rozejm z Polską i z Bolkiem świdnickim.

Tymczasem Karol IV, niewątpliwie z myślą uporządkowania spraw śląskich po linii interesów Królestwa Czeskiego, ogłosił w dniu 7 IV 1348 w Pradze kilka dokumentów, które powinny były rozwiać ewentualne wątpliwości książąt śląskich co do ich stosunku do Czech. W trzech dokumentach potwierdził najpierw tyleż dokumentów Rudolfa I Habsburga z 1290 r. dotyczących kolejno układu Henryka IV Probusa z Wacławem II co do sukcesji czeskiej w księstwie wrocławskim, przekazania przez Rudolfa spuścizny po Probusie Wacławowi II i oddania tejże spuścizny w lenno Czechom. Najważniejszy był czwarty dokument z tej samej daty, mocą którego Karol IV dokonał inkorporacji Śląska i Łużyc do Korony Królestwa Czeskiego. Był to w zasadzie akt tylko formalny, nie tworzący na Śląsku nowego stanu prawnego, ale niebezpieczny przez to, że w sposób generalny i jednakowy potraktował cały Śląsk, nie licząc się zatem z niezależnością księstwa świdnicko-jaworskiego. Fakt, że na konflikt zbrojny na Śląsku Karol IV odpowiedział nie pomocą wojskową, ale dokumentem, mógł oczywiście ośmielić Kazimierza 114

Wielkiego do dalszych działań zaczepnych. Zostały one wznowione zdaje się natychmiast po upływie daty rozejmu (25 V 1348), a ich celem było znowu księstwo wrocławskie. Działania wojenne przeciągnęły się do lata, ale Karol IV, zajęty innymi sprawami, znowu się do nich nie włączył. Późnym latem lub wczesną jesienią rozpoczęły się negocjacje, które były potrzebne obu stronom. Karola IV absorbowały bowiem nadal sprawy cesarstwa, a Kazimierza Wielkiego odciągały od zachodu sprawy litewsko-ruskie. Stolica Apostolska natomiast, po śmierci cesarza Ludwika Wittelsbacha przestała nalegać na Polskę i Czechy o trwałe zażegnanie konfliktu, wyraźnie już więcej w tym nie zainteresowana. Pokój podpisano w Namysłowie na Śląsku 22 XI 1348.

Znamy tylko dokument wystawiony przez Kazimierza Wielkiego. Rewersał, który równocześnie został wydany na ręce króla Polski, niestety musiał zaginąć. Wystawca przyrzekał Karolowi IV „wieczystą miłość i braterską przyjaźń" po wieczne czasy. Takie samo przyrzeczenie złożył pod przysięgą odbiorca dokumentu. Ze swej strony Kazimierz włączył do pokoju Bolka świdnickiego, pod warunkiem jednak, narzuconym oczywiście przez stronę przeciwną, że w ciągu trzech dni wyrazi na to zgodę Albrecht książę Austrii, Styrii i Karyntii, włączony zapewne do tegoż pokoju przez Karola IV. Wystawca przyrzekł, że gdyby przy pomocy odbiorcy dokumentu nie zdołał rewindykować strat terytorialnych Polski z rąk Zakonu Krzyżackiego lub z rąk Wittelsbacha brandenburskiego, wówczas w każdym razie nie będzie się łączył z wrogami tegoż odbiorcy. Jeżeli zaś straty odzyska, wówczas będzie stał przy nim i służył radą oraz pomocą przeciw każdemu, z wyjątkiem króla Węgier. Dalej wystawca umorzył Karolowi nie spłacony jeszcze dług. Jeżeli wreszcie król Polski odzyskałby jakieś straty Królestwa Polskiego i w drodze konfiskaty nabył pewne dobra, to połowę tych dóbr winien przekazać odbiorcy, oczywiście gdy dopomoże on w rewindykacji. Tak więc pokój namysłowski nie przyniósł żadnej ze stron nabytków terytorialnych. Realną korzyścią Karola IV było oczywiście umorzenie niewielkiej już reszty długu. Kazimierz Wielki natomiast uzyskał przyrzeczenie poparcia w ewentualnej wojnie Polski z Zakonem i z Marchią Brandenburską, poparcia łączącego się jednak z pewnym zainteresowaniem materialnym Karola. Pomoc Polski Karolowi IV uzależniona była od jego współdziałania w owych rewindykacjach. Liczyło się tutaj oczywiście uznanie de facto przez Karola IV słuszności roszczeń polskich w stosunku do Zakonu i Marchii; o to też zapewne Kazimierzowi Wielkiemu głównie chodziło. Zwraca uwagę fakt, że w tym akcie strony polskiej nie zostało bynajmniej powtórzone zrzeczenie sprzed 9 lat roszczeń Polski do Śląska. Akt stanowi więc wyżyny sztuki dyplomatycznej Kazimierza Wielkiego i jego doradców. Walka o Śląsk, tocząca się od czterech lat torem otwartego konfliktu zbrojnego z Czechami, zakończyła się jednak sukcesem Karola IV.

Ale był jeszcze drugi tor tej walki, na którym szczęście bardziej dopisywało Kazimierzowi Wielkiemu. Chodziło o utrzymanie diecezji wrocławskiej w obrębie prowincji kościelnej polskiej. Oto w 1342 r. biskupem wrocławskim został Przecław z Pogorzeli, gorliwy zwolennik panowania czeskiego na Śląsku. Jeszcze w tym samym roku wszedł on w układ z Karolem Luksemburczykiem, wówczas margrabią Moraw: Układ został zaaprobowany przez Jana Luksemburczyka jako króla Czech. Luksemburgowie zatwierdzili biskupstwu wrocławskiemu wszystkie jego prawa i przywileje, a biskup ze swej strony nie tylko przyrzekł im lojalność, ale aprobował wszystkie ich zdobycze polityczne na Śląsku, zobowiązując się zarazem bronić ich nienaruszalności tymi środkami działania, które miał w swoich rękach Kościół. To stanowisko biskupa wrocławskiego wzmocniło bardzo poważnie panowanie czeskie na Śląsku.

W 1344 r. Luksemburgowie, wykorzystując dobrą koniunkturę polityczną w Awinionie, wyjednali u papieża Klemensa VI zgodę na utworzenie w Pradze arcybiskupstwa, co oznaczało wyłączenie Czech z moguckiej prowincji kościelnej i powstanie odrębnej prowincji czeskiej. Okoliczność, że ówczesny arcybiskup mogucki znajdował się wśród zwolenników cesarza Ludwika Wittelsbacha, była Luksemburgom w ich przedsięwzięciu bardzo pomocna. Było teraz rzeczą naturalną dążenie Czech do podporządkowania wszystkich krajów wchodzących w skład Królestwa Czeskiego Kościołowi praskiemu. Jeżeli nie zaraz podjęli starania, aby włączyć doń biskupstwo wrocławskie, to ze względu na rychły konflikt zbrojny z Polską i własne zaangażowanie w sprawy Rzeszy. Gdy jednak w 1348 r. Karol IV podjął plan integracji Śląska z Koroną Królestwa Czech i zawarł pokój z Kazimierzem Wielkim, zaczął również zabiegać w Awinionie o wyłączenie diecezji wrocławskiej z prowincji kościelnej gnieźnieńskiej i włączenie jej do praskiej. Wobec tego, że mogła tu zachodzić obawa o świętopietrze z ludnej dzielnicy śląskiej, bo Polska płaciła tę daninę na rzecz Stolicy Apostolskiej, a Czechy nie, Karol IV w specjalnym dokumencie z 1349 r. zapewnił Klemensa VI, że w tym zakresie zostanie zachowana dawna praktyka, a papiestwo nie poniesie uszczerbku. Już wcześniej, w 1348 r., zrzekł się Karol IV ewentualnych praw cesarstwa do Awinionu, przez co zyskiwał sobie tym większą życzliwość Stolicy Apostolskiej. Klemens VI był jednak politykiem przezornym i nie chciał arbitralnie rozstrzygać sprawy. Musiał się bowiem liczyć z Kazimierzem Wielkim, choćby ze względu na perspektywę włączenia Rusi w obręb Kościoła łacińskiego, jaką otwierała wschodnia polityka króla Polski.

Najistotniejsze było jednak to, że akcji Karola IV w Awinionie przeciwdziałała polska dyplomacja. Z ramienia Czech negocjowali w tej sprawie z kurią papieską sam arcybiskup praski Arnest z Pardubic oraz książę opawski Mikołaj, ze strony polskiej zaś Wojciech z Opatowca, proboszcz bocheński. Musiał to być człowiek szczególnych zdolności, bo został wyniesiony przez króla na kanclerstwo dobrzyńskie, co oznaczało stały i bliski kontakt z królem. Wyjednał on sobie w Awinionie godność dziekana w kapitule wrocławskiej, czym wzmocnił poważnie grupę propolsko nastawionych kanoników wrocławskich. Wiemy wprost z jednej z bull papieskich adresowanych do Karola IV, że w pewnej fazie (1350 r.) sprawę udaremnił Wojciech z Opatowca, a Janko z Czarnkowa pisze, że „gdy wspomniany cesarz starał się poddać i zjednoczyć z Królestwem Czech i arcybiskupstwem praskim książąt śląskich i biskupstwo wrocławskie, okazując pewien dokument Kazimierza króla Polski, ten to Wojciech przeszkodził tego rodzaju staraniu, oświadczając wobec papieża i kardynałów, że dokument jest fałszywy". W tym stanie rzeczy podjął Karol IV negocjacje z Kazimierzem Wielkim i arcybiskupem gnieźnieńskim Janisławem, których zaprosił do Wrocławia w 1351 r. W zjeździe tym uczestniczył nadto Przecław z Pogorzeli i niektórzy książęta śląscy; wśród nich prawdopodobnie Bolko świdnicki. Stanowisko króla i Kościoła polskiego było nieprzejednane, co Karol IV i arcybiskup praski musieli uznać za swoją porażkę. Powstał wówczas jakiś projekt podziału diecezji wrocławskiej, który jednak natychmiast obalono.

Już w 1352 r. Karol IV zaczął się starać o wycofanie z kurii papieskiej swego uroczystego oświadczenia w sprawie świętopietrza ż 1349 r. Obawiał się zapewne, że może ono być w przyszłości użyte na niekorzyść Kościoła czeskiego. Zwrócono mu odnośny akt dopiero w 1357 r., gdy zapewnił Stolicę Apostolską innym dokumentem, że zabezpieczy swobodny pobór tej daniny na Śląsku, gdzie zresztą już od szeregu lat natrafiano na trudności w jej ściąganiu. Ten nowy dokument nie był już jednak obliczony na oderwanie Wrocławia od Kościoła polskiego. W 1360 r. przyrzekł Karol IV w imieniu własnym i swoich sukcesorów, że więcej sprawy tej podejmować nie będą. Wnet powstała jednak w Polsce wątpliwość co do szczerości tego oświadczenia, a nawet podejrzewano, że biskup wormacki podjął jakąś nową akcję w tej sprawie w imieniu Karola IV. Zaniepokojony Kazimierz Wielki zaindagował wprost Stolicę Apostolską, ale bullą papieża Urbana V z 25 II 1365 uzyskał całkowite zaprzeczenie pogłosek, co oznaczało zarazem, że i Stolica Apostolska podzielała nadal stanowisko króla Polski w sprawie diecezji wrocławskiej. Sukces Kazimierza Wielkiego na tym polu był trwały, bo aż do XIX w. Wrocław pozostał w prowincji kościelnej polskiej.

Pokój namysłowski 1348 r. dawał Kazimierzowi swobodę działania na wschodzie, tj. utrwalenia jego władzy na Rusi. Lata 1349 – 1352 były okresem szczególnie wzmożonych wysiłków w tym kierunku. W czasie wyprawy ruskiej z 1351 r., podjętej przez Kazimierza Wielkiego wspólnie z Ludwikiem Andegaweńskim, zginął w niejasnych okolicznościach – jak o tym powiedziano w rozdziale poprzednim – książę płocki Bolesław, syn Wańki. Był on wasalem Królestwa Czeskiego, ale od paru już lat pozostawał w przyjaznych stosunkach z Kazimierzem Wielkim. Bolesław płocki poniósł śmierć 20 sierpnia, a już 18 września Kazimierz Wielki położył rękę na jego księstwie. W wystawionym wówczas dokumencie kancelaria królewska uzasadniła ten krok jako wynikający z „dostojeństwa królewskiego majestatu", do którego należy prawo dysponowania wszystkimi ziemiami, księstwami i władztwami, jakie istnieją w obrębie Królestwa, przy czym Królestwo rozumiano wówczas niejako historycznie, a więc podciągano pod to pojęcie całą spuściznę Bolesławów. Król zatem, działając „z pełni władzy królewskiej", a na podstawie rezygnacji ze strony pozostałych przy życiu krewniaków Bolesława i zgody dostojników ziemi, nie liczył się zbytnio z prawami Luksemburgów. Równocześnie wszedł w układ następującej treści z braćmi stryjecznymi zmarłego księcia, Siemowitem i Kazimierzem: król zatrzymywał i inkorporował do Królestwa płocką część spuścizny po Bolesławie wraz z Wizną i Zakroczymiem, natomiast część sochaczewską przekazał wspomnianym książętom, przyrzekając uwolnić ich od wszelkich zobowiązań na rzecz Karola IV. Oni zaś uznali się lennikami króla Polski (nie tylko z Sochaczewa). Stosunek lenny miał wygasnąć, gdyby Kazimierz Wielki zmarł, nie pozostawiając potomstwa męskiego. W takiej sytuacji miała powrócić do ich rąk ta część Mazowsza płockiego, którą król inkorporował do Królestwa.

Jest wciąż pytaniem otwartym, czy ci dwaj książęta byli również wasalami Luksemburgów. Jeżeli tak, to ów stosunek lenny musiałby być zawiązany gdzieś w latach 1346 – 1348, a więc byłyby 118 dość świeżej daty. Ponieważ jednak nie poświadcza go żadne źródło, można również przyjąć, że takiego stosunku nie było, a owa klauzula o uwolnieniu ich od zobowiązań na rzecz Królestwa Czeskiego mogła dotyczyć jedynie Sochaczewa, jako części spadku po Bolesławie płockim, wasalu Czech. Kazimierz Wielki, inkorporując Płock, nie opierał się bynajmniej na żadnej cesji ani nawet obietnicy ze strony Karola IV. Mógł się natomiast oprzeć na jakiejś wcześniejszej umowie sukcesyjnej z Bolesławem płockim, ale ona miałaby pełną moc prawną dopiero przy aprobacie zwierzchnika lennego. Kazimierz Wielki rozumiał, że Karol IV jest zaabsorbowany ważniejszymi sprawami niż odległe od Czech księstwo płockie, dlatego nie wahał się w tej sprawie postawić go przed faktem. Karol IV był jednak czujny i nie spuszczał z oczu żadnej zdobyczy Luksemburgów. Przekazał on księstwo płockie księciu głogowsko-żagańskiemu Henrykowi Żelaznemu, który miał za żonę córkę Wańki płockiego Annę, był zatem szwagrem zmarłego księcia Bolesława. Stało się to bardzo rychło po śmierci tego ostatniego, prawdopodobnie 7 IX 1351, bo pod tą datą Henryk Żelazny przyjął z rąk Karola IV lenno płockie, powołując się w wystawionym przy tej okazji swoim dokumencie na akt króla Karola.

Kazimierz Wielki nie myślał jednak ustępować pod naciskiem okoliczności; czuł się w nabytej części Mazowsza pewnie, skoro podjął własnymi środkami ciężar otoczenia Płocka murem. Uczynił to w 1353 r. na mocy aktu, w którym szczegółowo przedstawił wymogi techniczne ze strony jakiegoś swego rzeczoznawcy, gdy tymczasem już rok wcześniej oddał w zastaw nabytą część Mazowsza Siemowitowi i Kazimierzowi za niedużą sumę 2000 grzywien.

Tymczasem bardzo ważne wydarzenie zaszło na Śląsku. Na początku 1353 r. zmarła druga żona Karola IV Anna, córka palatyna reńskiego. Bardzo rychło zwrócono Karolowi IV uwagę na młodziutką, bo liczącą około 14 lat córkę nie żyjącego już księcia Henryka świdnickiego, tego samego imienia, co zmarła małżonka królewska. Była ona zatem bratanicą Bolka świdnickiego, do niedawna jeszcze wroga Luksemburgów i jednego z najwytrwalszych sprzymierzeńców Kazimierza Wielkiego. Dla Karola IV małżeństwo z Anną stanowiło szansę trwałego uregulowania stosunku do Korony Czeskiej wciąż jeszcze niepodległego księstwa świdnicko-jaworskiego. Także dla bezdzietnego Bolka małżeństwo takie było na pewno atrakcyjne. Widoki zatem dla obu stron kuszące spowodowały szybkie dojście do skutku układu o małżeństwie. Ślub odbył się już z końcem maja lub z początkiem czerwca 1353 r., zaledwie w cztery miesiące po śmierci poprzedniej żony Karola.

Bolko świdnicki połączył się teraz trwałymi więzami z domem Luksemburgów. Zobowiązał się, że w wypadku, gdyby zmarł nie pozostawiając potomstwa męskiego, całe jego władztwo świdnicko--jaworskie miało przejść na Koronę Królestwa Czeskiego. Książę miał już pięćdziesiąt kilka lat, było więc prawdopodobne, że syna się nie doczeka. Zapewnił zatem sobie dożywocie we własnym księstwie oraz dożywocie dla swojej żony Agnieszki, córki Leopolda austriackiego, w wypadku gdyby go przeżyła.

Ślub Anny z Karolem IV został poprzedzony porozumieniem czesko-węgierskim. Brano wszak pod uwagę prawa Ludwika Andegaweńskiego do sukcesji w Polsce. Być może dwór praski próbował również dojść do porozumienia z Kazimierzem Wielkim, ale sprawa natrafiła zapewne na trudności. W dniu 27 V 1353 Ludwik Andegaweński, działając zapewne z jakiegoś pełnomocnictwa króla Polski i powołując się na szczególne względy, którymi darzył Karola IV, znów sojusznika Węgier, zrzekł się na jego rzecz i na rzecz Korony Czeskiej „księstwa świdnickiego i jaworskiego ze wszystkimi ich przyległościami, władztwami i przynależnościami, a także prawami", które Ludwikowi oraz „Królestwu i Koronie Węgierskiej w tych księstwach na jakichkolwiek podstawach przysługują lub będą mogły przysługiwać". Równocześnie Ludwik przyrzekł Karolowi wszelką pomoc w sprawach, które mogłyby wyniknąć z powyższej rezygnacji. W osobnym dokumencie, wystawionym również w Budzie pod tą samą datą Ludwik Andegaweński orzekł, że mając na uwadze rezygnację Karola IV na rzecz Kazimierza Wielkiego i jego (tj. Ludwika, występującego tu niemal w roli współwładcy Polski) z księstwa płockiego i jego przynależności oraz z praw, które Karolowi „we wspomnianym księstwie płockim i w innych księstwach Mazowsza przysługują", a chcąc na tę rezygnację godnie odpowiedzieć, zwrócił Koronie Czeskiej Byczynę i Kluczbork z przyległymi do nich terytoriami. Ich mieszkańców zwolnił w imieniu swoim i króla polskiego od wszelkich hołdów, przysiąg i zobowiązań na rzecz Polski. Analogicznie zwolnił Bolka świdnickiego i mieszkańców jego księstwa od podobnych zobowiązań w stosunku do Kazimierza Wielkiego. Równocześnie przyrzekł Karolowi IV, że w ciągu czterech miesięcy Kazimierz Wielki ratyfikuje powyższe deklaracje i wystawi odpowiednie dokumenty.

Na opór ze strony króla Polski natrafiono zdaje się bardzo szybko. Dlatego prawdopodobnie jeszcze przed upływem owych czterech miesięcy, w dniu 15 IX 1353, Ludwik Andegaweński i Karol IV zacieśnili i zaprzysięgli sobie wzmocnienie sojuszu

120

czesko-węgierskiego, który Kazimierz Wielki mógł odczuć jako środek presji. Ludwik przyrzekł Karolowi IV pomoc przeciwko każdemu z wyjątkiem Kazimierza Wielkiego i księcia austriackiego Albrechta, a równocześnie zobowiązał się, że jeżeli będzie miał dzieci, to bez rady i przyzwolenia Karola nie odda ich w żadne związki małżeńskie. Król Kazimierz jednak się nie ugiął. Minął więc okres czterech miesięcy i sprawa pozostała w zawieszeniu. Nie ulega wątpliwości, że Karol IV musiał tymczasem wpływać na książąt mazowieckich. Jeżeli nawet oni sami nie byli wasalami Korony Czeskiej, bo – jak powiedziano – sprawa jest wielce wątpliwa, to w każdym razie dzierżyli od r. 1351 część sochaczewską Mazowsza płockiego; ta zaś na pewno wchodziła w skład lenna czeskiego, które wciąż jeszcze nie wygasło. Nadto w zastawie z rąk Kazimierza Wielkiego dzierżyli płocką część tego lenna. Byli więc na pewno wystawieni na naciski ze strony Czech, próby ich skaptowania dla ściślejszego związku z Czechami itp. Źródła współczesne tego nam wprawdzie nie poświadczają, a dopiero Długosz pisze, że Siemowit opierał się Kazimierzowi Wielkiemu w sprawie hołdu lennego, którego Kazimierz od niego się domagał; zachodziła nawet obawa, iż zwiąże się on stosunkiem lennym – tak jak książęta śląscy – z władcą obcym. Cały obszerny ustęp Długosza dotyczący tej sprawy, a zapisany pod r. 1355, jest jego własną dość mętną zresztą kombinacją, stanowiącą jak gdyby wstęp lub komentarz do sprawy przejęcia przez Siemowita spadku po bracie Kazimierzu i do dokumentu z tym związanego, który w całości przytacza. Długosz przeoczył natomiast fakt, że w sformułowaniu kancelarii samego Siemowita w 1355 r. odnawiał on swój stosunek lenny z królem Polski i to bynajmniej nie z Sochaczewa, ale z Czerska, Rawy, Liwa i Gostynina, a więc z terytorium, które dzierżył prawem dziedzicznym. Był więc wasalem Polski przynajmniej od r. 1351, tj. od daty śmierci Bolesława płockiego i przejęcia jego spuścizny przez Kazimierza Wielkiego.

W dniu 26 XI 1355 zmarł książę czerski i warszawski Kazimierz, brat Siemowita. W miesiąc później, na zjeździe w Kaliszu, na który przybył Siemowit, uregulowano sprawę lenna po zmarłym księciu. Kazimierz nie inkorporował go do Korony, jak to uczynił ze spadkiem po Bolesławie płockim, ale przekazał w ręce Siemowita, takim samym prawem lennym. Nadto przekazał mu jak gdyby tytułem zastawu na okres trzech lat ziemie wiską i zakroczymską, które wraz z Płockiem zostały włączone do Korony w 1351 r. Przy tej okazji Siemowit wystawił dwa dokumenty, które zachowały się do naszych czasów. Nie znamy natomiast rewersałów królewskich. Jeden z nich dotyczył owego czasowego przekazania Wizny i Zakroczymia, a drugi przejęcia przez wystawcę w lenno spadku po bracie. Książę przyznał, że spadek ten, jako lenno króla Polski, przysługiwał temuż królowi po śmierci wasala, ale z jego rąk on je również jako lenno otrzymał. Odnowił równocześnie hołd lenny z własnej dzielnicy i zobowiązał się do pomocy królowi przeciwko wszelkim jego nieprzyjaciołom, bez wyjątku. Zobowiązał się nie zawierać żadnego sojuszu, w szczególności z Litwą, bez wiedzy i woli króla Polski. Ze sformułowania tego widać, że jakieś ściślejsze związki Siemowita z Karolem IV raczej w grę nie wchodziły, a w każdym razie Kazimierz Wielki nie żywił obaw co do tego. Równocześnie Siemowit umorzył Kazimierzowi dług 2000 grzywien, którą to sumę pożyczył był pod zastaw Płocka, a Płock zwrócił do rąk Kazimierza, z zastrzeżeniem, że tylko w dożywotnie władanie. Uczyniono tu pewną innowację w stosunku do wcześniejszej umowy. W 1351 r. postanowiono bowiem, że tyko w wypadku, gdyby Kazimierz Wielki nie miał potomstwa męskiego, Mazowsze płockie miało wrócić do rąk książąt mazowieckich, teraz zaś przyjęto, że gdyby król miał męskie potomstwo, ta część Mazowsza przeszłaby również na Siemowita lub jego sukcesorów, ale jako lenno króla polskiego. Przewidziano też podział oprawy, którą miała wdowa po Wańce, a co do ewentualnych nadań przez króla w ziemi płockiej, to godził się Siemowit jedynie na nadania młynów i wsi (a nie grodów).

W kwietniu 1355 r. Karol IV osiągnął koronę cesarską. Oznaczało to dalszą stabilizację jego władzy na terenie Rzeszy. W dniu 9 października tegoż roku już jako cesarz wydał nowy obszerny akt inkorporujący, niejako z mocy władzy cesarskiej. Śląsk do Korony Czeskiej. W Polsce oceniono sytuację należycie. Zrozumiano, że odwlekanie ratyfikacji zobowiązań Ludwika Andegaweńskiego z 1353 r. mogłoby przynieść komplikacje, tym bardziej że było sprzeczne z faktami, które już zaszły zarówno na Śląsku, jak i na Mazowszu. Po odpowiednim zatem dyplomatycznym przygotowaniu sprawy odnowił Kazimierz Wielki w Pradze w dniu 1 V 1356 sojusz z Karolem IV, mając wyraźny zamiar wykorzystania nowego układu sił przeciwko Zakonowi. Nie pogodził się bowiem ze stratami terytorialnymi Polski na rzecz państwa zakonnego i nie przestał bynajmniej tytułować się panem Pomorza.

Warunki sojuszu z 1356 r. znamy tylko z dokumentu wystawionego w związku z tą sprawą przez Kazimierza Wielkiego. Nieznany nam jest natomiast rewersał Karola IV. Ale już z tego aktu można wnosić, że interes Polski miał tu pewne preferencje.

122

Zaprzysiężono sobie obustronną przyjaźń, a Karol IV przyrzekł Kazimierzowi pod przysięgą, że albo on sam, albo jego brat Jan, margrabia Moraw, będą wspierać Kazimierza przeciwko Zakonowi oraz Marchii Brandenburskiej oddziałem 600 zbrojnych, gdyby ziemie polskie zostały od strony tych państw najechane, w szczególności w okresie przedżniwnym. Gdyby z kolei król Kazimierz za pierwszym razem nie odzyskał strat terytorialnych Polski, wtedy otrzyma pomoc po raz drugi w postaci oddziału 400 zbrojnych i ta pomoc może się jeszcze kilkakrotnie powtórzyć, aż do osiągnięcia skutku, tj. rewindykacji utraconych ziem. Kazimierz winien jest pomoc zbrojną Karolowi, ale tyko wtedy, gdyby uprzednio korzystał z jego pomocy, a więc prawem rewanżu. Polska nie powinna jednak wspierać wrogów Karola IV. Zdobycze wspólne obu władców, jeżeli nie należały wcześniej do Polski, miały być dzielone po połowie. Kazimierz Wielki zrzekł się roszczeń finansowych w stosunku do Karola IV, w myśl układu z 1348 r. oraz zrzeczenia Ludwika Andegaweńskiego. O przyrzeczoną pomoc mógł się Kazimierz Wielki upominać u brata Karola Jana lub u synów tego pierwszego.

Ceną, jaką zapłacił Kazimierz Wielki za ten korzystny dla niego sojusz, było zrzeczenie się z jego roszczeń do księstwa świdnicko-jaworskiego, Kluczborka i Byczyny, przy równoczesnym zrzeczeniu się przez Karola IV praw do Mazowsza. Znamy tę stronę sprawy z dwu osobnych dokumentów wystawionych przez Kazimierza Wielkiego w Pradze, w tym samym dniu 1 V 1356. W jednym z nich zrezygnował Kazimierz ze swoich praw do księstwa świdnicko-jaworskiego, a w drugim za księstwo płockie zrzekł się Kluczborka i Byczyny. Te dwa dokumenty stanowiły ratyfikację odpowiednich akt wystawionych w 1353 r. przez Ludwika Andegaweńskiego. W ten sposób rozsupłany został węzeł śląsko-mazowiecki.

Ledwie w rok później zaangażował się Kazimierz Wielki w kilkuletni spór o obsadę biskupstwa w Płocku. Z przebiegu wypadków widać, jak dużą wagę przywiązywał do nabytej z trudem dzielnicy, w szczególności do głównego jej miasta Płocka. Na własny koszt i według dobrze obmyślonego planu otoczył je murem. Narażał się przy tym na konflikt z Karolem IV, bo formalnie było to jeszcze wówczas lenno czeskie. Czy mógł patrzeć obojętnie, kto będzie siedział na biskupstwie płockim? Biskupi wszak byli wówczas mężami stanu, dostojnikami o dużym autorytecie politycznym i moralnym, wywierającymi znaczny wpływ na aktywną politycznie warstwę społeczną, a nawet na władców dzielnicowych. Gdy więc w 1357 r. zmarł biskup płocki Klemens, kapituła wybrała na jego miejsce, za wiedzą i zgodą Kazimierza

Wielkiego, Imisława (Wroński herbu Kościesza), który był kanclerzem przy księciu Bolesławie; zatwierdził go również arcybiskup. Wybór Imisława został dokonany w czerwcu 1357 r., gdy tymczasem w październiku papież Innocenty VI zamianował biskupem dla Płocka swojego spowiednika, dominikanina Bernarda, który miał godność biskupa misyjnego w Milkowie na Wołoszczyźnie. Posłużył się tutaj papież przysługującym mu prawem tzw. rezerwacji, tzn. wcześniejszego zastrzeżenia, że biskupstwo obsadzi sam według własnego uznania. Sprawę skomplikował jednak fakt, że Bernard, z pochodzenia Mazowszanin, był banitą. Jego ojciec bowiem, w czasie któregoś z najazdów pogańskich, może litewskiego, a może tatarskiego, podstępem czy zdradą przyczynił się do zajęcia przez najeźdźców Sandomierza. Skazany za to został z rodziną, aż do trzeciego pokolenia, na banicję. Bernard zapewne nie zaraz wyruszył do swojej diecezji. Ze skargi, jaką złożył na niego Kazimierz Wielki w 1360 r., wiadomo, że nie przybył przedstawić się królowi, nie udał się nawet do swego kościoła ani nie wysłał do niego zastępcy, ale poszukał sobie oparcia u „znanych wrogów Polski". Nie wymienił ich król imiennie, ale to właśnie świadczy, że chodziło o Krzyżaków. Stamtąd rozpoczął zapewne pertraktacje z biskupem – elektem i z kapitułą, które – przy nieprzejednanym stanowisku króla – nie mogły doprowadzić do rezultatu. Wówczas Bernard uciekł się do cenzur kościelnych, tj. do klątwy i interdyktu. One jednak nie poskutkowały, a wręcz zaostrzyły sytuację. Naraził się również Stolicy Apostolskiej, bo biskupstwo płockie przedstawił niemal jako tytularne, z dochodem rocznym około 300 florenów w złocie, gdy tymczasem ze strony króla i Kościoła polskiego szacowano je – nie bez pewnej przesady – na 6000, a nawet na 8000 florenów. Dla Stolicy Apostolskiej było to bardzo istotne, bowiem z tytułu obsady biskupstwa miała ona prawo do jednorocznego jego dochodu. W fazę kulminacyjną spór wszedł w 1360 r. Wówczas to król wyłożył w suplice adresowanej do Awinionu swoje godne uwagi racje. Stwierdził, że Kościół płocki leży na kresach chrześcijaństwa, u boku pogańskiej Litwy, że na jego obszarze powstały miejsca warowne i grody, że w takich warunkach głową tego Kościoła powinien być ktoś „miły i wierny ... królowi oraz chrześcijańskiej szlachcie i mieszkańcom Królestwa, ktoś, do kogo mieliby zaufanie i kto by chciał i mógł strzec wiernych Chrystusa oraz grodów, zamków i wspomnianych miejsc [warownych], a także bezpieczeństwa tegoż Królestwa przeciwko najazdom wrogów krzyża Chrystusowego"; tymczasem ojciec Bernarda dopuścił się zdrady właśnie na rzecz pogan.

124

Wobec takiej postawy króla papież Innocenty VI powierzył zbadanie sprawy Bernarda jednemu ze swoich kardynałów, a arcybiskupowi gnieźnieńskiemu polecił pozwanie go przed sąd papieski, przed którym winien był stanąć w ciągu trzech miesięcy. W innej bulli papież zawiesił na okres pięciu miesięcy cenzury kościelne nałożone na kogokolwiek przez Bernarda i zabronił mu w tymże okresie ferować dalsze. Sprawa przeciągnęła się do 1363 r. Jeszcze Innocenty VI, którego pontyfikat skończył się wraz z jego śmiercią 12 IX 1362, odwołał Bernarda z godności biskupa płockiego. Kolejny papież Urban V polecił w kwietniu 1363 r. arcybiskupowi gnieźnieńskiemu zdjąć ostatecznie z kanoników płockich i innych osób cenzury kościelne zastosowane przez Bernarda, natomiast 13 października polecił arcybiskupowi praskiemu wszcząć układy z elektem płockim Imisławem co do należności finansowych na rzecz kamery apostolskiej z tytułu obsady biskupstwa. W kilka tygodni później udzielił tzw. prowizji na nie wspomnianemu Imisławowi. Król odniósł więc pełny sukces.

Stosunki Polski kazimierzowskiej z Pomorzem Zachodnim układały się na zasadach sojuszu politycznego, który zresztą nie obejmował całego Pomorza, lecz tylko władztwo linii słupsko--wołogoskiej, a więc Bogusława V i jego braci, gdy tymczasem linia szczecińska, reprezentowana przez Barnima III, była Polsce niechętna. Niewątpliwie rękojmią owego sojuszu z linią słupsko--wołogoską pozostało małżeństwo Bogusława z córką Kazimierza Wielkiego Elżbietą. Szczególnie baczny był król na losy dzieci z tego związku, Elżbiety i Kaźka. Patronował tym losom i wplótł je w osnowę swojej polityki. Ale w chłodnym rachunku politycznym darzył oboje sercem i zaufaniem. Niewątpliwie dziełem króla było małżeństwo Kaźka z Kenną-Joanną, córką Olgierda (1360 r.). Również drugie małżeństwo Kaźka z Małgorzatą, córką wasala Korony Polskiej, księcia mazowieckiego Siemowita, musiało być dziełem Kazimierza Wielkiego. Wreszcie Kazimierz przelał na tego ulubionego zapewne swojego wnuka prawa synowskie. Zapisał mu nadto w testamencie większą część swojej ojcowizny, wprowadzając go w ten sposób w prawa dynastyczne i – jak pisze Janko z Czarnkowa – stawiając go w roli „dziedzica i prawnego sukcesora swojego dziada". Nadane mu równocześnie pewne grody między Kujawami a Pomorzem Zachodnim miały stanowić pomost na drodze od jego własnego księstwa do spuścizny dynastycznej królewskiej linii Piastów.

W 1363 r. król Czech i zarazem cesarz Karol IV pojął za kolejną żonę siostrę Kaźka Elżbietę. Do małżeństwa tego również doprowadziła – jak należy przypuszczać – dyplomacja Kazimierza Wielkiego, chociaż Długosz informuje, że zmontował je nuncjusz papieski franciszkanin Jan. W każdym razie Kazimierz patronował temu związkowi. Ślub bowiem odbył się w Krakowie, uświetniony blaskiem królewskiego dworu.

Na czasy Kazimierza Wielkiego przypada wieloletni spór o przynależność kościelną biskupstwa pomorskiego w Kamieniu. Za tło miał on sprawę świętopietrza. Płaciła je bowiem polska prowincja kościelna, a zatem w interesie Stolicy Apostolskiej było utrzymanie związku biskupstwa kamieńskiego z Gnieznem. Rozumiał to przyjazny Polsce nuncjusz – kolektor Galhard de Carceribus, który w r. 1341 rozpoczął proces przeciwko biskupstwu w Kamieniu. Właściwe postępowanie dowodowe przeprowadzono dopiero w 1343 r. Świętopietrze było jednak na Pomorzu bardzo niepopularne, toteż natrafiono w jego sprawie na opór nie tylko kościoła kamieńskiego, ale również, wpływowych przedstawicieli społeczeństwa, jak też księcia Barnima III. Z tą więc niepopularną sprawą splotły się zabiegi Gniezna o utrzymanie zwierzchności nad Pomorzem. Kamień bronił statusu bezpośredniej podległości Stolicy Apostolskiej i niezależności od Polski, co w historycznym wywodzie starał się wykazać augustianin stargardzki Angelus. Rozstrzygnięcia w tym duchu zapadły w Awinionie w latach 1345 i 1349. Ze strony Polski na taki wywód praw się nie zdobyto. Starano się demonstrować fakty i rzeczywiście ściągać daninę kościelną do dyspozycji Gniezna. Były w tym sporze akty gwałtowne, jak np. najazdy biskupa kamieńskiego na dobra arcybiskupie.

W 1349 r. król Polski zawarł formalny pokój z Janem biskupem Kamienia, ale w 1360 r. sam włączył się do tego sporu, przebiegającego dotąd na gruncie kościelnym. W suplice do Stolicy Apostolskiej z 27 II 1360, dotyczącej szeregu różnych spraw, prosił Kazimierz Wielki, aby „dla zachowania prawa i honoru jego Królestwa", a także Kościoła gnieźnieńskiego, mogła być ponownie rozpatrzona z ramienia papiestwa sprawa uzurpacji, jakiej się dopuszcza biskupstwo kamieńskie, uposażone w dawnych czasach przez poprzedników królewskich i będące sufraganią Gniezna. Suplika wywołała ten skutek, że w r. 1362 wytoczono nowe postępowanie sądowe. Ciągnęło się ono przez szereg lat, a zakończyło się już po śmierci Kazimierza Wielkiego ponownym przyznaniem Kamieniowi statusu biskupstwa niezależnego. Zabrakło już być może energicznej akcji ze strony państwa polskiego.

Za wynik polityki pomorskiej Kazimierza Wielkiego uważać można lenna i rewindykacje na pograniczu Pomorza Zachodniego. Aż do lat sześćdziesiątych XIV w. Polska kazimierzowska, 126 tak zresztą jak Polska Łokietka, nie miała wspólnej granicy z Pomorzem Zachodnim. Wszystkie więc rachuby polityczne związane z tą dzielnicą natrafiały na barierę w postaci Nowej Marchii, która od początku XIV w. stykała się już z władztwem krzyżackim na Pomorzu Gdańskim. Kazimierz Wielki miał zawsze na oczach tę sprawę, a gdy w 1365 r. zmarł jego zięć Ludwik rzymski margrabia brandenburski, a następcą jego miał zostać najmłodszy syn cesarza Ludwika Wittelsbacha, dwudziestoletni Otton, uwikłany w sieci polityki luksemburskiej, Kazimierz wszedł w jakieś układy z siedzącymi z ramienia Brandenburgii na Drezdenku i Santoku panami von Osten: braćmi Dobrogostem, Arnoldem, Holrykiem i Bartoldem. Ludwik rzymski zmarł 14 V 1365, a już 2 czerwca złożyli oni hołd Kazimierzowi i z jego rąk przyjęli owe grody z przynależnościami w lenno. W motywacji tego kroku, w akcie wystawionym przez nich przy tej okazji, oświadczyli, że skoro grody te należały „od dawna do Korony Królestwa Polskiego i znajdują się ze swoimi terytoriami w granicach tegoż Królestwa", przyjęli je z rąk króla Polski. Przyrzekli pomoc wojskową jemu i jego sukcesorom i zapewnili mu prawo wstępu na teren tego lenna. Prawo objęło nie tylko osobę króla, ale także starostę królewskiego.

W trzy lata później margrabia Otton przekazał Kazimierzowi Wielkiemu, aktem z 15 II 1368, grody Czaplinek i Drahim. Z kolei z dokumentu z 10 maja widać, że w rękach króla Polski znajdowało się również znaczne terytorium Wałcza. Nie wiemy, jaką drogą dopiął król tego celu. Miał odtąd w każdym razie otwarty dostęp na Pomorze Zachodnie i rozerwaną łączność terytorialną Brandenburgii z Zakonem. Wykorzystał prawdopodobnie ówczesny konflikt Brandenburgii z Karolem Luksemburczykiem i pewne osamotnienie margrabiego Ottona Wittelsbacha. Być może przyrzekł mu sojusz lub też jakąś nieoficjalną pomoc, która nie narażałaby poprawnych stosunków Polski z Karolem IV.

Przedstawione tutaj nabytki terytorialne na północy były tylko cząstką większego planu rewindykacyjnego, który zamierzał zrealizować Kazimierz Wielki. Używane wówczas i świadomie podtrzymywane pojęcie „Królestwo Polskie" miało swój istotny sens historyczny. Rozumiano pod nim Polskę Bolesławów i do niej przymierzano nowy kształt państwa. Ów plan rewindykacyjny podjął król właśnie w latach sześćdziesiątych, a jego przygotowaniem miała być formalna kasacja, unieważnienie wszystkich zrzeczeń terytorialnych. Zwrócił się Kazimierz w tym celu do Stolicy Apostolskiej w specjalnej suplice z 20 IV 1364. Pisała w niej kancelaria królewska, że król zawarł pod przysięgą pewne układy, ze szkodą swojego Królestwa i Kościoła rzymskiego, „co do niektórych księstw, władztw i ziem, należących od dawien dawna do prawa, panowania i władzy Królestwa i stanowiących jego własność, a nie zachowała się pamięć, aby było inaczej". Układy te zostały zawarte zarówno z wiernymi, jak i z niewiernymi. Król prosił zatem o unieważnienie wszystkich tych zrzeczeń, które wszak zostały dokonane bez aprobaty Stolicy Apostolskiej, i objęcie dyspensą także hołdów lennych z tym związanych, a złożonych przez książąt i panów odnośnych ziem i umocnionych przysięgą.

Ze stylizacji supliki wynika, że miano w niej na uwadze wszystkie zrzeczenia terytorialne, a więc te na rzecz Luksemburgów i Zakonu, jak i te na Rusi, w układach z Litwą, chociaż substancji terytorialnej „Królestwa" one nie uszczuplały. W tej swojej części suplika mogła być przygotowaniem do korektur granicy polsko-litewskiej na Rusi Włodzimierskiej. Prośba o zwolnienie od hołdów lennych złożonych ze szkodą Królestwa wskazuje wyraźnie na Śląsk i Pomorze, nie powinna też być inaczej interpretowana.

Kancelaria papieska opatrzyła suplikę formułą „niech się stanie bez drugiego czytania", co oznacza, że suplika zyskała aprobatę Stolicy Apostolskiej, a sprawa musiała być dobrze przez stronę polską w Awinionie przygotowana, skoro nie przekazano jej nawet do pełniejszego rozpoznania. Bulli z tym związanej nie znamy. Może zapobiegła jej dyplomacja luksemburska lub krzyżacka, czy nawet obie razem. Ale równie dobrze bullę taką mógł Kazimierz otrzymać, a tylko nie zachowała się do naszych czasów. Samo przedsięwzięcie króla Polski musi być oceniane jako śmiałe i dalekowzroczne.

Twarz Kazimierza Wielkiego na sztandarze pamiątkowym z 1869 r.

Grosz Kazimierza Wielkiego w powiększeniu, awers i rewers

VI. O trwałość pokoju

Kronika katedralna krakowska pisze o Kazimierzu Wielkim, że umiłował on pokój, prawdę i sprawiedliwość. Niezależnie od niej, jego umiłowanie pokoju podkreślił specjalnie śląski autor *Kroniki książąt polskich*. Taką przechowano pamięć o ostatnim koronowanym Piaście i utrwalono wnet po jego śmierci, mimo że niejedną prowadził wojnę. Za życia króla kancelaria królewska następującą arengą opatrzyła dokument zrzeczenia się przez Polskę Śląska na rzecz Czech (9 II 1339): „Zdrowie, życie i trwała pogodność — promienne błogosławieństwo pokoju — jaśnieje silniej po wszystkich krajach świata przejrzystym blaskiem, gdy poddanym królestw i mieszkańcom ziem zostają zapewnione korzyści, a między władcami mile zacieśniają się: pożądany związek przyjaźni i sojusz nierozerwalnej miłości". Przy tym dość rzadko padały w czasach kazimierzowskich hasła pokoju i nie nadużywano ich raczej na co dzień.

Nie brakło też konfliktów między państwami środkowoeuropejskimi. Można by powiedzieć, że ogniskowały się one na terenie Polski. Gra dyplomatyczna zastępowała tu wielokrotnie rozstrzygnięcia zbrojne. Czasowe lub pozorne ustępstwa, przyrzeczenia małżeństw w rodzinach panujących, układanie preliminariów pokojowych, które potem nie zawsze były ratyfikowane, obietnice sukcesyjne, szachowanie się wzajemne szukaniem coraz to nowych sprzymierzeńców, przerzucanie się od sojuszu do sojuszu, stwarzanie sytuacji przymusowych, denerwująca gra na zwłokę, skargi w Stolicy Apostolskiej poparte pogańskim straszakiem, wszystko to były środki walki politycznej na arenie międzynarodowej. W dzisiejszej ocenie etycznej wypadają nie najlepiej. Szczerość intencji mieszała się w tej walce nader często z podstępnością w działaniu, a słowne deklaracje starczać musiały za czyny.

Zbyt surowa ocena byłaby tu jednak niesłuszna. Mamy wszak do czynienia z wytwarzaniem się nowego obyczaju w stosunkach międzypaństwowych, z przełamywaniem tych nawyków myślenia i świadomości, w których siła fizyczna była najlepszym argumentem i stała z reguły przed prawem; zemsta stanowiła powinność, a ustępstwo równało się z tchórzostwem i słabością. Dostrzeganie racji cudzych i próba ich godzenia z własnymi należą do górnej warstwy ludzkiej kultury i jeżeli na tę drogę w czternastowiecznej Europie Środkowej wstępowano, to był to postęp duży i zasługa ogólnoludzka. Miał w tym zakresie swój wkład własny również Kazimierz Wielki. Negocjował wiele w czasie swojego panowania, unikał konfliktów zbrojnych, a w wielu

129

układach i sojuszach, które pokazano w poprzednich rozdziałach, zapewnił Polsce pokój i autorytet u sąsiadów. W ostatnim dziesiątku lat życia króla rola jego przerosła granice państwa, któremu panował. Był bowiem rozjemcą w międzypaństwowych stosunkach sąsiadów i miał wkład bardzo poważny, jeżeli nie największy, w doprowadzeniu do wielostronnego sojuszu politycznego państw środkowoeuropejskich.

W r. 1361 zarysował się konflikt między księciem austriackim Rudolfem IV z domu Habsburgów a Ludwikiem Andegaweńskim na tle patriarchatu akwilejskiego, łączącego godność kościelną z władztwem typu państwowego na znacznym terytorium nad Adriatykiem. Węgry w ich polityce bałkańsko-włoskiej tolerowały niezależność Akwilei i nawiązały z patriarchatem poprawne stosunki. Austria, zawiedziona w swoich nadziejach na terenie Rzeszy, gdzie Karol IV nie przyznał jej władcy praw elektorskich, szukała rekompensaty moralnej na innych polach. W drodze naiwnego fałszerstwa dokumentowego Rudolf IV uzurpował sobie tytuł arcyksięcia, który miał go wynieść ponad książąt Rzeszy. Także dla rekompensaty — jak należy przypuszczać — szukał wpływów politycznych w Akwilei. Wnet zyskać miał dla swego państwa Tyrol. Liczył na poparcie Karola IV, z którego córką Katarzyną był żonaty i z którym latem 1361 r. odnowił ścisły sojusz. Akcja zbrojna Rudola IV z tego samego jeszcze roku przeciwko Akwilei zakończyła się pokonaniem patriarchatu i uwięzieniem patriarchy. Karol IV nie był jednak rad z takiego obrotu sprawy. Tymczasem zaszły pewne nieporozumienia między Karolem IV i Ludwikiem Andegaweńskim. Gdy bowiem ten ostatni wysłał swoje poselstwo na dwór praski, z ust Karola padły obelżywe słowa pod adresem matki Ludwika Elżbiety. Była to siostra Kazimierza Wielkiego, zatem obraza jej łatwo mogła poruszyć również brata. W listach wymienionych między Ludwikiem a Karolem nie szczędzono sobie wzajemnie obraźliwych słów. Z początkiem 1362 r. Ludwik Andegaweński i Rudolf IV zawarli formalny sojusz zwrócony przeciw Karolowi. Wprawdzie jego ostrze stępiła nowa akcja zaborcza Rudolfa na terenie Akwilei, ale funkcjonował on dalej i groził Karolowi IV wojną. Prawdopodobnie jeszcze w pierwszej połowie roku doszło do sojuszu Rudolfa, jego braci i Meinharda, hrabiego Tyrolu, z Ludwikiem Andegaweńskim i Kazimierzem Wielkim. Latem sojusz został rozszerzony na książąt bawarskich. Powstała więc koalicja antycesarska, w której król Polski znalazł się — jak się wydaje — w wyniku dawniejszych zobowiązań sojuszniczych z Węgrami. Przewidywały one jednak tylko pomoc o charakterze obronnym, co nie stawiało zatem Kazimierza Wielkiego w stanie wojny z Karolem IV. Jeszcze tego samego lata Ludwik skoncentrował wojsko na granicy Moraw i wypowiedział Karolowi wojnę. W jego otoczeniu znalazł się również Kazimierz Wielki, poświadczony w dokumencie z 10 VII 1362. Może miał zamiar mediacji między stojącymi na stopie wojny stronami, a może demonstrował również gniew i obrazę z powodu owych obelżywych słów wypowiedzianych przez Karola IV pod adresem jego siostry Elżbiety. Nie wiemy, czyją było zasługą zawarte wówczas zawieszenie broni. Do działań zbrojnych w każdym razie nie doszło.

Jan Długosz, który opisał pod r. 1363 zarówno ową obrazę Elżbiety, jak też przygotowania wojenne obu stron, w tym także Kazimierza Wielkiego, zatrzymał się na sprawie mediacji pokojowych papieża Urbana V, które z ramienia Stolicy Apostolskiej podjął nuncjusz Jan z zakonu franciszkanów. Ten rzutki mnich miał – zdaniem Długosza – porozumieć się z Karolem IV, z Ludwikiem Andegaweńskim, a także z Kazimierzem Wielkim, a uzyskawszy obietnice pokojowego załatwienia konfliktu, kilkakrotnie odwiedzał jeszcze zwaśnione strony. Jego inicjatywie przypisał również Długosz skojarzenie małżeństwa Karola IV z wnuczką Kazimierza Wielkiego, a córką Bogusława V pomorskiego, Elżbietą. Autor nie był jednak należycie zorientowany w całym splocie spraw i ich chronologii. Wiadomo bowiem, że ową misję mediacyjną spełnił nie franciszkanin Jan, ale Piotr z Volterry. Misja jego ograniczyła się jednak do dworów praskiego i budzińskiego. Nie był natomiast u Kazimierza Wielkiego, bulla bowiem Urbana V z listopada tego roku, dotycząca owej misji pokojowej, brała w rachubę tylko rozmowy z Karolem IV i Ludwikiem Andegaweńskim. Również zwracając się osobnymi pismami do powaśnionych stron: Karola IV i jego brata Jana, margrabiego Moraw, do Ludwika Andegaweńskiego i jego matki oraz żony, a wreszcie do Rudolfa z braćmi, pominął Kazimierza Wielkiego. Jest to zrozumiałe, skoro Kazimierz nie wkroczył na drogę wojny. Długosz pomylił również w tym ustępie żony Karola IV. Widać, że brakowało mu wyczerpującej wiadomości źródłowej, bo istotnie źródła współczesne bardzo skąpo informują o tych wydarzeniach. Zasługa Piotra z Volterry w utrzymaniu pokoju w Europie Środkowej została przez Długosza niewątpliwie przesadzona, jeżeli się zważy, że misja jego zaczęła się faktycznie w styczniu 1363 r., a rozejm między stronami został zawarty już w środku lata roku poprzedniego.

Istotnym podłożem sporu była nie tyle obraza matki Ludwika Andegaweńskiego, ile wciąż jeszcze sprawa Akwilei. Wcześniej bowiem uległy pewnemu złagodzeniu stosunki luksembursko-

-andegaweńskie, dłużej natomiast trwał konflikt Karola IV z Rudolfem Habsburgiem. Jaką rolę w zabiegach pokojowych odegrał nuncjusz Piotr z Volterry, a jaką rzecznik pojednania Kazimierz Wielki, odpowiedzieć trudno. Z początkiem maja 1363 r. odnowiono w każdym razie rozejm i prawdopodobnie wówczas strony zdały się na arbitraż Kazimierza Wielkiego i Bolka świdnicko--jaworskiego. Zanim jednak doszło do właściwych układów pokojowych, Karol IV poślubił jeszcze w maju wnuczkę Kazimierza, a córkę Bogusława V pomorskiego Elżbietę.

Małżeństwo Karola IV z wnuczką Kazimierza Wielkiego rozszerzało zakres więzi rodzinnych między arbitrami i poważnionymi stronami. Właściwie wszyscy oni byli między sobą spowinowaceni lub spokrewnieni. Zarówno Ludwik Andegaweński, jak i Bolko świdnicko-jaworski, byli siostrzeńcami Kazimierza Wielkiego. Latem 1362 r. zmarła bratanica wspomnianego tu Bolka, która była trzecią żoną Karola IV. Dalsze pokrewieństwo łączyło również Bolka z Elżbietą Bogusławówną, czwartą żoną Karola. Jej matka była wszak córką Kazimierza Wielkiego, gdy matka Bolka była jego siostrą. Z kolei Rudolf IV Habsburg miał za żonę córkę Karola IV Katarzynę. Wreszcie pierwsza żona Ludwika Andegaweńskiego, Małgorzata, co prawda zmarła już w 1349 r., była córką Karola IV. Te powiązania rodzinne zbliżały w pewnym stopniu do siebie wymienionych monarchów, ale na pewno nie wystarczały do zakończenia sporów, których sprężyny działały niekiedy bardzo mocno. Wciąż jeszcze sprężyną taką pozostawał patriarchat akwilejski, który nie dawał spokoju zwłaszcza Rudolfowi. Na jego tle doszło u schyłku lata 1363 r. do nowego konfliktu między Karolem IV i Rudolfem.

Nie wiemy dobrze, w jakim stopniu oficjalnie wybrani przez strony arbitrowie w osobach Kazimierza Wielkiego i Bolka świdnickiego przyczynili się do złagodzenia napięć, bo przez około pół roku wyraźnych śladów ich działalności brak. Dopiero w wigilię św. Łucji, tj. 12 grudnia, wydali oni swoje orzeczenie w formie dokumentu. Wyraźnie tu rozróżniono poważnionych władców, a więc z jednej strony byli to Karol IV i jego brat Jan, margrabia Moraw, a z drugiej Ludwik Andegaweński i książęta austriaccy. Orzeczono w sposób bardzo ogólny, że strony mają odtąd pozostawać dobrymi przyjaciółmi i porzucić wszelką niezgodę i spory. Nie ma tu żadnych merytorycznych treści ugody, co wskazuje w każdym razie, że sprawy te były jeszcze nie dopracowane, że natomiast arbitraż przewidywał porozumienia szczegółowe między poszczególnymi poważnionymi władcami. Być może ustnie preliminaria takich porozumień arbitrowie nawet uzgodnili. Jeżeli tak było istotnie, to zastosowa-

132

no tutaj grę zręczną, jaka nie powinna była drażnić żadnej ze stron.

W każdym razie na gruncie już przygotowanym spotkali się w lutym 1364 r. w Brnie na Morawach: cesarz i król czeski Karol, jego brat Jan i syn Wacław z jednej strony, a Ludwik Andegaweński oraz książęta austriaccy Rudolf i Leopold z drugiej. Na zjeździe tym oświadczono wspólnie aktem z dnia 10 lutego, że przez małżeństwo Katarzyny, córki Karola IV, z Rudolfem IV austriackim(zawarte zresztą już kilka lat wcześniej) strony weszły w przymierze i – wyraźnie powołując się na ogłoszone przez Kazimierza Wielkiego i Bolka świdnickiego orzeczenie arbitrażowe – oświadczyły zaprzestanie wszelkich wrogich działań w stosunku do siebie. Ten sam akt został wydany w języku łacińskim i niemieckim, a za nim poszły umowy szczegółowo regulujące sprawy wzajemnego dziedziczenia itp., a wreszcie akta poręczające ze strony dostojników i miast.

Wkład arbitrów w zawarty tu pokój musiał być bardzo znaczny, skoro tak wyraźnie i z powagą monarchowie się nań powołali. To nam tłumaczy zarówno długi, pół roku trwający okres, jaki dzieli ich orzeczenie, od daty, pod którą zostali powołani przez strony na arbitrów, jak też bardzo ogólny charakter tego orzeczenia, uzgodnione bowiem ustnie treści szczegółowe pozostawiono najwyraźniej do traktatu, jaki strony miały podpisać. Sprawa Akwilei nie stała się ani przedmiotem arbitrażu, ani nie została wówczas uregulowana osobnym układem. Jątrzyła jeszcze przez jakiś czas, ale nie była już przedmiotem sporu w większej skali.

We wrześniu 1364 r., już na podstawie zadzierzgniętej wcześniej przyjaźni, doszło do zjazdu monarchów w Krakowie. Był on na pewno wydarzeniem niezwykłym, owocem wielu wysiłków, aby w drodze dyskusji, rozważania racji własnych i racji przeciwników dochodzić do decydujących rozwiązań, eliminując spięcia zbrojne, rodzące zawsze nowe konflikty i rozcietrzewiające przeciwników. Przygotowaniem wstępnym tego zjazdu był na pewno arbitraż Kazimierza Wielkiego i Bolka świdnicko-jaworskiego z 1363 r., a miejsce spotkania potwierdza szczególną rolę w tym zakresie ostatniego Piasta na tronie polskim.

Do sprawy zjazdu krakowskiego 1364 r. dysponujemy zaledwie trzema przekazami źródłowymi, które wprawdzie w pewnym stopniu się uzupełniają, ale w sumie dostarczają stosunkowo niewiele konkretnych informacji. Znajdujemy je w *Kronice katedralnej krakowskiej*, w ustępie przypisywanym dawniej Jankowi z Czarnkowa, z kolei w *Roczniku świętokrzyskim*, a wreszcie w poemacie francuskim Wilhelma z Machaut, pisanym współcześnie na podstawie relacji ustnych zapewne bezpośrednich uczestników krakowskiego wydarzenia. Wyłączamy stąd Długosza, który pisał w sto lat później, a chociaż poświęcił zjazdowi spory ustęp, widać, że nie miał innych informacji niż te, które znalazł w *Roczniku świętokrzyskim* i w *Kronice kątedralnej krakowskiej*, a dostrzegłszy w nich luki i niedomówienia, starał się je na własną rękę uzupełnić.

Według *Kroniki katedralnej krakowskiej* motywem zwołania do Krakowa zjazdu monarchów była chęć króla Polski, który w oczach innych władców uchodził za wspaniałego, pokazania „chwały swojego Królestwa". Wydarzenia te kronikarz datuje na r. 1363, a nazywa je „przeogromną ucztą". Wśród gości wymienia cesarza i króla Czech Karola IV z jego najwyższymi dostojnikami, Ludwika Andegaweńskiego z takimiż dostojnikami, królów Cypru i Danii, a także wszystkich książąt czy też innych dostojników polskich oraz przybyłe licznie rycerstwo z różnych ziem. Dalej czytamy w tej relacji: „Jak wielka była na tej uczcie radość, jaka wspaniałość, chwalebność i obfitość, nie da się opisać, chyba w ten sposób, że więcej dawano wszystkim niż chcieli. Ci więc królowie i książęta przyrzekając i umacniając wzajemną przyjaźń między sobą, obdarowani przez Kazimierza Wielkiego sowicie królewskimi kosztownymi darami, powrócili do siebie".

Rocznik świętokrzyski, łącząc w sposób mylny w jedno wydarzenie ślub Karola IV z Elżbietą, wnuczką Kazimierza Wielkiego, i zjazd monarchów w Krakowie, zapisał: „W roku pańskim 1363 Karol cesarz rzymski i król Czech, przybywając do Krakowa, zawarł związek małżeński z Elżbietą, córką Bogusława księcia Kaszubii, w obecności tych oto królów: Ludwika węgierskiego, Kazimierza polskiego, Wacława czeskiego, króla Cypru, Zygmunta duńskiego, oraz licznych książąt, a mianowicie Bolka świdnickiego, Władysława opolskiego i Siemowita mazowieckiego". Nie komentując na razie tych informacji, przejdziemy do trzeciego przekazu źródłowego.

Wilhelm z Machaut, do którego relacji wypadnie nam teraz się odwołać, zajmuje poczesne miejsce w średniowiecznej literaturze francuskiej. Współcześnie sobie, a także jeszcze w XV w., był szeroko znany i ceniony. Żył w latach 1300 – 1377. Nie wiemy, gdzie zdobywał wiedzę, ale był magistrem w zakresie tzw. sztuk wyzwolonych, czyli niższego studium uniwersyteckiego. Jeżeli prawdziwa jest wiadomość, którą sam pod koniec życia zapisał, że przez 30 lat pozostawał na służbie Jana Luksemburczyka, musiał się znaleźć w jego otoczeniu już w wieku 16 lat. Z nim niewątpliwie odbył liczne podróże, był na Śląsku, w Wielkopolsce, a także na terenie państwa zakonnego, co wynika jasno z jego pism. Utwór Wilhelma z Machaut, który nas interesuje w związku ze zjazdem krakowskim, nosi tytuł *Zdobycie Aleksandrii* i dotyczy wyprawy wojennej króla Cypru Piotra de Lusignan do Aleksandrii. Jest to bardzo obszerna rymowana kronika, spisana w języku starofrancuskim, omawiająca zarówno starania tegoż króla o udział w krucjacie, czynione na Zachodzie i w Europie Środkowej w latach 1363 – 1364, jak też samo przedsięwzięcie wojenne z r. 1365. Już z tego widać, że zjazd krakowski 1364 r. interesował poetę-kronikarza z racji uczestnictwa w nim Piotra de Lusignan, zatem w centrum jego uwagi musiały się znaleźć sprawy, o które tenże zabiegał. Wilhelm z Machaut nie towarzyszył osobiście królowi cypryjskiemu w jego podróży do Czech i Polski, a tym bardziej chyba w wyprawie aleksandryjskiej, zatem nie był z pewnością świadkiem krakowskiego spotkania monarchów. Pisał jednak w oparciu o relację świadka lub świadków, może samego Piotra de Lusignan. Przedstawia zatem spojrzenie z zewnątrz i ważny jest dla nas zarówno ze względu na rzeczowe informacje, jak też ogólniejszą ocenę. Forma wiersza mogła tu wprawdzie narzucić pewną swobodę relacji, ale i przy zastosowaniu jakiegoś marginesu tolerancji, rzecz zasuguje na uwagę. Zatrzymamy się więc na treści interesującego nas fragmentu.

Najpierw autor opisuje zwięźle drogę swego bohatera z Pragi do Krakowa, oczywiście u boku Karola IV. Po trzech dniach jazdy konnej przez Czechy osiągnięto miasta, które na pewno nie zostały tu zapisane zgodnie z trasą podróży, a mianowicie Wrocław, Legnicę, Prudnik, Świdnicę, Kościan, Kalisz, Bytom, Głogów oraz Basenouve, które jest zwykle rozumiane jako Poznań. Stamtąd podróżni przybyli do Krakowa, gdzie znaleźli królów, o których mowa będzie niżej, a którzy wyszli im na spotkanie i sprawili wielką radość. Dalej autor z pewnym zachwytem podnosi, jak godnie zostali uhonorowani i świetnie przyjęci mnogością chleba, wina, ptactwa, ryb i innego mięsa. Przyjęcie było zrobione z takim rozmachem, że niemal trudno byłoby cokolwiek ulepszyć. Równocześnie odbyły się tam doniosłe obrady. Autora interesuje w tym zakresie jednak tylko to, że ostatecznie postanowiono pomóc królowi Cypru w jego przedsięwzięciu.

Stara się podać najwiężlej treść wypowiedzi ważniejszych uczestników zjazdu, oczywiście zawsze na temat owej krucjaty. Pierwszy przemówił w sposób bardzo układny cesarz. Deklarował swoją pomoc i obiecywał odwołać się w tej sprawie do książąt Rzeszy, napisać do Ojca Świętego, a także poruszyć nią gminy miejskie. Liczył na osobisty udział wielu swoich wasali i poddanych, a także na ich pomoc finansową. Zalecenia jego poszły dalej, bo rozesłał pisemne wezwania odnoszące się do tej sprawy. Jego bowiem „prawdziwa pobożność doznała egzaltacji". Przemówienie cesarza wywarło podobno duże wrażenie i zostało przyjęte tak, jak gdyby to Bóg im rozkazywał.

Z kolei przemówił król Węgier, który przyrzekł — tak jak inni królowie chrześcijańscy — swój osobisty udział w krucjacie, a także udział swojego rycerstwa i własnych niezbędnych na to środków. Dalej autor relacjonuje: „Potem był król Polski, który w swojej domenie dzierżył Kraków i który obiecał udzielić pomocy, ilekroć zajdzie tego potrzeba, na rzecz świętej wyprawy, bardzo chętnie i ze szczerego serca". Wszyscy obecni tam książęta również deklarowali pomoc własną i swoich dostojników. Postanowiono, że uczestnicy zjazdu udadzą się do innych książąt niemieckich i przedstawią im to, co uczyniono dla sprawy w Krakowie. Następnie wznoszono okrzyki radości, ponieważ chciano uczcić rezultaty obrad, a w szczególności urządzono szereg turniejów. W formie przypuszczenia autor pisze, że cesarz potykał się w turnieju z innymi królami, ale nagrodę zdobył, jako najlepiej władający bronią, egzotyczny gość Krakowa, król Cypru. Wreszcie pisze, że na wyjezdnem ów król otrzymał wielkie dary i został daleko odprowadzony. Odpowiedź, jaką otrzymał w Krakowie, była dlań wielce zaszczytna i miła.

Długosz nie znał poematu Wilhelma z Machaut, dlatego nie wiedział nic o owych planach krucjatowych na zjeździe krakowskim. Korzystał natomiast z omówionych już źródeł polskich, z których przejął datę tego wydarzenia, a za *Rocznikiem świętokrzyskim* połączył zjazd monarchów z zaślubinami Elżbiety pomorskiej i Karola IV. Relację swoją znacznie rozbudował, jak zwykł to czynić z reguły, robiąc rozliczne kombinacje własne dla uzupełnienia luk w materiale, z którego czerpał. W naszym wypadku, nie znając szlaku peregrynacji Piotra, króla Cypru, kazał mu przybyć do Krakowa przez Morze Czarne, Wołoszczyznę i Ruś Czerwoną. W jednym Długosz zasługuje jednak na uwagę. Utrwalił on legendę o uczcie Wierzynka, wydanej dla uświetnienia zjazdu monarchów. Dzięki Długoszowi legenda ta weszła niemal do tradycji narodowej, z tego więc względu zasługuje na uwagę.

Długosz pisze, że Wierzynek (bez imienia), szlachcic z Nadrenii herbu Łagoda, ówczesny rajca krakowski, kierował z polecenia króla organizacją zjazdu monarchów w Krakowie. Miał on bowiem — według tego przekazu — odgrywać przy królu rolę szczególną. Zarządzał dworem królewskim oraz jego służbą i miał nadzór nad wszystkimi dochodami monarszymi. W radzie królewskiej głos jego był jakoby decydujący. On to, jak informuje Długosz, urządził w swoim domu wspaniałą ucztę dla monarchów, a gdy sadzał gości, najbardziej poczesne miejsce oddał królowi Kazimierzowi, czując się zobowiązanym względem monarchy, któremu zawdzięczał bogactwo i znaczenie Wspaniała była nie tylko sama uczta, ale wspaniałością dorównywały jej dary, które przy jej okazji gospodarz wręczył monarchom. Kazimierz otrzymał nie określony tu kosztowny przedmiot, wartości 100 000 florenów, co autor relacji podaje z pewnym zastrzeżeniem. Widać stąd zarazem, że czerpał z jakiegoś źródła informacji, najprawdopodobniej z ustnej tradycji rodziny Wierzynków. To nam zarazem tłumaczy przypisane Wierzynkowi godności, których nie mógł pełnić, bo były one w gestii takich dostojników, jak wielkorządca krakowski, a w innych dzielnicach starostowie, oraz marszałek dworu i podskarbi. Wierzynek mógł być natomiast cenionym przez króla rzeczoznawcą w sprawach finansowych i skarbowych, mógł też mieć w zarządzie lub dzierżawić niektóre źródła królewskich dochodów, co w tradycji rodzinnej uległo prawdopodobnie wyolbrzymieniu. „Ucztę Wierzynka" wydało zapewne na swój koszt miasto, ale jej miejscem – jak się już domyślano – było prawdopodobnie mieszkanie Wierzynka; być może zresztą, że przy jej urządzeniu poniósł on koszty szczególne, że był jej inicjatorem i rzeczywistym organizatorem.

W oparciu o powyższe przekazy źródłowe można dojść do następujących wniosków na temat zjazdu monarchów w kazimierzowskim Krakowie:

Najpierw należy wyraźnie rozdzielić epizod ślubu wnuczki królewskiej Elżbiety pomorskiej z Karolem IV. Powiedziano już wyżej, że ślub i przyjęcie weselne musiały się odbyć w Krakowie w maju 1363 r. Jest rzeczą bardzo prawdopodobną, że uświetnili je swoją obecnością niektórzy książęta śląscy, wasale Korony Czeskiej, uczestniczył w nich niewątpliwie ojciec panny młodej Bogusław V i być może jego bracia Barnim IV i Warcisław. Mógł też przybyć wasal Korony Polskiej Siemowit mazowiecki. Uroczystość weselna z udziałem tylu dostojnych gości mogła się łatwo, z perspektywy kilkunastu lat, mylić ze zjazdem monarchów, skoro dla współczesnych obserwatorów liczył się zewnętrzny splendor, oprawa, a istotna treść mogła być dostępna jedynie ludziom blisko z dworem i królem związanym. To by nam tłumaczyło konfuzję widoczną w *Roczniku świętokrzyskim*.

Rodzi się jednak konieczne pytanie, czy istotnie zjazd monarchów był wydarzeniem osobnym i miał miejsce dopiero w 1364 r., jeżeli zarówno *Rocznik świętokrzyski*, jak też *Kronika katedralna krakowska*, datują go na r. 1363. Otóż wątpliwości w tym zakresie rozprasza zupełnie Wilhelm z Machaut, który opowiada cały tok podróży Piotra de Lusignan, króla Cypru, po Europie. Ale za rokiem 1364 przemawiają również inne okoliczności, jak zwłaszcza obecność Karola IV w towarzystwie Piotra de Lusignan 17 IX 1364 na Śląsku, oraz przyrzeczenie dokumentowe Ludwika Andegaweńskiego, złożone w Krakowie 22 IX 1364, a dotyczące dotrzymania warunków pokoju ułożonego przez Kazimierza Wielkiego i Bolka świdnicko-jaworskiego między Karolem IV i jego synem Wacławem oraz bratem Janem margrabią morawskim z jednej strony a Rudolfem IV Habsburgiem i jego braćmi Albertem i Leopoldem z drugiej. Przy okazji zjazdu krakowskiego wymógł Kazimierz Wielki na Ludwiku Andegaweńskim dokument, zapewniający króla Polski, że jeżeli ten będzie miał legalne potomstwo męskie, wówczas układy sukcesyjne z Andegawenami nie przeszkodzą mu w następstwie tronu. Dokument ten został wystawiony w Krakowie w dniu św. Stanisława. Przyjmowano więc dlań datę dzienną 8 maja. Jeżeli jednak przy datacji nie dodano „w maju", to zgodnie z ówczesną praktyką trzeba przyjąć, że chodzi o dzień przeniesienia św. Stanisława, tj. 27 września.

Kolejny istotny problem, to lista uczestników zjazdu, która zarazem rzutuje na jego cele. *Rocznik świętokrzyski* zamieszcza na tej ˋliście, oprócz gospodarza kongresu, króla Polski, Ludwika Andegaweńskiego, Wacława króla Czech, króla Cypru, Zygmunta króla Danii oraz książąt Ottona bawarskiego, Bolka świdnickiego, Władysława opolskiego i Siemowita mazowieckiego. Dostrzegalne pomyłki, jakie popełnił autor zapiski, wskazują, że pewne rzeczy miał już zatarte w pamięci. Tak więc nie ma tu cesarza i króla Czech Karola IV, a jest jego syn Wacław, który panował dopiero od 1378 r. Nadto w 1364 r. królem Danii był Waldemar IV (do r. 1375), a jego następca to Oluf. Błąd co do króla Czech wskazuje, że relacja mogła powstać dopiero po r. 1378, kiedy istotnie w Czechach panował Wacław. *Kronika katedralna krakowska* informuje w sposób jeszcze bardziej powściągliwy, bo wśród uczestników wymienia tylko królów: Czech, Węgier, Cypru i Danii, dwu pierwszych z książętami – wasalami, oraz „wszystkich książąt polskich". Wilhelm z Machaut zwraca uwagę jedynie na cesarza, króla Węgier, króla Polski i oczywiście na króla Cypru, na którym koncentruje swoją uwagę. Długosz w swojej relacji powtarza jedynie dane pochodzące ze źródeł polskich. Przeświadczony jednak, że zjazd odbył się z okazji ślubu Elżbiety pomorskiej z Karolem IV, każe królowi Danii jechać do Krakowa w towarzystwie Bogusława V i jego córki,

138

tj. panny młodej. Waldemar był bowiem spokrewniony z Bogusławem (jego matka była siostrą ojca Bogusława V), o czym Długosz wiedział.

Można przyjąć, że na pewno w zjeździe uczestniczyli, oprócz Kazimierza Wielkiego: Karol IV, Ludwik Andegaweński, Piotr król Cypru, Waldemar IV, Bolko świdnicko-jaworski, Siemowit mazowiecki, Władysław opolski i Otto Wittelsbach, margrabia brandenburski. W otoczeniu Ludwika Andegaweńskiego byli co najwyżej jego dostojnicy, orszak zaś Karola IV uświetniali przynajmniej dwaj wymienieni książęta śląscy. Mógł się w nim znajdować jego brat, margrabia Moraw, ale już trzeba koniecznie wyłączyć zaledwie trzyletniego wówczas Wacława. Prawdopodobna jest obecność na zjeździe Bogusława V z jego trzynastoletnim już wówczas synem Kaźkiem. Na pewno nie uczestniczyli w zjeździe książęta austriaccy, Wilhelm z Machaut poświadcza bowiem, że król Cypru udał się z Krakowa do Austrii, a wcale nie jechał w towarzystwie wspomnianych książąt.

Istotne pytanie, które historiografia musi sobie stawiać, dotyczy celu krakowskiego zjazdu. Na pewno nie była nim krucjata, wyeksponowana, czy też potraktowana jako sprawa jedyna u Wilhelma z Machaut, to bowiem wynikało z charakteru źródła. Król Cypru nie był bynajmniej osobą centralną w Krakowie, nie dla jego planów zjazd zwołano i nie był on nawet specjalnie nań zaproszony. Wszystko wskazuje na to, że przybył on do Krakowa jako gość Karola IV, zatem w sposób dość przypadkowy. Trudno się zgodzić z tymi badaczami, którzy – mając na uwadze owe plany krucjatowe – inicjatywę zjazdu przypisywali Karolowi IV. Inicjowane przez niego spotkanie musiałoby się zapewne odbyć w Pradze, a nie w Krakowie. Przyjmujemy zatem, że zjazd miał swoje cele własne, a natomiast jak gdyby poza przewidywanym porządkiem obrad wykorzystano jego gremium dla sprawy, o którą zabiegał król Cypru. Na pewno nie jedyną racją zjazdu było to, co wyeksponował autor *Kroniki katedralnej krakowskiej*, że Kazimierz Wielki chciał na nim „pokazać chwałę swojego Królestwa". Czy więc w intencji organizatorów miał stanowić ciąg dalszy arbitrażu w sporze habsbursko-luksemburskim? W pewnym sensie na pewno tak, jakkolwiek takie rozumienie sprawy mąci nam w pewnym stopniu obecność na zjeździe króla Danii. W niej znajdziemy być może klucz do odpowiedzi na to najważniejsze pytanie.

Już w r. 1350 zawarł Kazimierz Wielki sojusz z Danią. Był on na pewno ogniwem szerszej polityki polskiej w strefie Morza Bałtyckiego. Stanowił poważne zabezpieczenie Pomorza Zachodniego, z którym już wcześniej łączyły Polskę stosunki przyjaźni, szachował Brandenburgię, a wzmacniając pozycję Kazimierzowego państwa na północy, mógł być również odczuwany przez Zakon Krzyżacki jako źródło jego zagrożenia. I choć nie należało po tym sojuszu oczekiwać rychłych i błyskotliwych efektów, na dłuższą metę paraliżował śmiałość zarówno polityki brandenburskiej, jak i krzyżackiej.

Nie wiemy, w jakich okolicznościach doszło do zawarcia tego sojuszu. Domyślamy się jednak, że pośrednikiem w tej sprawie był Bogusław V lub któryś z jego dostojników, wiadomo bowiem, że dwór wołogosko-słupskiej linii Piastów połączony był wówczas z dworem duńskim więzami rodzinnymi. Sojusz ten nie miał rozgłosu, bo nie znalazł odbicia u współczesnych kronikarzy czy annalistów. Zachował się jednak dokument Kazimierza Wielkiego, zawierający zobowiązania sojusznicze strony polskiej, a został wystawiony w Łowiczu 13 V 1350. Nie znamy natomiast rewersału króla duńskiego. Należy sobie wyobrazić, że preliminaria w tej sprawie zostały ułożone przez posłów, po czym monarchowie wystawili odpowiednie dokumenty. Łowicz nie był więc na pewno miejscem pertraktacji, a tylko etapem podróży królewskiej, gdzie kancelaria ów dokument sporządziła.

Kazimierz Wielki przyrzekał królowi Danii „prawdziwą przyjaźń i czyste braterstwo" po wieczne czasy. Miała się ona wyrażać w pomocy zbrojnej w liczbie 100 pancernych, których winien był król Polski dostarczyć w ciągu sześciu tygodni od daty otrzymanego wezwania. Do granicy duńskiej koszty utrzymania tych posiłków ponosić miała Polska, w granicach Danii król duński, a na terenach obcych – każda strona we własnym zakresie. Do pomocy takiej Kazimierz Wielki obowiązany był jednorazowo. Dopiero gdyby w zamian korzystał z takiegoż świadczenia, winien iść na następne wezwanie króla Danii. Bardzo ciekawa jest tutaj lista władców wyłączonych spośród wrogów, przeciw którym zawarto sojusz. Ona świadczy bowiem, jak szeroki był już wówczas krąg sprzymierzeńców Królestwa Polskiego. Znajdujemy więc pośród nich: cesarza i króla Czech Karola IV, Ludwika Andegaweńskiego, Ludwika Wittelsbacha margrabiego brandenburskiego, Bolka świdnicko-jaworskiego, księcia dobrzyńskiego Władysława, Bolesława płockiego, dwu braci stryjecznych tego księcia, tj. Siemowita i Kazimierza, Bogusława zwanego tu szczecińskim, który jest z całą pewnością zięciem królewskim Bogusławem V, a wreszcie drugiego zięcia króla Polski Ludwika rzymskiego Wittelsbacha.

Sojusz polsko-duński z 1350 r. został odnowiony w r. 1363. Znów znamy tylko dokument strony polskiej, wystawiony w Krakowie w dniu 13 grudnia, być może potwierdzający tylko 140 wcześniej ułożone przez poselstwo preliminaria. Brak tu nawiązania do sojuszu poprzedniego i gdybyśmy o nim nie wiedzieli z osobna, można by sądzić, że owe przyjazne stosunki między dwoma królestwami nawiązano dopiero w 1363 r. W tym drugim akcie przyrzekał Kazimierz Wielki królowi Danii „przyjacielski związek i braterską przyjaźń", które trwać miały po wieczne czasy. Zobowiązywał się do nieokreślonej co do rozmiarów pomocy zbrojnej na rzecz Waldemara, którą winien był świadczyć, zgodnie z poprzednim układem, w ciągu sześciu tygodni od daty otrzymanego wezwania. Nie wprowadzono tu już jednak żadnych dalszych uściśleń, pozostawiając rzecz jak gdyby wzajemnemu zaufaniu stron. Lista władców wyłączonych z kręgu potencjalnych wrogów Danii, przeciwko którym obowiązywał warunek pomocy polskiej, została tu zredukowana do dwu, a mianowicie do Karola IV (jednak tylko jako króla Czech) oraz do Ludwika Andegaweńskiego.

Obecność zatem Waldemara IV na zjeździe krakowskim we wrześniu 1364 r. jest konsekwencją polityki Kazimierza Wielkiego względem Danii i wyraźnie wskazuje na jego inicjatywę w tej sprawie. Istotą rzeczy była więc próba zamiany systemu sojuszów dwustronnych na system sojuszu zbiorowego państw Europy Środkowej, gwarantujący pokój i bezpieczeństwo na dużym jej obszarze. Idea była wielka, wyrastająca ponad epokę, w której się zrodziła, chlubnie świadcząca o ostatnim Piaście na tronie polskim. Kraków zaś, jako miejsce spotkania i rzeczywistego zbliżenia monarchów, stawał się osią polityki międzynarodowej w jej średniowiecznym środkowoeuropejskim wymiarze.

VII. Wpływ króla na przemiany gospodarczo-społeczne w państwie

W biografii monarchy istnieje zawsze niebezpieczeństwo zapisywania na jego konto całego dorobku podporządkowanych mu organów władzy państwowej lub, co więcej, nawet dorobku gospodarczego i kulturalnego szerokich rzesz społeczeństwa. Niejedno opracowanie dziejów księcia czy króla jest w gruncie rzeczy monografią epoki, w której panował. Imię panującego jest wtedy niejako pretekstem, hasłem wywoławczym czy wręcz symbolem pewnej sumy cywilizacyjnych dokonań. Czasem więc na koncie monarchów może się znaleźć to, co się rodziło na przekór ich woli, ale weszło do ogólnego dorobku epoki. Bezimienne pozostaje dzieło doradców, wymuszających niekiedy na władcy złe czy dobre decyzje. Im bardziej odległa przeszłość i im bardziej wątły zasób źródeł historycznych, tym niebezpieczeństwo jest większe. Pogłębia je jeszcze niekiedy charakter zachowanych przekazów źródłowych: kronik czy relacji pisanych z pozycji zwolenników monarchy, panegirycznych czy wręcz pochlebczych enuncjacji, dokumentów wystawianych formalnie przez monarchę itp. Jeżeli w sprawach politycznych do monarchy należała przynajmniej ostateczna decyzja, po której można go sądzić i oceniać, to o ileż trudniej jest dostrzec jego wpływ na bieg procesów historycznych i zjawisk masowych. Mógł je na pewno hamować, ułatwiać, przyśpieszać, ale bilans powstałych stąd kosztów społecznych i efektów gospodarczych przynajmniej dla wieków średnich wymyka się spod ścisłej oceny historyka. To wszystko należy mieć na uwadze także przy ocenie roli dziejowej Kazimierza Wielkiego w jego wewnątrzpaństwowej polityce.

Punktem wyjścia winno być tutaj szersze tło dorobku cywilizacyjnego Europy, skali dokonujących się w jej obrębie przemian i trendów rozwojowych epoki w różnych dziedzinach życia gospodarczego.

* * *

Swój ważny przełom gospodarczy przeżyła Europa Zachodnia w XIII w. Osiągnęła wówczas apogeum przemian, których początki zarysowały się w jednych krajach w XI, a w innych w XII w. Bardzo istotnym ich przejawem był duży wzrost demograficzny różnych krajów. W Anglii od schyłku w. XI do końca XIII liczba ludności się potroiła. W Prowansji tylko od 1250 do 1315 r. ludność wzrosła średnio o około 50%. Dla okresu przed r. 1300 dla Francji szacuje się roczny przyrost ludności na około 0,39%, tj. przeszło dwukrotnie wyższy niż dziś. Dla Cesarstwa wskaźnik ten byłby jeszcze wyższy, bo szacuje się go na około 0,48%. Są to wskaźniki wysokie, jeżeli się zważy dużą śmiertelność wśród niemowląt i niską średnią życia ludzkiego.

Wydaje się, że najważniejszym czynnikiem wzrostu gospodarczego tej epoki był postęp w rozwoju rolnictwa. Jeżeli w I w.n.e. wydajność podstawowych zbóż szacowano na obszarze imperium rzymskiego na 4 ziarna z jednego, to w X w. we Francji północnej rzadko przekraczała ona 2 ziarna z jednego. Dopiero w XIII w. osiągnięto w tym zakresie znowu stosunek 1:4. Wiek XIII uchodzi w Europie Zachodniej za okres szczytowy rozszerzania areału, głównie w drodze masowego trzebienia lasów, ale nie było to wówczas zjawisko nowe. Wydzierano lasom ziemię wysiłkiem zbiorowym i tworzono nowe osady, o zwartej często zabudowie. Osobnym torem szedł rozwój wielkich izolowanych gospodarstw, czyli tzw. grangii, w których tworzeniu przodowali zwłaszcza mnisi cysterscy. Trójpolówka, polegająca na ugorowaniu każdego roku tylko 1/3 gruntów ornych, weszła do praktyki powszechnej. Mimo niedostatków nawożenia, do którego na ogół nie przywiązano większej wagi, na znaczeniu zyskała uprawa żyta, jęczmienia, a nawet pszenicy. Upowszechniły się winnice, i to nie tylko w obrębie wielkiej własności kościelnej i świeckiej, ale również w gospodarstwach chłopskich i mieszczańskich. Rozwinęła się również uprawa oliwek. W zakresie hodowli wzrosła rola tuczenia świń i karmienia ptactwa domowego. Na stołach wieśniaczych pojawiało się coraz częściej wino i coraz więcej mięsa. Chłopi francuscy, niemieccy, włoscy przestali być głodni.

Wiek XIII zaznaczył się bardzo korzystnie w rozwoju narzędzi rolniczych. Jego zdobycze służyć miały bez większych zmian aż po stulecie XVIII. Do nowych osiągnięć na tym polu należały: brona żelazna, ulepszony pług kolesny z okładnicą, nowy typ zaprzęgu, umiejętność i upowszechnienie kucia koni, a wreszcie kosa, grabie, nóż winniczy itp. Nauczono się korzystać z energii wodnej nie tylko w gospodarce miejskiej, ale także na wsi.

Tej gruntownej przebudowie gospodarczej wsi towarzyszył rozwój nowych stosunków społecznych, który z kolei pobudzał dalszy postęp. Feudalne poddaństwo i praca niewolnicza były w coraz większej skali zastępowane przez różne formy dzierżawy, które rodziły u wieśniaków zainteresowanie wzrostem produkcji. W szczególności dużą rolę odgrywała dzierżawa z czynszem ruchomym (np. 1/10 części zbiorów), w której obie strony starały się o powiększenie efektów ekonomicznych gospodarstwa. Umowy między właścicielami ziemskimi i osadnikami, zabezpieczane przez wadium, zastąpiły w dużym stopniu formy bezpośredniego przymusu produkcyjnego.

Postęp w rolnictwie był sprzężony szeregiem wzajemnych uwarunkowań z rozwojem miast w Europie Zachodniej. Po tzw. rewolucji komun, której największe nasilenie przypadło na wiek XII, miasta stały się potęgą ekonomiczną w nie znanej dotąd skali. Stwarzały popyt na produkty rolne, a ze swej strony dostarczały wsi koniecznych jej narzędzi pracy i coraz bardziej pokupnych w jej obrębie innych wyrobów rzemieślniczych. Ale rola miast nie ograniczyła się do tych funkcji gospodarczych małego zasięgu. Szukały one kontaktów z odległymi krajami i miastami, torując szlaki handlowe, stwarzając bodźce do pewnych wyspecjalizowanych działów wytwórczości lub profilując gospodarkę całych wielkich regionów. Jeżeli w okresie podbojów arabskich tylko Wenecja zdołała utrzymać dalekosiężne kontakty handlowe ze Wschodem, to w czasach krucjat uaktywniły się już inne miasta portowe włoskie, jak zwłaszcza Genua i Piza. Utworzony przez Genuę w drugiej połowie XIII w. system kolonialny w basenie Morza Czarnego stał się bardzo ważkim składnikiem gospodarki europejskiej na całe dwa stulecia. Obok tej śródziemnomorskiej strefy handlu wschodniego, zwanego lewantyńskim, wykształciło się w XIII w. kilka innych stref o ustalonych arteriach komunikacyjnych, ożywiających życie gospodarcze Europy. Kupców z różnych części Europy przyciągały słynne targi szampańskie, przeżywające wówczas swój rozkwit. Na terenie Niemiec ruch handlowy koncentrował się na szlaku Renu, przy którym szczególne znaczenie osiągnęły Moguncja i Kolonia. Drugi ważny szlak handlowy niemiecki prowadził z południa przez Norymbergę i Magdeburg do Hamburga. Na terenie Niderlandów, gdzie do szczególnego znaczenia doszło sukiennictwo, centrum handlowym przyciągającym kupców z południa, północy i wschodu stała się Brugia. Ważną strefą handlową stały się kraje naddunajskie, a arteria komunikacyjna Dunaju aktywizowała pod względem gospodarczym znaczną część Europy. Wreszcie na północy uformowała się w XIII w. gospodarcza strefa Bałtyku, łącząca Europę Zachodnią z Norwegią, Szwecją, północną Rusią, Inflantami, Prusami i Polską. 144

Inicjatywę handlową przejęli w niej kupcy niemieccy, a inspirowany przez nich związek miast zwany Hanzą zmonopolizował z czasem cały ruch towarowy na tym obszarze. Do dużego znaczenia doszła Hanza już w XIV w.

Wiekowi XIII, jako okresowi pomyślnego rozwoju Europy Zachodniej, historiografia przeciwstawia stulecie następne. Nie ulega wątpliwości, że niosło ono pewne elementy regresu, którego ocena jest jednak bardzo trudna. Regres ten zaznaczył się najmocniej spadkiem demograficznym. W sposób bezpośredni wywołały go morowe zarazy, szerzące się ze szczególną ostrością w latach 1315 – 1317 i 1348 oraz wojny. We Francji stan zaludnienia skurczył się w efekcie o około 1/3, w Anglii o 1/2, a we Flandrii, w Holandii, w Niemczech i we Włoszech mniej. Strat ludnościowych poniesionych w tym okresie nie zdołało wyrównać całe stulecie XV. Nie jest rzeczą w pełni jasną, czy rysujące się wówczas przesilenie struktur feudalnych było wynikiem tego spadku demograficznego, czy może było zjawiskiem niezależnym, które pogłębiło kryzys demograficzny, a w każdym razie utrudniło regenerację liczbowego stanu zaludnienia Europy Zachodniej.

Szereg objawów ujemnych w rozwoju Europy Zachodniej w tej epoce zwykło się określać jako kryzys feudalizmu. W rzeczywistości dokonały się wówczas bardzo poważne przesunięcia sił produkcyjnych i głębokie zmiany w podziale dochodu społecznego. Spadła bardzo poważnie dochodowość feudalna, co pociągnęło za sobą ruinę wielu właścicieli ziemskich. Wyjścia z impasu szukano niekiedy w przebudowie gospodarczej wielkiej własności, jak zwłaszcza w Anglii, a częściowo także w Hiszpanii, przez tzw. ogradzanie, czyli zamianę pól uprawnych na pastwiska dla rozwoju hodowli owiec, które dostarczały poszukiwanego surowca sukienniczego. Wszystko wskazuje na to, że kryzys nie dotknął dochodowości warstw średnich społeczeństwa miejskiego i ludności wieśniaczej, a być może nawet je gospodarczo wzmocnił. Spadek demograficzny, wywołany przez morowe zarazy, dał się bowiem odczuć przede wszystkim w miastach, a ściślej w warstwie plebsu i pospólstwa. Ubytki w miejskiej sile roboczej wpływały na zwyżkę kosztów produkci rzemieślniczej, a zatem i na ceny artykułów przemysłowych. Popyt na nie był wciąż duży, bo straty demograficzne wsi przedstawiały się w sposób o wiele mniej dotkliwy. Równocześnie spadały ceny artykułów rolniczych, skoro zmniejszyła się poważnie liczba ich nabywców w miastach. Następowało więc niekorzystne dla wsi rozwieranie się nożyc cen. Wielka własność feudalna była wobec tych zjawisk często bezradna. Ludność wieśniacza natomiast częściowo ulegała paupery-

145

zacji i uzupełniała ubytki demograficzne miast, gdy tymczasem pozostała jej część powiększała swój areał, osiągając tą drogą wyższy stopień zamożności.

W pewnym uproszczeniu rzecz biorąc, kryzys feudalizmu zachodnioeuropejskiego XIV w. przyczynił się zatem do zubożenia lub ruiny wielkich właścicieli ziemskich, do proletaryzacji części chłopstwa i do awansu warstw średnich, zarówno w mieście, jak i na wsi. Jest rzeczą prawdopodobną, że okresowe trudności na rynku siły roboczej, a nawet jej drożyzna, mogły zachwiać równowagę niektórych gałęzi produkcji miejskiej. Gospodarczy awans warstw średnich znalazł odbicie w sukiennictwie późnego średniowiecza. Zmieniły się wówczas proporcje między produkcją sukien drogich i tańszych, obliczonych na średni standard potrzeb. Na wielką skalę zaczęto mianowicie wyrabiać tzw. harasy i karazje, które należały do tej drugiej kategorii wytwórczości.

Kryzys feudalizmu zachodnioeuropejskiego przejawił się również w innych dziedzinach życia. W bitwie pod Crécy (1346), gdzie piechota angielska uzbrojona w łuki zadała druzgocącą klęskę konnym formacjom rycerstwa francuskiego, załamały się kanony feudalnej sztuki wojennej. Wojna stuletnia między Anglią a Francją (1337 – 1453) ujawniła bezdroża feudalnych praw dynastycznych i bezradność polityki wobec narosłych na gruncie praw lennych konfliktów. Załamały się główne autorytety świata średniowiecznego: papiestwo musiało porzucić dawne uniwersalistyczne aspiracje, a cesarstwo, tracąc swój rzymski charakter, zacieśniło się faktycznie do panowania w Rzeszy niemieckiej. Rodziła się nowa ideologia władzy. Kryzysowi społeczno-państwowych struktur feudalnych towarzyszył wzrost znaczenia miast. A chociaż zostały one najmocniej dotknięte klęskami morowej zarazy, wykazały w Europie Zachodniej zarówno dużą siłę regeneracyjną, jak też zdolność adaptacji do nowych układów społecznych i gospodarczych, w których tworzeniu zresztą w pełni uczestniczyły. W formującej się reprezentacji stanowej państw zachodnioeuropejskich z reguły znajdowały poczesne miejsce. Stały się siłą społeczną liczącą się jako przeciwwaga uprzywilejowanych warstw społeczeństwa feudalnego.

Europa Środkowa, którą będziemy tu rozumieć jako obszar obejmujący wschodnie Niemcy, Czechy, Węgry, Polskę i państwo zakonne, przeszła nieco inną drogę gospodarczego i społecznego rozwoju. Wiek XIII wprawdzie i tutaj był ważnym etapem cywilizacyjnego postępu, ale ani tempo przemian, ani ich końcowe efekty nie mogą się równać z Europą Zachodnią. Nie było to w tej strefie stulecie równie dynamicznego wzrostu demograficznego, nie zapisało się ono w pamięci ludzkiej „rewolucją 146 komun", której fala przeszła już wiek wcześniej przez kraje zachodnioeuropejskie, bo gminy miejskie tworzono tu wprawdzie już wówczas dość licznie, ale przeważnie w drodze odgórnej inicjatywy władców lub panów feudalnych; zaznaczyło się natomiast przede wszystkim żywym ruchem osadniczym i przebudową gospodarki rolnej, a także dużym postępem w rozwoju górnictwa. Kulminacja ożywienia gospodarczego przypadła tu jednak na wiek XIV, a więc zbiegła się z kryzysem feudalizmu na Zachodzie.

Nie ulega wątpliwości, że już stulecie XIII stanowiło w tej części Europy okres znacznego wzrostu demograficznego. Był on wynikiem choćby napływu osadników obcych. Bardzo dynamiczny stał się jednak dopiero w stuleciu następnym. Zarazy morowe nie dokonały tu takich spustoszeń, jak na Zachodzie. Niestety dynamika tego wzrostu w granicach półwiecza, czy choćby wieku, jest bardzo trudno uchwytna i trzeba ją śledzić w większych ciągach czasowych. Zwrócono już uwagę w naszej historiografii, że od połowy XIV do połowy XVII w. ludność Europy Środkowej wzrosła około dwukrotnie. Bardziej dynamiczny musiał być przy tym jej wzrost w krajach położonych na północ od Karpat, bo jeżeli w XIV w. Karpaty dzieliły ten potencjał ludnościowy na dwie mniej więcej równe części, to w połowie XVII w. stosunek tych dwu stref względem siebie wyrażał się już proporcją 2:1 na korzyść strefy północnej.

Jak wyglądała dynamika wzrostu ludności w poszczególnych krajach? Na Węgrzech stan zaludnienia utrzymywał się w XIII w. na tym samym mniej więcej poziomie. Trzeba tu jednak uwzględnić straty, jakie poniosło to państwo wskutek najazdu mongolskiego. Ale w ciągu XIV i XV w. ludność Węgier wzrosła prawie dwukrotnie. Zaludnienie Czech i Moraw szacuje się dla XIV w. na około 1 000 000 mieszkańców. Wzrosło ono do czasów husyckich na około 1 500 000. Dynamika wzrostu zaludnienia Polski jest trudno uchwytna z powodu dużych zmian terytorialnych. W XIV w. wszak odpadła od niej najludniejsza dzielnica, tj. Śląsk. Słuszniej byłoby chwytać owe zmiany w skali poszczególnych dzielnic, ale materiał źródłowy z kolei jest tego typu, że rodzi rozliczne wątpliwości. Przyjmuje się stan zaludnienia Polski dla połowy XIII w. na około 1 750 000 głów. Około sto lat później utrzymał się on mniej więcej na tym samym poziomie, ale wówczas nie wchodził już w rachubę blisko półmilionowy Śląsk, nie liczyło się też Pomorze Gdańskie, a w zamian doszła Ruś, która była jednak krajem słabiej zaludnionym. Dla połowy XV w. szacuje się ludność Polski na około 2 500 000 mieszkańców. Wyliczono, że w okresie od X do XVIII w.

największa dynamika wzrostu demograficznego przypada w Polsce na czasy od lat czterdziestych XIV w. do lat siedemdziesiątych XVI w. Wyraża się on w skali rocznej wskaźnikiem 0,62. W państwie zakonnym w stuleciu od połowy XIV do połowy XV w. stan ludnościowy prawie się podwoił.

Przebudowa rolnictwa w Europie Środkowej zaczęła się stosunkowo wcześnie i była wzorowana na Europie Zachodniej. Przodowała na tym polu wielka własność kościelna, a zwłaszcza niektóre klasztory. Już w XII w. wprowadzano pewne formy dzierżawy, a w XIII w. robiono to dość systematycznie według wzorów tzw. prawa niemieckiego. W tej fazie mamy do czynienia z napływem osadników walońskich i niemieckich, którzy wprost przeszczepiali wzorce zachodnie. Ulepszanie struktury społecznej rolnictwa nie byłoby jednak możliwe, gdyby nie towarzyszył mu proces przemian w zakresie techniki upraw. Udoskonalone narzędzia rolnicze przyjmowały się stosunkowo szybko również tutaj, jakkolwiek ze znacznym opóźnieniem w stosunku do Zachodu. Trzecim składnikiem przemian była regulacja układu gruntów ornych i upowszechnienie trójpolówki. Można dostrzec wyraźny proces przesuwania się tej przebudowy od Zachodu ku Wschodowi, skąd znaczne różnice w chronologii jego natężenia. Kulminował on w XIII w. we wschodnich Niemczech, na terenie Czech, na Śląsku i na Pomorzu, gdy natomiast na Węgrzech, w dorzeczu Wisły na terenie Polski i w państwie zakonnym szczyt swój osiągnął dopiero w XIV w. W niektórych dzielnicach Polski – zwłaszcza na Mazowszu i na Rusi Halicko-Włodzimierskiej – był nawet bardziej jeszcze opóźniony.

Analogicznie przedstawiała się chronologia formowania gmin miejskich na interesującym nas obszarze. Tylko na terenie Czech zachodnich, wschodnich Niemiec oraz Śląska i Pomorza zachodniego dokonał się ten proces w znacznej mierze w XIII w., bo w strefie sąsiadującej od wschodu w okresie tym ledwie się zaczął, a do szczytu doszedł już w XIV w. Inne jednak były tutaj jego końcowe efekty. Cała Europa Środkowa stanowiła strefę miast małych. Miasta duże w jej skali, z wyjątkiem Pragi, były nieliczne i ledwie odpowiadały zachodnioeuropejskim miastom średnim. Miasta zaś średnie nie stanowiły tu bynajmniej trzonu całości miast. Dominowały bezwzględnie miasta małe, nie przekraczające liczby 1000 mieszkańców. Ich gminy formowała często drobna szlachta, nie tracąca z oczu interesów własnego stanu. Było to źródło słabości politycznej mieszczaństwa, przejawiające się wyraźnie zwłaszcza we wschodniej części obchodzącego nas obszaru. Gdy się zważy, że Europa Środkowa już 148 w XIV w. wyspecjalizowała się w wywozie surowców, który silnie aktywizował pod względem gospodarczym szlachtę, zrozumiały się stanie stały wzrost roli tej warstwy społecznej.

Europa Środowa była w średniowieczu strefą żywo rozwijającego się górnictwa. Koncentrowało się ono w rejonie Karpat, Sudetów i Rudaw w Saksonii. Początki tego górnictwa sięgają XI w., natomiast rozwój na większą skalę datuje się od w. XIII, a górny pułap osiąga przeważnie w stuleciu następnym. W Saksonii w rejonie miast Freiberg i Zwickau wydobywano przeważnie srebro, w Czechach właściwych rozwinęło się w pobliżu Pragi i Pilzna górnictwo złota, a na znacznie większym podsudeckim obszarze górnictwo srebra. Najważniejszym jego ośrodkiem była Kutna Hora. Największe ożywienie produkcji przypadło tu na lata dziewięćdziesiąte XIII w. i na pierwszą połowę XIV w. Kolejny wielki rejon górniczy stanowiła Słowacja. Kremnica, Bańska Bystrzyca i Koszyce były ważniejszymi ośrodkami produkcyjnymi. Rejon ten dostarczał złota, srebra i miedzi i odegrał wielką rolę w gospodarce średniowiecznych Węgier i Europy. Tu również ożywienie prac górniczych przypada na schyłek XIII w., a wiek XIV jest okresem świetności. Węgry miały jeszcze jeden rejon górniczy w Siedmiogrodzie. Wydobywano w nim głównie sól kamienną, srebro, miedź i żelazo. Bogactwa naturalne państwa węgierskiego i ich eksploatacja stanowiły bardzo ważny czynnik jego rozwoju. W bilansie kruszcowym Europy liczyły się przede wszystkim węgierskie złoto i węgierska miedź.

Na północ od Sudetów i Karpat górnictwo grało również dużą rolę, jakkolwiek przynosiło niewiele kruszców szlachetnych. Złoto dobywano jedynie na Śląsku w rejonie Złotoryi i Lwówka, ale jego nieznaczne zasoby już w ciągu XIII w. zostały wyczerpane. Złoża ołowiu w rejonie Bytomia, Tarnowskich Gór, Sławkowa i Olkusza znane były od bardzo dawna, w niektórych miejscowościach już nawet w XII w. Wzmożenie ruchu górniczego przypadło na wiek XIII, natomiast dobra koniunktura otwarła się dla polskiego ołowiu w XIV w. Był on bowiem poszukiwanym na terenie Węgier, Czech i Saksonii surowcem pomocniczym dla otrzymywania srebra z tamtejszych rud. Sam on w nieznacznym tylko procencie zawierał srebro i pod tym względem większej roli nie odgrywał. Obok ołowiu do dużego znaczenia na terenie Polski doszło górnictwo soli kamienej w Bochni i Wieliczce. Jego rozwój zaczął się w połowie XIII w. wraz z odkryciem pokładów tej soli w Bochni, efekty produkcyjne natomiast w skali ekonomiki polskiej i środkowoeuropejskiej liczyły się dopiero w XIV w.

Pod względem rozwoju rzemiosł Europa Środkowa ustępowała Europie Zachodniej, jakkolwiek w XIII i XIV w. bardzo owocnie swoje zapóźnienia zaczęła odrabiać. Efekty ilościowe osiągnięto stosunkowo szybko i w skali wystarczającej, a nawet z nadwyżką, którą pochłaniały Ruś, Mołdawia i Wołoszczyzna. Gorzej było natomiast z efektami jakościowymi. Nie umiano przeważnie dorównać poziomowi produkcji sukien na Zachodzie, jakości galanterii metalowej, niektórych narzędzi itp. Dlatego wyroby zachodnioeuropejskie tej branży wciąż cieszyły się popytem na obchodzącym nas obszarze i wpływały na strukturę wielkiego handlu.

Były jednak inne jeszcze czynniki, które profilowały handel środkowoeuropejski. Zaliczymy do nich Hanzę, która wyrosła z potrzeb pośrednictwa handlowego w basenie bałtyckim, ale która z czasem stała się regulatorem i stymulatorem koniunktury, pobudzając rozwój pewnych gałęzi wytwórczości, często ze szkodą dla innych. Ona sterowała popytem na tzw. towar leśny, a u schyłku średniowiecza także na zboże; od niej zależała podaż niektórych artykułów luksusowych, a zwłaszcza droższych sukien. Podobnym czynnikiem był również włoski system kolonialny nad Morzem Czarnym. Tworzono go na potrzeby Europy Zachodniej i tak jak Hanza w basenie bałtyckim, tak on w czarnomorskim tworzył własne zaplecze zaopatrzeniowo-produkcyjne. Europa Środkowa tylko pośrednio z tym systemem była związana, ale prowadząc handel wschodni, musiała się do funkcjonowania tego systemu przystosować. Podobnie oddziaływać musiał na cały obchodzący nas obszar handel Norymbergi, który doszedł do dużego znaczenia w XIV w. Zwrócony ku Wschodowi, przystosowywał niewątpliwie własne funkcje do jego potrzeb i możliwości, ale zarazem stwarzał zapotrzebowanie na określony towar i podażą towarów zachodnioeuropejskich podnosił standard konsumpcyjny. Wreszcie czynnikiem profilującym handel była struktura górnictwa środkowoeuropejskiego. Produkcja kruszców szlachetnych w Czechach i na Węgrzech dawała w efekcie towar o cechach bardzo specyficznych, który bardzo korzystnie dla tych państw kształtował bilans handlowy, ale mógł oddziaływać hamująco na rozwój pewnych gałęzi wytwórczości. Miedź węgierska oddziałała w znacznym stopniu na profil handlu polskiego, wpływając na ożywienie handlowe Nowego Sącza, Krakowa, Torunia i Gdańska.

Doskonałym miernikiem rozwoju gospodarczego jest pieniądz. Odzwierciedla on relacje między producentem a rynkiem, rynkiem a konsumentem. Jego jakość i ilość w obiegu, a także tempo cyrkulacji, są przejawem wielkości dokonywanych tran-

150

sakcji, ich liczby w skali państwa i kraju, społecznego zasięgu operacji pieniężnych, a wreszcie okresowego wzrostu lub regresu gospodarczego, wynikającego z układów koniunkturalnych. Źródła średniowieczne nie pozwalają nam na ogół śledzić z dokładnością wszystkich sygnalizowanych tu zjawisk, w pewnej jednak skali są te zjawiska widoczne poprzez systemy monetarne i wahania w ich zakresie.

Późne średniowiecze europejskie znamionuje się odejściem od systemów monetarnych, zasadzających się na momencie drobnej — denarowej i zastosowaniem w coraz szerszej skali tzw. monety groszowej, czyli grubej ("grossus" po łacinie gruby). W tym procesie widać przejawy oddolnego nacisku na władców. Życie rozpierało bowiem ciasne ramy urządzeń feudalnych, związanych z gospodarką na pół naturalną. Reforma monety musiała być wszak dokonana odgórnie, z mocy władzy państwowej. Ale ulepszony system monetarny wpływał z kolei, przeważnie w sposób korzystny, na przyśpieszenie rozwoju gospodarczego. Geografia i chronologia przebudowy systemów monetarnych orientuje nas w przybliżeniu o postępach gospodarki towarowo-pieniężnej i o potencjale ekonomicznym różnych krajów na różnych etapach ich rozwoju. Jednak dobry pieniądz nie tyko odzwierciedlał siłę gospodarczą, lecz był równocześnie stymulatorem postępu. Inicjatywa, siła woli i wytrwałość władców nie były na tym polu bez znaczenia.

Większych jednostek monetarnych używano najwcześniej w basenie Morza Śródziemnego, w świecie bizantyńsko-arabskim, przy zaawansowanym społecznym podziale pracy i rozwiniętych kontaktach handlowych, na styku cywilizacyjnym Europy, Afryki i Azji. Szczególną rolę odgrywała tu moneta złota. Na kontynencie europejskim przebudowa systemu monetarnego dokonała się w ciągu XIII i XIV w., a zapoczątkowały ją jeszcze w drugiej połowie XII w. miasta włoskie: Genua, Florencja i inne, a na początku XIII w. także Wenecja, która nie pozostała w tym względzie bez wpływu na kraje bałkańskie i alpejskie, gdzie grubsza moneta upowszechniła się jeszcze przed XV w. We Francji reformę monetarną zapoczątkował Ludwik IX Święty aktem z 1266 r. Wnet potem wprowadzono do obiegu grubą monetę w Aragonii, ale w innych krajach Półwyspu Iberyjskiego upowszechnił się nowy typ środków płatniczych dopiero w XIV w. Monetarny wpływ francuski zaznaczył się na terenie Flandrii i krajów z nią sąsiadujących, gdzie grubsza moneta upowszechniała się począwszy od lat siedemdziesiątych XIII w. Na Wyspach Brytyjskich proces ten przebiegał inaczej, tutaj bowiem już od schyłku XII w. była w obiegu moneta szterlingowa, grubsza od denarowej, a dzięki jej stabilizacji nie wystąpiła paląca potrzeba gruntowniejszej reformy. Reformę taką przeprowadzono więc dopiero w XIV w. Nieco podobnie przedstawiała się sytuacja w krajach Rzeszy. Duże rozdrobnienie polityczne i bardzo zróżnicowana sytuacja monetarna utrudniały rozwiązania generalne w skali całego państwa. W niektórych krajach niemieckich stosunkowo wcześnie wzmocniła się i ustabilizowała moneta starego typu, a porozumienia między władztwami terytorialnymi i miastami cesarskimi strzegły przed chaosem menniczym. W tej sytuacji dopiero w XIV w. wprowadzono tu system groszowy.

Europa Środkowa znalazła się już w późnym średniowieczu w układzie naczyń połączonych gospodarki europejskiej i podlegała tym samym tendencjom monetarnym, co Europa Południowa i Zachodnia. W wielkiej reformie systemu pieniężnego niewątpliwie przodowały tu Czechy, nie tylko dlatego, że w ich obrębie już w 1300 r. Wacław II wprowadził monetę groszową, wycofując z obiegu stare denary — brakteaty, ale przede wszystkim dlatego, że dzięki własnym zasobom kruszcowym Czechy wyrównywały produkcją menniczą swój bilans handlowy. W efekcie grosze czeskie stały się monetą obiegową w szeregu krajów sąsiednich, a więc w Austrii, na Węgrzech, w niektórych krajach niemieckich, w Polsce, a nawet na Rusi Halickiej i na Litwie. System groszowy wsparła w latach dwudziestych XIV w. moneta złota, wzorowana na monetach florenckich, czyli florenach. Na Węgrzech Karol Robert wprowadził najpierw w 1325 r. analogiczną monetę złotą, a z kolei w cztery lata później — srebrną monetę groszową. W Polsce mamy do czynienia z pewnym tylko opóźnieniem takiej reformy. Trzeba jednak zaznaczyć, że zanim Kazimierz Wielki planowo i konsekwentnie ów nowy groszowy system w swoim państwie zaprowadził, były wcześniejsze próby dostosowania pieniądza do nowych potrzeb gospodarczych. Spostrzegamy je najpierw na Śląsku, najbardziej zaawansowanej w rozwoju dzielnicy. Pojawiła się w niej już w latach dziewięćdziesiątych XIII w. tzw. moneta kwartnikowa, która znajdowała się w obiegu przez szereg lat. Była to moneta grubsza, jakkolwiek waga kwartnika odpowiadała mniej więcej 1/2 grosza. Wspomnieć tu można o złotej monecie z czasów Władysława Łokietka, wybitej — jak dziś trzeba przyjąć — w r. 1330. Mała jej emisja i brak odpowiedniego zaplecza surowcowego zdają się świadczyć, że nie była ona przeznaczona do obiegu. Wiąże się ją dzisiaj z jubileuszem św. Stanisława z 1330 r., a jej celem było zapewne podniesienie prestiżu Łokietkowej monarchii. Nadmienimy tutaj, że mniej więcej równolegle z polską reformą monetarną Kazimierza Wielkiego wprowadzono monetę grubą również w państwie Zakonu Krzyżackiego, gdzie aż do lat sześćdziesiątych XIV w. posługiwano się brakteatowymi denarami. Także miasta hanzeatyckie podjęły wysiłki w kierunku ujednolicenia na swoim obszarze systemu monetarnego i przystosowania go do nowych wymogów życia. Upowszechniły się tutaj, poczynając od lat czterdziestych XIV w., tzw. witeny, które stanowiły typ monety półgrubej, o wysokiej jednak próbie kruszcu.

* * *

Zarysowane tu trendy rozwojowe Europy Środowej w XIV w. stanowiły obiektywne czynniki wzrostu gospodarczego Polski kazimierzowskiej. Wypadnie zatem rozważyć, o ile król osobiście, czy król i współrządzący z nim doradcy i urzędnicy, wykorzystali dla odrodzonego Królestwa te uwarunkowania natury gospodarczej.

Najtrudniej będzie ocenić wkład króla w dziedzinę rozwoju osadnictwa. *Kronika katedralna krakowska* w ustępie przypisywanym dawniej Jankowi z Czarnkowa informuje, że za czasów Kazimierza „w borach, lasach, zagajnikach i w miejscach porosłych krzewami zostało osadzonych tyle wsi i miast, ile niemal było kiedy indziej w Królestwie Polskim". Zapisano tę opinię na krótko po śmierci Kazimierza Wielkiego, wyrażała więc ona niewątpliwie pogląd współczesnych. Wprawdzie nikt wówczas nie dysponował ani wykazem wszystkich osad przedkazimierzowskich, ani spisem tych, które pod panowaniem kazimierzowskim powstały, zatem nie ma tu mowy o ścisłym porównaniu liczbowym, ale ogólne wrażenie, które współcześni odbierali z rozmachu przedsięwzięć osadniczych, musiało być właśnie takie, jakie utrwalił kronikarz. Znajdujemy zresztą potwierdzenie tego przyśpieszonego tempa akcji osadniczej w innej kategorii źródeł, a mianowicie w dokumentach lokacyjnych. Zachowało się ich z czasu zaledwie 37-letnich rządów Kazimierza Wielkiego bardzo wiele, bo blisko tysiąc. Nie odpowiadają one jednak liczbie założonych wówczas osad, bo niektóre tylko odnawiały tzw. prawo niemieckie nadane osadzie już wcześniej, inne pod jakimś kątem widzenia je poprawiały, jeszcze inne stanowiły odnowienie kontaktu z wójtem czy sołtysem, a więc zasadźcą. Trzeba równocześnie pamiętać, że do naszych czasów zachowała się tyko część tych tzw. przywilejów lokacyjnych i nie jest rzeczą możliwą oszacować, jak duży byłby ich odsetek.

Syntetyczna opinia, wyrażona w *Kronice katedralnej krakowskiej*, jest dla nas bardzo cenna, ale nie wystarczająca także pod innym względem. Ujmuje ona bowiem tylko jedną stronę procesu osadniczego, a mianowicie tworzenia osad nowych. Proces ten natomiast dotyczył w nie mniejszym stopniu przebudowy czy reorganizacji osad już istniejących. Ze wspomnianego wyżej materiału dokumentowego widać w każdym razie, że oba te nurty szły równolegle i jednakowo obficie owocowały.

Na czym polegała rola króla w tych sprawach dotyczących najniższych warstw społecznych i często domen nie będących własnością monarszą? Była ona znaczna, bo każdy pojedynczy akt utworzenia nowoczesnej osady opartej na czynszowym prawie niemieckim wymagał nie tyle akceptacji monarszej, ile przede wszystkim skarbowego i sądowego immunitetu. Polegał on na kasacji starych świadczeń publicznych ciążących na osadnikach czy na osadzanej jedostce gospodarczej, a także wyjęcia osady spod sądownictwa państwowego instancji niższych. Wydaje się, że doraźnie skarb monarszy tracił na przedsięwzięciach osadniczych, bo ustawały pewne bezpośrednie świadczenia osadników na rzecz skarbu i ustawało to źródło dochodu, jakim było sądownictwo. Istotnie straty doraźne musiały być znaczne, z utworzeniem bowiem osady na prawie czynszowym, niezależnie od tego czy „na surowym korzeniu", czy na gruntach już użytkowanych, łączyła się tzw. wolnizna, czyli lata wolne od świadczeń. Ich liczba zależała od stopnia trudności zagospodarowania ziemi, a więc większa była tam, gdzie ziemia musiała być dopiero wydarta lasom, a mniejsza na gruntach już wcześniej użytkowanych. Rezygnacja jednak z zysków doraźnych rokowała ich wzrost na przyszłość. Były to właśnie sprawy, które rozumiał król, a pogląd jego podzielać musieli doradcy, często bezpośrednio zainteresowani w pozyskaniu przywileju lokacyjnego do swoich dóbr. Sens przebudowy gospodarczej musiał trafiać również do przekonania ludności wieśniaczej, mającej w perspektywie przynajmniej lata wolne, bo inaczej nie do pomyślenia byłby ów rozmach osadniczy czasów kazimierzowskich.

Osadnictwo na prawie niemieckim objęło w interesującym nas okresie całe terytorium Królestwa, zarówno zachodnie jego prowincje, jak też świeżo nabyte ziemie ruskie, w różnym jednak stopniu natężenia. Rozwijało się w dobrach monarszych, co policzymy na karb działalności inwestycyjnej króla, ale również w dobrach kościelnych i rycerskich. Jeżeli mamy na uwadze tworzenie osad nowych, nasuwa się konieczne pytanie, skąd brano osadników. Otóż w mniejszym stopniu niż w stuleciu poprzednim byli to osadnicy obcy. Napływ Niemców już poważnie się zmniejszył i kierował się raczej do miast niż na wieś. Co prawda w Małopolsce, na jej podgórskich obszarach, a także na zachodnich krańcach ziem ruskich, pojawiały się również grupy osadników niemieckich, ale nie na nich już zasadzał się cały ruch osadniczy. Wykorzystywano w nim przede wszystkim rezerwy ludzkie, powstające w toku intensyfikacji rolnictwa. Zwiększona wydajność ziemi pozwalała na odpływ części rąk roboczych do innych zajęć lub też na nowe grunta. Tu rodził się jednak problem. Prawo czynszowe wymagało rolników o pewnym stopniu zamożności, a więc mających inwentarz żywy z konieczną siłą pociągową włącznie, a nadto narzędzia pracy zdatne do skutecznej uprawy większych areałów. Takich środków nie miał z reguły wyrzucany poza nawias wsi czynszowej osadnik, nie dysponował nimi często również przybysz obcy, poszukujący lepszych warunków egzystencji. Stąd zakładanie nowych wsi i miast było poważnym przedsięwzięciem inwestycyjnym. Koszt inwestycji był ponoszony albo przez zasadźcę, to jest wójta czy sołtysa, albo przez właściciela gruntów, albo najczęściej przez obu równocześnie. Wkład inwestycyjny zasadźcy znajdował odbicie w wielkości przysługującego mu dziedzicznego uposażenia. Inwestor zatem musiał się zatroszczyć o to, aby skaptowani przez niego osadnicy mieli konieczny inwentarz gospodarczy. Środków inwestycyjnych wymagała również przebudowa na prawie czynszowym osad starych. Tworzenie bowiem gospodarstw łanowych o stosunkowo dużym areale (od około 17 do około 25 ha) często byłoby niemożliwe bez uzupełnienia inwentarza żywego i bez ulepszonych narzędzi pracy.

Wzmożony ruch osadniczy w XIV w. był więc ruchem inwestycyjnym, nie rokującym zresztą szybkiego zwrotu kosztów i rychłego wzrostu dochodowości. W tym ruchu na pewno przodowały dobra monarsze, w czym można by się dopatrzeć zasług samego króla. Ale niedaleko w tyle pozostawały dobra kościelne, a także rycerskie. Warunki osadnicze tych dwu kategorii dóbr zmieniły się prawdopodobnie na korzyść w stosunku do stulecia poprzedniego. O ile wówczas monarchowie z reguły uważali rezerwy ludzkie za przedmiot wyłącznego prawa monarszego i patrzyli krzywo lub nawet zabraniali ich kaptowania dla celów osadnictwa kościelnego czy rycerskiego, o tyle pod panowaniem Kazimierza Wielkiego o podobnych restrykcjach już nie słyszymy. O ile dawniej Kościół musiał wręcz zabiegać o osadników obcych, teraz mógł ich szukać na miejscu, przede wszystkim oczywiście we własnych immunizowanych dobrach. To samo dotyczyło dóbr rycerskich.

155 Kazimierz Wielki nie tylko nie przeszkadzał ruchowi osadni-

czemu w dobrach niekrólewskich, ale jak się wydaje, wywierał nacisk w kierunku działalności inwestycyjnej na tym polu. Znamy wypadki przejmowania przez króla niektórych wsi kościelnych dla ich „melioracji", przez którą rozumiano wówczas z pewnością reformę czynszową. Trudno nam dzisiaj dociec, czy była to forma represji czy też współdziałania w wielkim planie inwestycji osadniczych. W każdym razie przejęcie takie nie oznaczało konfiskaty i miało charakter czasowy; można się było tylko obawiać, czy posiadłość taka zostanie z czasem zwrócona. Nie ulega jednak wątpliwości, że król żywo interesował się postępami osadnictwa, widząc w nim istotny czynnik rozwoju gospodarczego państwa.

Czy wglądał król również w organizację posiadłości rycerskich, czy stosował i tutaj pewne środki przyśpieszające przebudowę gospodarczą, czy był w tej przebudowie zainteresowany? Na pewno nadawał Kazimierz Wielki również tej kategorii dóbr przywileje prawa niemieckiego, tak jak to czynili jego poprzednicy. Na pewno był zainteresowany w upowszechnieniu prawa czynszowego. Z reformą czynszową łączyło się bowiem powstanie instytucji sołtystwa (czy wójtostwa), a z nią związana była powinność służby wojskowej na rzecz króla. Wprawdzie doraźnie wskutek wolnizny ustawały świadczenia publiczne, ale z czasem na ich miejsce wchodziły nowe, bardziej pożądane ze względu na ich pieniężną postać. W statutach małopolskich Kazimierza Wielkiego znajdujemy artykuł (22), który przypomina, że „tracą moc przywileju ci, którzy nie korzystają z udzielonej im przezeń władzy". Artykuł dotyczy rycerzy, którzy uzyskali dla swoich dóbr prawo niemieckie, a mimo tego posługują się prawem polskim. Odnosi się to tylko do sfery sądownictwa, a sankcję należy rozumieć jako utratę immunitetu sądowego, który był jedną z największych korzyści dóbr rycerskich. Utrzymanie jednak sądownictwa na prawie niemieckim było zarazem gwarancją utrzymania form ustroju agrarnego, które wiązały się z tym prawem. Tak więc pośrednio państwo stanęło na straży wprowadzonych już w dobrach prywatnych nowych form użytkowania ziemi.

Jak zatem wyglądało opodatkowanie na rzecz państwa ludności wieśniaczej na prawie niemieckim i czy rzeczywiście poparcie dla tego prawa ze strony monarchy było uzasadnione. Możemy uznać za bezsporne, że skoro z prawem tym łączono regulację gruntów i tworzenie dużych jednostek gospodarczych o unowocześnionej technice uprawy, to upowszechnienie go leżało przede wszystkim w interesie bezpośredniego właściciela gruntów – monarchy w dobrach monarszych, Kościoła w dobrach kościelnych, a rycerstwa w rycerskich. **Ponosił** on wprawdzie ryzyko inwestora, w które musiały być wliczane zarówno lata wolne od świadczeń, jak też niekiedy udział w bezpośrednich kosztach inwestycyjnych, ale właśnie na płaszczyźnie stosunków prywatno-prawnych nowe formy osadnicze rokowały największe korzyści. Podstawowe świadczenie natury publiczno-prawnej ludności siedzącej na czynszowym prawie niemieckim stanowiła pierwotnie tzw. kollekta, danina pieniężna przysługująca monarsze ze wszystkich kategorii dóbr, ale tylko sporadyczna, bo płacona w niektórych przypadkach, gdyby mianowicie władca popadł w niewolę, gdyby nieprzyjaciel zagarnął część kraju, którą można by było odzyskać jedynie w drodze wykupna, gdyby potrzebowano pieniędzy na wykupno rycerzy z obcej niewoli, gdyby władca miał okazję powiększyć swoje władztwo w drodze kupna nowej ziemi, a wreszcie w razie ślubu w rodzinie panującego lub pasowania na rycerza któregoś z jego synów. Kollekta miała więc charakter wsparcia finansowego dla monarchy.

W państwie nowego typu, jakie tworzył Kazimierz, ta postać świadczenia publicznego była na pewno niewystarczająca. Już zdaje się Władysław Łokietek poszedł w kierunku stałego opodatkowania na rzecz państwa wszystkich łanów kmiecych. Najprostsze było bezpośrednie opodatkowanie ludności wieśniaczej. Jej przywilej stanowiło jednak to, że w umowie lokacyjnej, jak też w osadniczym prawie niemieckim, świadczenia wieśniacze były ściśle określone. Ich pokaźne podniesienie mogło wywołać skutek w postaci rozwiązywania kontraktów dzierżawnych lub nawet zbiegostwa. W tym kierunku nie poszedł ani Władysław Łokietek, ani Kazimierz Wielki. Opodatkowali właścicieli ziemskich od posiadanych przez nich łanów kmiecych. Punktem wyjścia był tu stały podatek gruntowy, tzw. powołowe, obliczany bowiem od stanu inwentarza pociągowego. Najpierw go likwidowano w klauzuli immunitetowej, która towarzyszyła wszystkim koncesjom lokacyjnym, następnie w XIV w. już go zaczęto podtrzymywać na znak zwierzchności władzy państwowej, a potem wtórnie rozciągnięto na wszystkie „łany osiadłe". Upowszechniła się tymczasem inna jego nazwa „poradlne", w której uwidoczniono jak gdyby potencjał produkcyjny jednego pługa. Na czasy Władysława Łokietka i Kazimierza Wielkiego przypada nie tylko rozciągnięcie tego podatku na łany kmiece wszystkich właścicieli ziemskich, ale również — i to jest chyba najistotniejsze — bardzo znaczne jego podwyższenie.

Gdy w r. 1355 poselstwo panów polskich oświadczyło Ludwikowi Andegaweńskiemu „w imieniu wszystkich mieszkańców Królestwa Polskiego" uznanie w jego osobie następcy tronu w Polsce, postawiło mu na pierwszym miejscu warunek, który niewątpliwie był wyrazem woli szerszych rzesz właścicieli gruntów uprawnych, a Ludwik ów warunek przyjął w formie zobowiązania, w imieniu własnym i swoich następców. Zobowiązał się mianowicie, że nie będzie ściągał od mieszkańców Królestwa tych danin, jakie Kazimierz Wielki i jego ojciec ustanowili w trybie nadzwyczajnym, ale poprzestanie na świadczeniach zwyczajowych. Chodziło tu na pewno o owo podwyższone poradlne, bo w przywileju dla szlachty i rycerstwa z 1374 r., a dla Kościoła z 1381 r., bardzo znacznej redukcji poddał Ludwik ten właśnie podatek, znosząc zupełnie wszystkie inne świadczenia publiczne starego typu. W czasach kazimierzowskich zatem owo poradlne wynosiło 12 gr z łana kmiecego, a więc 1/4 do 1/2 czynszu pieniężnego przysługującego właścicielowi gruntu, po redukcji zaś − 2 gr w dobrach szlacheckich i kościelnych nieklasztornych oraz 4 gr w klasztornych.

Wobec szerokiego upowszechnienia prawa czynszowego na wsi, zaczęto pod panowaniem Kazimierza Wielkiego ustawowo regulować zasadnicze elementy tzw. układu ziemskiego, tj. stosunku między właścicielem gruntu a dzierżawcą. Najczulszy punkt w tym „układzie" stanowiło oczywiście prawo rozwiązania umowy dzierżawnej przez kmiecia. Ograniczenie tego prawa naruszałoby wolność osadników, zbyt rozciągłe natomiast jego stosowanie mogło prowadzić do ruiny całego programu inwestycyjnego w rolnictwie, a zatem i dochodowości właścicieli ziemskich. Tę właśnie dochodowość mając na uwadze, statut małopolski Kazimierza Wielkiego orzekał (art. 73), że w ciągu roku nie więcej niż 1 lub 2 kmieci może opuścić jedną wieś, ale jeżeli właściciel się zgodzi, może ich odejść więcej. Istotnie znamy z XV w. wypadki, kiedy za zgodą właściciela gruntów odchodziła ze wsi większa liczba wieśniaków. Były jednak przypadki, kiedy nawet cała wieś mogła odejść, choćby jej właściciel najgwałtowniej protestował. Możliwość taka zachodziła wtedy, gdy pan zgwałcił żonę lub córkę kmiecia, gdy z winy pana spustoszeniu uległy pola kmiece i gdy za przestępstwo pana wieś przez rok znajdowała się pod ekskomuniką. Tutaj prawo wzięło wyraźnie w obronę ludność wieśniaczą przed ewentualną samowolą właścicieli ziemskich. Statut wielkopolski, trochę tylko inaczej formułujący to samo prawo kmieci do gremialnego opuszczenia dzierżawionych gruntów, nie stosuje owego liczbowego ograniczenia wychodu kmiecego bez zgody pana, jeżeli nie zaszły owe okoliczności szczególne, rozwiązujące w całości umowę dzierżawną z winy pana.

Zabezpieczając dalej interesy właścicieli ziemskich, statut wielkopolski szczegółowo regulował prawo kmieci do opuszczenia swoich panów (art. 38). Orzekał on, że kmieć mógł odejść tylko po zakończeniu jesienych prac połowych, tzn. po zebraniu plonów, zakończeniu jesiennej orki, zasianiu ozimin i po wywiązaniu się z dzierżawnych zobowiązań, tj. po opłaceniu czynszu i uiszczeniu innych świadczeń. Skądinąd wiadomo, że musiał nadto pozostawić w należytym stanie swoje domostwo, m. in. naprawione płoty, zabudowania gospodarcze itp. Przyjmowano jako zasadę, że kmieć siedzący na czynszowym prawie tzw. polskim musiał przepracować u swego pana tyle lat, ile korzystał z wolnizny. Z późniejszych źródeł wiadomo, że przy rozwiązaniu kontraktu dzierżawnego uiszczał nadto jednorazową opłatę, nazywaną po polsku „wstanne" lub „gościnne". Kmiecia siedzącego na prawie niemieckim obowiązywało w wypadku odejścia od swego pana spłacenie czynszów za lata wolne. Obowiązywał tu dość uciążliwy warunek pozostawienia na gospodarstwie „równie zamożnego", tzn. dysponującego odpowiednim potencjałem produkcyjnym kmiecia. Przewidywano sankcje prawne w razie zbiegostwa, a więc pan zagarniał pozostawione przez zbiegłego rzeczy, a właściciel, który by go do swoich posiadłości przyjął, obowiązany był go zwrócić. Dopiero pełne wywiązanie się z „układu ziemskiego" dawało kmieciowi swobodę wyboru nowego pana. Nie ulega wątpliwości, że w okresie wzmożonego tempa osadnictwa na prawie czynszowym, przypadającego na czasy kazimierzowskie, ograniczone były możliwości przerzucania się osadników z miejsca na miejsce. Obowiązek odpracowywania lub spłacania lat wolnych był w tym zakresie w pełni skutecznym hamulcem.

Tradycja przypisała Kazimierzowi Wielkiemu przydomek „króla chłopów" (Długosz). Wydaje się on nam zaszczytny, bo podkreśla pewną szczególną cechę władcy, jego troskę o najliczniejszą, a pogardzaną często warstwę społeczną, jego poczucie sprawiedliwości, nie skrępowane względami na otoczenie możnych i dostojników. Inne jednak zabarwienie uczuciowe miał ów przydomek u tych, którzy nim króla obdarowali, jak trafnie zdaje się uchwycił tę rzecz Długosz. Zdaniem kronikarza Kazimierz Wielki, który dopuszczał przed swoje oblicze zarówno bogatych, jak i biednych, naraził się na zarzut ze strony rycerstwa, że bardziej niż przystało królowi troszczył się o ludność wieśniaczą. Długosz pisze, że kiedyś wieśniakowi skarżącemu się na krzywdy ze strony swego pana król miał doradzić, aby podpaleniem wymierzył sobie sprawiedliwość. Może wypadek podobny się zdarzył, a może tylko był w sferze prawdopodobieństwa, w każdym razie z pozycji uprzywilejowanych warstw społecznych w przydomku „króla chłopów" kryć się mogło coś ze zrozumiałej pogardy. W naszym dzisiejszym odczuciu dostrzegamy tu raczej cechy wielkości władcy.

Na czasy Kazimierza Wielkiego przypada bardzo wielka liczba tzw. lokacji miejskich. Miasta znacznie rzadziej niż wsie były zakładane od nowa, na tzw. surowym korzeniu. Zwykle wyrastały z innych form osadniczych, przeważnie jednak na gruncie istniejących już nieco większych skupisk ludności. Przekształcenie takich skupisk w gminy miejskie nie dokonywało się samoczynnie, lecz wymagało z reguły pewnej ingerencji z zewnątrz. Był nią właśnie przywilej lokacyjny, w którym władca niwelował różnorodność stosunków własnościowych i poddańczych, zakreślał obszar wyłączony spod jurysdykcji państwowej, zezwalał na wytyczenie parcel budowlanych, budowę młynów lub innych jeszcze urządzeń technicznych, założenie kramów itp. Inwestorem był zwykle wójt, a współdziałał z nim niekiedy, partycypując w kosztach inwestycyjnych, właściciel gruntów oddanych pod miasto, a więc król, biskup, opat czy pan świecki. Lokacje miejskie zasilane były często nowymi osadnikami, czasem przybywającymi z dalszych lub bliższych miast, a z reguły także z okolicznych wsi. Miasta pochłaniały zwłaszcza nadwyżki rąk roboczych młodzieży wiejskiej i pod tym względem odgrywały bardzo ważną rolę w całokształcie stosunków społecznych.

Lokacja miejska, a także „poprawa lokacji", były ważnym i zwykle kosztownym przedsięwzięciem. Jego powodzenie zależało w wysokim stopniu od obiektywnych czynników miastotwórczych, które z jednej strony należało rozpoznać i wykorzystać, a z drugiej można było liczyć na wtórne niejako ich rozbudzenie. Ale tu właśnie zaczynało się ryzyko i niebezpieczeństwo dla całej średniowiecznej polityki miejskiej. Miasto winno było bowiem stanowić rodzaj rynku lokalnego, a więc mieć własne zaplecze konsumentów i dostawców. Od zasięgu i chłonności tego zaplecza zależała pomyślność rozwoju miasta. Tylko niektóre zdołały wytworzyć ponadlokalne więzi gospodarcze, w czym zresztą były zależne od stopnia uprzywilejowania, siły konkurentów i przedsiębiorczości własnych mieszczan.

Państwo, którego uosobieniem był król, miało zatem do odegrania znaczną rolę w rozwoju życia miejskiego. Nadmierny liberalizm w zakresie udzielania koncesji na tworzenie gmin miejskich mógł prowadzić do pewnego chaosu gospodarczego i niedorozwoju miast, zaostrzone zaś rygory mogły być hamulcem postępu. Nowe lokacje miejskie za czasów Kazimierza Wielkiego były na pewno relatywnie bardzo liczne i na ogół udane. Rozrzut lokowanych wówczas miast był duży, ale nie widać obawy przed

Kielich kościoła parafialnego w Stopnicy z daru Kazimierza Wielkiego

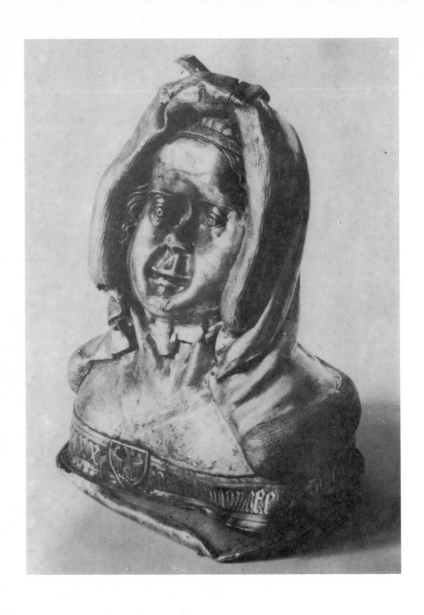

Herma św. Marii Magdaleny z daru Kazimierza Wielkiego dla kościoła parafialnego w Stopnicy

Grobowe insygnia królewskie Kazimierza Wielkiego

Dokument Kazimierza Wielkiego z 1342 r. dotyczący przyjęcia w zastaw z rąk
czeskich Namysłowa, Kluczborka, Byczyny i Wołczyna

Scena tzw. płaczków (doradców królewskich) z grobowca Kazimierza Wielkiego

Najstarszy widok Kazimierza przy Krakowie z *Kroniki świata* H. Schedla

Brama Krakowska w Szydłowie z poł. XIV w.

Kolegiata wiślicka fundacji Kazimierza Wielkiego

zagęszczeniem sieci miejskiej, jeżeli pozwalał na to stopień natężenia czynników miastotwórczych. Przykładem tego może być
Kraków, z jednej strony faworyzowany przez króla, o czym może
świadczyć wielki przywilej tego miasta z 1358 r., z drugiej zaś
właśnie w czasach Kazimierza Wielkiego na pozór przynajmniej
został osłabiony przez lokację u jego boku dwu nowych miast,
tj. Kazimierza i Kleparza. W rzeczywistości nie stworzyło to
Krakowowi konkurencji i nie osłabiło jego pozycji, a tylko —
stosownie do wymogów życia — nadało ramy organizacyjne jego
rozwojowi poza murami miasta.
Trudno byłoby się dopatrzeć jakiegoś programu lokacji miast za
Kazimierza Wielkiego. Było w całym procesie urbanizacyjnym
wiele żywiołowości. Król popierał inicjatywy, nie licząc w każdym
razie na rychłe korzyści fiskalne. Zresztą z nadaniem prawa
miejskiego i z organizacją czy reorganizacją gminy miejskiej
łączyły się lata wolne. Zarówno zasadźcy miast, jak i mieszczanie,
mogli liczyć na przywileje królewskie, jeżeli tylko nie przeszka-
dzały one rozwojowi innych gmin miejskich. Ideałem królewskim
było miasto murowane i zarazem zamknięte w murach, zabezpie-
czające swoim mieszkańcom ład wewnętrzny i należyty wymiar
sprawiedliwości, nienaruszalność praw od zewnątrz, godziwy
zarobek, a może również względnie wyrównany standard życiowy,
zabezpieczany tu i ówdzie przez ustawy przeciwzbytkowe.
W razie potrzeby miasto winno być punktem oporu wobec wroga,
a zatem łączyć się z systemem obronnym państwa. *Kronika katedralna krakowska* w ustępie przypisywanym Jankowi z Czarnkowa
informuje nas o obwarowaniu przez króla szeregu miast. Wyli-
czywszy je wraz z szeregiem warownych grodów, autor podkreśla, że król „te wszystkie miasta i grody otoczył potężnymi
murami, domami i wysokimi wieżami, bardzo głębokimi fosami
i innymi urządzeniami obronnymi, ku ozdobie narodu i ochronie
oraz osłonie Królestwa". W tym programie budowlanym nie
brakło na pewno troski o estetyczny wygląd osad miejskich,
skoro w wielkim przywileju dla Krakowa wydanym przez króla
w 1368 r. znalazła się klauzula, zabraniająca oszpecania miasta
w uczęszczanych miejscach nieporządnymi budowlami.
W obrębie gmin miejskich realizować się miały zasady sprawiedliwości. Król nie był utopistą i wiedział, że najwznioślejsze
nawet hasła nie starczą za rzeczywistość, że zatem należy tworzyć
takie ramy życia zbiorowego, w których środki społecznej kontroli
mitygowałyby zamożnych i wpływowych mieszczan, łatwo docho-
dzących wszędzie do stanowisk miejskich. Im bogatsze miasto,
tym większa była grupa obrosłych w bogactwa i wpływy jego
mieszkańców żądnych władzy, a nieczułych na krzywdę społeczną.

Do tych bogatszych miast należał niewątpliwie w czasach kazimierzowsich Kraków. Mając to na uwadze, ogłosił król około 1368 r. dekret, w którym stanowił, że kiedy w stosownym czasie wielkorządca lub wojewoda krakowski będą „wybierać" dla Krakowa rajców, to należy ściśle przestrzegać, aby połowa tychże wywodziła się spośród rzemieślników, a druga połowa spośród innych mieszczan oraz kupców. W uzasadnieniu tego dekretu kancelaria królewska podała, że „w stosunku do każdego należy dopełnić sprawiedliwości", naturalnie w jej stanowym, właściwym epoce kształcie.

Czasy kazimierzowskie znamionują się dynamicznym rozwojem górnictwa, a indywidualność króla pozostawiła silne piętno na tej dziedzinie ekonomiki. Dobra koniunktura na płody górnicze w tej części Europy nie była oczywiście zasługą króla. Zwiększone wydobycie rudy ołowianej obeszło się — jak się wydaje — bez ingerencji króla, bo opierało się na kapitale drobnych przedsiębiorców górniczych. Mamy pewne ślady faworyzowania przez ówczesne państwo poszukiwań górniczych, musiano udzielać przywilejów licencyjnych na wydobywanie kopalin, które wszak były objęte monopolowym prawem monarszym (tzw. regale), nie widać natomiast przejawów fiskalizmu w tym zakresie, co należy odnotować jako rzecz korzystną.

Inaczej przedstawia się ówczesne górnictwo solne. W związku z odkryciem w połowie XIII w. soli kamienej najpierw w Bochni, a następnie w Wieliczce, otwarły się wielkie możliwości eksploatacji złoża solnego. Już Bolesław Wstydliwy uporządkował stosunki własnościowe na terenie salin, wywłaszczając prywatnych użytkowników solanki, co pozwoliło w przyszłości utworzyć monarsze przedsiębiorstwa salinarne na złożach bocheńsko-wielickich, zwane krakowskimi żupami solnymi. Zarówno jednak utworzenie tych przedsiębiorstw, jak i organizacyjne formy eksploatacji, które w nich przyjęto, należą do czasów przedkazimierzowskich. Zasługą Kazimierza Wielkiego było w zasadzie tylko uporządkowanie relacji zachodzących między skarbem monarszym a administracją żupną, między administracją a producentami soli, między producentami a rynkiem. Dokonano tego w formie ordynacji żupnej, a więc aktu ujmującego w normę prawną to, co zwyczajowo już wcześniej zostało wytworzone, z wyłączeniem jednakże „złego obyczaju", który bądź utrudniał rozwój żup, bądź zagrażał interesom skarbu monarszego. Należyte rozpoznanie sytuacji, poczucie rzeczywistości u zespołu kodyfikującego zwyczaj górniczy i uwzględnienie przez ten zespół szerokiego wachlarza potrzeb i możliwości stworzyło trwałe podstawy prawne rozwoju górnictwa solnego w Polsce.

162

Kazimierzowska ordynacja górnicza została spisana w 1368 r. Była ona efektem pracy ustawodawczej rady królewskiej, a więc organu w pełni wówczas kompetentnego dla stanowienia praw. Jako rzeczoznawców zwyczaju górniczego powołano dawnych i nowych żupników, podżupków bezpośrednio zarządzających każdą z żup, tzw. bachmistrzów, czyli zwierzchników poszczególnych szybów, a wreszcie sztygarów, bezpośrednio nadzorujących produkcję. Przyjęto zasadę, że żupy są przedsiębiorstwem monarszym, wydzierżawianym albo oddawanym w zarząd „do wiernych rąk", ale niepozbywalnym ani w całości, ani w części. Z ramienia skarbu monarszego pieczę nad nimi miał podskarbi, w zakresie zaś jurysdykcyjnym zachodził dość luźny zresztą ich związek z urzędem podkomorzego krakowskiego. Jurysdykcja wewnątrz żup należała już jednak do żupnika.

Ordynacja ustanawiała na przyszłość kwotę dzierżawną żup na 18 000 grzywien, która istotnie długo się utrzymywała, stanowiąc wśród wpływów skarbowych ówczesnego państwa przypuszczalnie około czwartą ich część. Do tego poziomu podniósł wpływy z żup właśnie Kazimierz Wielki. Wypuszczano je bowiem dawniej w dzierżawę za kwotę znacznie niższą (około 5000 grzywien), ale gdy się okazało, że jeden dzierżawca oddawał żupy drugiemu, a kwota dzierżawna wzrosła przy tym w ciągu jednego tygodnia w czwórnasób, król przyjął pułap górny tej kwoty jako rzeczywistą wartość dzierżawną i ograniczył w ten sposób spekulację uderzającą w skarb monarszy. Aby odciążyć żupy od nieprzewidzianych wydatków, których mogli im przysporzyć niefrasobliwi dostojnicy państwowi, król zabronił tymże dostojnikom pod karą gardła zjeżdżania do żup i libacji na koszt żupników, tzn. pośrednio na koszt królewski.

Przy tym wszystkim król był daleki od fiskalizmu. Na żupach ciążyły liczne zapisy i uposażenia, których tytuły prawne wprawdzie zweryfikowano, ale je pozostawiono, i to w znacznej liczbie. W trosce o to, że zapasy soli mogą ulec szybkiemu wyczerpaniu i dla przyszłych pokoleń mogłoby zabraknąć tego cennego artykułu konsumpcyjnego, król ograniczył w każdej z żup do 60 liczbę stanowisk kopackich. Ograniczony został również okres pracy górniczej albo od św. Marcina (11 XI) do Zielonych Świątek, albo od św. Michała (29 IX) do Zielonych Świątek, gdyby zapewne, jako święto ruchome, wypadały zbyt wcześnie. Równocześnie kazał król utrzymywać przy każdej z żup po 6 jałmużników, a dla kalek górniczych założył i uposażył na żupach zarówno w Bochni, jak i w Wieliczce, szpital – przytułek. Sól produkowana w krakowskich żupach solnych stała się instrumentem polityki handlowej państwa. Byłoby rzeczą prostą pozostawić zbyt soli w rękach żupników, którzy w ten sposób byliby odpowiedzialni za całość gospodarki solnej. Zachodziła jednak obawa, że zainteresowani przede wszystkim we wzroście dochodów z eksploatacji złoża solnego, mogliby ów handel prowadzić z pogwałceniem interesów konsumentów, a w szczególności miast, które wyrobiły już sobie zwyczaj pośrednictwa w handlu solą. Prawo handlowe żupników zostało więc ograniczone do sprzedaży soli na miejscu w żupie. Szczególnym przywilejem żupnika było, że kończąc dzierżawę żup mógł sprzedać jednorazowo 300 bałwanów soli w Krakowie. Jest rzeczą bardzo znamienną zatem, że monarcha, który monopolizował produkcję solną, nie stworzył monopolu handlu solnego, w czym nie zabrakłoby mu wzorców, choćby na Śląsku. Handel tym pokupnym wówczas artykułem stał się więc udziałem miast. Szczególny przywilej miasta stanowiło prawo nabywania soli bezpośrednio w żupie, a więc z wyłączeniem pośrednictwa handlowego. Tylko jednak bardzo nieliczne miasta zdołały sobie ów przywilej pozyskać. Skład główny soli z żup krakowskich znajdował się w Krakowie, a specjalna ordynacja kazimierzowska regulowała uprawnienia i powinności krakowskich kupców solnych, zwanych prasołami. Prawo dowozu soli do składu solnego w Krakowie przysługiwało tylko kupcom krakowskim i wielickim. Nie korzystali już z niego bochnianie, którzy mogli zaopatrywać w sól tylko piekarzy krakowskich oraz kupców obcych. Mogli natomiast wozić sól na wschód w kierunku Mazowsza, Rusi i Litwy, w szczególności zaopatrywać Lublin, a zapewne także inne bliżej położone miasta. W kierunku zachodnim wolno im było udawać się z solą na Śląsk. Ambicją Krakowa było oczywiście utrzymanie owego składu głównego na sól, jakkolwiek było to bardzo trudne ze względu na potrzeby i aspiracje innych miast, a także na brak egzekutywy czy środków represyjnych ze strony krakowian. Król zaś, mimo że formalnie respektował ten wyrobiony już zapewne u schyłku XIII w. przywilej stolicy państwa, nie czynił nic lub czynił bardzo niewiele, aby go faktycznie utrzymać w mocy. Wiele sporadycznych wzmianek źródłowych jeszcze z czasów Kazimierza Wielkiego przekonuje nas o tym, że w praktyce liczne stosunkowo miasta nabywały sól bezpośrednio w żupach, a w różnych punktach kraju wykształcały się zwyczajowo coraz to nowe składy solne.

Bardzo ważne miejsce w polityce handlu solnego zajmował wywóz soli za granicę. Najbardziej chłonny był w tym zakresie rynek śląski, a także morawski czy nawet jeszcze czeski. Główny skład solny dla tego obszaru powstał jeszcze u schyłku XIII w. w Oświęcimiu, leżącym wówczas poza granicami Królestwa, 164 a kupcom krakowskim, wielickim i bocheńskim przyznano prawo zaopatrywania tego składu. Już jednak w czasach Kazimierza Wielkiego coraz częściej dopuszczano kupców Korony Czeskiej wprost do żup, sprzedawano im jednak sól po cenach podwyższonych. Był to czysty zysk żupny, połączony z uszczupleniem możliwości handlowych Krakowa, Wieliczki i Bochni. Krzyżowały się tu bowiem interesy skarbu królewskiego i miast. Kazimierz Wielki przywiązywał wielką wagę do eksportu soli krakowskiej na Węgry. Chodziło mu o złoto węgierskie, potrzebne skarbowi, a także o żelazo, bez którego nie mogły się obejść żupy. Trudności eksportowe w tym zakresie były jednak znaczne, Węgry bowiem miały saliny własne, w szczególności w Siedmiogrodzie, gdzie podobnie jak w Polsce wydobywano sól kamienną. Kazimierz Wielki wyjednał u Ludwika Andegaweńskiego w 1354 r. przywilej na wywóz do Węgier soli polskiej. Starał się kierować do odbiorcy węgierskiego sól miałką (warzonkę), gatunkowo znacznie lepszą od siedmiogrodzkiej soli kamiennej, a nadto zastosował dumping na krakowską sól kamienną, którą zatem sprzedawano Węgrom poniżej kosztów produkcji, pod warunkiem jednak, że będą płacili monetą złotą.

Pewien protekcjonizm zaznaczył się za Kazimierza Wielkiego również w handlu tranzytowym, który odgrywał wówczas bardzo ważną rolę. Przez Polskę bowiem przechodził ożywiający się coraz bardziej od schyłku XIII w. tranzyt miedzi węgierskiej, która przez Gdańsk szła na rynki flandryjskie, gdzie cieszyła się dużym popytem. W kierunku odwrotnym wożono sukna zachodnioeuropejskie, których część pozostawała w Polsce jako artykuł luksusowy, część zaś przechodziła tranzytem na Węgry. Miasta polskie starały się przechwycić pośrednictwo w tym handlu. Udało się to w wysokim stopniu Krakowowi, a po części również Nowemu Sączowi. Już w 1306 r. otrzymał Kraków od Władysława Łokietka bezwzględne prawo składu na miedź, zatem przynajmniej teoretycznie miasto przejmowało transporty miedzi węgierskiej, prowadząc je dalej własnymi środkami i z własnym zyskiem. Istotnie słyszymy, że kupcy krakowscy mieli nawet własne statki, którymi podróżowali z miedzią do Flandrii. Ten stan uprzywilejowania Krakowa utrzymał się w zasadzie również w czasach Kazimierza Wielkiego, zmieniła się natomiast sytuacja na szlaku tego tranzytu. W roli konkurenta wystąpił bowiem Toruń, który pod władzą i protekcją państwa zakonnego rozwinął bardzo żywą działalność handlową. Aspiracje jego nie ograniczyły się przy tym do przejmowania handlu miedzią na terenie pozostającego pod panowaniem krzyżackim Pomorza Gdańskiego, ale sięgały Krakowa czy nawet węgierskich ośrodków handlu tym artykułem. Kazimierz Wielki zapewne pojął, że ta ekspansywność kupców toruńskich może wyjść na szkodę miastom polskim, dlatego wprowadził pewne ograniczenia dla ich ruchu towarowego. Skoro nieżyciowe byłyby rygorystyczne zakazy przekraczania przez nich granic Królestwa, bo w efekcie zabroniono by kupcom polskim wstępu na teren państwa zakonnego, co by utrudniło w ogóle wszelkie kontakty handlowe, król wyznaczył torunianom w 1344 r. na terenie Polski strefę zasięgu bezpośrednio przez nich prowadzonego handlu. Określały ją miasta Kraków, Wiślica, Sandomierz i Lublin. Przekraczanie tej linii groziło konfiskatą wiezionych przez torunian towarów. Zarazem kupcy obcy, idący od strony Rusi, nie mogli również przekraczać ze swoim towarem linii wymienionych miast. Prawdopodobnie dotyczyło to także kupców idących z Węgier, choć dokument wyraźnie o tym nie mówi.

Jeszcze silniej protekcjonizm handlowy Kazimierza Wielkiego zaznaczył się w handlu wschodnim. Był to również handel w znacznym stopniu tranzytowy, i to zarówno na osi wschód – – zachód, jak też na szlaku łączącym strefę czarnomorską ze strefą bałtycką. Niezależnie od tego handel wschodni wpłynął pobudzająco na ekonomikę szeregu miast polskich, często małych, na Rusi bowiem cieszyły się popytem polskie sukna, czapki, wyroby metalowe itp. Zdaje się, że rychło rozpoznano w Polsce korzyści, jakie krył dla jej mieszkańców ten handel, w szczególności z Rusią, bo starano się w ogóle nie dopuszczać na Ruś kupców obcych. Torunianie odczuli to już w 1344 r., gdy wyznaczono im ową linię maksymalnego zasięgu ich kontaktów handlowych. W 1353 r. wrocławianie skarżyli się Karolowi IV, że Kazimierz Wielki nie dopuszcza ich na Ruś, tłumacząc, iż swoimi ludźmi kraj ten zdobył i dla nich tyko winien on stać otworem. Równocześnie wiadomo, że w 1345 r. król Kazimierz specjalnym przywilejem zezwolił na kontakty handlowe z Rusią kupcom księstwa świdnickiego, które utrzymało niezależność w stosunku do Czech i pozostawało wówczas w ścisłym sojuszu z Polską. Handel stał się więc tutaj w pewnym sensie instrumentem polityki.

Z czasem polityka niedopuszczania kupców obcych na Ruś okazała się nieżyciowa. W ostatnim dziesiątku lat panowania Kazimierza Wielkiego widać wyraźnie odejście od tej polityki ograniczeń handlowych w Polsce dla kupców obcych. Nie tylko oni bowiem musieli odczuć dotkliwe skutki zapobiegania konkurencji środkami administracyjnymi. Prawem rewanżu z represjami spotykali się kupcy polscy, zwłaszcza krakowscy, na Śląsku, w Czechach i na terenie Prus. Już na początku lat sześćdziesiątych kupcy wrocławscy zaczęli ponownie uczęszczać na Ruś z tym, że starali się omijać uciążliwe prawo składu w Krakowie. W 1362 r. doszło do układu w sprawach handlowych między Kazimierzem Wielkim i Rudolfem IV Habsburgiem. Układ przewidywał swobodny handel kupców wiedeńskich na terenie Polski i równocześnie kupców krakowskich na terenie Austrii. Już wcześniej obowiązywał w Polsce, jako następstwo specjalnych przywilejów zakaz lub ograniczenie bezpośrednich transakcji handlowych między kupcami obcymi skutecznie zapobiegały eliminacji pośrednictwa handlowego kupców miejscowych. Kraków korzystał z takiego prawa już od 1342 r.

Bardzo żywo interesowali się handlem z Rusią kupcy norymberscy. Specjalizowali się bowiem w dostawach pokupnego na wschodzie tzw. towaru kramarskiego (wyrobów pasmanteryjnych, galanterii metalowej itp.). Oni również odczuwali bardzo dotkliwie politykę ograniczeń w kontaktach z ośrodkami handlu wschodniego. W wyniku ich zabiegów za pośrednictwem Karola IV, nadał im Kazimierz Wielki w 1365 r. specjalny przywilej na okres 20 lat, na którego podstawie mogli uczęszczać na Ruś, jednakże nie dalej niż do Lwowa. Nie mogli omijać Krakowa i starych zwyczajowych dróg oraz komór celnych, ale widać stąd, że krakowskie prawo składu ich nie obowiązywało. Mieli się natomiast podporządkować innemu rygorowi, a mianowicie przyjmować będącą w Polsce w obiegu monetę. Być może tą drogą pragnął król podbudować jej wątłą rzeczywistą wartość.

Realizacji programu gospodarczego ostatniego króla Piasta towarzyszyły liczne wysiłki, zmierzające do stabilizacji systemu monetarnego, odpowiadającego nowym potrzebom społeczeństwa i państwa. Ten czuły miernik wartości ekonomicznych miał zarazem za zadanie umocnić pozycję monarchy w państwie oraz podnieść autorytet państwa kazimierzowskiego w jego stosunkach z sąsiadami. System groszowy wymagał większych zapasów srebra, skoro zasadzał się na „monecie grubej", ale zarazem rozwinięta gospodarka towarowo-pieniężna potrzebowała dużych ilości pieniądza. Wzrost więc monety pod względem ilościowym i jej nowa postać jakościowa rodziły rozliczne problemy, dające się odczuć w całej ekonomice państwa. Naturalną konsekwencją trudności w tej dziedzinie było psucie monety w jej relacjach wagowych, jak też w zawartości czystego srebra. Doraźna poprawa natrafiała często na brak zaufania, a próby zawyżania wagi monety lub zawartości srebra powodowały często pokątne wycofywanie monety z obiegu w celu jej przetapiania na kruszec.

Kazimierz Wielki bił przeważnie tzw. kwartniki, które miały wartość 1/2 grosza, stąd zwane niekiedy półgroszami. One właśnie

167

nastręczały najwięcej kłopotów, bo trudno było utrzymać ich wartość rzeczywistą na poziomie wartości nominalnej. Przez całe panowanie Kazimierza Wielkiego znajdowały się w Polsce w obiegu grosze czeskie. Istnieje domniemanie, oparte na pewnych przesłankach źródłowych, że były emisje polskie tych groszy, że zatem w mennicach kazimierzowskich wybijano „grosze praskie" (R. Kiersnowski). W latach sześćdziesiątych XIV w. zaczęto również wybijać wysokowartościowe „grosze krakowskie", których emisja była jednak krótka i szybko wyszły one z obiegu.

Specjalna ustawa Kazimierza Wielkiego i jego doradców, zachowana bez daty, ale wydana prawdopodobnie pod koniec panowania ostatniego Piasta, zmierzała do utrzymania pozycji monety polskiej środkami administracyjnymi. Pod karą gardła i konfiskaty dóbr nakazano osobom duchownym oraz dostojnikom świeckim, aby przyjmowali należne im świadczenia od poddanych, a więc dziesięciny i czynsze, w monecie królewskiej będącej w obiegu w kraju, a nie w monecie innych krajów. Jako przyczynę podano, że „gdyby było inaczej, moneta królewska po wieczne czasy byłaby lekceważona".

Tym większą wagę przywiązywał król do stabilizacji pieniądza w Polsce, że widział w nim instrument wzmocnienia swojej władzy wewnątrz kraju, a także swego państwa w stosunkach międzynarodowych. Chodziło w szczególności o utworzenie pieniężnego skarbu państwowego, który zapewniłby królowi operatywne środki działania na polu dyplomacji, w wypadku wojennej potrzeby, a także w zakresie budownictwa i koniecznych państwu inwestycji. Zachowały się dwa mandaty królewskie, które pokazują nam politykę Kazimierza Wielkiego w tym zakresie. Żaden z nich nie jest datowany, ale oba odnoszą się prawdopodobnie do schyłku panowania tego króla. Dotyczą tej samej sprawy, w różny nieco sposób ją precyzując.

Pierwszy z tych mandatów orzeka, że starostowie oraz wielkorządcy i zarządcy dóbr królewskich w ziemiach krakowskiej, sandomierskiej, sieradzkiej, łęczyckiej, kujawskiej, dobrzyńskiej i na Rusi, mogą się utrzymywać wyłącznie z robocizny i dochodów produktowych, świadczonych z łanów kmiecych, folwarków, a także z dochodów pochodzących z młynów, kar i dziesięciny drzewnej, zapewne również w postaci naturalnej. Wszystkie zaś czynsze pieniężne i podatki miały być w całości przekazywane skarbowi monarszemu. Za naruszenie tego mandatu groziła kara gardła i konfiskaty dóbr. Drugi mandat dotyczył pierwszoplanowo podatku gruntowego, świadczonego z łanów kmiecych wszystkich kategorii dóbr, który występuje pod nazwami: kolekta, berne, poradlne, a który w czasach Kazimierza Wielkiego wynosił 12 groszy od łanu. Otóż cały ten podatek miał być przez starostów, wielkorządców i zarządców dóbr rezerwowany wyłącznie dla króla pod tą samą karą gardła i konfiskaty dóbr. Mandat przypominał, że urzędnicy królewskiego zarządu gospodarczego mogą się utrzymywać w posiadłościach królewskich wyłącznie z kar, robocizn ziemskich, a także ze świadczeń uiszczanych przez młyny. Nie wolno im było tykać czynszów i „dochodów królewskich", przez które rozumiano świadczenia pieniężne. Dodatkowo zaznaczono tutaj, że gdyby król, wizytując swoje posiadłości, zatrzymał się w którejś z nich, wówczas starosta, wielkorządca czy zarządca miał obowiązek zapewnić królowi tzw. stację również z dochodów produktowych, a nie pieniężnych.

Tak więc popierając konsekwentnie osadnictwo na prawie czynszowym, organizację gmin miejskich oraz rozwój kontaktów handlowych, rzemiosła i górnictwa, tworzył Kazimierz Wielki mocne podstawy gospodarcze odrodzonego Królestwa. Stosowany przy tym fiskalizm był wyraźnie umiarkowany i wtórny w stosunku do postępu gospodarczego. Nic w każdym razie nie wskazuje na to, aby był on hamulcem rozwoju. Nic nie przemawia za tym, aby koszty społeczne umacniania się pozycji państwa były nadmierne, a w każdym razie aby swoim ciężarem spadały dotkliwie na barki bezpośrednich producentów: ludności wieśniaczej, rzemieślników czy górników. Fiskalizm królewski ograniczał natomiast dochody właścicieli ziemskich, funkcjonariuszy zarządu gospodarczego, a także finansistów nie ponoszących ryzyka kosztów inwestycyjnych. Skarb monarszy oparł się zatem na zreformowanej dochodowości domeny państwowej, na znacznie podwyższonym i ujednoliconym podatku gruntowym z łanów osadzonych przez kmieci w dobrach kościelnych i rycerskich, na zwiększonych znacznie – dzięki rozwojowi kontaktów handlowych – dochodach celnych i na zreformowanym systemie zarządzania wielkiego przedsiębiorstwa salinarnego, którego nie wypuszczono z rąk państwa.

VIII. Organizator państwa i prawodawca

Odrodzone pod panowaniem ostatnich Piastów Królestwo Polskie było obciążone ponad miarę balastem tradycji dzielnicowych i elit władzy uformowanych w obrębie poszczególnych księstw, a często także brakiem szerszych horyzontów politycznych. Korona królewska miała wartość symbolu Polski Bolesławów i była wcieleniem szczytnych ideałów wąskiego kręgu ludzi. Musiano w niej jednak dostrzegać niebezpieczeństwo dla żywotnych wciąż aspiracji partykularnych. Czym była osoba „pana naturalnego" w królewskiej koronie dla rzeszy książąt dzielnicowych, jak patrzyli na nią reprezentanci starych rodów rycerskich, jakie wiązali z nią nadzieje ludzie młodzi, pełni ambicji i żądni działania, o ile sceptycznie oceniali jej szanse weterani służby państwowej i doświadczeni już dostojnicy, co w niej widzieli mieszczanie, a co masy ludu wieśniaczego? Pytania te z konieczności nasuwają się dzisiejszemu historykowi, ale w jakimś zakresie musieli je sobie stawiać zarówno Władysław Łokietek, jak i Kazimierz Wielki. Odpowiedzi na nie szukali w strumieniu toczącego się życia. Nie ulegali jednak presji rzeczywistości, rozumiejąc, że trzeba tworzyć fakty, które ową rzeczywistość skorygują. Można było uciec się do rządów twardej ręki i złamać przemocą te siły, które stały na drodze do rzeczywistego zjednoczenia. Wiadomo jednak, że środki państwowego przymusu stosowano z największym umiarem, a mimo to w ciągu niespełna dwu pokoleń stworzono nie tylko zręby nowoczesnej wówczas monarchii, ale przebudowano ludzką świadomość i sprzężono ją z oficjalną doktryną władzy królewskiej.

Twórcy odrodzonego Królestwa nie zlikwidowali żadnej instytucji epoki dzielnicowej, lecz pozostawili je w starych formach działania. Nie usuwali ludzi związanych z dzielnicowymi dostojeństwami, nie obalili też dobrze osadzonego w tradycji dzielnicowej i cieszącego się dużym autorytetem wiecu. Cały niemal ich wysiłek poszedł w kierunku tworzenia funkcjonalnych organów władzy centralnej i stosowania w skali państwowej środków integrujących poszczególne dzielnice. Jakiś doktrynalny element tego programu odnajdujemy w statucie wielkopolskim Kazimierza Wielkiego, gdzie w artykule 13, poświęconym monecie będącej w obiegu na terenie Królestwa czytamy, że tak jak „jest jeden władca i jedno prawo, tak również powinna być w całym Królestwie jedna moneta, która byłaby wieczysta, dobra w swojej wartości i tym bardziej wszystkim miła".

W oficjalnej doktrynie państwowej czynnikiem integrującym społeczeństwo wokół osoby króla stało się na pewno pojęcie „Królestwo Polskie", którego treść precyzowała się w ciągu dłuższego czasu, które ostatecznie zaczęło oznaczać nie tyle aktualny obszar państwa, ile obszar Polski Bolesławów. Począwszy do połowy XIV w. zaczęła się na nie nakładać inna konstrukcja pojęciowa: „Korona Królestwa Polskiego". Świadomie przyjęta i utrzymana przez kancelarię królewską, oznaczała z biegiem czasu organizm polityczny państwa jako twór niezniszczalny i niemal ponadczasowy, stojący niejako ponad osobą monarchy, a będący odbiciem specyficznego układu stosunków, gdzie władca dzielił się władzą z wyrabiającym się przedstawicielstwem stanowym. Oznaczała więc zarazem awans warstwy rycerskiej, która poprzez wywodzących się z niej dostojników duchownych i świeckich współrządziła państwem. Dostojnicy ci współdecydowali o najważniejszych sprawach państwowych, m. in. o następstwie tronu, niekiedy wyraźnie w imieniu wszystkich mieszkańców Królestwa. Uświadamiał im ich rolę we własnym interesie Ludwik Andegaweński jeszcze za życia Kazimierza Wielkiego, szukając w nich oparcia dla sprawy swojej sukcesji w Polsce. Tak więc „Korona Królestwa Polskiego" wynosiła ponad księstwa dzielnicowe, teoretycznie w granicach Polski Bolesławów, nie tylko osobę króla, ale również warstwę społeczną predestynowaną do politycznej aktywności. Rozbudzała w niej ambicje, ale zarazem poczucie ponaddzielnicowej solidarności w dziele współrządzenia i współdecydowania o sprawach państwowych. W drodze ewolucji tej doktryny zaczęto się dopatrywać nawet wyższości czy nadrzędności warstwy rycerskiej w stosunku do książąt dzielnicowych. Umacniała się w taki sposób nie tyle suwerenność władzy królewskiej, ile suwerenność „Korony".
Tak było wewnątrz odrodzonego Królestwa, ale „Korona" oznaczała także suwerenność zewnętrzną. Wynikało to z upowszechnionej w XIV w. doktryny antycesarskiej, według której „król był cesarzem w swoim królestwie", ale w Polsce, na gruncie przywiązania do własnych instytucji i do własnej tradycji, poczucie suwerenności „Korony" było szczególnie silne.
U schyłku XIII w. niemiecki autor najstarszego zwodu zwyczajowego prawa polskiego napisał w wierszowanej formie o Polakach, że mają z dawien dawna własne prawo ustanowione przez ich mędrców, że trzymają się tego prawa, nie podlegając żadnemu państwu. Poczucie suwerenności politycznej wzrosło niewątpliwie w odrodzonym Królestwie i stało się również mocnym czynnikiem integracji wewnętrznej. Słynny list kanclerza Karola IV, Jana biskupa litomierzyckiego, z 1357, donoszący wielkiemu mistrzowi

Zakonu Krzyżackiego o wizycie na dworze cesarskim Spytka z Melsztyna jako oficjalnego posła króla Polski, informował, że Polacy nie respektują władzy cesarskiej i nie chcą przyjąć cesarza na mediatora pokojowego, że są ludem barbarzyńskim, skoro na równi z barbarzyńcami odrzucają majestat cesarski, a także cesarskie prawo pisane, tj. oczywiście prawo rzymskie, jako obowiązujące. I dalej pisał autor listu: „Był Spytko z Melsztyna, poseł wspomnianego króla, nieokrzesany i nieobyty, chociaż mówi, że nie ma przy królu nikogo bardziej wymownego. Oskarżył on wszystko, co śp. Fryderyk i inni uczynili dla Waszego Zakonu. »Czym powiadam – mówi biedak – jest wasz cesarz? Dla nas sąsiadem, lecz równym królowi naszemu«. Gdy z pełni władzy cesarskiej wyłożyliśmy mu prawo królewskie i przypomnieliśmy związek zależności z cesarstwem oraz dobrodziejstwa śp. Ottona względem Polski, on zuchwale odpowiedział: »Gdzie jest Rzym, w czyich jest rękach, odpowiedz. Wasz cesarz jest niższy od papieża, składa mu przysięgę, nasz król dzierży koronę i miecz od Boga, swoje prawa i tradycję przodków stawia wyżej od praw cesarstwa«. O zgrozo! Cóż jest dla nich świętego? Należy czekać czasu, aby karki ich zostały poddane władzy [cesarskiej]".

Z doktryną Korony Królestwa Polskiego współistniała doktryna „pełni królewskiego majestatu", pozornie tylko sprzeczna z tamtą. Nie wiemy, czy była ona teoretycznie pogłębiona i szerzej rozwinięta, ale posłużyła jako racja, uzasadniająca zajęcie przez Kazimierza Wielkiego płockiej części Mazowsza po śmierci Bolka Wańkowica w 1351 r. Dopiero jako druga racja znalazła się w tym akcie wcześniejsza umowa króla Polski ze zmarłym księciem mazowieckim. Owa pełnia władzy królewskiej miała tu wyraźny sens terytorialny, oznaczała zwierzchnie prawo króla do całego terytorium obejmowanego pojęciem „Królestwo Polskie". Pełnią władzy królewskiej utrzymywał Kazimierz Wielki zwierzchność nad swymi stryjecznymi braćmi Władysławem i Przemysłem, osadzonymi jeszcze przez Łokietka w Łęczycy i w Sieradzu. Samo pokrewieństwo nie dawało tytułu do zwierzchności. Mógł mieć jeszcze ten tytuł, niejako na mocy prawa prywatnego, rodzinnego, Władysław Łokietek, jako stryj wspomnianych książąt, nie mógł doń już natomiast aspirować na tej podstawie Kazimierz Wielki. Doktryna zatem pełni władzy królewskiej i płynących stąd terytorialnych praw zwierzchnich została wytworzona z konieczności, jako dopełnienie pojęcia „Królestwo Polskie" i jako ważki element wyrabiającej się nowej świadomości politycznej. Gdy obaj ci książęta zmarli: Przemysł przed 16 II 1339, a Władysław między 15 VII 1352 i 14 III 1357, ziemie ich przeszły pod bezpośrednią władzę Kazimierza Wielkiego i uważano to, zdaje się, za rzecz zupełnie naturalną. Na tej samej zasadzie opierał się stosunek Kazimierza Wielkiego do Bolka świdnickiego. Formalny związek lenny tutaj nie zachodził, a jednak zarówno Ludwik Andegaweński, jak też Karol IV, liczyli się z prawami Kazimierza Wielkiego do księstwa świdnickiego, tak jak wcześniej liczono się z prawami tegoż króla do całego Śląska, bo inaczej Jan Luksemburczyk nie zabiegałby o ich zrzeczenie.

Wiadomo, że pod panowaniem Kazimierza Wielkiego przyjęła się w Polsce forma stosunku lennego. Znalazła ona zastosowanie właśnie w odniesieiu do Mazowsza, ale względem doktryny pełni władzy królewskiej czy „pełni królewskiego majestatu" miała charakter drugorzędny i jak gdyby pomocniczy. W wypadku Mazowsza służyła niejako potwierdzeniu przez miejscowych książąt tego prawa zwierzchności, które przysługiwało Kazimierzowi Wielkiemu z innego tytułu. Ta forma związku politycznego okazała się natomiast skuteczna i wygodna albo tam, gdzie nie istniały osobowe więzi dynastyczne, albo tam, gdzie odnośne terytorium nie mieściło się w zakresie pojęciowym Królestwa Polski, rozumianego jako państwo Bolesławów. Formą lenną posłużył się więc Kazimierz Wielki w podporządkowaniu sobie panów von Osten, formy tej użył także w stosunku do ziem ruskich: księstw bełskiego, chełmskiego, włodzimierskiego i zachodniego Podola.

Monarchia dwu ostatnich Piastów musiała z konieczności wytworzyć szereg instytucji centralnych, które przez sam fakt swojego istnienia i działania konsolidowały poszczególne dzielnice w jeden aparat władzy. Postępy konsolidacji na tej drodze były skuteczne i szybkie, jakkolwiek budziły kontrowersje natury kompetencyjnej.

Na pierwszym miejscu należy postawić zjazdy tzw. generalne dostojników, znane zarówno z czasów Władysława Łokietka, jak i Kazimierza Wielkiego. Pod względem składu i zakresu kompetencji przypominają one wiece, które doszły do znaczenia szczególnie w XIII w. Książęta dzielnicowi zwoływali je wówczas z pewną regularnością, a niektóre sprawy, jak zwłaszcza te, które dotyczyły szerszych kręgów społecznych, sprawy między władzą państwową a społeczeństwem, przeważnie były rozpatrywane na ich forum. Obok spraw natury ustawodawczej trafiały tu również sprawy sądowe. Tło obrad wiecowych stanowiło towarzyszące księciu i jego dostojnikom rycerstwo, a także inni przybysze z okolicy. W zjednoczonym Królestwie instytucja wiecu dzielnicowego straciła swoje dawne znaczenie. Odwoływanie się króla do tej formy zgromadzeń mogło mieć tylko charakter sporadyczny, a w szczególności dotyczyć spraw danej dzielnicy z osobna. Na dłuższą metę mogłoby się okazać szkodliwe dla programu integracyjnego. Król jednak nie przerwał praktyki ich działania, bo oznaczałoby to odsunięcie od życia politycznego dzielnicowych elit władzy, z którymi wszak należało się liczyć. Z konieczności musiała zatem nastąpić zmiana zakresu kompetencji wiecu w starej jego postaci. Zwoływany coraz rzadziej jako organ doradczo-ustawodawczy, w coraz większym stopniu stawał się organem sądowym. W rezultacie ewolucja tej starej instytucji uległa rozszczepieniu. Jednym torem szedł jej rozwój jako organu sądowego, a na drugim torze wykształcał się z niej zjazd o charakterze samorządowym, szlacheckim.

Obok wieców starego typu pojawiły się w zjednoczonym Królestwie wspomniane już zjazdy generalne dostojników. Różniły się od tamtych właściwie tylko zasięgiem terytorialnym. W formach działania, a nawet w zakresie kompetencji chyba od nich nie odbiegały. Czy były organem ustawodawczym, czy tyko opiniodawczym, rozstrzygnąć trudno. Z formuł wstępnych ogłaszanych na nich akt można by się domyślać bardzo rozległych ich kompetencji, w rzeczywistości były one potrzebne o tyle, o ile dawały wyraz akceptacji woli monarszej, o ile gwarantowały wykonalność przygotowywanych wcześniej przez monarchę i jego doradców postanowień. Tak jak na dawnych wiecach, przedstawiano bowiem na nich tylko sprawy odnoszące się do szerszych kręgów społeczeństwa, zwłaszcza szlacheckiego. Już w sprawach dotyczących domeny królewskiej, a więc ściśle państwowych, wcale się do nich nie odwoływano. Owe zjazdy generalne, zwoływane zresztą tylko sporadycznie, rzadziej niż wiece dzielnicowe, gromadziły niekoniecznie przedstawicielstwo całego państwa, a przynajmniej nie zawsze były ogólnopolskie. Przez swój jednak ponaddzielnicowy charakter wytwarzały więzi konsolidujące państwo.

Prawdopodobnie ważniejszą rolę w zarządzaniu państwem niż wiec ponaddzielnicowy odgrywała w czasach Kazimierza Wielkiego rada królewska. Jej skład nie był jeszcze ściśle określony, a także jej zakres działania mógł w różnych wypadkach ulegać zmianie. Znamy skład tego kolegium doradców z r. 1368, z ordynacji krakowskich żup solnych, w której wyraźnie występuje pod nazwą „rady króla pana". Spośród duchownych należeli tutaj: Florian biskup krakowski, Janusz Suchywilk kanclerz krakowski, Zawisza archidiakon krakowski, podkanclerzy Janko z Czarnkowa, Bodzęta wielkorządca krakowski, Michałko kanonik krakowski, pierwszy notariusz królewski, Szymko notariusz królewski, podany tu jako brat podkanclerzego Janka, a wreszcie Jan Jelitko, zarządzający wówczas mennicą. Wśród osób świeckich występują tu: Jan z Melsztyna kasztelan krakowski, Piotr Nieorza wojewoda sandomierski, Andrzej Wawrowski podsędek krakowski, Mściwoj podkomorzy krakowski, Otto z Pilczy, podskarbowie Świętosław i Dymitr, Małocha dawny wielkorządca, oraz Szczepanko nazwany tu „magister murorum", niewątpliwie budowniczy królewski.

W składzie rady na pewno niejako z urzędu znajdowali się stale biskup krakowski, kanclerz krakowski i podkanclerzy Królestwa, kasztelan krakowski i wojewoda, podskarbi i wielkorządca krakowski, może nadto podkomorzy krakowski. Inni natomiast dostojnicy mogli do niej wchodzić lub nie, w zależności od rodzaju sprawy, odgrywając rolę rzeczoznawców. Musiał to więc być organ sprawny i kompetentny, a także oddany królowi, skoro król albo sam odnośne urzędy obsadzał, albo wywierał znaczny wpływ na ich obsadę, zwłaszcza gdy chodziło o stanowiska kościelne. Trudno natomiast w tym organie widzieć przejawy reprezentacji stanowej, bo takiego charakteru on nie miał, chociaż zapewne nie wypierał się interesów warstwy społecznej, z której wywodzili się jego członkowie. Do konsolidacji i integracji państwa mógł się przyczynić o tyle, o ile doradzał królowi czy wspólnie z nim podejmował decyzje, mające ten cel na oku. Natomiast przez swój przeważnie krakowski skład tylko drażnił ambicje dostojników innych ziem, którzy podobnej roli odgrywać nie mogli.

Za Kazimierza Wielkiego wykształciły się ostatecznie dwa urzędy centralne o charakterze ministerialnym i podstawowym znaczeniu dla scalonego państwa, a mianowicie urząd kanclerski i urząd zarządcy skarbu królewskiego. Było na pewno rzeczą bardzo trudną przenieść mechanicznie agendy związane z tymi urzędami z dzielnic książęcych na dwór królewski. Zwłaszcza z kanclerstwem wiązał się prestiż dzielnicy. Wpływ zaś na dysponowanie dochodem monarszym dawał poczucie, że jedna część państwa nie jest nadmiernie eksploatowana w interesie drugiej, oczywiście tej, w której rezydował monarcha.

Pod panowaniem Łokietka utrwalił się zwyczaj pozornie przynajmniej równorzędnego działania wszystkich kanclerzy dzielnicowych. Rzecz polegała na tym, że w dzielnicy, w której aktualnie król bawił, obowiązki kanclerskie przejmował miejscowy kanclerz. Tej procedury przestrzegano długo, ale w rzeczywistości także ją obchodzono, oddzielając czynność prawną od czynności kancelaryjnego jej potwierdzenia. Zdarzało się więc, że w Krakowie pod okiem kanclerza krakowskiego wystawiano dokument dla

175

sprawy, której rzeczywiste rozpatrzenie i rozstrzygnięcie miało miejsce w Wielkopolsce. Zresztą sam fakt stałego przebywania i Władysława Łokietka, i Kazimierza Wielkiego w Krakowie podnosił znaczenie kanclerstwa krakowskiego. Musiało to drażnić dostojników innych dzielnic i daje nam wystarczającą odpowiedź na pytanie, dlaczego w sposób najprostszy nie przekształcono kanclerstwa krakowskiego w kanclerstwo koronne, bez którego odrodzone Królestwo nie mogło się obejść.

Jeszcze w czasach przedkoronacyjnych rządów Łokietka do pewnego znaczenia przy tym władcy zaczął dochodzić podkanclerzy krakowski. Około daty koronacji przybrał on tytuł podkanclerzego dworskiego. Nominalnie stał on w hierarchii urzędniczej niżej od kanclerza, a przymiotnik „dworski" czynił go jak gdyby zastępcą wszystkich kanclerzy dzielnicowych. Znaleziono więc sposób na obejście praw przysługujących kanclerzom, ale rozwiązanie wciąż jeszcze miało charakter tymczasowy. Nie pozbawiono wszak funkcji tych ostatnich, a zatem od indywidualności i aktywności każdego z nich, a także od indywidualności podkanclerzego zależało, kto rzeczywiście spełniał funkcje kanclerskie. W pierwszych latach panowania Kazimierza Wielkiego podkanclerstwo jak gdyby straciło na znaczeniu. Ożywiły się kanclerstwa dzielnicowe, wśród których do większej roli doszedł kanclerz Wielkopolski, nazywany kanclerzem Polski. W latach pięćdziesiątych znaczenia nabrała kancelaria ziemi łęczyckiej. Jej kanclerz Florian, późniejszy biskup krakowski, wystawiał dokumenty w różnych częściach Polski, zatem jego działalność wykraczała poza dzielnicowe kompetencje kanclerskie. Zmiany istotne zaszły w latach sześćdziesiątych. Coraz rzadziej odwoływano się do funkcji kanclerskich mniejszych dzielnic, ustała aktywność kancelarii wielkopolskiej, a gdy w 1367 r. Florian przeszedł na biskupstwo krakowskie, straciła znaczenie również kancelaria łęczycka. Wszystkie więc kancelarie dzielnicowe zeszły do roli urzędów tytularnych. Wzrosło tym samym znaczenie krakowskiej. Gdy równocześnie w 1367 r. na podkanclerstwo krakowskie został powołany Janko z Czarnkowa, on przejął główny ciężar kanclerskich obowiązków. Działał niewątpliwie przy królu, tak jak dawniej podkanclerzowie dworscy, a zdolnościami organizatorskimi i aktywnością przerastał swoich kolegów. Zorganizował na pewno sprawnie działającą kancelarię, jakiej wymagały potrzeby kazimierzowskiej dyplomacji i wielokierunkowej działalności organizacyjnej wewnątrz państwa. Stosownie do rzeczywistej roli, jaką Janko odgrywał, przybrał on tytuł podkanclerzego Królestwa. Natomiast rezydujący u boku dworu królewskiego kanclerz pozostał „kanclerzem krakowskim", zachował zatem swój dzielnicowy charakter. Dopiero po śmierci Kazimierza Wielkiego i załamaniu się osobistej kariery Janka z Czarnkowa straciło na znaczeniu podkanclerstwo, ale nie upadły jego ogólnopolskie agendy, przejęte ostatecznie przez kanclerza krakowskiego już jako „kanclerza Królestwa".

Mniej jasno, niż krystalizowanie się kanclerstwa koronnego, przedstawiają się nam narodziny centralnego urzędu zwierzchności skarbowej w państwie Kazimierza Wielkiego. Wiemy, że agendy te spoczęły w rękach podskarbiego i że nie był to urząd podrzędny w stosunku do „skarbnika", bo takiego w odrodzonym Królestwie wcale nie było. Znaczenie podskarbiego rosło niewątpliwie w miarę wytwarzania się i rozwoju pieniężnego skarbu monarszego. Zachodzi tutaj pytanie, czy nazwa tego urzędu kryjąca w naszym poczuciu językowym hierarchiczną podrzędność, jest śladem podobnej ewolucji, jaka wiodła od kanclerstw dzielnicowych do podkanclerstwa koronnego (które nominalnie było w stosunku do tamtych hierarchicznie niższe, ale w rzeczywistości znaczeniem i zakresem działania tamte przerosło), czy też uformowała się inaczej. Istnieje domysł (J. Łoś), że przedrostek *pod-* nie oznacza w tej nazwie podporządkowania, ale w starej polszczyźnie mógł znaczyć tyle co *przy-*, a zatem pierwotna nazwa miałaby formację *podskarbie* (rodzaj nijaki) i oznaczałaby funkcjonariusza działającego przy skarbie monarszym.

W źródłach naszych poprzedzających odrodzenie Królestwa widoczne są jakieś agendy skarbowe podkomorzych. Podkomorzy krakowski zachował ich resztki na terenie krakowskich żup solnych jeszcze do czasów Kazimierza Wielkiego. Urząd podkomorski był przy tym hierarchicznie wyższy w stosunku do urzędu komornika. Przy podkomorzym było zwykle kilku komorników, którymi tenże w wykonywaniu swoich funkcji się wyręczał. Tylko na Śląsku komornik był urzędnikiem zwierzchnim w hierarchii dworskiego dozoru w zakresie skarbowości. Równolegle jednak wśród urzędników o agendach skarbowych pojawiają się sporadycznie w okresie rozbicia dzielnicowego zarówno skarbnik, jak i podskarbi. Jeżeli trudno jest ściśle określić pierwotny charakter urzędów podkomorzego i komorników, to już zupełnie brak nam przesłanek źródłowych dla wyróżnienia kompetencji skarbnika i podskarbiego. Idąc jednak za znaczeniem etymologicznym nazw łacińskich, pod którymi występują w źródłach, można by się domyślać, że w rękch skarbnika i podskarbiego spoczywały wpływy i wydatki gotówkowe, a zatem zawiązki skarbu pieniężnego. Jeżeli ten domysł jest słuszny, to podskarbi Królestwa z czasów Kazimierza Wielkiego stanowiłby tylko

177

nowe ogniwo w procesie tworzenia się skarbu pieniężnego w Polsce.

Czy jednak powstanie tego urzędu w jego ogólnopolskim charakterze należy łączyć z podobną walką konkurencyjną, jaką stwierdziliśmy w odniesieniu do kanclerstwa? Wydaje się, że nie. Ewolucja dostojeństw skarbowych w Polsce doznała bowiem poważnego zakłócenia, czy wręcz została przerwana już na początku XIV w., w okresie unii personalnej polsko-czeskiej. Wacław II wprowadził bowiem do Polski namiestniczy urząd starosty, który przejął przede wszystkim agendy skarbowe w poszczególnych dzielnicach, bezpośrednio podporządkowanych władzy czeskiej. Gdy więc nastało panowanie Władysława Łokietka, nie było już praktycznie hierarchii urzędniczej o agendach skarbowych. Prawdopodobnie urzędnicy dawni mieli wówczas funkcje poważnie zredukowane; zajmowali się już niemal wyłącznie czuwaniem nad całością domeny monarszej i stąd zapewne kompetencje sądowe w sprawach granicznych u podkomorzych. Urzędy dzielnicowe skarbnika czy podskarbiego, należycie jeszcze zapewne nie osadzone w tradycji ustrojowej, łatwo zanikły, tym bardziej że starostowie kładli rękę przede wszystkim na dochodach pieniężnych. Stąd wydaje się, że urząd podskarbiego Królestwa był w zjednoczonym państwie ostatnich Piastów urzędem nowym co do kompetencji i zakresu działania, tylko co do nazwy nawiązującym do dawniejszej tradycji. W nazwie tej nie kryłby się jednak element hierarchicznego podporządkowania.

Sprawą podstawowego znaczenia była w odrodzonym Królestwie administracja terytorialna. W tym zakresie natrafiono na trudności bardzo duże i bardzo istotne, bo każda dzielnica, czyli każde dawne księstwo, miało uformowaną i z reguły aktywną elitę władzy, która — poszkodowana już przez to, że z wyjątkiem małopolskiej przestała odgrywać rolę u boku władcy — tym usilniej strzegła swoich wpływów w obrębie dzielnicy. Zarówno Łokietek, jak i Kazimierz Wielki, tę elitę respektowali, tak jak ona ze swej strony respektowała ich „naturalne prawa". Był więc niepisany układ, który nie tylko pozwalał dotychczasowym dostojnikom zachować ich urzędy, ale również obsadzać je na przyszłość. Tą drogą jął się wykształcać tzw. samorząd ziemski, który odegrał wielką rolę i wycisnął silne piętno na ustroju i kulturze późniejszej Polski.

Samorząd, choćby najbardziej lojalny względem władcy i najbardziej jemu oddany, nie mógł przecież w pełni zastąpić władzy monarszej lub — inaczej mówiąc — władza monarsza oparta wyłącznie na organach samorządowych musiałaby być iluzoryczna. Dwaj ostatni Piastowie na tronie polskim dobrze zapewne zda-

178

wali sobie z tego sprawę, bo mimo ustępliwości w stosunku do dzielnicowych elit władzy, administracji terytorialnej nie pozostawili w pełni w ich rękach. Wykorzystali wprowadzoną przez Wacława II namiestniczą instytucję starosty, pozostawiając jej podstawowe agendy władzy centralnej w poszczególnych dzielnicach, a mianowicie nadzór skarbowy nad domeną monarszą i systemem podatkowym, nadzór wojskowy w zakresie obronności dzielnicy i jej kontyngentów rycerskich dla potrzeb monarchy oraz wymiar sprawiedliwości w sprawach zagrażających porządkowi publicznemu, czyli tzw. z czasem czterech artykułów grodowych: najścia domu, napadu na drodze publicznej, gwałtu i podpalenia. Tylko w Małopolsce, gdzie monarcha rezydował stale, urzędu starościńskiego o tym charakterze nie wprowadzono wcale. Domeną monarszą zarządzał tu wielkorządca krakowski. Inne natomiast agendy spoczywały wprost w rękach urzędników z otoczenia królewskiego. W Sandomierzu pojawia się urząd starosty już za Łokietka, ale nie ma on charakteru namiestniczego. Starosta ten dzierżył gród sandomierski z należącym doń uposażeniem. Pod panowaniem Kazimierza Wielkiego utworzono natomiast godność starosty sądeckiego, która przypomina taką godność z innych dzielnic. Właściwe starostwa, tyle że związane nie z całą prowincją, ale z okręgami większych grodów (Kraków, Sandomierz, Lublin, Biecz, Radom), powstały już po śmierci Kazimierza Wielkiego.

Urzędy starostów nie cieszyły się zrazu wzięciem u szlachty. Oznaczały dla niej ograniczenie wyrabiającego się samorządu ziemskiego. Na tym tle doszło pod panowaniem Kazimierza Wielkiego do ostrego konfliktu na terenie Wielkopolski. W dniu 2 IX 1352 najwyżsi dostojnicy dzielnicowi w osobach: wojewody poznańskiego Maćka Borkowica, kasztelana poznańskiego Przecława, sędziów ziemskich – Mikołaja poznańskiego i Dobiesława kaliskiego, kasztelanów – Sędziwoja nakielskiego, Zaremby lądzkiego, Janusza starogródzkiego, Wojsława drożyńskiego, Adama ostrowskiego, Szczedrzyka karzeckiego, dalej Jaśka łowczego kaliskiego, Przecława podkoniuszego kaliskiego, cześników – Wita poznańskiego i Andrzeja kaliskiego, Floriana skarbnika poznańskiego, Wierzbięty podkomorzego kaliskiego, Filipa podczaszego kaliskiego, Świętosława podłowczego poznańskiego, oraz mieczników – Przecława poznańskiego i Jana gnieźnieńskiego, a przy udziale nadto przedstawicieli szeregu wielkopolskich rodów rycerskich, zawiązali konfederację (zwaną w historiografii konfederacją Maćka Borkowica), zobowiązując się do solidarnego działania i wzajemnej pomocy przeciwko każdemu, z wyjątkiem króla. W zachowanym oryginale aktu tego związku politycznego wyraźnie podkreślono, że niczego nie przedsięwzięto przeciw królowi, że wręcz przeciwnie konfederaci gotowi są oddawać mu wszystkie należne usługi. Co więcej, deklarowali się wrogami tych wszystkich, którzy by się okazali nieprzyjaciółmi króla, przyrzekając zarazem należną królowi pomoc. W dalszej części aktu konfederaci raz jeszcze podkreślili obowiązek wzajemnego wspomagania się orężem i mieniem oraz dochowania „braterskiej miłości". Przeciw czemu i komu zawiązano więc ową konfederację? To wyjaśnia dopiero dalsza część dokumentu: przeciwko instytucji prawnej tzw. ciążenia, polegającej na zajęciu dóbr osoby postawionej w stan oskarżenia czy podejrzenia, aby tą drogą zabezpieczyć odpowiedzialność prawną. Czyniono to zwykle zanim jeszcze zapadł wyrok sądowy i tę praktykę prawną uważano powszechnie za wielce uciążliwą. Często bowiem dobra rycerskie ulegały w wyniku ciążenia dewastacji, zanim jeszcze się okazało, czy ich właściciel jest winny zarzucanego mu przestępstwa. Przeciwko instytucji ciążenia występowano więc w Polsce wielokrotnie, aż w 1422 r. Władysław Jagiełło ogłosił w formie obowiązującego prawa, że dobra szlacheckie nie mogą być „ciążone" bez wyroku sądowego. Konfederacja 1352 r. zwracała się więc przeciwko instytucji ciążenia, ale nie wszelkiej jej postaci, lecz tylko wypadkom, gdyby egzekucja ciążenia nie była poprzedzona odpowiednią procedurą prawną. Wiadomo, że dokonywała tej egzekucji władza publiczna, którą reprezentowali właśnie starostowie. Wydaje się więc, że konfederacja zwrócona była przeciwko starostom. Uważna lektura aktu prowadzi jednak do wniosku, że nie było tu generalnej dezaprobaty instytucji starościńskiej, ale tylko pewnych form jej działania. Gdyby bowiem któremuś z konfederatów ciążono dobra z pominięciem wstępnej procedury prawnej, wówczas konfederaci mieli się wstawić z pokorną prośbą u króla lub aktualnie rezydującego starosty, aby zdjęto z poszkodowanego ciążenie. Wydaje się, że sobie pozostawiali prawo oceny, czy ciążenie było słuszne, czy niesłuszne. Dopiero gdyby owa pokorna apelacja nie odniosła skutku, mieli ciążonemu wynagrodzić jego straty materialne, nie grożąc bynajmniej niczym ani królowi, ani staroście. Wprowadzili przy tym istotne ograniczenie, że nie będą brać w obronę i wspierać tych spośród siebie, którzy by się dopuścili naruszenia porządku publicznego. Tacy – stwierdza akt konfederacji – winni się byli bronić sami, „aby przez to została złagodzona śmiałość młodych i pohamowane zuchwalstwo głupich".

W historiografii naszej przyjął się pogląd, że konfederacja, której przewodził wojewoda poznański Maćko Borkowic, była zwrócona przeciw władzy królewskiej, czy wręcz stanowiła bunt przeciw królowi. Jej akt do takich wniosków nie uprawnia. Wiele do myślenia daje natomiast relacja Długosza, zapisana w *Dziejach Polski* pod r. 1358. Autor ten pisze, „że możny pan Maćko Borkowic", wyniesiony przez Kazimierza Wielkiego do godności wojewody poznańskiego, zaczął najpierw chronić i osłaniać rozbójników, po czym stał się niemal ich przywódcą. Król najpierw wezwał go do porzucenia tych praktyk, na co otrzymał podobno dokumentowe przyrzeczenie Maćka. Gdy jednak powrócił on do występnych czynów, król kazał go ująć i skazał na śmierć głodową. Maćko został zamorzony głodem w zamku olsztyńskim koło Częstochowy. Jego brat Jan z Czaca podniósł wobec tego bunt przeciw królowi, za co również został skazany na śmierć. Mścił się podobno za to na Polsce syn tegoż, dokonując podstępnych najazdów na pograniczne ziemie polskie z terenu Saksonii i Brandenburgii.

Długosz nie łączy jednak skazania Maćka Borkowica z kierowaną przez niego konfederacją; zresztą data śmierci wojewody poznańskiego jest w tej relacji odległa od znanego nam faktu zawiązania konfederacji. Jeżeli jednak zaufamy późnemu przekazowi Długosza o śmierci głodowej Maćka, to musimy ją traktować jako fakt zupełnie odrębny w stosunku do związku konfederackiego z 1352 r. Istotne natomiast jest spostrzeżenie (R. Grodecki), że inni uczestnicy tego związku nie tylko nie ponieśli kary, ale pozostali na swoich urzędach, a nawet awansowali. Tak więc konfederacja Maćka Borkowica byłaby przejawem tych animozji, które w toku zamierzeń i działań integracyjnych Kazimierza Wielkiego narastały między formującym się szlacheckim samorządem ziemskim a namiestniczym urzędem monarszym, jakim było starostwo.

Bardzo poważne miejsce w odrodzonym Królestwie, tak jak w całej ówczesnej Europie, zajmował Kościół. Liczył się jego autorytet moralny i ponadpaństwowy powszechny charakter oraz siła ekonomiczna, uniezależniona poprzez immunitety od administracji państwowej; liczyli się duchowni jako ludzie wykształceni, często niezbędni aparatowi władzy monarszej, ale wywierający zarazem silny wpływ na szersze kręgi społeczeństwa, a w swojej górnej warstwie powiązani z najbardziej możnymi rodami. Wyższe dostojeństwa kościelne miały samoistną wysoką rangę w życiu politycznym państwa. Z natury rzeczy Kościół ograniczał suwerenność władzy monarszej wewnątrz organizacji państwowej, a Stolica Apostolska w ówczesnej praktyce była zdolna ograniczać ją również od zewnątrz. Rozumna więc polityka króla względem Kościoła stanowiła istotny warunek powodzenia jego przedsięwzięć na różnych polach działalności publicznej.

Wydaje się, że Kazimierz Wielki był świadom tej roli Kościoła w życiu społeczeństwa i państwa. Nie usiłował jej umniejszać, ale raczej sprząc z interesem monarchii. I choć nie brakowało rozbieżności, a nawet konfliktów między Kościołem i królem, Kościół okazał się ostatecznie siłą współtworzącą nowe Królestwo Polskie.

Na tym ważnym polu działania troska Kazimierza Wielkiego szła przede wszystkim w tym kierunku, aby na stolicach biskupich zasiadali ludzie mu oddani i lojalni, którzy jako doradcy, opiniodawcy i współpracownicy mieliby na uwadze obok racji kościelnych także państwowe. Sprawa nie była łatwa, w okresie bowiem rozbicia dzielnicowego utrwaliła się praktyka wyboru biskupów przez kapituły. I chociaż zawsze w mniejszym lub większym stopniu starały się one przy tej okazji nie wchodzić w konflikt z władcą, a niekiedy wręcz chciały go zadowolić, praktycznie władca nie miał wpływu bezpośredniego na elekcję. W XIV w. wyłoniło się nowe niebezpieczeństwo dla państwa, a mianowicie coraz częstsze nominacje biskupów wprost przez Stolicę Apostolską. Działo się to najpierw w przypadkach szczególnych, np. śmierci biskupa w drodze do stolicy papieskiej, a z czasem w wyniku tzw. rezerwacji, tj. specjalnego zastrzeżenia Stolicy Apostolskiej co do przyszłej obsady określonego biskupstwa. Kuria papieska miała zwykle na uwadze własnego kandydata, który mógł nie odpowiadać królowi. Przypadek taki zaszedł np. w jaskrawej formie w Płocku w 1357 r., kiedy to tzw. prowizję, czyli nominację papieską na biskupstwo uzyskał dominikanin Bernard, syn banity do trzeciego pokolenia, podejrzany nadto przez króla o sprzyjanie Zakonowi Krzyżackiemu. Król oczywiście nie wyraził na niego zgody, a tymczasem kapituła wybrała miłego królowi Imisława Wrońskiego. Spór, jaki powstał na tym tle, trwał 6 lat i zakończył się zwycięstwem króla. Jego przebieg przedstawiony został już w innym miejscu tej książki, tu zaś zostaje przypomniany jako przykład szczególnej troski królewskiej o obsadę biskupstw. Pomijamy tu przypadki mniej jaskrawe i w mniejszym stopniu konfliktowe, a zwrócimy uwagę na powtarzający się sposób postępowania króla w podobnych sprawach. Starał się on przede wszystkim wygrywać na swoją rzecz naturalną sprzeczność interesów i dążeń, jaka zachodziła w tym względzie między kapitułą i jej prawem do elekcji a kurią papieską i jej praktyką rezerwacji. Bronił elekta kapituły, jeżeli nie budził zastrzeżeń, przeciwko roszczeniom papieskim, ale kiedy indziej rad był rezerwacji, gdy wcześniej udało się uzgodnić osobę nominata. Tak czy owak, król starał się wywierać wpływ na obsadę biskupstw i w tym zakresie odnosił znaczne sukcesy. Czuwał również nad obsadą opactw, rozumiejąc, że mają wysoką rangę w hierarchii kościelnej.

Jeżeli obsada najwyższych dostojeństw w Polsce miała się dokonywać po myśli króla, to nie było rzeczą obojętną, kto zasiada na stanowiskach hierarchicznie niższych, a zwłaszcza w kapitułach. Wprawdzie kooptacja była i w tym zakresie sprawą wewnątrzkościelną, ale Kazimierz Wielki miał ją również na uwadze. Z jego czasów zachowały się liczne supliki, adresowane do kurii awiniońskiej, w których upraszał o niższe godności kościelne dla konkretnych imiennie wymienianych osób. W owych kandydatach zyskiwał sobie zwolenników, którzy w niejednym mogli mu się przysłużyć, lub też już wcześniej wiernie mu służyli.

W Kościele dostrzegał Kazimierz Wielki z pewnością ważny czynnik integracji wewnętrznej państwa. Pamiętano wszak, jak ważną rolę w dziele zjednoczenia Polski odegrał na przełomie XIII i XIV w. arcybiskup Jakub Świnka. Było też rzeczą jasną, że Polska Bolesławów, która kryła się pod pojęciem „Królestwa", odpowiadała terytorialnie polskiej prowincji kościelnej, że zatem Kościół polski był tego Królestwa najbardziej spektakularnym reliktem. Nic więc dziwnego, że Kazimierz Wielki zdecydowanie przeciwstawił się próbom Karola IV włączenia diecezji wrocławskiej do arcybiskupstwa praskiego i że poparł swoim autorytetem monarszym starania arcybiskupa gnieźnieńskiego o przywrócenie zwierzchności kościelnej Gniezna nad pomorskim biskupstwem w Kamieniu. Sprawy te zostały już szerzej omówione w innym miejscu tej książki. Tu natomiast wspomnieć jeszcze wypada o biskupstwie lubuskim, które w wyniku powstałych w drugiej połowie XIII w. powiązań politycznych ziemi lubuskiej z Brandenburgią zaczęło ujawniać w czasach Kazimierza Wielkiego tendencje do rozluźnienia swoich stosunków z Gnieznem. Ponieważ wiele w tym zakresie zależało od osoby biskupa, przeto Kazimierz zabiegał usilnie w Awinionie o odpowiednią obsadę tej diecezji. Miał tu dodatkowo na uwadze katolicyzację Rusi, do której od dawna aspirowali biskupi lubuscy i która ich ostatecznie do króla Polski zbliżała. Także ich posiadłości, jakie mieli na terenie Królestwa, nakazywały im ostrożność w stosunkach z Polską, a królowi dawały możliwość politycznego nacisku w razie niesubordynacji.

Szczególnego znaczenia w monarchii Kazimierza Wielkiego nabrały jego poprawne stosunki z arcybiskupem gnieźnieńskim Jarosławem ze Skotnik z rodu Bogowiów. Ten wykształcony w Uniwersytecie Bolońskim prawnik i teolog, pochodzący z ziemi sandomierskiej, został jeszcze u schyłku panowania Łokietka kanclerzem kujawskim, a potem służył młodemu następcy tronu, zwłaszcza na polu dyplomacji w stosunkach polsko-krzyżackich. Arcybiskupem był w latach 1342 – 1371, a zatem przez większą część panowania Kazimierza Wielkiego. Jako metropolita Kościoła polskiego dokonał w 1357 r. na synodzie w Kaliszu kodyfikacji obowiązujących w Kościele polskim, a powstałych w różnym czasie i na różnych synodach, przepisów prawnych. Był to ważny czynnik integracji wewnętrznej państwa w sferze stosunków kościelnych, a zarazem impuls i wzorzec dla kazimierzowskiej kodyfikacji prawa ziemskiego, datowanej dziś na okres po 1357 r.

Być może należałoby mówić wręcz o współdziałaniu Kazimierza Wielkiego z Jarosławem ze Skotnik jako arcybiskupem w ważnych dziedzinach życia państwowego, skoro udało się wówczas opodatkować na rzecz państwa łany kmiece w dobrach kościelnych, egzekwować od Kościoła podatek na cele publiczne, zwany *subsidium charitativum* (miłosierne wsparcie) i przeprowadzić na dużą skalę reformę systemu dziesięcinnego przez upowszechnienie względnie ujednoliconej dziesięciny pieniężnej, która lepiej odpowiadała ówczesnym stosunkom ekonomicznym opartym na pieniądzu. Nie były to sprawy popularne w Kościele polskim, o czym świadczy postawa biskupów krakowskich Jana Grota i Bodzęty. Opierali się oni parokrotnie królowi w sposób zdecydowany, na co król odpowiadał represjami gospodarczymi, zakazując np. wieśniakom odstawiania na rzecz instytucji kościelnych zboża dziesięcinnego. Konflikty łagodził arcybiskup Jarosław, lepiej zapewne rozumiejący owe nadrzędne racje kazimierzowskiej monarchii.

Ważne miejsce w relacjach Kościół – państwo zajmowała za Kazimierza Wielkiego polityka tego króla względem kurii papieskiej w Awinionie. Zwracano się do niej wielokrotnie w sprawach dotyczących obsady stolic biskupich i niższych stanowisk kościelnych oraz o zwolnienia od świadczeń pieniężnych w związku z wojnami na Rusi; odwoływano się od wcześniejszych decyzji itp. W odnośnych pismach kancelarii królewskiej widoczna jest zawsze uniżoność, a nawet pokora, przy równoczesnej stanowczości w sprawach zasadniczych. Król skutecznie z reguły bronił racji swego państwa, nie narażając go przy tym na złe stosunki z papiestwem. Tam, gdzie to było konieczne, nie szczędził grosza, do którego wszak kamera awiniońska przywiązywała dużą wagę. Charakterystyka Kazimierza Wielkiego jako organizatora odrodzonego Królestwa nie byłaby pełna, gdyby nie wspomnieć o jego dokonaniach na polu obronności i służby wojennej. W tym zakresie realizował przede wszystkim wielki plan budowy warowni miejskich oraz grodów – zamków. Ich listę, wymagającą jednak weryfikacji, zawiera *Kronika katedralna krakowska*. Pomijając gród wawelski, o którym autor pisze, że został przez króla ozdobiony wspaniałymi budowlami, należy za nim wymienić: miasta – Kazimierz przy Krakowie, Wieliczkę, Skawinę, Lanckoronę i Lelów, grody – zamki w Olkuszu, Będzinie, Lelowie, Czorsztynie, Niepołomicach, Ojcowie i Krzepicach. To w ziemi krakowskiej. Równie imponująco przedstawia się ziemia sandomierska, gdzie król otoczył murem miasta Sandomierz, Wiślicę, Szydłów, Radom, Opoczno, Wąwelnicę i Lublin. Nadto zamki – grody powstały w Lublinie, Sieciechowie, Solcu, Zawichoście i w Nowym Mieście Korczynie. W Wielkopolsce wybudowano mury miejskie w Kaliszu, Pyzdrach, Stawiszynie, Koninie i Wiel .iiu, a grody – zamki w Koninie, Nakle, Wieluniu, Międzyrzeczu, Ostrzeszowie i Bolesławcu. Na Kujawach autor wymienia cztery miejscowości: Kruszwicę, Złotorię, Przedecz i Bydgoszcz, nie podając charakteru warowni. We wszystkich wypadkach chodziło prawdopodobnie o grody – zamki. W ziemi sieradzkiej otoczono murem Piotrków i wybudowano grody – – zamki w Sieradzu i w Brzeźnicy. Pierwszy z nich opatrzył kronikarz przymiotnikiem „silny". W ziemi łęczyckiej otoczono murem miasta Łęczycę i Inowłodz; tamże wybudowano grody – zamki. Na Mazowszu król ufortyfikował miasto Płock, a nadto otoczył drugim murem gród tamże, dotąd obwarowany pojedynczo. Na Rusi obwarował Kazimierz Wielki miasta Lwów, Sanok i Krosno, a grody – zamki wybudował: dwa we Lwowie i po jednym w Przemyślu, Sanoku, Lubaczowie, Trembowli, Haliczu i Tustaniu.

Tak więc prawie współczesny kronikarz przypisał Kazimierzowi Wielkiemu ufortyfikowanie 24 miast i 36 grodów – zamków. Badania dzisiejsze wprowadzają w tym zakresie pewne korektury. Nie wszystkie z wymienionych miast zostały bowiem istotnie obwiedzione murem, a prawdopodobnie otrzymały inny rodzaj umocnień. Jeżeli z tej listy usuniemy Sanok i Wąwelnicę, gdzie murów miejskich wówczas na pewno nie wybudowano, a nadto – w wyniku zastosowania innej interpunkcji niż ta, którą wprowadzili w odnośnym tekście wydawcy – potraktujemy Lanckoronę jako gród – zamek, do rejestru zaś miast obwiedzionych murem przez Kazimierza Wielkiego dodamy Będzin i Olkusz, otrzymamy 23 miasta ufortyfikowane przez ostatniego króla Piasta. Będzie to jednak liczba minimalna, zachodzi bowiem możliwość, że jeszcze w kilku miastach królewskich dokończono, wzniesiono od nowa lub tylko rozpoczęto budowę murów miejskich. Liczba warownych grodów – zamków, wzniesionych przez

Kazimierza Wielkiego, bywa nawet bardzo podnoszona, bo aż do 53 (Z. Kaczmarczyk).

Należy przyjąć, że przykład króla oddziałał na inne kategorie dóbr i że pod jego panowaniem ufortyfikowano w sumie więcej miast. Wówczas prawdopodobnie wzniesiono mury miejskie w miasteczkach biskupstwa krakowskiego – Bodzentynie i Iłży, w miasteczku arcybiskupstwa gnieźnieńskiego – Żninie, w miasteczku Rypinie w ziemi dobrzyńskiej, należącym do księcia Władysława Białego, oraz w prywatnym mieście szlacheckim Leliwitów – Tarnowie.

W przedsięwzięciach fortyfikacyjnych ostatniego króla Piasta dopatrywano się pewnego systemu obronnego. Istotnie musiano mieć przy nich na uwadze ewidentne potrzeby państwa i starano się wznosić fortyfikacje w miejscach bardziej narażonych na najazdy zewnętrzne. Stąd wybudowano ich stosunkowo dużo na Rusi. Są jednak i takie fortyfikacje, zwłaszcza miejskie, które jak gdyby nie były podporządkowane jakiemuś systemowi obronnemu. Wydaje się, że generalnie chodziło Kazimierzowi Wielkiemu o to, aby zagęścić sieć obiektów warownych i tą drogą podnieść zarówno rzeczywistą zdolność obronną państwa, jak też poczucie bezpieczeństwa i stabilizacji u jego mieszkańców. Jeżeli tak było istotnie, był to plan wykraczający o wiele dalej poza doraźne potrzeby natury strategicznej.

Kazimierz Wielki uporządkował nadto powinności wojskowe społeczeństwa na rzecz państwa. Przestrzegał rygorystycznie zasady, że służba rycerska jest powszechnym obowiązkiem wszystkich tych, którzy posiadają ziemię prawem rycerskim, a więc są jej właścicielami i korzystają z immunitetu. Zostało to wyraźnie sformułowane w statucie wielkopolskim Kazimierza Wielkiego (art. 39), skąd nadto dowiadujemy się, że nie był to obowiązek czysto osobisty rycerza, ale stosownie do posiadanych przez niego dóbr rozciągał się na mniejszą lub większą liczbę osób, które winien był ze sobą prowadzić. W statucie małopolskim natomiast pomieszczono artykuł (14), który określał obowiązki wojskowe osób duchownych. Jeżeli mianowicie duchowny miał ojcowiznę, a więc nie beneficjum kościelne, ale odziedziczoną po ojcu posiadłość, to obowiązany był do służby wojskowej na równi z rycerstwem. Gdy nie mógł jej odbywać, miał zrzec się swojej ojcowizny na rzecz krewniaków; w przeciwnym razie podlegała konfiskacie. Istotnie w wyniku niedotrzymywania tego obowiązku musiano dokonać wówczas wielu konfiskat, o których dowiadujemy się ze skarg wnoszonych już po śmierci Kazimierza Wielkiego przed specjalnie do tego celu powołany trybunał.

Ustawowo uregulował Kazimierz Wielki w statucie małopolskim

(art. 13) sprawę służby wojskowej sołtysów. W czasach kazimierzowskich stanowili oni już w Polsce znaczną liczbę ludzi zamożnych, bo z reguły dobrze uposażonych, a nierzadko aktywnych gospodarczo na szerszym polu. Byli niemal odrębnym stanem sołtysim. We wszystkich przywilejach i kontraktach lokacyjnych mowa jest o ich obowiązkach wojskowych, czasem nawet ściśle określanych co do wartości konia, zbroi czy liczby towarzyszących pachołków. Stosunek lenny, jaki łączył sołtysa z jego panem zwierzchnim, z natury rzeczy winien go był również wiązać z panem w zakresie powinności wojskowych. Faktycznie często czytamy w dokumentach lokacyjnych, że sołtys idzie na wyprawę wojenną u boku swego pana. Było od początku rzeczą bardzo istotną, w jakim kierunku pójdzie ewolucja tego ogniwa ustroju lennego. Czy sołtysi biskupów lub możnowładców ziemskich będą zasilać ich prywatne oddziały, czy też służba wojskowa stanie się ich obowiązkiem publicznym. W pierwszym wypadku posłużyliby bowiem osłabieniu władzy monarszej, w drugim zaś jej interesom. Przypuszczamy, że sprawa krystalizowała się powoli, zanim ustawowo we wspomnianym artykule (13) statutu małopolskiego została sprecyzowana w ten sposób, że wszyscy sołtysi, tak osób duchownych, jak świeckich, mieli udawać się na wszelkie wyprawy wojenne przy królu.

Ważnym posunięciem organizacyjnym z czasów Kazimierza Wielkiego było ustawowe związanie rycerstwa z określoną jednostką wojskową, czyli chorągwią. Miało to zapobiegać pozorowaniu służby wojskowej lub zgoła nieskoordynowanym działaniom. Pod karą konfiskaty dóbr zabronił król na przyszłość rycerstwu wymykać się w czasie wypraw wojennych i działań obronnych spod chorągiewnej organizacji, bo — jak podał w uzasadnieniu odnośny artykuł statutu małopolskiego — „szpetna jest część, która nie podporządkowuje się swojej całości".

W statucie wielkopolskim (art. 20) zobowiązał się król na rzecz swoich dostojników i szlachty, że nie będzie ich pociągał do służby wojennej poza granicami Królestwa, jak tylko za odpowiednim wynagrodzeniem lub na specjalną swoją prośbę. Oznaczało to, że służba taka nie była zwykłym obowiązkiem rycerskim. Uregulowano tę sprawę nie po myśli jednostronnego interesu monarchy, ale z pełnym uwzględnieniem postulatów społeczeństwa szlacheckiego.

Organizator i reformator wielu dziedzin życia, jakim był Kazimierz Wielki, pomyślał również o tym, aby wojna nie spadała zbyt wielkim ciężarem na barki ludności wieśniaczej. Przypłacała ona nierzadko swoim mieniem i życiem najazdy wrogów na ziemie polskie, ale starym zwyczajem i niepisanym prawem stawała w obronie kraju. Częściej jednak padała zapewne pastwą ciągnącego na wyprawy wojenne rycerstwa, które potrzebowało jadła i paszy dla koni. Jeżeli nawet rycerze okazywali się wspaniałomyślni, to nie szczędzili chłopa ich pachołkowie. Roiło się zapewne od skarg na tego rodzaju nadużycia. Nie bez racji orzekł król w statucie wielkopolskim (art. 45), że „zgiełk wojenny, z powodu nieporządnego rycerstwa, zwykł pustoszyć bardziej ziemie własne niż cudze, a to z racji niestosownych grabieży". Dlatego król nakazywał, że na terenie Królestwa rycerstwo nie może pobierać na potrzeby swoje i swoich koni więcej, jak tylko umiarkowaną ilość paszy i jadła, koniecznego na przebycie drogi. Niezależnie od tego artykułu król ogłosił pod nieznaną nam dziś datą specjalną ordynację, w której zakazał rycerstwu urządzania postojów w czasie wypraw wojennych po klasztorach, wsiach i miastach czy zabudowaniach kościelnych, a zezwolił jedynie na polach. Dalej ustanowił cennik, według którego rycerstwo miało nabywać potrzebne mu artykuły żywnościowe i paszę, z czego wynikało zarazem, że nie można ich było brać za darmo. To prawo kazimierzowskie długo pozostawało żywotne, skoro moc obowiązującą nadał mu jeszcze Kazimierz Jagiellończyk w 1457 r., obudowując je tylko sankcjami prawnymi i klauzulami natury proceduralnej.

W kazimierzowskim programie integracji i konsolidacji państwa bardzo ważne miejsce zajmowało prawodawstwo. U jego podstaw legło przeświadczenie króla i królewskich doradców, któremu wyraz dano może najmocniej w słowie wstępnym do statutu małopolskiego. Stwierdzono tu mianowicie, że w różnych ziemiach Królestwa „liczne sprawy nie są rozstrzygane w sądach i zamykane wyrokiem jednakowo, lecz stosownie do różności umysłów różnie i na różne sposoby, chociaż dotyczą jednego i tego samego czynu, z której to różności kwestie sporne, czyli sprawy, najczęściej po wielorakich przykrościach, pozostają w jakiś sposób nieśmiertelne". Intencją zatem ustawodawcy było tutaj, aby sędziowie wszystkich ziem sądzili według tegoż statutu, ściśle go przestrzegając. Dążność do unifikacji prawa przejawiła się w innych jeszcze deklaracjach królewskich. Jedną z nich znajdujemy w statucie wielkopolskim (art. 13), gdzie czytamy o owej cytowanej już trójjedności: jeden władca, jedno prawo, jedna moneta.

Kronika katedralna krakowska w ustępie przypisywanym dawniej Jankowi z Czarnkowa w taki sposób wyjaśnia narodziny statutów prawnych Kazimierza Wielkiego: „A ponieważ w Królestwie Polskim sądy prawa polskiego od dawnych czasów sądziły według pewnych zwyczajów, czy raczej nawet według zepsucia przekupstwem, które [to zwyczaje] różni na różne sposoby zmieniając, dopuszczali się licznych fałszywych orzeczeń i nieprawości, ten król, zapalony umiłowaniem sprawiedliwości, zwoławszy prałatów i szlachtę — baronów całego swojego Królestwa, odrzucił wszystkie zwyczaje niezgodne z rozsądkiem i z prawem, a rozstrzygnięcia odpowiadające i prawu, i rozsądkowi, przez które każdemu jednakowo i na równi byłaby oddawana sprawiedliwość, za wspólną zgodą prałatów i baronów ujął w formę pisaną, aby były przestrzegane po wieczne czasy".

Jan Długosz, który znał zarówno ten przekaz *Kroniki katedralnej krakowskiej*, jak i teksty statutów kazimierzowskich, zapewne w różnych już redakcjach, a w jednej z nich natrafił na datę 1347 r., w innej znowu na zjazd dostojników w Wiślicy, dał własną konstrukcję, wyjaśniającą genezę kodyfikacji praw dokonanej przez Kazimierza Wielkiego. Od razu trzeba zaznaczyć, że owa data należy do jednej z ustaw kazimierzowskich, która weszła w skład statutów, ale nie dotyczy ich całości. Podobnie chyba miejscowość Wiślica. Pogląd Długosza wywarł duży wpływ zwłaszcza na ujęcia podręcznikowe, dlatego warto go tutaj przypomnieć. Autor bardzo pesymistycznie odmalował stan wymiaru sprawiedliwości w Polsce w czasach poprzedzających reformy w tym zakresie Kazimierza Wielkiego. Źródła tego stanu widział zarówno w usterkach i brakach prawa zwyczajowego, jak też w złym jego funkcjonowaniu w sądach i w poczuciu prawnym społeczeństwa. Cierpieli na tym — zdaniem autora — szczególnie biedni. Rozumiał to Kazimierz Wielki, dlatego zwołał na niedzielę Laetare 1347 r. (wypadającą wtedy na 11 III) zjazd do Wiślicy, z udziałem dostojników duchownych i świeckich z całego Królestwa i tam pod przewodnictwem samego króla, a przy udziale biegłych znawców prawa kanonicznego i cywilnego (rzymskiego), po bardzo wnikliwym, dokładnym zbadaniu wszystkich norm prawa polskiego i po odrzuceniu lub zmianie tego, co w nim było wadliwe, dokonano jego kodyfikacji i osobnym dekretem nakazano posługiwać się nim w całym Królestwie i w sądach wszystkich instancji. Dalej autor podkreślił, że wszyscy mieszkańcy państwa polskiego z uznaniem i respektem, a także posłuszeństwem przyjęli tę „księgę praw", które złagodziły obyczaje i były wielkim dobrodziejstwem Polaków, bo wyprowadziły ich ze stanu barbarzyństwa. Długosz nie szczędził przy tym pochwał Kazimierzowi Wielkiemu, wynosząc go w tym miejscu ponad wszystkich innych władców Polski, zrównując go z wielkimi prawodawcami greckimi: Solonem i Likurgiem. Jego zasług czas nie miał zatrzeć nigdy. Na koniec Długosz przyznał, że należałoby już niejedno w kazimierzowskim prawie zmienić i poprawić, bo niektóre normy uważał za niestosowne lub nawet naganne.

Wybitny historyk dość trafnie ocenił historyczną rolę kazimierzowskiej kodyfikaji, zrozumiał rozmiar wysiłku ustawodawcy, siłę oddziaływania prawa pisanego na obyczaje i korzyści z niego płynące w tworzeniu ładu społeczno-państwowego, a zarazem jego niedostatki po przeszło stu latach funkcjonowania. Nie dostrzegł natomiast na pewno etapów, które przeszła praca kodyfikacyjna, rozlicznych trudności, które musieli na drodze do niej pokonać król i jego doradcy, ani oporów, na jakie niewątpliwie natrafiono przy wprowadzaniu w życie ujętych już w formę pisaną norm prawnych. Nie dostrzegł również, że w czasach kazimierzowskich to prawo pisane nie zyskało bynajmniej postaci wykończonej, że było raczej świetnie poczętym dziełem, które doskonalono przez wiele jeszcze lat po śmierci króla.

Badania naukowe nad statutami Kazimierza Wielkiego prowadzą nas do innych wniosków niż te, do których doszedł Długosz. A mianowicie kodyfikacja była efektem wieloletniej działalności ustawodawczej Kazimierza Wielkiego. Na różnych zjazdach i przy różnych okazjach uchwalano ustawy regulujące różne dziedziny życia społeczno-państwowego. Próby zebrania norm o trwalszym znaczeniu jurysdykcyjnym i połączenia ich z normami prawa zwyczajowego przypadają nie na wcześniejszy okres panowania Kazimierza Wielkiego, ale na drugą jego połowę czy nawet na trzecią ćwierć. Mimo usilnych dążeń ostatniego króla Piasta do unifikacji prawa w Polsce nie udało się jej osiągnąć ani za jego życia, ani długo jeszcze po śmierci. Z trudności w tym zakresie Kazimierz Wielki dobrze sobie zdawał sprawę, dlatego osobno skodyfikował prawo wielkopolskie, a osobno małopolskie. Choć temu ostatniemu starano się nadać ogólnopolski charakter, wiadomo, że się to nie udało, skoro dopiero z końcem XIV w. dokonano spisu prawa zwyczajowego ziemi łęczyckiej, a nadano mu moc obowiązującą z początkiem XV w. Wynikało to prawdopodobnie z pewnej politycznej odrębności tej ziemi, trwającej do lat pięćdziesiątych XIV w.

Wbrew wszystkim dotychczasowym poglądom przyjmujemy dziś (za Stanisławem Romanem), że wcześniejszy był w kodyfikacji kazimierzowskiej statut wielkopolski, a późniejszy dopiero małopolski. Różna też nieco była geneza ich obu. W swojej pierwotnej postaci statut wielkopolski powstał około r. 1357, a nie później niż w 1362 r. Liczył 34 artykuły, w których zebrano zarówno normy prawa zwyczajowego, jak też normy stanowione, a zawarte w pojedynczych ustawach ogłoszonych przez Kazimierza Wielkiego w różnym czasie już wcześniej. Dopiero po tej wstępnej niejako kodyfikacji wielkopolskiej, zapewne krótko po niej, opracowano starannie pod względem formalno-prawnym i redakcyjnym zbiór norm prawnych małopolskich. Zbiór liczył 25 artykułów, z których każdy zawierał jakąś rację ogólną, motywującą zawartą w nim normę. Starannie opracowano wstęp, który uzasadniał całe przedsięwzięcie kodyfikacyjne. Ze wstępu wynika, że w zamierzeniu ustawodawcy ten nowy zbiór praw miał obowiązywać we wszystkich ziemiach Królestwa. W rzeczywistości zdawano sobie zapewne sprawę, że doraźnie było to możliwe co najwyżej w kwestiach proceduralnych, że natomiast w treści prawo musiało pozostać jeszcze partykularne. Robiono więc ten nowy kodeks niejako z wyprzedzeniem bieżącego życia, z perspektywą na postępy w integracji Królestwa. Nie został on jednak ukończony ani w swoim pierwszym rzucie, ani w uzupełnieniach, których rychło dokonano. Jeszcze za życia Kazimierza Wielkiego dołączono doń bowiem 35 artykułów, które ani pod względem redakcyjnym, ani pod względem systematyzacji prawnej nie odpowiadały tamtym i były być może przedsięwzięciem prywatnym.

Tymczasem życie rodziło nowe problemy, które wymagały osobnego uregulowania na drodze ustawodawczej w formie osobnych orzeczeń. Interesowano się też orzeczeniami sądowymi o charakterze niejako precedensowym, lub też tworzono dla potrzeb jurysdykcyjnych wyroki fikcyjne, które jednak mogły innym posłużyć za wzór w orzekaniu sądowym. Zarówno owe pojedyncze normy ustawowe – zwane przez prawników ekstrawagantami – jak też te precedensowe lub fikcyjne wyroki, zwane prejudykatami, posłużyły z czasem już nie królowi, ale prawnikom, do uzupełnienia statutów kazimierzowskich. Częściowo tych uzupełnień dokonano być może jeszcze za życia króla, a częściowo może nawet w znacznej większości, już po jego śmierci.

O żywotności zainicjowanej przez Kazimierza Wielkiego idei kodyfikacji prawa i rzeczywistych efektów w zakresie jej realizacji świadczy fakt, że z czasem prawnicy dokonali szeregu odpisów kazimierzowskich statutów, że sporządzali ich nowe redakcje, uzupełniali je, łączyli normy wielkopolskie z małopolskimi, tworząc jak gdyby ogólnopolskie zwody. Dokonywano ich przekładów na język polski i ruski. Zachowane w wielkiej liczbie różne wersje ich tekstów stanowią dziś dla badacza niezwykle trudny do przebycia gąszcz problemów i zagadek. Aż po wiek XVIII statuty te stanowiły podstawę obowiązującego w Polsce szlacheckiego prawa ziemskiego.

Jaki był duch kazimierzowskiego prawa, o ile stanowiło ono odbicie pewnej surowości obyczajów, w jakim stopniu miało je okiełzać i poprawić, jakim interesom państwowym i społecznym posłużyło, jakie wydało owoce swoim długotrwałym działaniem? W prawie tym dominuje dążność do zapewnienia ładu w wymiarze sprawiedliwości i do stworzenia pewnych niewzruszonych zasad, czy to w oparciu o prawo rzymskie, czy o wyrobione już na zachodzie prawa stanowe, czy też o dobrze ugruntowany zwyczaj. Tak więc sformułowano zasadę, że prawo nie działa wstecz, co w ujęciu statutu małopolskiego (art. 5) brzmi następująco: „Ponieważ wszystkie ustawy i statuty ustanawiają prawo dla rzeczy i spraw przyszłych, a nie przeszłych, chcemy, ażeby wszystkie nasze postanowienia, wydane obecnie na zjeździe generalnym w Wiślicy, miały na względzie nie sprawy przeszłe, ale tylko obecne i przyszłe". Zarówno w statucie małopolskim (art. 52), jak też w paru dokumentach kazimierzowskich, została sformułowana bardzo istotna zasada, że „powód staje przed sądem pozwanego", że zatem sprawa sporna może być rozpatrywana jedynie wobec sądu właściwego dla strony pozwanej. Sformułowano dalej zasadę, że nikt nie może być pozbawiony obrony prawnej, co statuty małopolskie ujmują następująco: „Ponieważ nikomu nie można odmówić prawa najwyższej obrony, dlatego postanawiamy, że w sądach naszego Królestwa każdy człowiek, jakiegokolwiek byłby stanu i kondycji społecznej, może i powinien mieć swojego adwokata, opiekuna czy rzecznika".

Nie wydaje się, aby trafne było spostrzeżenie Długosza, że statuty kazimierzowskie wypleniły barbarzyńskie czy nadmiernie surowe obyczaje w Polsce. Nie spostrzegamy takich obyczajów ani w najstarszym zwodzie zwyczajowego prawa polskiego, ani tym bardziej w statutach kazimierzowskich. W formie zakazów musiałyby one wszak znaleźć w nich odbicie. Nie na tym więc polegała dziejowa rola tej kodyfikacji, lecz raczej na uporządkowaniu stosunków społecznych w państwie, na tamowaniu nadużyć w różnych ogniwach organizacji społecznej i państwowej, ale także na ugruntowaniu stanowej struktury społeczeństwa. W strukturze tej starano się zabezpieczyć zarówno interesy warstwy rycersko-szlacheckiej, jak też warstwy wieśniaczej. Nie było to prawo surowe. Nie spotykamy w nim kary śmierci, kary okaleczenia, trwałego pozbawienia wolności, nie spotykamy w nim także kar cielesnych. Przez dłuższe więc swoje działanie mogło ono wpłynąć łagodząco na stosunki międzyludzkie, a nawet na mentalność szlachty i ludności wieśniaczej.

Statuty Kazimierza Wielkiego nie dotyczyły miast i ludności miejskiej. W małym także stopniu obejmowały ludność wiejską osiadłą na prawie niemieckim, o tyle tylko bowiem, o ile w grę wchodził tzw. układ ziemski, tzn. jej stosunki z panem gruntowym. 192

Miasta i wsie na prawie niemieckim miały wszak sądownictwo własne. Rodziło ono jednak problemy, które domagały się generalnego rozwiązania. Sądy prawa niemieckiego, wyjęte w zasadzie z ingerencji władzy publicznej i organów sądowych prawa polskiego, czuły się w pełni autonomiczne, jakkolwiek nie we wszystkim kompetentne. W kwestiach wątpliwych odwoływały się same lub pozwalały odwoływać się stronom o pouczenia do metropolii niemieckiego prawa osadniczego, tj. do Magdeburga. Narażało to mieszkańców Polski na znaczne koszty i naruszało w pewnym stopniu suwerenność Korony. Rozumiał to Kazimierz Wielki, dlatego aktem z 1356 r. powołał do życia na zamku krakowskim sąd najwyższy prawa niemieckiego.

Początków tego sądu nie da się wyjaśnić w sposób jednoznaczny, ponieważ akt jego kreowania zachował się w mocno skażonej postaci. Jest prawdopodobne, że organizowano go w trzech etapach, zmieniając przy tym jego założenia, a mianowicie w latach 1356, 1361 i 1368. Sąd otrzymał od króla egzemplarz *Zwierciadła saskiego*, które stanowiło podstawę pisaną prawa niemieckiego; składał się z dwu instancji. W niższej działał w osobie wójta tego sądu i siedmiu ławników, dobieranych spośród dziedzicznych zasadźców. Miał być w tej instancji zarówno sądem tzw. leńskim, przeznaczonym dla spraw wójtowsko-sołtysich, jak też sądem apelacyjnym dla instancji niższych prawa niemieckiego. W drugiej niejako instancji miał się składać z tegoż wójta oraz z rajców sześciu miast małopolskich (Krakowa, Kazimierza, Bochni, Wieliczki, Olkusza i Nowego Sącza), z każdego po dwu, a sądzić w trybie apelacyjnym jako sąd komisarski królewski.

Intencją Kazimierza Wielkiego było, aby sąd ów rozciągnął swoją działalność zarówno na całą Polskę, jak też na wszystkie kategorie posiadłości. Stąd król pozyskał sobie zgodę w sprawie powołania tego sądu wielu klasztorów i dostojników kościelnych. Przedsięwzięcie jednak się nie powiodło, bo w rzeczywistości powstały inne sądy wyższe prawa niemieckiego, o charakterze leńskim, a analogiczny do krakowskiego sąd sześciu miast utworzono również w Poznaniu. Gorsze jednak, że nie ustała praktyka odwoływania się o pouczenia do Magdeburga. Idea królewska nie pozostała jednak bez wpływu na umocnienie się suwerenności Polski na zewnątrz oraz na jej konsolidację wewnętrzną.

IX. Nauk przemożnych perła

Uniwersytety są wytworem średniowiecznej kultury. Wyrastały bujnie w Europie Zachodniej w XIII w. na glebie przygotowanej przez „rewolucję komun" i wytworzenie się społeczeństwa miejskiego, przez dwunastowieczne poruszenie intelektualne, którego nosicielami były szkoły katedralne i liczni uczeni wędrowni, przez fascynację starożytnością i jej bogatym dorobkiem pisarskim. Kiełkowały i rosły bądź z tego świeżego posiewu dóbr cywilizacyjnych, bądź z ziarna, które na jałowym gruncie przeleżało kilka stuleci. Tworzono je bowiem albo od nowa, albo w oparciu o szkoły sięgające odległej starożytności, których działalność zamarła lub pogrążyła się w półśnie.

Nazwa uniwersytet pochodzi od łacińskiego terminu „universitas", oznaczającego całość, powszechność, ogół. W zastosowaniu do szkoły wyższej bywa on interpretowany dwojako. Jedni przyjmują, że oznaczał ogół uczących i nauczanych, a zatem zrzeszenie czy korporację. Według innych odnosił się nie do osób, ale do zespołu nauk uprawianych w obrębie społeczności uniwersyteckiej. Zatem wyraz „universitas" znaczyłby tyle, co ogół nauk, których ogarnięcie było istotnie ambicją uniwersytetów. Ta interpretacja odpowiada innej, najwcześniejszej nazwie szkoły uniwersyteckiej, a mianowicie studium generale, tj. studium powszechne, obejmujące ogół nauk.

Wykształcony w średniowieczu zakres nauczania uniwersyteckiego obejmował cztery główne dyscypliny, którym odpowiadały cztery fakultety: „sztuki wyzwolone", prawo, medycyna i teologia. Sztuki wyzwolone stanowiły z reguły niższy kurs uniwersytecki, wstępny w stosunku do pozostałych fakultetów. Obejmowały zasadniczo naukę – jak byśmy dziś powiedzieli – na stopniu średnim (quadrivium: arytmetyka, geometria, muzyka i astronomia), ale nierzadko również na stopniu podstawowym (trivium: gramatyka, retoryka i dialektyka, czyli logika), wychodząc nawet niekiedy od elementarnych umiejętności czytania i pisania. Sztuki wyzwolone kończyło się zwykle stopniem bakałarza, uprawniającym do studiów na innych fakultetach. Ale ambicją wydziałów sztuk wyzwolonych niektórych uniwersytetów było również nauczanie na stopniu wyższym, a więc właściwe studium filozofii, z reguły arystotelesowskiej. Ten wyższy kurs kończono stopniem magistra, który był mniej więcej równorzędny doktoratowi prawa lub medycyny, czy licencjatowi teologii. Na studium prawa uniwersytetów średniowiecznych składało się prawo rzymskie w kodyfikacji justyniańskiej oraz prawo kanoniczne, utworzone jako zbiór dekretów kościelnych w XII w. przez prawnika bolońskiego Gracjana, a wzbogacone i rozwinięte w stuleciu następnym. Podstawą studium medycznego były dzieła starożytnych lekarzy: Hippokratesa z Kos (V/IV w. p.n.e.) i Galena z Pergamonu (II w. n.e.). W niektórych ośrodkach uniwersyteckich korzystano również z wiedzy medycznej Arabów, w szczególności Awicenny (XI w.). Wreszcie podstawą studiów teologicznych było komentowanie *Pisma Świętego* oraz niektórych pisarzy kościelnych. Uniwersytety średniowieczne były na ogół szkołami w ścisłym tego słowa znaczeniu, bo ich działalność polegała głównie na nauczaniu, a nie na rozwijaniu wiedzy. Ale nie gdzie indziej niż w uniwersytetach zrodziła się krytyczna myśl badawcza, niosąca rozwój i postęp nauki.

Za najstarszy uniwersytet w Europie uchodzi studium paryskie, które powstało około połowy XII w. z połączenia szkoły katedralnej przy kościele Notre Dame z założoną przez Piotra Abelarda szkołą na Górze Św. Genowefy i szkołą przy opactwie Św. Wiktora. Stara szkoła prawnicza w Bolonii przyjęła uniwersyteckie ramy organizacyjne mocą przywileju Fryderyka Barbarossy z 1158 r. Rychło potem przekształciła się w uniwersytet szkoła medyczna w Salerno w południowych Włoszech. W 1222 r. powstał uniwersytet w Padwie, w 1224 r. w Neapolu, w 1246 r. w Sienie, a w 1303 r. w Rzymie. Najstarsze po Paryżu uniwersytety francuskie powstały: w Montpellier, Orleanie i Tuluzie, wszystkie trzy około 1230 r. W tym samym czasie założono najstarszy uniwersytet hiszpański w Salamance. Najstarsze uniwersytety angielskie datują się z 1214 r. w Oxford i z około 1231 r. w Cambridge. Pierwszy uniwersytet w Europie Środkowej został założony w 1348 r. przez Karola IV w Pradze, a następny w porządku chronologicznym jest uniwersytet krakowski. Dopiero po nim w 1365 r. powstał uniwersytet wiedeński, a w 1367 r. uniwersytet w Pécs na Węgrzech. Najstarszy uniwersytet na ziemiach niemieckich został założony w Heidelbergu dopiero w 1386 r. W tym samym roku mieszczaństwo ziemi chełmińskiej otrzymało zezwolenie papieskie na otwarcie pełnego uniwersytetu w Chełmnie. Fundacja pozostała jednak w sferze projektów, wobec trudności uposażeniowych i niechęci Zakonu, na które rychło natrafiono. Nieco później, w 1389 r., Zygmunt Luksemburczyk powołał do życia uniwersytet w Budzie, który jednak nie wytrzymał próby życia. Najstarszy uniwersytet strefy bałtyckiej powstał w Rostoce· (Rostock) w 1419 r.

W średniowiecznej Europie wykształciły się dwa zasadniczo odmienne ustroje uniwersyteckie. Jeden wziął początek z Bolonii i przyjął się w uniwersytetach włoskich, hiszpańskich oraz niektórych francuskich (Montpellier, Orlean, Angers), a drugi, wywodzący się z Paryża, przyjął się przede wszystkim w większości uniwersytetów francuskich oraz w uniwersytetach angielskich. Typ boloński stanowiły korporacje scholarów, którzy spośród siebie wyłaniali rektora i inne władze uniwersyteckie. Profesorowie zaś, zależni od scholarów ekonomicznie, w pełni podlegali ich władzom. Scholarzy mieszkali w kwaterach mieszczańskich, a i wykłady odbywały się w podnajmowanych u mieszczan lokalach (system hospicjalny). Uniwersytety typu paryskiego były korporacjami profesorów i scholarów, przy czym władze korporacji uniwersyteckiej powoływało i stanowiło grono nauczające. Wiązało się to z odmienną sytuacją ekonomiczną profesorów, którzy z reguły mieli beneficja kościelne, a zatem od scholarów byli niezależni. Był to zarazem system kolegialny, bo zarówno miejsce zamieszkania scholarów, jak i miejsce wykładów, stanowiły specjalne kolegia.

Już na początku ruchu uniwersyteckiego wytworzył się pogląd, że patronem i najwyższym zwierzchnikiem uniwersytetów jest papież. Toteż do papieży zwracano się o konfirmacje przywilejów uniwersyteckich i o nowe przywileje. Ale w 1224 r. powstał pierwszy wyłom z tej zasady. A mianowicie cesarz Fryderyk II, jako król Sycylii, założył uniwersytet w Neapolu i nadał mu charakter szkoły państwowej, podporządkowanej monarsze, a niezależnej od władzy papieskiej. Profesorowie otrzymali uposażenie ze skarbu państwowego, a promocji miano dokonywać nie jak w innych uniwersytetach z ramienia biskupa diecezji, ale z mocy władzy królewskiej. Do tego wzoru nawiązały z czasem liczne uniwersytety, między innymi uniwersytet Karola IV w Pradze, skądinąd wzorowany na Paryżu, a także ufundowany przez Kazimierza Wielkiego uniwersytet krakowski, wzorowany wprost na Bolonii i Padwie. Na przykład neapolitański nigdy się przy tym nie powoływano.

Powstanie uniwersytetu krakowskiego przypisać należy niewątpliwie rozsądkowi politycznemu, zapobiegliwości i dalekowzroczności Kazimierza Wielkiego, ale było ono również rezultatem dużego zapotrzebowania społecznego Polski w zakresie oświaty, kultury, znajomości prawa, medycyny itp. Już w XII w. można zanotować wiele wyjazdów z Polski na studia do Paryża lub Bolonii. W XIII w. migracji takich było coraz więcej. Miała już wówczas Polska swoich uczonych wykształconych na zagranicznych uniwersytetach, a niektórzy z nich stali się nawet szerzej znani, bo działali poza Polską, jak zwłaszcza Ślązak Witelo, filozof, fizyk i matematyk, autor słynnego dzieła o optyce. W XIII w. szczególnie żywym ośrodkiem kulturalnym był Kraków. W stuleciu następnym, w związku z powstaniem zjednoczonego państwa polskiego, reorganizacją i unowocześnianiem aparatu władzy państwowej, bujnym rozwojem życia miejskiego, przyłączeniem Rusi, wzrostem liczby akcji dyplomatycznych państwa, potrzeby Polski w zakresie oświaty, nauki i kultury gwałtownie wzrosły. I jest wielką zasługą ostatniego króla Piasta, że dla zaspokojenia tych potrzeb wybrał drogę starań o własny uniwersytet polski, i to – dodajmy – uniwersytet w miarę możliwości podporządkowany nie władzy kościelnej, jak to było powszechnie w zwyczaju, lecz władzy państwowej.

Pierwszych zabiegów Kazimierza Wielkiego, zmierzających do utworzenia uniwersytetu w Polsce uczeni dopatrują się już w 1351 r., kiedy to król wysłał za granicę Floriana Mokrskiego w celu przeprowadzenia wstępnego rekonesansu co do ustroju, potrzeb i możliwości uniwersytetów włoskich. Czy podjęto już wówczas starania o założenie uniwersytetu w Krakowie i jaki był ich ewentualny przebieg, nie wiadomo. Ale można przypuszczać, że zarówno papież Klemens VI, który zezwolił na założenie uniwersytetu w Pradze, jak i jego następca Innocenty VI, nie byli przychylni planowi Kazimierza Wielkiego. Starania o utworzenie uniwersytetu w Krakowie zostały podjęte lub może wznowione, gdy w 1362 r. na Stolicy Apostolskiej zasiadł uczony papież, były profesor uniwersytetu w Montpellier, Urban V.

Dnia 6 IV 1363 Kazimierz Wielki wystosował do Stolicy Apostolskiej suplikę w paru sprawach kościoła polskiego, w której między innymi upraszał, „aby w Krakowie, jednym ze znaczniejszych miast Królestwa, mogło powstać studium generale z wszystkimi wydziałami, a zwłaszcza z prawem kanonicznym i cywilnym, z przywilejami innych uniwersytetów, w szczególności dlatego, że z powodu wielkiej odległości innych wszechnic o przeszło 40 dni drogi, nauka w tych krajach jest upośledzona, a liczni szlachetni klerycy z Polski, jedni schwytani, inni uwięzieni, zmarli lub umierają w niewoli". Znamienne, że suplika przemilcza istnienie mniej odległego uniwersytetu praskiego, bo to mogło być użyte jako argument przeciwko kazimierzowskim planom. Suplika powyższa, zalecona specjalnie przez króla do szybkiego załatwienia (adnotacja „bez drugiego czytania"), uzyskała w ogólności aprobatę papieską (adnotacja „fiat" – niech się stanie). Ale pod datą 15 października papież zwrócił się specjalnym listem do arcybiskupa gnieźnieńskiego z zaleceniem osobistego zbadania warunków zamierzonej fundacji i poinformowania o tym Stolicy Apostolskiej. Nie znamy odnośnej odpowiedzi arcybiskupa gnieźnieńskiego ani bulli papieskiej, zezwalającej na założenie uniwersytetu. Bulla taka musiała jednak wyjść z kancelarii papieskiej, bo wyraźnie powołuje się na nią związany z erekcją uniwersytetu akt miasta Krakowa.

Dnia 12 V 1364 Kazimierz Wielki wystawił obszerny przywilej założenia uniwersytetu. Arenga tego dokumentu, którego oryginał uległ zniszczeniu w czasie ostatniej wojny, głosi w przekładzie na język polski Stanisława Krzyżanowskiego: „Niechże tam będzie nauk przemożnych perła, aby wydawała męże, dojrzałością rady znakomite, ozdobą cnót świetne i w różnych umiejętnościach biegłe; niechaj otworzy się orzeźwiające źródło, a z jego pełności niech czerpią wszyscy naukami napoić się pragnący. Do tego miasta Krakowa niechaj zjeżdżają się swobodnie i bezpiecznie wszyscy mieszkańcy nie tylko Królestwa naszego i krajów przyległych". Miasto ze swej strony w osobnym akcie udzieliło potrzebnych gwarancji w punktach dotyczących swego stosunku do uniwersytetu.

Mocą kazimierzowskiego przywileju założono 8 katedr prawniczych, w tym 5 prawa rzymskiego, a 3 prawa kanonicznego, nadto dwie katedry medycyny oraz jedną katedrę sztuk wyzwolonych. Zabrakło na uniwersytecie kazimierzowskim jedynie teologii, ale domyślać się należy, że nie uzyskano w tej sprawie przyzwolenia papieskiego. Teologia bowiem, którą pierwotnie prawie monopolizował uniwersytet paryski, nie od razu zdołała wejść do programów nauczania innych uniwersytetów, a nie bez racji jest chyba pogląd, że w wypadku Polski papiestwo mogło żywić obawę, czy młody uniwersytet, położony na kresach chrześcijaństwa, sprosta wymogom, jakie tej dyscyplinie stawiano. Uderza w przywileju kazimierzowskim wielka liczba katedr prawniczych wobec skromnej liczby medycznych i jednej tylko katedry sztuk wyzwolonych. Ale daje to w pełni wyraz intencji założyciela krakowskiej akademii, która miała przede wszystkim przygotowywać ludzi do potrzeb dyplomacji oraz administracji państwowej i kościelnej.

W nauce utrzymuje się pogląd, że z kolei przewaga liczby katedr prawa rzymskiego nad liczbą katedr prawa kanonicznego wyraźnie wskazuje na świecki charakter instytucji, która miała przede wszystkim służyć potrzebom państwa, a w dalszej dopiero kolejności – Kościoła. Przeciwnicy tej wykładni zwracają uwagę, że prawo rzymskie, jako prawo akceptowane w pełni przez cesarstwo, nie miało w Polsce zastosowania, zatem nie o prawo rzymskie, ale o prawo kanoniczne głównie chodzić musiało fundatorowi. Ale i prawo kanoniczne nie miało zastosowania w administracji państwowej, a uniwersytet miał służyć głównie celom państwowym. Otóż wydaje się, że ani w jednym, ani w drugim wypadku nie chodziło o prawo stosowane, bo taki charakter 198 w sprawach świeckich miało u nas tylko prawo ziemskie oraz niemieckie (na Rusi ruskie lub ormiańskie), ale rzecz zdaje się w tym, że fakultet prawa został tu pomyślany jako szkoła prawniczego myślenia, a do tego celu nadawało się przede wszystkim prawo rzymskie oraz w drugiej kolejności kanoniczne, oba w pełni wyrobione i dojrzałe.

Profesorowie erygowanego uniwersytetu uzyskali uposażenie na krakowskich żupach solnych, które były wówczas najbardziej niezawodnym źródłem dochodu państwowego. Było to wreszcie uposażenie sute i w tym się wyraża świecki i państwowy charakter kazimierzowskiej fundacji. Tylko katedra sztuk wyzwolonych nie uzyskała dochodów z żupy, a to dlatego, że magistrowi wykładającemu w jej ramach oddano szkołę parafialną przy kościele Panny Marii wraz z uposażeniem. W ten sposób praktycznie podniesiono do rangi wydziału sztuk wyzwolonych jedną z najlepszych zapewne szkół parafialnych, ale było to w zupełności możliwe, ponieważ – jak wiadomo – wydział ten miał charakter studium wstępnego i przygotowywał do nauki na pozostałych wydziałach.

Uniwersytet krakowski założono według wzoru Bolonii i Padwy, a więc był on właściwie korporacją studentów, którzy ze swego grona powoływali rektora; w przywileju erekcyjnym wyraźnie zastrzeżono, że do tej godności nie może być wyniesiony żaden mistrz. Prawo sądownictwa we wszystkich sprawach cywilnych dotyczących studentów oraz w sprawach kryminalnych mniejszej wagi, przysługiwało rektorowi. Tylko sprawy o zabójstwo podlegać miały sądowi królewskiemu, gdy w grę wchodził scholar świecki, oraz sądowi biskupiemu, gdy oskarżonym był kleryk. Ale i w tym wypadku należało stosować wobec podsądnego scholara nie inne prawo, jak tylko rzymskie. Prawo aresztowania scholara, nawet oskarżonego o zabójstwo, przysługiwać miało tylko rektorowi i jego sługom. Te same przepisy immunitetu sądowego dotyczyły grona nauczającego i funkcjonariuszy rektora. Od wyroku rektora nie było odwołania. Jeśli rektor skazał kogoś na wydalenie z miasta, to władze miejskie miały współdziałać w wykonaniu takiego wyroku, a mieszczanie nie mogli świadczyć skazanemu żadnych usług ani pomocy.

Katedry miały być obsadzane w drodze wyboru kandydata przez scholarów danego wydziału większością głosów. Z kolei kandydat miał być prezentowany monarsze lub delegowanemu przez niego w tym celu komisarzowi. W tym znowu przejawił się państwowy charakter uniwersytetu.

Wzorem bolońskim uniwersytet miał mieć charakter hospicjalny, tzn. studenci mieli mieszkać w prywatnych kwaterach w mieście, których ceny ustalali dwaj przedstawiciele studentów oraz dwaj przedstawiciele mieszczan. Czynsze kwater nie mogły być dowolnie podwyższane, a właściciele obowiązani byli te kwatery utrzymywać w należytym stanie. W domach przeznaczonych na takie kwatery scholar miał pierwszeństwo najmu, a nawet mógł żądać usunięcia innego lokatora. W tym systemie hospicjalnym nie przewidywano nawet stałego miejsca wykładów. Nauczanie w zakresie sztuk wyzwolonych odbywało się pewnie w szkole mariackiej, a co do pozostałych dyscyplin, to nie wiadomo, czy ich nauczanie odbywać się miało w prywatnych mieszkaniach profesorów, czy może — jak niektórzy przypuszczają — w katedrze krakowskiej, czy może wreszcie na zamku krakowskim. W jakiś czas po formalnej fundacji akademii przystąpił król do budowy w Kazimierzu pod Krakowem, a ściślej w przylegającej do miasta dawnej wsi Bawół, pierwszego domu uniwersyteckiego, który zresztą nie został nigdy ukończony. Przypuszcza się, że budowa ta została podjęta w związku z planowanym wprowadzeniem systemu kolegialnego. Dom zatem w Kazimierzu miałby być pierwszym zamierzonym kolegium uniwersyteckim.

Scholarzy otrzymali przywilej poruszania się po Królestwie bez opłaty jakichkolwiek ceł do przewożonych rzeczy, a to samo stosowało się również do rzeczy i produktów im przesyłanych. Król gwarantował odszkodowanie strat w razie napadu rabunkowego na scholara lub jego służbę w granicach państwa oraz starania w drodze dyplomatycznej o odpowiednie odszkodowanie w wypadku grabieży mienia studenckiego poza granicami państwa. Młynarze i piekarze krakowscy mieli wykonywać swoje usługi na rzecz scholarów za tę samą cenę, co na rzecz mieszczan. Król wyznaczył lichwiarza żydowskiego, który obowiązany był świadczyć scholarom pożyczki pieniężne, oprocentowane stosunkowo niską na owe czasy stopą 25% w stosunku rocznym.

Bardzo istotnym punktem przywileju kazimierzowskiego było postanowienie, że prawo promowania scholarów przysługuje kanclerzowi królewskiemu. Znajduje tu znowu wyraz państwowy charakter uczelni krakowskiej. Przebija przez to wzór państwowego uniwersytetu, założonego przez Fryderyka II w Neapolu, choć akt królewski powołuje się jedynie na wzór Bolonii i Padwy.

Aktem z dnia 1 IX 1364 oraz listem do Kazimierza Wielkiego z 13 września t.r. papież Urban V zaaprobował przywileje króla i miasta Krakowa z 12 maja, atoli z uchyleniem jednego punktu. Mianowicie nie kanclerz królewski, lecz biskup zatwierdzał egzaminy i dokonywał promocji, gdyż to uchodziło za atrybut władzy kościelnej.

Uniwersytet kazimierzowski funkcjonował zaledwie kilka lat. Po śmierci Kazimierza Wielkiego w 1370 r. działalność jego ustała. Profesorowie i studenci przenieśli się zapewne w głównej mierze do Pragi.

Od dawna utarł się pogląd, że odnowienie akademii krakowskiej nastąpiło w 1400 r., a środków finansowych na ten cel dostarczyło spieniężenie legatu królowej Jadwigi w postaci jej klejnotów. W tym bowiem roku, w dniu 16 lipca, Władysław Jagiełło wystawił przywilej, który stał się nową podstawą prawną uczelni. Nie był to jednakże akt ponownej erekcji, a raczej ordynacja, która z pewnymi zmianami powtarzała klauzule przywileju kazimierzowskiego. Już w 1397 r. (11 I), w wyniku starań Władysława Jagiełły i Jadwigi, papież Bonifacy X wystawił bullę, mocą której utworzony został w krakowskim studium generale wydział teologiczny, mający się wzorować na uniwersytecie paryskim. Bynajmniej nie ma mowy w tym akcie papieskim o odnowieniu uniwersytetu, a wręcz przeciwnie robi on wrażenie, że uniwersytet wówczas funkcjonował. I istotnie najnowsze badania (M. Kowalczyk) wykazały, że uniwersytet działał w 1390 i w 1392 r. A więc jego odnowienie nastąpiło nie w 1400 r., ale już w parę lat po wstąpieniu na tron polski Władysława Jagiełły. W 1400 r. dokonała się zatem reforma, a nie renowacja krakowskiej akademii. Inne miała bowiem teraz ta uczelnia cele do spełnienia niż w dobie kazimierzowskiej.

Dwudziestoletnia przerwa w funkcjonowaniu uniwersytetu nie oznacza, iż źle został przez swego twórcę poczęty. Dzieje innych uniwersytetów środkowoeuropejskich pouczają, że i one miały trudne początki. W czasowym upadku widzielibyśmy raczej brak troski o jego losy ze strony Ludwika Andegaweńskiego i królowej matki Elżbiety. Jeżeli natomiast po przerwie się odrodził, oznacza to, że spełniał ideę ze wszech miar trafną i dojrzałą.

X. Sprawa następstwa tronu

Sprawa następstwa tronu w Polsce rzuca się cieniem na całe niemal panowanie Kazimierza Wielkiego. W okresie rozbicia dzielnicowego utrwaliła się bowiem zasada, że każdy członek rodziny panującej ma prawo dziedziczenia po ojcu lub przejęcia po krewniakach całości lub części ich władztwa. Państwo nabierało w ten sposób cech prywatnej własności panującego i w znacznej mierze podlegało tym samym prawom „rodowym", które widoczne są w prywatno-prawnych stosunkach własnościowych. Członków dynastii uważano powszechnie za „panów naturalnych", z czego wynikało, że ich prawa sukcesyjne były niemal niepodważalne. Stanowiło to siłę dynastii, a zarazem istotną więź między państewkami dzielnicowymi, utrudniającą wdzieranie się do praw rodziny panującej ludziom spoza jej kręgu. Mocną barierą była zasada dziedziczenia w linii męskiej.

Czynnikiem, który częściowo ograniczał prawa członków dynastii, a ich władztwu nadawał w mniejszym lub większym stopniu cechy publiczno-prawne, była aktywna politycznie warstwa rycerzy i duchowieństwa. Czynnik ten odegrał w XIII w. znaczną rolę zwłaszcza w dzielnicy krakowskiej, która w myśl statutu sukcesyjnego Bolesława Krzywoustego była niedziedziczna, a jeżeli z czasem nabrała dziedzicznego charakteru, to stało się to za zgodą i wolą miejscowych panów i dostojników, co nie mogło być bez wpływu na jej formę ustrojową. Tutaj wytworzyły się już w XII w. pierwociny elekcji tronu, a także zawiązki tzw. prawa oporu dającego możliwość usunięcia monarchy z tronu.

Koronacja królewska Władysława Łokietka tworzyła ostatecznie władzę hierarchicznie wyższą w stosunku do książęcej, słusznie więc mogli się obawiać książęta piastowscy o własną suwerenność, Łokietek zaś o uznanie z ich strony. Istotnie nie uznali zwierzchniej jego władzy ani książęta mazowieccy, ani śląscy, a podporządkowali mu się tylko bliscy jego krewniacy z dzielnicy kujawskiej, zapewne w poczuciu rodzinnych więzi. Mogli zresztą liczyć na sukcesję tronu królewskiego, gdyby Łokietek nie pozostawił potomka męskiego. Ale zasady sukcesji miały się dopiero wytworzyć.

Jakkolwiek w praktyce okresu rozbicia dzielnicowego dziedziczność tronów książęcych była – z wyjątkiem Krakowa – w pełni ugruntowana, nie zawsze mogła ona rozstrzygać o następstwie. Komplikacje wyłaniały się w razie wygaśnięcia linii

linii dynastycznej. I tu zbawienne okazywało się rodowe poczucie niepozbywalności dóbr; z jednej strony pojmowano je jako indywidualną własność danego księcia, z drugiej natomiast jako należące do całego rodu. Obracając się więc w kręgu męskich przedstawicieli dynastii, książę, który nie miał potomstwa męskiego, mógł desygnować swojego następcę, a desygnacja miała moc prawną. Wymagała jednak akceptacji, a przynajmniej milczącej zgody, ze strony aktywnej politycznie warstwy społeczeństwa. Wydaje się, że z tej praktyki akceptacji wyrobiło się prawo elekcji, mogącej się dokonać niezależnie od woli schodzącego władcy, a nawet wbrew jego opinii. W niektórych wypadkach trudno się zorientować, czy ważniejsza była owa desygnacja, czy też elekcja. Zdaje się, że za życia panującego, oba zabiegi były konieczne, ale w miarę wzrostu roli wiecu, coraz bardziej liczyło się wotum jego uczestników. Na tej drodze ośmielono się najpierw u schyłku XIII w. naruszyć wyłączność prawa do tronu panów naturalnych, co wyraziło się w przyjęciu zrazu na tron krakowski, a z kolei także wielkopolski, przedstawiciela obcej dynastii Przemyślidów, którego akceptowano nawet jako króla, a z kolei w stuleciu następnym dopuszczono dziedziczenie tronu także przez kobietę. Dziedziczenie takie było najpierw wsparte desygnacją i elekcją, a w późniejszej fazie rozwojowej już samą elekcją.

W XIV w. i później przejawiła się tendencja do wyłączenia z praw sukcesyjnych do korony królewskiej w Polsce tych panów naturalnych, którzy uznali zwierzchność nad sobą obcego monarchy. Dotyczyło to zwłaszcza książąt śląskich jako wasali Królestwa Czeskiego. Pierwszeństwo przed nimi przyznawano władcom obcym, związanym z rodzimą dynastią przez kobiety. Była to bardzo niekonsekwentna i wręcz koniunkturalna interpretacja prawa dynastycznego, ważąca w XIV w. znacznie na losach państwa polskiego.

Na czasach kazimierzowskich zaciążyło widmo sukcesji andegaweńskiej. Niejasno przedstawia się moment, w którym doszło do układu polsko-węgierskiego w tej sprawie, na co zwrócono uwagę już wyżej. Węgierska kronika Turocziego informuje, że w lipcu 1339 r. Kazimierz Wielki ze swoimi dostojnikami przybył do Wyszehradu i za ich zgodą przekazał Królestwo Polskie swojemu siostrzeńcowi Ludwikowi, ponieważ nie miał syna. Kronikarz dodaje, że sporządzono w tej sprawie dokument. W naszych źródła z XIV w. znajdujemy wiadomość analogiczną o przeniesieniu przez Kazimierza Wielkiego tronu w Polsce na Ludwika Andegaweńskiego w *Kronice książąt polskich*. Wiadomość ta stanowi tutaj element ogólnej charakterystyki ostatniego króla Piasta, zatem nie została opatrzona żadną datą. Długosz zapisał tę rzecz pod r. 1339, dorabiając jej tło w postaci zjazdu dostojników Królestwa w Krakowie, gdzie rozważono różne możliwości sukcesji, wyłączono z niej książąt śląskich i zgodzono się na Ludwika. Nie ulega wątpliwości, że wszystkie te trzy źródła przeniosły wstecz znaną ich autorom rzeczywistość historyczną w postaci faktycznej sukcesji Ludwika i do niej dorobiły okoliczności powstania jej podstaw prawnych. Z całą bowiem pewnością umowa sukcesyjna nie dotyczyła imiennie Ludwika, a tylko męskiego następcy tronu węgierskiego. Wynika to jasno z aktu wystawionego w Budzie w 1355 r. przez Ludwika Andegaweńskiego. Jako potencjalny następca tronu w Polsce musiał wchodzić w grę zaledwie o rok młodszy brat Ludwika Andrzej, który jednak zmarł już w 1345 r., jak też kolejny jego brat Stefan, zmarły tuż przed aktem budzińskim, bo w 1354 r. Akt ten wszak poświadcza, że brano w rachubę przy sukcesji polskiej również syna wspomnianego Stefana, Jana, bratanka Ludwika Andegaweńskiego. W myśl prawa dynastycznego polskiego nie przewidywano natomiast przejścia tronu polskiego na żeńską reprezentantkę dynastii andegaweńskiej. Jak widać zatem, w źródłach historiograficznych brak nam wystarczającej informacji na temat okoliczności zawarcia umowy sukcesyjnej między Polską a Węgrami.

Wskazano już na możliwości znacznie wcześniejszego nabycia przez Andegawenów prawa do korony polskiej. W instrukcji bowiem, jaką przygotował Zakon Krzyżacki dla swego poselstwa do Wyszehradu w 1335 r., gdzie miał zapaść wyrok arbitrów w sporze polsko-krzyżackim, przewidziano osobną rezygnację króla węgierskiego z ziemi chełmińskiej, Pomorza i innych zebranych przez Zakon ziem polskich. Nie przewidywano analogicznej rezygnacji Jana Luksemburczyka, chociaż wówczas podtrzymywał on jeszcze uzurpowany tytuł króla Polski. Jeżeli więc istotnie instrukcja ta jest datowana prawidłowo i powstała jeszcze przed zjazdem wyszehradzkim 1335 r., to polsko-andegaweńska umowa sukcesyjna nie mogła być zawarta ani na wspomnianym tu zjeździe z 1335 r., ani na tym, o którym pisze kronika Turoczciego. Ponieważ nie mogli jej dokonać posłowie króla Polski, którzy w 1335 r. przed zjazdem wyszehradzkim układali w Trenczynie pod okiem Karola Roberta preliminaria pokojowego z Luksemburgami, pozostaje data jeszcze wcześniejsza. Jest rzeczą prawdopodobną, że władcą, który poczynił zobowiązania sukcesyjne na rzecz Andegawenów, byłby Władysław Łokietek. Kazimierz Wielki — idąc śladem ojca — tylko by je odnowił i potwierdził, co musiało się stać przed 1 III 1338, bo pod tą datą Karol Robert wszedł w układ z Luksemburgami, którzy przyrzekli mu poparcie w staraniach o tron polski, gdyby Kazimierz nie miał potomstwa męskiego. Nie uzasadniona jest więc również data układu sukcesyjnego, jaką podają kroniki Turocziego i Długosza, tj. r. 1339. Jednakże domysł o przyrzeczeniu tronu polskiego Andegawenom już przez Łokietka nie opiera się na żadnej dodatkowej przesłance, zatem wymaga sprawdzenia, czy nie kłóci się z całokształtem ówczesnej polityki Łokietkowej.

Kiedy mógłby Łokietek poczynić takie zobowiązania czy deklaracje? Przed małżeństwem Karola Roberta z Elżbietą Łokietkówną na pewno nie, bo to Elżbieta właśnie dawała Andegawenom tę szansę rozszerzenia ich władztwa dynastycznego. Czyżby więc była to obietnica towarzysząca układowi ślubnemu? Trudne to do przyjęcia o tyle, że w chwili ślubu Elżbiety z Karolem Robertem Łokietek miał własnego dziesięcioletniego syna. Deklaracja co do ewentualnej sukcesji obcej osłabiałaby prawa do następstwa tronu w Polsce Kazimierza Łokietkowica, które wszak nie było całkiem pewne wobec nie wyrobionej jeszcze praktyki dziedziczenia korony. Mogło to się natomiast stać w okresie ciężkiej choroby Kazimierza, która przypadła na r. 1327 i zbiegła się chyba z odnowieniem pretensji do tronu polskiego przez Jana Luksemburczyka i zbrojnym jego wtargnięciem do Polski. Przez obietnicę sukcesji w Polsce na rzecz Andegawenów mógł ich Łokietek istotnie zainteresować sprawą kasacji roszczeń luksemburskich, a równocześnie — w wypadku śmierci syna — ocalić Polskę przed ponownym rozbiciem politycznym i zatratą królewskiej korony.

Jeżeli słusznie domyślamy się układu o ewentualnej sukcesji andegaweńskiej w Polsce jeszcze w czasach Władysława Łokietka, to Kazimierz Wielki, przynajmniej u początków swego panowania, musiał traktować je z dezaprobatą, choć jako młody władca, obdarzony już przez Aldonę-Annę potomstwem (Elżbieta i Kunegunda) i oczekujący zapewne na potomstwo dalsze, mógł się takim układem zbytnio nie przejmować. Karol IV relacjonuje w swojej autobiografii, że na zjeździe wyszehradzkim 1335 r. król Kazimierz wyraził opinię, iż „kobieta nie może dziedziczyć w Królestwie". Miał na uwadze Królestwo Polskie. Nie ma podstaw, aby nie ufać tej informacji. Sprawa obchodziła wprost Luksemburgów, a zatem bacznie musieli śledzić i pamiętać enuncjacje strony polskiej. Roszczenia Jana Luksemburczyka do tronu w Polsce zasadzały się wszak na jego małżeństwie z córką Wacława II, który łączył korony czeską i polską. Nie ulega też wątpliwości, że wspomniane już stanowisko króla Polski dotyczyło w pierwszym rzędzie owych roszczeń luksemburskich, ale wyrażone na dworze andegaweńskim, zapewne w sposób oficjalny i w obecności Karola Roberta, podważało zarazem ewentualne prawa andegaweńskie do sukcesji w Polsce. One bowiem były nabyte analogicznie przez małżeństwo króla Węgier z córką Władysława Łokietka. Co prawda wzmacniała je desygnacja, bo tak należałoby traktować istotną treść owego układu sukcesyjnego.

W stosunku do Węgier skorygował z czasem Kazimierz swoje stanowisko i na zjeździe wyszehradzkim 1338 lub 1339 r. potwierdził – jak się wydaje – a nie ustanowił prawa sukcesyjne Andegawenów w Polsce. Uczynił to zapewne z konieczności, licząc na konsekwentną życzliwość Karola Roberta w sprawie polsko-krzyżackiej i uzyskując z jego strony zgodę na analogiczny układ sukcesyjny polsko-ruski, który dawał Polsce tytuł do zabiegów o Ruś Halicko-Włodzimierską, gdyby jej książę Bolesław-Jerzy II zszedł, nie pozostawiając potomstwa męskiego.

Kiedy w czasie polsko-węgierskiej wyprawy przeciw Litwie z 1351 r. Kazimierz Wielki ciężko zachorował i wydawało się, że choroba jest śmiertelna, a Ludwik Andegaweński odebrał w Lublinie przysięgę od dostojników polskich, iż uznają go za „pana naturalnego i króla", ci postawili też warunki, których Ludwik musiał dotrzymać. Wyłączono mianowicie z praw sukcesyjnych w Polsce jego brata Stefana, co oznacza, że prawa takie we wcześniejszym układzie były przewidziane. Pod groźbą wypowiedzenia królowi posłuszeństwa zastrzeżono, że na urzędy król nie będzie wprowadzał Niemców, a wreszcie zawarowano sobie prawo do żołdu z tytułu wypraw wojennych. Prawo sukcesyjne Andegawenów zostało tu zacieśnione do osoby samego Ludwika i umocnione ową elekcją polskich dostojników. Było to działanie w zasadzie na krótką metę, bo z uwagi na możliwość rychłej śmierci Kazimierza Wielkiego. Ten jednak wyzdrowiał i wnet pokazało się, że sprawa wymaga uregulowania na dalszą przyszłość, zatem z uwzględnieniem innych jeszcze okoliczności. Pod jednym wszakże względem nie dało się już zawrócić biegu wydarzeń. Nie sposób było odtąd pertraktować o sukcesji z pominięciem przedstawicielstwa aktywnej politycznie warstwy społecznej. Ono samo nie pozwoliłoby już sobie odebrać głosu w tej żywotnej dlań sprawie, a i Ludwik rozumiał, że w drodze przetargów politycznych, obietnic, przywilejów i dostojeństw łatwiej osiągnie swój cel dynastyczny niż w układach z Kazimierzem. Wprawdzie nie mógł liczyć na oderwanie dostojników Królestwa Polskiego od króla i w tym kierunku z całą pewnością nie zmierzał, ale stawiał na ich opinię, która była dla monarchy w znacznym stopniu wiążąca i stanowiła poważny środek nacisku.

Inicjatywa układów sukcesyjnych przechodziła teraz po stronie Polski w ręce jej dostojników. Była ona jednak na pewno uzgodniona z królem i przez niego akceptowana. Z początkiem r. 1355 bawiło w Budzie poselstwo polskie, złożone z Jana kasztelana wojnickiego, Floriana proboszcza, a zarazem kanclerza łęczyckiego (późniejszego biskupa krakowskiego), Piotra wojskiego krakowskiego i Pełki podkoniuszego krakowskiego. Ranga tego poselstwa była niewysoka. Wydaje się, że działało ono z pełnomocnictwa królewskiego, a niejako ubocznie przeprowadziło z Ludwikiem Andegaweńskim rozmowy w imieniu „wszystkich mieszkańców Królestwa Polskiego". Na jego ręce wystawił Ludwik 24 I 1355 dokument, w którym sprecyzował warunki, na jakich miała dojść do skutku jego sukcesja w Polsce. W imieniu własnym i swoich następców przyrzekł nie ściągać danin i podatków nadzwyczajnych, które wprowadzili bądź Władysław Łokietek, bądź Kazimierz Wielki, a ograniczyć się jedynie do świadczeń usankcjonowanych starym zwyczajem. W razie swoich podróży królewskich po Polsce przyrzekł Ludwik nie obarczać potrzebami swojego dworu ani dóbr kościelnych, ani rycerskich, a gdyby nawet wypadło mu urządzić postój w obrębie dóbr niekrólewskich, wówczas miał za pieniądze kupować potrzebną mu żywność i paszę. W razie wyprawy wojennej poza granice państwa zobowiązał się wynagradzać rycerstwu polskiemu wszystkie wynikające stąd dla niego szkody. Była to cena, jaką miał Ludwik Andegaweński zapłacić społeczeństwu polskiemu, czy ściślej jego uprzywilejowanej warstwie, gdyby objął tron w Polsce.

Ten sam dokument, powołujący się zresztą na dawne porozumienie między Kazimierzem Wielkim i Karolem Robertem, precyzuje zasady sukcesji andegaweńskiej w Polsce. Dotyczyła ona nie osoby samego Ludwika, ale w ogólności męskich przedstawicieli dynastii. Jak gdyby trzymając się jej zasadniczej koncepcji, nie powrócono już do warunku z 1351 r., że prawa sukcesyjne ma tylko Ludwik. Należy stanąć na stanowisku, że w zasadniczym założeniu miała je cała rodzina węgierskich Andegawenów, wywodzących się ze związku małżeńskiego Karola Roberta z Elżbietą Łokietkówną.

W omówionym wyżej przywileju budzińskim Ludwik przyrzekł, że jeżeli ani on, ani jego bratanek Jan nie pozostawią potomstwa męskiego, wówczas cała umowa sukcesyjna utraci swoją moc, a mieszkańcy Królestwa będą wolni od wszelkich zaciągniętych w tej sprawie zobowiązań.

Obustronne przyrzeczenia i deklaracje co do sukcesji andegaweńskiej w Polsce nie przekreślały warunku podstawowego, że będą one wiążące jedynie w wypadku, gdyby Kazimierz Wielki nie miał potomstwa męskiego. Zbyt daleko posunięte, mogły jednak zrodzić na przyszłość pewne komplikacje, których niewątpliwie ostatni król-Piast się obawiał. Gdy więc planował związek małżeński z Jadwigą żagańską, wymógł na Ludwiku Andegaweńskim w 1364 r. oświadczenie dokumentowe, że jeżeli będzie miał legalne potomstwo męskie z nowego małżeństwa, wówczas Ludwik nie uczyni mu przeszkody we wstąpieniu na tron polski. Gdyby zaś miał córkę, wówczas Ludwik zobowiązuje się godnie wydać ją za mąż, a sam − zgodnie z układami − obejmie panowanie w Polsce. Z dokumentu tego dowiadujemy się o kilkakrotnych zobowiązaniach Kazimierza Wielkiego co do sukcesji andegaweńskiej, a także o pisemnej umowie co do tego, ile powinien wynosić posag córki kazimierzowskiej, gdyby ją Ludwik wydawał za mąż. Warunki te musiały się zawierać we wcześniejszych dokumentach obu stron, niestety dziś nam nie znanych.

Mimo że z jednej strony ugruntowały się w ciągu szeregu lat prawa sukcesyjne Andegawenów w Polsce, to z drugiej Kazimierz Wielki niemal do końca życia liczył na legalne potomstwo męskie, a bujny jego temperament pozwalał mu parokrotnie te nadzieje odnawiać. Życie prywatne króla staje się w związku z tym nie tylko przedmiotem zwykłego zaciekawienia, ale sprawą o dużym znaczeniu historycznym.

Gdy Kazimierz miał lat 15, Władysław Łokietek doprowadził do jego małżeństwa z córką Giedymina Aldoną, której na chrzcie dano imię Anna. Małżeństwo miało na uwadze doraźne cele polityczne, ale było zdaje się w pełni udane, chociaż na tę Litwinkę i jej obyczaje niezbyt chętnie w Polsce patrzono. Była ona mniej więcej równolatką Kazimierza. Obdarzyła go dwiema córkami, Elżbietą i Kunegundą. Obie przyszły na świat przed połową 1335 r. Aldona-Anna zmarła w maju 1339 r. w wieku 29 lub najwyżej 30 lat. Jeszcze za jej życia (przed 1 III 1338) obiecał Kazimierz Wielki Karolowi Robertowi przenieść prawa sukcesyjne w Polsce na Andegawenów, oczywiście gdyby sam nie miał syna. Młody wiek królowej pozwalał jeszcze wówczas liczyć na dalsze potomstwo. Ale jeżeli królowa chorowała i zachodziła obawa o jej życie, to z kolei było rzeczą jasną, że dochodzący zaledwie trzydziestu lat życia król zawrze jeszcze nowy związek małżeński. Ze strony więc Kazimierza Wielkiego układ o sukcesji andegaweńskiej mógł się wydawać bez większego znaczenia. Jednak stronie andegaweńsko-luksemburskiej dawał możliwość takiej gry dyplomatycznej, która by w przyszłości powikłała 208 osobiste życie króla Polski. I w tym kierunku dyplomacja ta zdaje się poszła.

W dwa lata po śmierci Aldony-Anny doszło do sojuszu polsko--luksemburskiego, który miał być umocniony małżeństwem Kazimierza Wielkiego z córką Jana Luksemburczyka, a siostrą margrabiego Moraw — Karola. Była ona wdową po zmarłym w 1339 r. księciu Dolnej Bawarii Henryku. Umowę o wieczystym sojuszu sfinalizowano w Pradze w lipcu 1341 r. Z datą 13 tego miesiąca strony wystawiły odpowiednie dokumenty, przyrzekając sobie wzajemną pomoc. W obu dokumentach podkreślono z naciskiem, że sojusz ma trwać także w wypadku, gdyby narzeczona Kazimierza Małgorzata zmarła. Przy okazji tego samego pobytu w Pradze wystawił Kazimierz Wielki jeszcze drugi dokument (bez daty dziennej), dotyczący osobnego sojuszu z margrabią Moraw Karolem, synem Jana Luksemburczyka. Sojusz nazwano wieczystym i znowu powtórzono klauzulę, że ma on trwać także w wypadku śmierci Małgorzaty. Tu znajdujemy zobowiązanie Kazimierza Wielkiego, że nie zawrze on związku małżeńskiego bez wiedzy, zgody i woli Karola, a także w innych sprawach będzie zasięgał jego rady.

W całej tej sprawie, w której na czoło wysuwano oczywiście małżeństwo króla Polski z Małgorzatą, można by się spodziewać ściślejszego określenia posagu, terminu ślubu i zobowiązań ślubnych pana młodego. Tymczasem sprawy te, jak gdyby celowo, pominięto, a z naciskiem podkreślano trwanie sojuszu także w wypadku śmierci Małgorzaty. Można by odnieść wrażenie, że była ona chora i faktycznie liczono się z jej zgonem. Czy jednak nie wiedziano, czy może celowo przemilczano po stronie Luksemburgów fakt, że w chwili gdy wystawiano sobie wzajemnie w Pradze owe dokumenty, Małgorzata już od dwu dni nie żyła. Nie ulega wątpliwości, że układy o to małżeństwo rozpoczęto znacznie wcześniej, a gdy już Kazimierz znalazł się w Pradze, chodziło Luksemburgom o sfinalizowanie sojuszu, a w każdym razie o utrzymanie wpływu na sprawę nowego małżeństwa króla Polski. Dlatego w akcie sojuszu Kazimierza z Karolem znalazła się owa klauzula dotycząca ewentualnego innego małżeństwa, które mógłby zawrzeć Kazimierz Wielki.

Bardzo rychło też wyswatali Luksemburgowie Kazimierza z Adelajdą, córką Henryka II Żelaznego, landgrafa Hesji. Ślub odbył się 29 IX 1341, a więc w niewiele ponad dwa i pół miesiąca po śmierci Małgorzaty luksemburskiej. Miejscem ceremonii ślubnej i koronacyjnej była katedra Św. Piotra w Poznaniu, co nam poświadczają w sposób wiarygodny, wraz z podaną wyżej datą dzienną *Roczniki poznańskie*. W chwili wejścia w związek małżeński

14   Kazimierz Wielki

z królem Polski miała Adelajda najwyżej 18 lat, mógł więc król oczekiwać od niej potomstwa. Według wiarygodnej tradycji, poświadczonej przez niezależne od siebie źródła, pożycie pary królewskiej trwało piętnaście lat, tj. do r. 1356. W rzeczywistości ustało ono wcześniej, a być może nigdy nie układało się dobrze. Dzieci z tego związku nie było wcale. Długosz, który ma sporo nieznanych skądinąd wiadomości o prywatnym życiu Kazimierza Wielkiego, informuje, że Kazimierz trzymał Adelajdę z dala od siebie w zamku w Żarnowcu. Miała tu przebywać pod strażą, co odczuwała jako dotkliwe upokorzenie; tymczasem jej małżonek oddawał się rozlicznym miłostkom, w różnych bowiem miejscach swego państwa utrzymywał kochanki i nierządnice. Królowa, zniechęcona samotnością i poniżeniem, wezwała swego ojca, by ją zabrał do Hesji i zapewne we wrześniu 1356 r., lub może nawet dopiero w 1357 r., opuściła Polskę. Separacja pary królewskiej trwała już na pewno od kilku lat przedtem, co musiało być sprawą głośną, skoro w 1354 r. mieszczanie wrocławscy donosili Karolowi IV o nowych planach małżeńskich Kazimierza Wielkiego, jakoby z księżniczką tatarską.

Po małżeństwie z Adelajdą heską pozostały skomplikowane sprawy majątkowe. W posagu landgraf heski przyrzekł Kazimierzowi kwotę 2000 kop groszy praskich, którą miał wypłacić dokładnie w ciągu roku, licząc od daty ślubu. Wiadomo, że tego zobowiązania nie dopełnił. W r. 1356, wobec zgłaszanych przez Kazimierza roszczeń w tej sprawie pod adresem Karola IV, z którego poręki małżeństwo to doszło do skutku, Karol przyrzekł sam wypłacić posagową należność. Ze swej strony Kazimierz Wielki zapisał Adelajdzie jako wiano ziemię sandomierską wraz z miastem Sandomierzem i z grodem. Wiano takie stanowiło dożywocie, a zatem również po faktycznej separacji, a nawet opuszczeniu Polski przez Adelajdę, pozostawało jej własnością. To prawo jednak Kazimierz Wielki kwestionował, tym bardziej że podjęte zostały z jego strony kroki zmierzające do unieważnienia tego małżeństwa. Jeszcze po śmierci Kazimierza Wielkiego zabiegała Adelajda, za pośrednictwem Stolicy Apostolskiej, aby Ludwik Andegaweński restytuował należne jej wiano. Bulla papieska, którą Grzegorz XI interweniował w tej sprawie, nosi datę 25 V 1371 i jest dla nas ważkim świadectwem, że Adelajda przeżyła swego męża, że zatem fakt ten komplikował prywatne życie króla do ostatnich jego dni.

Starania Kazimierza Wielkiego o unieważnienie małżeństwa z Adelajdą natrafiły w Stolicy Apostolskiej na trudności, ponieważ przeciwdziałały im niewątpliwie dyplomacje luksemburska i andegaweńska. Brak bowiem formalnego unieważnienia był stanem dla Ludwika Andegaweńskiego wręcz idealnym. Uniemożliwiał Kazimierzowi zawarcie nowego związku małżeńskiego, a w każdym razie związek taki musiałby być nielegalny, a choćby nawet przyniósł potomstwo męskie, nie zagrażałby przecież sukcesji andegaweńskiej w Polsce.

Zanim jeszcze Adelajda opuściła Polskę, pojął Kazimierz Wielki za żonę Krystynę, zwaną przez Długosza Rokiczaną, prawdopodobnie w czasie swego pobytu w Pradze w maju 1356 r. Była ona zapewne wdową po rajcy praskim Mikulaszu (Mikołaj) z możnej rodziny mieszczańskiej Rokiczańskich. Fakt tego małżeństwa mamy dobrze poświadczony w kontynuacji kroniki czeskiej Benesza z Pragi, znalazł on ważkie odbicie w niezależnym zupełnie a miarodajnym w tym zakresie źródle polskim, tzw. *Spominkach o Ciołkach*, a wreszcie u Długosza, czerpiącego z zupełnie innej tradycji. Uwagi godne są przede wszystkim owe *Spominki o Ciołkach*. Pisząc bowiem o wymienionym już wyżej rycerzu – siłaczu Stanisławie Ciołku, który poległ w czasie wyprawy ruskiej Kazimierza Wielkiego z 1356 r., a znany był z rozmaitych niezwykłych wyczynów, autor relacji opowiada, że w czasie gdy król Kazimierz przebywał w Pradze i gdy odbywały się tam uroczystości weselne z racji jego ślubu „z pewną Czeszką wdową z Rokitna", wówczas ów Stanisław, mocując się z pewnym siłaczem czeskim, ścisnął go ramionami tak mocno, że tamten wyzionął ducha.

Długosz przedstawia inną wersję ślubu Kazimierza Wielkiego z Rokiczaną i podaje rzeczywiste czy może raczej domniemane powody rozejścia się tego kolejnego małżeństwa króla. W jego relacji następstwo wydarzeń przedstawia się w ten sposób, że najpierw król pojął za żonę ową Czeszkę, a dopiero potem Adelajda miałaby Polskę opuścić. Jest to prawdopodobne i być może owo nowe małżeństwo Kazimierza skłoniło ostatecznie Adelajdę do wyjazdu.

Według Długosza Rokiczana była szlachcianką. Poznał ją król w czasie jednej ze swoich podróży do Pragi. Ta kobieta rzadkiej urody nie chciała ulec królowi inaczej, jak tyko przez legalne poślubienie. Ślub miał się odbyć według tej relacji w Krakowie; udzielił go opat tyniecki, który wystąpił w szatach biskupich, co wywołało na Czeszce wrażenie, że aktu tego dokonał biskup krakowski. Król kochał podobno tę swoją nielegalną małżonkę, gdy jednak się wyjawiło, że ma ona świerzb i jest łysa, co skrzętnie ukrywała, oddalił ją od siebie. Nie znamy jej dalszych losów i nie wiemy, jak długo trwać mogło pożycie. Należy tu natomiast dodać, że akt śledztwa w sprawie związku małżeńskiego Kazimierza Wielkiego z Adelajdą, przeprowadzonego z ramienia Stolicy Apostolskiej w 1365 r., wymienia imiennie opata tynieckiego Jana, jako tego, który udzielił królowi ślubu z Rokiczaną. Ślub zatem musiał się istotnie odbyć w Krakowie, a nie w Pradze, gdzie natomiast fetowano być może królewskie zaręczyny.

Tyle tylko wiemy o Krystynie Rokiczańskiej, ale musimy sobie zdawać sprawę z tego, że i w tym szczupłym zrębie informacyjnym są poważne skażenia, czy może wręcz plotki. Prawdopodobne są one zwłaszcza u Długosza, co po stu lub nawet więcej latach dzielących jego relację od opisanego w niej wydarzenia jest zupełnie zrozumiałe.

Długosz informuje nas dalej, że gdy Kazimierz Wielki odsunął od siebie Rokiczanę, związał się nielegalnym związkiem z Żydówką Esterą, która również była kobietą niezwykłej urody. Według tego źródła miał z nią król dwu synów: Niemierzę i Pełkę. Niemierza został podobno zabity w Koprzywnicy, gdy w czasie pogrzebu Władysława Jagiełły wybuchł w tym mieście spór o podwody, Pełka zaś umrzeć miał przedwcześnie. Były jeszcze i córki zrodzone z tego związku, które jakoby król pozwolił wychować w religii żydowskiej, na co Długosz mocno się oburza. Wpływowi Estery na króla przypisuje autor ogłoszenie przez tego władcę przywileju dla Żydów w Polsce, regulującego ich status prawny i gwarantujący im opiekę państwa. Wyraził przy okazji opinię, że przywilej ten stanowi obrazę Majestatu Bożego, a metaforycznie dodał, że cuchnący odór tego aktu trwał do jego czasów.

Długosz jest jedynym źródłem, które poświadcza ową kochankę królewską Esterę. Jej historyczności nie da się zaprzeczyć, ale nie można również przyjąć bez zastrzeżeń. Jeżeli istotnie król Kazimierz miał tyle kochanek, jak to utrzymywano w czasach Długosza, to mogła wśród nich być również Żydówka. Czy jednak nie była to plotka, czy tradycja ustna nie dorobiła tej Żydówki, aby wyjaśnić życzliwość króla względem Żydów, a tym samym narodziny jego żydowskiego przywileju, to są pytania, które wciąż muszą powracać. Moglibyśmy natomiast próbować sprawdzić Długosza, szukając wśród ludzi następującej po Kazimierzu generacji owych domniemanych synów jego i Estery: Niemierzy i Pełki. Istotnie wśród naturalnego potomstwa króla, o które zatroszczył się on w testamencie, znajdujemy Niemierzę oraz Paszka, obok dwu innych imiennie wymienionych synów. Paszko byłby może identyczny z Pełką. Pozostali jeszcze – jak pisze streszczający ów testament Janko z Czarnkowa – liczni inni synowie naturalni króla, których już z imienia nie wymienił. Mamy prawo jednak sądzić, że Janko nie omieszkałby zauważyć, że Niemierza był synem Żydówki, bo rzecz musiałaby uchodzić za niecodzienną. Próbowano wywodzić owego Niemierzę i Pełkę z domniemanego romansu króla z Cudką, córką Pełki kasztelana sieciechowskiego, a żoną dostojnika z czasów kazimierzowskich, Niemierzą herbu Mądrostka. Miał on wprawdzie synów o tych samych co owi naturalni synowie Kazimierza Wielkiego imionach, ale konstrukcja naukowa O. Balzera o owym królewskim romansie opiera się na wątłych przesłankach i nie wytrzymuje krytyki. Nie wiemy na pewno, kiedy Kazimierz Wielki zaczął starania w Stolicy Apostolskiej o unieważnienie małżeństwa z Adelajdą. Jest jednak bardzo prawdopodobne, że nie podjął takich kroków ani jeszcze w czasie pobytu Adelajdy w Polsce, ani bezpośrednio po jej wyjeździe. Sprawę bowiem komplikowało dodatkowo morganatyczne małżeństwo z Rokiczaną. Być może zresztą darzył ją król prawdziwym uczuciem, i to go powstrzymywało od zabiegów w kierunku rozwiązania tamtej sprawy małżeńskiej, gdy równocześnie z punktu widzenia interesów państwa nie wydawała się celowa legalizacja nowego związku. Dopiero z poselstwem Jana z Rzeszowa do Awinionu z końca 1362 r. wiążemy starania Kazimierza Wielkiego o unieważnienie jego małżeństwa z Adelajdą. W roku następnym papież Urban V wysłał w związku z tym trzy pisma, adresowane każde osobno: do Kazimierza Wielkiego, Adelajdy i landgrafa heskiego. Wzywał małżonków do pogodzenia się i wspólnego życia, a landgrafa do odesłania swej córki małżonkowi. Do pogodzenia stron oczywiście nie doszło, natomiast wiadomo, że zanim jeszcze sprawa w Stolicy Apostolskiej została zakończona, król pojął za żonę Jadwigę, córkę księcia żagańskiego Henryka V Żelaznego. Według wspomnianego protokołu śledztwa, opierającego się w tej sprawie na doniesieniu Adelajdy, nowy ślub odbył się we Wschowie, a udzielił go ówczesny biskup poznański Jan. Data roczna podana w tym akcie, tj. 1363 r., kłóci się z szeregiem współczesnych faktów, dlatego została przez historiografię skorygowana (O. Balzer, Z. Kozłowska-Budkowa). Ponieważ ów akt śledztwa zachował się w postaci formularza, a więc kopii o przeznaczeniu szczególnym, bo mającej służyć za kancelaryjny wzór dla innych dokumentów, konkretne szczegóły w nim zawarte były dla kopisty rzeczą obojętną lub nawet zbędną i łatwo mogły ulec zniekształceniu, skoro najczęściej były w ogóle opuszczane. Biorąc to pod uwagę, przyjmujemy, że ślub Kazimierza Wielkiego z Jadwigą musiał się odbyć w r. 1365 i on właśnie skłonił Adelajdę i jej ojca, inspirowanych niewątpliwie przez dyplomację Andegaweńskich, żywiących obawy co do ich sukcesji w Polsce, a także przez Luksemburgów lękających się trwalszego związku króla Polski z jednym z potężniejszych ich wasali na Śląsku, do skargi w Stolicy Apostolskiej. To samo źródło informuje, że związek ów został zawarty na podstawie sfałszowanej bulli papieskiej, która rzekomo wyszła ze Stolicy Apostolskiej. Zarzut fałszerstwa, uczyniony przez poselstwo Adelajdy, może uchodzić za nazbyt surowy i stronniczy, nie ulega jednak wątpliwości, że legalnej podstawy do owego związku nie było. Musiał mieć jednak pozory legalności, wobec których biskup ślubu udzielił. Rzecz wyglądała prawdopodobnie w ten sposób, że Jan z Rzeszowa, który w latach 1363 i 1364 pomyślnie załatwił w Awinionie szereg spraw królewskich, również i w tej sprawie był na dobrej drodze. Pozyskał być może w kurii papieskiej odpowiednich protektorów i miał już wiążące obietnice, gdy natrafił na kontrakcję dyplomacji andegaweńskiej i luksemburskiej. Być może więc przesłał królowi odpowiednie oświadczenie, że dyspensa jest już załatwiona, być może miał jakieś orzeczenie wstępne co do pomyślnego przebiegu sprawy kogoś z dostojników kurii, być może wreszcie wystarał się o jakiś falsyfikat.

Interwencja Adelajdy i landgrafa heskiego w Awinionie była właśnie dla papieża podstawą do wszczętego wówczas postępowania kanonicznego. Orzeczeniem z 26 V 1368 papież uwolnił wprawdzie Kazimierza Wielkiego od zarzutu fałszerstwa, ale w tym samym akcie zarazem zaznaczył, że dyspensy nie aprobuje. W ten sposób małżeństwo Kazimierza Wielkiego z Jadwigą żagańską pozostało do końca życia króla nielegalne, a tylko córki z niego zrodzone: Anna, Kunegunda i Jadwiga, zostały w latach 1369 i 1371 przez Stolicę Apostolską legitymizowane.

Jeżeli brak formalnego unieważnienia małżeństwa Kazimierza Wielkiego z Adelajdą stawiał – w świetle prawa kanonicznego – w stanie nielegalności jego związek z Jadwigą żagańską, to był to tylko jeden powód do niepokoju króla. Nie mniej zmartwień przysparzał zapewne fakt, że i z tego związku bynajmniej syn się nie urodził. Może dlatego właśnie sprawę kontynuowano w Awinionie nie dość energicznie. Społeczeństwo polskie, w swojej czynnej politycznie warstwie, i tak zapewne nie przejmowało się zbytnio stanowiskiem Stolicy Apostolskiej. Na prawo małżeńskie patrzyło mniej rygorystycznie niż kanoniści kurii papieskiej. Zdawano sobie zresztą sprawę z tego, że komplikacje powstały w wyniku znanych układów natury politycznej. Małżeństwo króla z Jadwigą żagańską nie nosiło więc na pewno u współczesnych piętna nielegalności. Być może nawet cieszyło się powszechną aprobatą, skoro zawierało się w kręgu „panów naturalnych" 214 i stwarzało pewne nadzieje na rewindykację choćby części Śląska. Było zarazem oczywiste, że gdyby z małżeństwa tego urodził się syn, niemałe trzeba by było pokonać trudności, aby zapewnić mu następstwo tronu. Wszak ostatni układ w sprawie sukcesji andegaweńskiej (1364) akcentował bardzo mocno właśnie legalność potomstwa męskiego Kazimierza, jako warunek konieczny dla dziedziczenia tronu i ustania praw sukcesyjnych andegaweńskich. Dyplomacja węgierska jak gdyby z góry tu zakładała, że nie dopuści do unieważnienia małżeństwa z Adelajdą, w czym zresztą Ludwik liczył na pełne poparcie Karola IV. Sytuację mogła oczywiście zmienić po myśli Kazimierza Wielkiego śmierć Adelajdy, ale Adelajda – jak wiadomo – przeżyła swego małżonka.

Wśród takich okoliczności sukcesja andegaweńska w Polsce stawała się coraz bardziej realna. Zbliżający się do sześćdziesiątki król musiał się z nią ostatecznie pogodzić. Sprawa nie była jednak do końca jasna i prosta. Ludwik był wprawdzie młodszy od swego wuja zasiadającego na tronie polskim o całe 16 lat i należało się spodziewać, że go przeżyje, jednak chorowity, sam również długo nie miał potomstwa. Jego pierworodna córka Maria przyszła na świat w 1365 r., ale w rok później już zmarła. Kolejna córka Katarzyna urodziła się dopiero w roku śmierci Kazimierza Wielkiego, a druga Maria i Jadwiga były od niej młodsze. Bratanek Ludwika Jan, syn Stefana, brany pod uwagę jako ewentualny kandydat do tronu polskiego po Ludwiku w układzie budzińskim 1355 r., zmarł już na początku lat sześćdziesiątych. Pozostawał więc tylko Ludwik, wciąż jeszcze liczący na potomstwo męskie. W sytuacji zatem, gdy wspomniany Jan Andegaweński już nie żył, tylko syn Ludwika mógł przedłużyć panowanie jego domu. Córki bowiem z góry wyłączono, jak temu dał wyraz układ budziński. Jest to zresztą w pełni zrozumiałe, jeżeli zważyć, że Kazimierz Wielki miał córki własne, które musiałyby być bliższe sukcesji, gdyby prawo polskie dopuszczało ją w linii żeńskiej. Gdyby zaś brać pod uwagę męskie potomstwo zrodzone z córek, to mocniejsze prawo musiałby mieć wnuk Kazimierza Wielkiego po kądzieli, aniżeli także wnuk Ludwika Andegaweńskiego.

To wszystko brali zapewne pod uwagę król Kazimierz i jego doradcy. Z tych zapewne rozważań nad „naturalnym prawem" do tronu zrodziła się myśl adopcji Kaźka słupskiego, syna księcia zachodniopomorskiego Bogusława V i córki Kazimierza Wielkiego Elżbiety. Kaźko urodził się w 1351 r. Był ulubionym wnukiem króla Polski, wcześnie wciągniętym w jego plany polityczne, jak na to wskazuje małżeństwo nieletniego jeszcze księcia z Kenną-Joanną, córką Olgierda (1360). Kaźko miał zaledwie 17 lat, gdy ta wcześnie poślubiona przez niego krewniaczka zmarła. Nie zwlekano z nowym małżeństwem. W 1368 r., zaledwie w parę miesięcy po śmierci Kenny-Joanny, oddano Kaźkowi za żonę Małgorzatę, córkę księcia mazowieckiego Siemowita III. Był to niewątpliwie znowu plan polityczny Kazimierza Wielkiego. Wciągano w nim silniej władców pomorskich w orbitę polityczną Królestwa Polskiego, ale zarazem wzmacniano ich więzi z „naturalnymi panami" Polski, do których należeli wszak również Piastowie mazowieccy.

Dobrze zorientowany w biegu tych spraw Janko z Czarnkowa informuje, iż Kazimierz Wielki adoptował Kaźka. Ponieważ autor nie wspomniał o tym, streszczając testament króla, przeto musiało się to dokonać już przedtem, być może właśnie w 1368 r. przy okazji ślubu księcia słupskiego z Małgorzatą. Mniej uzasadnione byłoby natomiast domniemanie daty wcześniejszej, jeżeli zważymy, że w 1365 r. Kazimierz Wielki wszedł w związek małżeński z Jadwigą żagańską, zatem przez najbliższe lata mógł się jeszcze spodziewać własnego potomstwa płci męskiej.

Działając konsekwentnie, król Kazimierz zapisał w testamencie swemu usynowionemu wnukowi „księstwa dobrzyńskie, kujawskie, sieradzkie i łęczyckie z grodami Kruszwicą, Bydgoszczą, Wielatowem i Wałczem". Zasadniczy trzon tego zapisu stanowiła ojcowizna Kazimierza Wielkiego, zatem podstawa praw dynastycznych królewskiej linii Piastów. Żywotne jeszcze wówczas tytuły patrymonialne czyniły ten zapis w pełni prawomocnym i uzasadnionym. Dla Kaźka oznaczał on rzeczowe potwierdzenie formalnego aktu adopcji. Czy oznaczał natomiast uszczuplenie terytorialnej substancji państwa? Na pewno nie, bo w myśl doktryny Korony Królestwa nie było to wyłączenie odnośnego terytorium z granic państwa, ale tylko przeniesienie go prawem lennym na jednego z panów naturalnych. Właśnie położenie tego terytorium jak gdyby wewnątrz państwa oznaczało zachowanie jego integralnego związku z Koroną. Niektóre zresztą grody na tym obszarze musiały być spod władzy Kaźka wyłączone na rzecz władzy publicznej Królestwa. Te zaś grody, które wymieniono imiennie w zapisie, stanowiły przede wszystkim pomost z Pomorza Zachodniego do centrum Polski, gdzie leżał główny trzon zapisu.

Późnym latem 1370 r. Kazimierz Wielki bawił w ziemi sieradzkiej i zatrzymał się w Przedborzu, miasteczku przez siebie lokowanym, gdzie miał zbytkownie urządzony dwór. Towarzyszył mu podkanclerzy Królestwa Janko z Czarnkowa, dzięki któremu znamy ostatnie tygodnie życia króla i przebieg choroby, której nie przemógł organizm 60-letniego już mężczyzny. Był dzień 8 września, święto Narodzenia Marii Panny, w którym król – swoim zwyczajem – miał wyruszyć na polowanie na jelenia. Już przygotowano wóz królewski, już król szykował się do wyjazdu, gdy mu odradzono łowy, zapewne ze względu na dzień świąteczny. Znalazł się jednak ktoś inny, kto go ponownie zachęcił i król udał się w głąb lasów. Rankiem następnego dnia, gdy ścigał jelenia, koń jego się przewrócił, a on sam spadając odniósł „niemałą ranę na lewym kolanie". Wywiązała się stąd gorączka, która jednak szybko ustąpiła.

Nastąpił teraz zapewne okres kilku dni rekonwalescencji, w czasie której podjęto podróż do Sandomierza; wymagała ona – jak możemy się domyślać – około 5 dni. Wówczas to król, wbrew wskazaniom lekarzy, objadał się nadmiernie, zwłaszcza świeżymi orzechami laskowymi. Już po przybyciu do Sandomierza, na przekór radom swego doświadczonego lekarza Henryka z Kolonii, wziął w łaźni kąpiel, po której nastąpiła silna gorączka. W następnym dniu udano się w dalszą drogę do Krakowa. W odległości jednej mili od Sandomierza król zszedł z wozu i trawiony gorączką napił się obficie zimnej wody. W następstwie gorączka jeszcze się wzmogła. Zatrzymano się wobec tego w pewnej posiadłości kasztelana lubelskiego Grota, który zaprosił króla do siebie. Gorączka utrzymywała się nadal, a może nawet jeszcze się wzmogła, bo zaczęto tracić nadzieję na wyzdrowienie.

Następnego dnia lekarz doprowadził do pewnego obniżenia temperatury. Podjęto więc dalszą podróż. Musiała ona być jednak dla króla bardzo męcząca, bo umieszczono go na jakimś specjalnym wózku, który pociągnęli ludzie zamiast koni. Tak dojechano do odległej o około 20 km od Sandomierza Koprzywnicy. Dwór z królem zatrzymał się w ciągu ośmiu dni w tamtejszym klasztorze cystersów. Tam król uczynił ślub, że podniesie z ruiny katedrę płocką, po czym natychmiast – jak pisze kronikarz – poczuł pewną ulgę w gorączce. Kolejnym etapem podróży był Osiek. Tutaj pewien inny lekarz, mistrz Mateusz, pozwolił królowi – wbrew zastrzeżeniom mistrza Henryka z Kolonii – napić się miodu. Gorączka znowu się wzmogła, ale dojechano szczęśliwie do Nowego Miasta Korczyna, gdzie król zatrzymał się w swoim dworze i gdzie był przez lekarzy pielęgnowany. Odzyskał siły w takim stopniu, że sam wsiadł na wóz i sam z niego wysiadł w Opatowcu. Przebywał tutaj przez wiele dni i w znacznym stopniu powrócił do zdrowia. Gdy za radą mistrza Mateusza udał się w dalszą drogę, zaraz pierwszej nocy powróciła gorączka – jak się wydawało – z powodu ruchu.

217 „Poprzednio nie była ona jednakowa, lecz trojaka, bowiem

cierpiał [król] na codzienną, trzydniową i czterodniową, które wszystkie wydawały się dość lekkie". Teraz jak gdyby „zbiegły się wszystkie" i utrzymywały się bezustannie aż do powrotu króla do Krakowa, tj. do 30 października. W dniu 1 listopada król z ironią polecił Jankowi z Czarnkowa zapytać lekarzy stojących przy nim, czy jest już w Krakowie.

W tym miejscu relacji wszystkie zachowane rękopisy Janka z Czarnkowa mają niedużą lukę, która utrudnia zrozumienie tekstu. Długosz jednak korzystał z innego nie zdefektowanego jeszcze egzemplarza, a ponieważ niemal dosłownie odnośny tekst przepisał, pozwala nam w całości uchwycić myśl Janka. Otóż król czynił medykom wyrzuty, że obiecali skuteczniejsze leczenie sokami, ziołami i innymi lekarstwami, niedostępnymi w drodze, ale osiągalnymi w Krakowie. Dziwił się teraz, jak czcze były ich obietnice. Kazał z kolei zapytać, czy dostrzegają w nim oznaki śmierci. Oni jednak – jak pisze Janko – „zwyczajem medyków" przepowiadali mu długie życie. Król jednak nie zaufał tym przepowiedniom i w dniu 3 listopada u schyłku słońca kazał spisać testament. W dwa dni później o świcie zmarł w obecności wielu osób duchownych i świeckich.

Pochowany został pośpiesznie już 7 listopada z prawej strony katedry wawelskiej. Janko z Czarnkowa zaznacza, że obrzędu pogrzebowego dokonali Jarosław arcybiskup gnieźnieński, Florian biskup krakowski i Piotr biskup lubuski, tj. ci dostojnicy kościelni, którzy wówczas byli w Krakowie. Przy złożeniu ciała do grobu rozległ się według tej relacji płacz i lament zarówno dostojników duchownych i świeckich, jak też ludzi prostych. Czym wytłumaczyć ów pośpiech? Chodziło wszak najwyraźniej o to, aby uprzedzić przybycie do Krakowa Ludwika Andegaweńskiego.

Według ówczesnych pojęć, będących – jak się wydaje – obyczajową nadbudową prawa rodzinnego, obrzędu pogrzebowego monarchy winien był dopełnić następca tronu. Sam obrzęd, niezależnie od religijnej oprawy, miał wciąż jeszcze charakter rodzinny. Ludwika potraktowano więc jak obcego, a w każdym razie przez ów pochówek dokonany przez „wiernych" królowi stawiano Andegawena dość ewidentnie jak gdyby poza kręgiem rodziny i osób najbliższych. Prawdopodobnie znaleźli się ludzie, którzy mu sens tego pośpiechu wyjaśnili, dlatego już po swojej koronacji zarządził on nadzwyczaj uroczyste i wręcz rozrzutne egzekwie za zmarłego króla, mające scenerię właściwego pogrzebu. Egzekwie te odbyły się w najbliższy wtorek po koronacji Ludwika, a więc 19 listopada, jeżeli słusznie przyjmujemy, że koronacja miała miejsce w niedzielę 17 listopada. Ich opis warto przytoczyć w skrócie za Jankiem z Czarnkowa, który był niewątpliwie ich naocznym świadkiem.

Egzekwie zostały odprawione we wszystkich kościołach krakowskich, a uczestniczył w nich zarówno Ludwik, jak też liczni książęta i dostojnicy. Sam kondukt pogrzebowy wyglądał następująco: najpierw jechały cztery wozy, każdy zaprzężony w cztery konie; woźnice byli ubrani na czarno; tkaniny takiegoż koloru pokrywały konie. Za wozami postępowało 40 zbrojnych rycerzy na koniach pokrytych purpurowym suknem. Dalej niesiono chorągwie 11 księstw (które trzeba rozumieć jako ziemie) oraz dwunastą Królestwa Polskiego, wszystkie opatrzone znakami herbowymi. Za chorągwiami jechał na najlepszym okrytym purpurą koniu królewskim rycerz w złoconych szatach monarszych, wyobrażający zmarłego króla. Z kolei niesiono sześć zapalonych świec, każda z nich wielkiej wagi (pół kamienia wosku, tj. około 7 kg). Niosący je szli parami, jak w procesji. Za nimi postępowała z żałobnym śpiewem rzesza mnichów i osób duchownych z całego miasta i jego przedmieść, dalej na marach wieziono czy niesiono drogocenne tkaniny i inne kosztowności, które miały być rozdane krakowskim kościołom. Za marami postępowali król Ludwik, arcybiskup, biskupi, książęta, dostojnicy świeccy i bardzo liczny lud obojga płci. Jeszcze między królem a marami szło zawodząc i płacząc ponad 400 odzianych w czerń sług zmarłego króla. Wstępowali oni do leżących na trasie konduktu kościołów, w których składali dary (kościół Najświętszej Marii Panny, O.O. Dominikanów, O.O. Franciszkanów). Jeden ze sług, postępujący przed marami, rozsypywał między tłum grosze, z przeznaczeniem dla biednych i innej gawiedzi. Rozstępując się w poszukiwaniu pieniędzy, robiono wolne przejście konduktowi, ale cel tej ofiary był inny: chodziło o modły za zmarłego króla. Gdy srebrne misy z pieniędzmi, niesione przez dwu ludzi, zostały opróżnione, natychmiast nasypywano do nich monet od nowa, z worków, które nieśli z kolei inni wyznaczeni do tego celu ludzie. Z tych mis każdy mógł brać, ile chciał.

Opisany powyżej kondukt przeszedł przez miasto i udał się do kościoła katedralnego na Wawelu, gdzie biskup krakowski Florian odprawił mszę. W czasie tej mszy dokonano szeregu pobożnych ofiar, które szczegółowo opisał Janko z Czarnkowa.

Wspomniany już wyżej testament Kazimierza Wielkiego nie zachował się do naszych czasów. Znał jego tekst podkanclerzy Janko, który może własnoręcznie pod dyktando króla go spisał. W swojej kronice podał w skrócie jego treść i z tego tylko źródła jest nam znany. Autor zapisał ogólnie, że kościołom, biednym, a także swojej służbie zapisał król liczne dobra i posiadłości. Szczegółowo wymienił niektóre tylko legaty, a więc zapis miasta Włodzisławia z przynależnościami na rzecz niejakiego Zbigniewa i jego synów Przedbora i Pakosza, zapis czterech wsi i jakichś innych jeszcze posiadłości na rzecz naturalnego syna królewskiego Niemierzy. Drugiemu synowi naturalnemu Paszkowi z przydomkiem Złodziej zapisał król dwie wsie, a kolejnemu synowi naturalnemu Janowi — gród Międzyrzecz, wójtostwo w Zawichoście oraz posiadłość Sobotę. Dalej odnotowuje Janko wspomniany już legat na rzecz wnuka królewskiego Kaźka słupskiego, zapis złotego krzyża wartości 10 000 florenów na rzecz katedry krakowskiej, relikwii św. Kosmy w kosztownej oprawie na rzecz katedry poznańskiej, a jakiejś drogiej monstrancji oraz biblii na rzecz archikatedry gnieźnieńskiej. Wymienione tu kosztowności przekazał w połowie swoim dwom córkom z małżeństwa z Jadwigą żagańską, a w połowie samej Jadwidze.

Testament Kazimierza Wielkiego tylko częściowo pozostał w mocy. W następnym dniu po przybyciu Ludwika Andegaweńskiego do Krakowa kanclerz krakowski Janusz Suchywilk, wykonawca testamentu, udał się do przybyłego następcy tronu niejako po jego zatwierdzenie. Przybyły bowiem wcześniej do Krakowa w imieniu Ludwika książę Władysław Opolczyk polecił wstrzymać wykonanie ostatniej woli zmarłego króla. Ludwik zrazu zezwolił wypełnić testament swego poprzednika, ale rychło za czyjąś radą wstrzymał tę swoją decyzję i skierował sprawę do rozpatrzenia obecnym wówczas w Krakowie dostojnikom, wśród których byli arcybiskup gnieźnieński i biskup krakowski. Ci zaaprobowali akt, z wyjątkiem punktu dotyczącego Kaźka słupskiego. Uznali bowiem, że legat na jego rzecz wymaga pełniejszego rozważenia. Z kolei na naradzie u arcybiskupa gnieźnieńskiego powstały jeszcze wątpliwości co do zapisu na rzecz dwu naturalnych synów królewskich, ale zapis ten pozostał ostatecznie w mocy.

Gdy następnego dnia radzono nad sprawą w dalszym ciągu, Ludwik przysłał za czyimś podszeptem na ową naradę Władysława Opolczyka z poleceniem, aby postawił do rozstrzygnięcia następującą kwestię prawną: czy mianowicie zmarły król mógł, nie pytając o zgodę tzw. bliższych, a więc krewniaków, zapisać na czyjąkolwiek rzecz jakieś ziemie, grody i wsie. Widać z tego, jak mocno nowy władca był zainteresowany w anulowaniu legatu na rzecz Kaźka, skoro odwołał się do starego patrymonialno-rodowego prawa polskiego, które skądinąd było przeszkodą dla monarchii nowego typu. W radzie powstała na ten temat kontrowersja. Arcybiskup i biskupi nie dali żadnej odpowiedzi, a inni albo uważali, że „testament uprawomacnia się przez śmierć testatora, a zatem jego ostatnia wola ma być z samej powinności wypełniona", albo — chcąc niejako zrzucić z siebie

220

ciężar sprawy — uważali, że rozstrzygnąć ją powinien sąd. Odwołano się zatem do sędziego sandomierskiego Pełki Zambra oraz podsędka krakowskiego Wilczka z Naborowa, którzy orzekli, że „nikt w chwili śmierci nie mógł i nie może niczego legować z dóbr, które przysługują jego najbliższym".

Janko z Czarnkowa opatrzył to orzeczenie komentarzem, że było ono umotywowane raczej względami na osobę tego, który wniósł sprawę, niż wypływało z prawa polskiego. Rozstrzygnięcie było więc po myśli Ludwika. Sprawa wymagała jeszcze autorytatywnej konfirmacji dostojników, której Ludwik od nich zażądał. Miał to być dokument opatrzony pieczęciami arcybiskupa, biskupa, a także urzędników świeckich. Wszyscy oni znaleźli się w kłopocie, orzeczenie bowiem sędziów przynieść miało szkodę księciu Kaźkowi. Podnieśli więc, że byłoby ono słuszne, gdyby chodziło o ziemian, natomiast niesłuszne jest w odniesieniu do księcia, ponieważ sędziowie nie znali praw książęcych. Jak pisze Janko z Czarnkowa, dostojnicy ci poczuli się w sprzeczności z samymi sobą, skoro jednego dnia uznali zapis królewski za prawomocny, a drugiego, dla przypodobania się nowemu władcy, mieli uznać, że nie miał mocy prawnej. Niezależnie jednak od tych sporów wśród dostojników, król zabrał Kaźkowi ziemie sieradzką i łęczycką, natomiast pozostawił mu, niejako z mocy swojej władzy, ziemię dobrzyńską oraz miasta i grody Bydgoszcz, Wielatowo i Wałcz. Chciał mu jeszcze Ludwik ofiarować księstwo gniewkowskie, ale tego daru Kaźko nie przyjął, skoro żył jeszcze Władysław Biały, „naturalny pan na Gniewkowie".

Zarówno współcześni, jak też późniejsi historycy, widzieli sens obalenia tego punktu testamentu ostatniego Piasta jednoznacznie. Ludwik obawiał się, że Kaźko, usynowiony przez Kazimierza Wielkiego i przez nadanie królewskiej ojcowizny wprowadzony rzeczywiście do praw dynastycznych, mógł zagrozić interesom Andegawena, bo przy poparciu swego szwagra Karola IV, czy swego ojca, czy też innych jeszcze sojuszników, mógłby osiąść na tronie polskim. O swoje własne prawa sukcesyjne mógł się jednak Ludwik nie obawiać. Wszak wstąpił legalnie na tron polski i został na nim uznany. Obawiał się jednak o dalszy los tego tronu, mając na uwadze przede wszystkim interes własnej rodziny. Sukcesja andegaweńska była bowiem przewidziana w linii męskiej, a tymczasem Ludwik syna nie miał. Już wówczas musiał więc liczyć na to, że złamie w przyszłości zasadniczy punkt układu ze zmarłym królem i skaptowawszy sobie panów polskich, wprowadzi na tron Piastów córkę. Jakby przeczuwając taki obrót sprawy, starał się Kazimierz u schyłku życia zabezpieczyć następstwo tronu w Polsce po linii interesów własnego kraju, a nie obcej dynastii. Takie widoki zdawał się rokować Kaźko słupski.

XI. Polska kazimierzowska
w źródłach historycznych i w historiografii

Rozróżnienie, jakiego użyto w tytule tego rozdziału, na źródła historyczne i historiografię nie jest w pełni precyzyjne i wymaga wyjaśnienia. Pod pojęciem źródła historycznego będą tu rozumiane tylko źródła pisane, chociaż jest ono znacznie obszerniejsze i obejmuje bardzo różne ślady przeszłości. Co do historiografii zaś, to traktuję ją nie jako wszelkie piśmiennictwo historyczne, ale tylko opracowanie o charakterze naukowym, a więc oparte na źródłach historycznych i wykonane z zastosowaniem pewnych naukowych metod i rygorów. Tak więc wyłączam z tej kategorii kroniki, roczniki i pokrewne im zabytki czternastowieczne, traktując je naturalnie jako źródła.

Nieco kłopotliwy w takim rozumieniu będzie Długosz. Poświęcił on bowiem bardzo wiele uwagi czasom kazimierzowskim, ale uczynił to z około stuletniej perspektywy historycznej. Uwzględnił wszystkie dostępne sobie źródła i dał własne opracowanie epoki. Pod tym względem dzieło jego należy jak najbardziej do kategorii historiografii. Zwykliśmy jednak z niego korzystać jak ze źródła historycznego nie tylko w odniesieniu do czasów, które znał z autopsji, lub z relacji naocznych świadków wydarzeń. Wiek XIV był mu jeszcze na tyle bliski i na tyle żywy w tradycji jego czasów, że spojrzenie tego historyka, oparte niekiedy na źródłach, których my dziś nie znamy, staje się samo przez się źródłem historycznym. Jako historiografię będziemy tu więc rozumieć te opracowania, którym początek dała *Historia narodu polskiego* Adama Naruszewicza.

Spuścizna piśmiennicza Polski XIV w. nie jest bogata ani w porównaniu do innych krajów europejskich, ani na tle osiągnięć w tym zakresie stulecia poprzedniego. Nie były to jednak czasy zmniejszonej aktywności ludzkiej w dziedzinie kultury. Wręcz przeciwnie, wydaje się, że wytężono wówczas wszystkie siły umysłu i ducha, ale trzeba je było koncentrować głównie na doraźnych wymogach toczącego się wartkim strumieniem życia. W skali społecznej brakowało być może czasu na refleksję i ocenę, na rejestrację wrażeń i odczuć. Ze skromnym dorobkiem piśmienniczym tej epoki kontrastuje ogromna liczba źródeł aktowych, które na bieżąco dokumentowały istotne przemiany zachodzące w życiu. Pod tym względem wiek XIV już wyraźnie odbija od stulecia poprzedniego.

Z XIV w. zachowały się cztery kroniki spisane na ziemiach

polskich, z których tylko dwie powstały w obrębie odnowionego przez Władysława Łokietka Królestwa, z pozostałych zaś dwu jedna pochodzi ze Śląska, a druga z Pomorza Gdańskiego. Tylko ta ostatnia została napisana w czasach Kazimierza Wielkiego, pozostałe zaś trzy narodziły się już po śmierci tego króla. Na pierwszym miejscu należy się uwaga najlepiej na ogół znanej kronice Janka z Czarnkowa, podkanclerzego Królestwa w latach 1366 – 1371, zmarłego w 1386 lub 1387 r. Problem budowy kroniki wymaga jeszcze dyskusji. W dotychczasowych wydaniach zaczyna się ona od daty śmierci Władysława Łokietka i krótkiej charakterystyki jego rządów; z kolei daje równie zwięzły obraz panowania Kazimierza Wielkiego, po czym jeszcze jedną, już znacznie obszerniejszą, ale również syntetyczną charakterystykę rządów ostatniego króla Piasta, a wreszcie przechodzi do głównej swojej treści, tj. do szerokiego omówienia czasów andegaweńskich (do r. 1384). Przedstawia je z pasją politycznego zaangażowania po stronie przeciwników Andegawenów i z tej racji może uchodzić za pamiętnik polityczny lat 1370 – 1384. Wykazano już (W. Kętrzyński), że owa wspomniana wyżej druga charakterystyka panowania Kazimierza Wielkiego nie należy do kroniki Janka, a zatem jeżeli ją odejmiemy, pozostanie w tej kronice jedynie krótki wstęp o Łokietku i niemal równie krótki – o Kazimierzu Wielkim. Całość zaś wypadnie nam uznać za kronikę czasów andegaweńskich.

Kroniką najpełniej przedstawiającą czasy Kazimierza Wielkiego i jego ojca Władysława Łokietka jest tzw. *Kronika krakowska* albo *Kronika katedralna krakowska*. Obejmuje ona lata 1202 – 1377, ale w 4/5 swojej objętości dotyczy wieku XIV. Nie znamy jej autora; zaledwie możemy wskazać na podstawie pewnych wzmianek zawartych w niej samej, że mogła powstać w kręgu katedry krakowskiej. Czas jej spisania to prawdopodobnie lata siedemdziesiąte XIV w. Nie figuruje ona w naszych kompendiach wiedzy o średniowiecznych źródłach historycznych, zachowała się bowiem w zwodzie historiograficznym w XV w. zwanym „Kroniką Polaków wielką albo długą", a łączącą w sposób mechaniczny szereg różnych zabytków piśmiennictwa historycznego. Wydawcy naszych źródeł nie dostrzegli w niej odrębnej całości; część jej, charakteryzującą czasy kazimierzowskie, przypisali Jankowi z Czarnkowa i włączyli do jego kroniki, część zaś ogłosili jako tzw. *Rocznik kujawski*. Scalił ten zabytek w 1897 r. Wojciech Kętrzyński, ale jego propozycja, w pełni uzasadniona, długo czekała na wprowadzenie do naukowego obiegu. Chociaż wiadomości w niej zawarte wykorzystywano wielokrotnie, nie łączono ich z odrębnym autorstwem i z kręgiem katedralnym krakowskim. Kronika jest nieduża, bo w całości liczy zaledwie niewiele ponad 5 stron petitowego druku, ale jest najcenniejszym w swoim gatunku źródłem do dziejów panowania Kazimierza Wielkiego.

Niemal w tym samym czasie, w którym powstała kronika Janka z Czarnkowa, pisał na Śląsku *Kronikę książąt polskich* Piotr z Byczyny, kanonik kolegiaty w Brzegu. Przyjmowano dawniej niemiecki charakter tego zabytku. W autorze zatem widziano Niemca. Nowe badania podkreśliły bardzo silne tendencje polityczne propolskie w tej kronice, co mogłoby świadczyć o polskiej narodowości jej autora. Kronika powstała w latach 1382 – 1386, a została doprowadzona do r. 1382. Autor korzystał ze sporej liczby źródeł i miał znaczne umiejętności w zakresie konstrukcji opracowania historycznego. Do 1202 r. przedstawia dzieje Polski za Kadłubkiem, chociaż zna Galla, *Kronikę wielkopolską* i inne zabytki. Do śmierci Leszka Białego utrzymuje ogólnopolski charakter swoich wywodów, po czym zacieśnia się do historii książąt śląskich. W tym zakresie wnosi bardzo wiele cennego materiału. Sprawy ogólnopolskie interesują go marginalnie, ale wypowiada pewne opinie ogólne, które są jednak interesujące głównie jako przejaw świadomości kronikarza i jemu współczesnych. Jest tu więc krótki ustęp poświęcony Kazimierzowi Wielkiemu, chwalący go za umiłowanie pokoju, fundacje kościelne itp.

Do kronik czternastowiecznych należy wreszcie *Kronika oliwska*. Autorem jej był najprawdopodobniej opat klasztoru cystersów w Oliwie w latach 1330 – 1356, Stanisław. Imię wskazuje na jego polską narodowość. Kronika zaczyna się z datą fundacji klasztoru oliwskiego (1170), a kończy się na r. 1350. Wnet po tej dacie musiała więc być spisana. Ma w zasadzie charakter lokalny. Autor zainteresował się jednak wydarzeniami z dziejów powszechnych i niejednokrotnie dał tego wyraz. Bliżej obchodziło go sąsiedztwo krzyżackie i sprawy z tym sąsiedztwem związane. Z osobna historią Królestwa Kazimierza Wielkiego się nie zajął, ale nieraz o wydarzenia związane z tym panowaniem potrącał.

Nieco lepiej niż w źródłach typu kronikarskiego przedstawiają się czasy Kazimierza Wielkiego w rocznikach. Wiadomości rocznikarskie są siłą rzeczy zwięzłe, ale liczba roczników interesujących się tym panowaniem jest większa, jakkolwiek i w tym zakresie wiek XIV przedstawia się ubogo choćby w porównaniu ze stuleciem XIII.

Zaliczymy tutaj *Rocznik Traski*. Nazwa jego jest przypadkowa i niekoniecznie wskazuje na autora. Pochodzi mianowicie stąd, że w dwu rękopiśmiennych przekazach ostatnia wiadomość tego rocznika, dotycząca zajęcia Lwowa przez Kazimierza Wielkiego w 1340 r., została na końcu opatrzona zdaniem: „Traska etiam fuit ibidem" (Traska był tam także). Rocznik ten powstał prawdopodobnie w krakowskim kręgu franciszkańskim. Nie jest dziełkiem oryginalnym, gdy chodzi o dzieje wcześniejsze, ma natomiast ważne i być może niezależne od innych źródeł wiadomości dotyczące XIV w. Poczynając od 1330 r., ma bardzo rozbudowaną narrację, typową raczej dla kroniki niż dla rocznika. Czasów kazimierzowskich dotyczą jednak zaledwie 3 zapiski: o koronacji Kazimierza Wielkiego, o śmierci jego żony Anny, wraz z charakterystyką zmarłej, oraz o wyprawie ruskiej króla z 1340 r. w związku ze śmiercią Bolesława Trojdenowica (Jerzego II). W jednym z rękopisów dodano jeszcze trzy krótkie zapiski, z których pierwsza dotyczy małżeństwa Kazimierza z Adelajdą heską, druga śmierci Karola Roberta i wstąpienia na tron węgierski Ludwika oraz trzecia – wojny Kazimierza Wielkiego z księciem żagańskim i inkorporacji Wschowy.

Blisko spokrewniony z *Rocznikiem Traski* jest *Rocznik małopolski*, nazwany tak przez wydawcę ze względu na jego krąg zainteresowań oraz małopolskie powiązania filiacyjne. Łączono go niekiedy z ośrodkiem dominikańskim. Rocznik ten został doprowadzony do 1415 r. Znamy go tylko z odpisów, nie możemy zatem ustalić rąk, które go spisały, ani warstw, z których się składa. Zachodzą zresztą pewne różnice (głównie chronologiczne) jego redakcji w dwu spośród czterech zachowanych rękopisów. Dla czasów Kazimierza Wielkiego rocznik ten ma ustępy zupełnie lub niemal zupełnie zbieżne z *Rocznikiem Traski*.

Do tej samej rodziny należy rocznik zawarty w kodeksie szamotulskim. Istotną' wartość przedstawiają w nim jednak ustępy, które wydawca większości naszych zabytków rocznikarskich nazwał *Dopełnieniem szamotulskim*. Ta część zamyka się jednak datami 1370 – 1426, a więc dotyczy już czasów andegaweńskich i jagiellońskich.

Bardzo ważnym źródłem do dziejów Polski XIV w. jest *Rocznik miechowski*, powstały w klasztorze bożogrobców w Miechowie i stanowiący własność tego klasztoru. W odniesieniu do wieków wcześniejszych stanowi on kompilację z innych roczników, ale w XIV w. był w Miechowie kontynuowany, bo zawiera z tego stulecia szereg niezależnych od innych źródeł informacji. Został przepisany jedną ręką po r. 1388 i odtąd kontynuowało go 17 różnych rąk aż do 1434 r. W roczniku widoczne jest zainteresowanie autorów lokalnymi sprawami miechowskiego klasztoru, ale sporo tu również wiadomości ogólnych, ważnych i ciekawych. Czasom kazimierzowskim poświęcono 14 zapisek o różnej objętości

225

i różnym ciężarze gatunkowym, przeważnie jednak istotnych dla poznania epoki.

Dość oryginalnym utworem annalistycznym jest zachowany w jedynym przekazie, w słynnym kodeksie Sędziwoja z Czechła (poł. XV w.), tzw. *Rocznik Sędziwoja*. Doprowadzony został do r. 1360, co wskazuje, że wnet po tej dacie musiał być spisany. Jest on niewątpliwie kompilacją z innych źródeł rocznikarskich, gdy chodzi o czasy dawniejsze, natomiast dla w. XIV ma wiadomości redakcji własnej, choć przeważnie znane skądinąd. Dla całego tego okresu jest ich zaledwie 10, z tego tylko trzy przypadają na czasy Kazimierza Wielkiego i dotyczą klęsk elementarnych i prześladowania Żydów w Europie zachodniej w 1360 r.

Ważnym źródłem do dziejów Polski XIV w., a w tym i do czasów kazimierzowskich, jest *Rocznik świętokrzyski* (nowy). Z lat 1333 – 1370 mamy w nim 10 zapisek, wśród których są ważne i ciekawe. Rocznik ten zachował się w 11 rękopisach, a doprowadzony został do 1447 r. W swoich partiach wcześniejszych jest kompilacją, a podstawę jego w tej części stanowi m. in. *Rocznik kapitulny krakowski*. Wartość dla nas przedstawia dopiero począwszy od drugiej połowy XIII w. Niestety brak oryginału uniemożliwia nam stwierdzenie, ile rąk go pisało, w których partiach jest oryginalny, a w których był odtwarzany wstecz. Stwierdzimy tylko dużą niezależność jego informacji, przynajmniej odnoszących się do XIV w., od innych źródeł, co podnosi wysoko jego walor.

Trochę informacji typu annalistycznego, dotyczących czasów kazimierzowskich, powstało w kręgu katedry włocławskiej. Są to zapiski pochodzące z kalendarza tej katedry. Jest ich kilkanaście. Z jednym wyjątkiem wszystkie odnoszą się do XIV w., a więc wówczas musiały być wpisane do tego nie istniejącego dziś kalendarza, chociaż znamy je z piętnastowiecznych odpisów. Przeważają tu wiadomości o charakterze kościelnym, ale widać również pewne zainteresowanie sprawami politycznymi. Znajdujemy wśród tych informacji np. opatrzoną datą dzienną wiadomość o koronacji Kazimierza Wielkiego. Drugą grupę wiadomości annalistycznych z tego samego kręgu stanowią tzw. *Spominki władysławskie* (nazwa od wydawcy), znane z tych samych rękopisów co powyższe wiadomości kalendarzowe. Jest to grupa zaledwie 6 zapisek, nie uporządkowanych chronologicznie, a więc zapewne również pochodzenia kalendarzowego. Większość z nich, bo 5, dotyczy spraw świeckich, a szósta daje zwięzłą charakterystykę biskupa poznańskiego Jana Łodzi, opatrzoną datą jego śmierci (1346).

Luźnych wiadomości typu annalistyczno-spominkowego, dotycących XIV w. i czasów kazimierzowskich, zachowało się jeszcze więcej, ale mają one charakter sporadyczny i trudno je zamknąć w jakąś całość. W tekście niniejszej książki zostały jednak wykorzystane. Teksty omówionych tu źródeł znajdzie Czytelnik w wydawnictwie *Pomniki dziejowe Polski*, t. I – VI (1864 – 1893 i 1960 – 1961).

Wspomniano już, że najwięcej informacji o czasach kazimierzowskich przekazał nam w zwartej całości Jan Długosz. Podkreślono także, że nie jest to źródło współczesne Kazimierzowi Wielkiemu, ale powstałe około sto lat później, zatem wymagające innego spojrzenia i innych rygorów poznawczych. Każda niemal jego wiadomość wymaga krytycznej refleksji i odpowiedzi na pytanie, z jakiego źródła została zaczerpnięta, o ile odtwarza żywą tradycję o minionej epoce, w jakim stopniu jest rezultatem pewnych kombinacji myślowych historyka. Przy tych wszystkich zastrzeżeniach trzeba pamiętać, że Długosz (1415 – 1480) należy do największych dziejopisów średniowiecza w skali europejskiej, nie tylko z racji ogromnych rozmiarów jego dzieła, ale ze względu na swój warsztat badawczy, który zdaje się przerastać możliwości jednego człowieka. Starał się uwzględnić wszystkie źródła, o których wiedział i do których zdołał dotrzeć, uczył się języków obcych po to, aby móc wykorzystać źródła ruskie, niemieckie, czeskie. Nie aspirował do uczoności w konwencjonalnym wówczas rozumieniu. Studiował wprawdzie przez trzy lata w Akademii Krakowskiej (1428 – 1431) na wstępnym studium filozoficznym, ale nie uwieńczył tych studiów stopniem naukowym i przerwał je, gdy nadarzyła się sposobność wstąpienia do służby kancelaryjnej biskupa krakowskiego Zbigniewa Oleśnickiego. To on wywarł wielki wpływ na Długosza i być może inspirował jego historiograficzną twórczość. W każdym razie od niego przejął Długosz wiele poglądów, od niego czerpał informacje o wielu sprawach i ludziach współczesnych, w jego otoczeniu musiał się też zetknąć z wielu nosicielami żywej tradycji ustnej. Dzieje Polski zaczął Długosz pisać prawdopodobnie już po śmierci Oleśnickiego (1455), pracując równolegle nad przeszłością dawniejszą i nad czasami sobie współczesnymi. Miał godność kanonika krakowskiego, udzielał się służbie dyplomatycznej biskupiej i królewskiej, był wychowawcą synów Kazimierza Jagiellończyka. Nie przyjął godności arcybiskupa praskiego, gdy Władysław Jagiellończyk wstąpił na tron czeski, a śmierć zastała go w chwili, gdy został kreowany arcybiskupem lwowskim.

Dzieje od koronacji Wacława II na króla Polski (1300) do śmierci Kazimierza Wielkiego zamknął Długosz w księdze IX swego dzieła (nowe wydanie: *Roczniki czyli Kroniki sławnego Kró-*

lestwa Polskiego, Warszawa 1975 i tekst łaciński Warszawa 1978). Czasy kazimierzowskie zajmują akuratnie połowę tej księgi. Wachlarz zagadnień uwzględnionych przez Długosza jest bardzo szeroki. Są tu wiadomości z dziejów powszechnych, dotyczące papieży, cesarstwa, Węgier, Czech, Państwa Zakonnego w Prusach i Litwy. Notuje Długosz niektóre wydarzenia z terenu Mazowsza i Śląska, a więc dzielnic nie wchodzących wówczas w skład Korony Królestwa Polskiego. Zwyczajem rocznikarzy informuje o klęskach elementarnych. Interesuje się życiem króla i jego otoczenia, ale nade wszystko poświęca uwagę sprawom politycznym Polski, jej stosunkom z Zakonem, Czechami, Węgrami, Pomorzem Zachodnim, Cesarstwem i Rusią. Naukowe korzystanie z tej części dzieła Długosza ułatwia *Krytyczny rozbiór Dziejów Polski Jana Długosza (do druku 1384)* Aleksandra Semkowicza (Kraków 1887), pokazujący źródła, z których Długosz do poszczególnych spraw korzystał, niezgodności jego informacji z danymi innych źródeł, a wreszcie miejsca nieudokumentowane przy obecnym stanie naszej wiedzy.

Oprócz źródeł, które powstały z tym zamierzeniem, aby informować potomnych o pewnych wydarzeniach i dokonaniach, a dla których przyjmujemy nazwę źródeł historiograficznych, dysponujemy dla czasów kazimierzowskich wielkim zasobem przekazów innego typu, tj. takich, które spełniały określone zadania doraźne, a więc dokumentowały na bieżąco pewne przedsięwzięcia polityczne, czynności prawne itp. Dzięki temu, że się zachowały, dostarczają nam niekiedy bezcennych informacji, wolnych od intencji profilowania ludzkiej pamięci o rzeczach i sprawach. Z szeregu źródeł tej kategorii korzystał Długosz, my jednak dziś dysponujemy nieporównanie większą ich liczbą. Przechowały je różne instytucje i archiwa, a historycy nowożytni ogłosili je w znacznej większości drukiem.

Do źródeł tego typu zaliczymy zwody norm prawnych z czasów Kazimierza Wielkiego, działalność bowiem ustawodawcza króla i ówczesnego Kościoła polskiego wysunęła się na czoło wielu dokonań. W normach prawnych zaś dostrzeżemy nie tylko intencje ustawodawców, ale również liczne realia epoki, których nie odsłoniłyby nam inne źródła. Do tej kategorii należy kodyfikacja stosowanych w Polsce norm prawa kościelnego, dokonana w 1357 r. przez arcybiskupa gnieźnieńskiego Jarosława ze Skotnik Bogorię. Do niej zaliczymy dalej tzw. statuty Kazimierza Wielkiego (po r. 1357 wielkopolski i wnet po nim małopolski), kodyfikujące zwyczajowe prawo tzw. ziemskie, którym posługiwano się w obu dziedzinach. Tu należą dalej tzw. Ordynacja krakowskich żup solnych z 1368 r., która kodyfikowała i korygowała wyrobione już w praktyce prawo górnictwa solnego; ordynacja handlu solnego, tej ważnej dziedziny gospodarki, opracowana około 1368 r. na gruncie wcześniejszej praktyki i swego rodzaju protekcjonizmu handlowego króla; dwie ordynacje z nieznanej bliżej daty dotyczące zarządu dóbr państwowych; ordynacja również nie datowana, dotycząca obiegu pieniężnego; wreszcie ordynacją ustanawiająca cennik artykułów żywnościowych i paszy dla rycerstwa udającego się na wyprawy wojenne. Zabytki tej kategorii znajdzie Czytelnik w wydawnictwach: *Starodawne Prawa Polskiego Pomniki*, t. I, Warszawa 1856; *Archiwum Komisji Prawniczej*, t. II – IV, Kraków 1895 – 1921; *Archiwum Komisji Historii Wojskowej*, t. III, Kraków 1937. Dla czasów kazimierzowskich dysponujemy ogromną liczbą źródeł dokumentowych. Jest to kategoria, którą łączą cechy formalne, bo za dokument uważamy akt spisany według określonych formuł, będący z reguły produktem kancelarii. W tym całym wielkim zasobie dokumentów natrafimy na różnych wystawców, na różnych odbiorców i na bardzo różne treści prawne. Są to akta, które wytworzono w drodze kontaktów dyplomatycznych, a więc zrzeczenia, traktaty pokojowe, rozejmowe, deklaracje polityczne, konfirmacje itp. Jest ich w tym zasobie kilkadziesiąt rozrzuconych po różnych wydawnictwach źródłowych, a często zachowanych tylko poza Polską (zob. np. *Codex diplomaticus Brandenburgensis, Codex diplomaticus Hungariae ecclesiasticus et civilis, Codex diplomaticus et epistolaris Moraviae, Codex diplomaticus Prussicus, Codex iuris Bohemici* i inne). Za drugą grupę można uważać bulle papieskie dotyczące bardzo różnych spraw, a będące wynikiem żywych w tej epoce kontaktów ze Stolicą Apostolską w Awinionie; także supliki królewskie, na które bulle odpowiadały. Najpełniejszy ich zbiór zawiera wydawnictwo: *Vetera monumenta Poloniae et Lithuaniae historiam illustrantia*, wyd. A. Theiner, t. I, Rzym 1860, oraz *Analecta Vaticana 1202 – 1366*, wyd. J. Ptaśnik w serii *Monumenta Poloniae Vaticana*, t. I i III, Kraków 1913 – 1914. Jest ich łącznie ponad sto. Z kancelarii Kazimierza Wielkiego wyszły liczne przywileje dla miast, określające zakres uprawnień handlowych, swobód celnych, zezwalających na uruchomienie nowych źródeł dochodów itp. Najliczniejsze są jednak w tej epoce przywileje lokacyjne wsi i miast, ustanawiające lub odnawiające prawo czynszowe, czy też specjalnie określające, jak gdyby w formie kontraktu, uprawnienia oraz obowiązki wójtów i sołtysów. Rozwój prawa czynszowego wszedł w czasach Kazimierza Wielkiego na terenie Królestwa w swoją fazę kulminacyjną, stąd tych tzw. przywilejów lokacyjnych oraz wójtowskich i sołtysich znamy z tego okresu blisko tysiąca. Znajdują się one w takich wydawnictwach, jak: *Kodeks dyplomatyczny katedry krakowskiej*, *Kodeks dyplomatyczny Małopolski*, *Kodeks dyplomatyczny Polski*, *Kodeks dyplomatyczny Wielkopolski*, *Zbiór dokumentów katedry i diecezji krakowskiej*, *Zbiór dokumentów małopolskich* i inne. Dla XIV w. zachowały się rachunki świętopietrza. Mamy je ogłoszone drukiem z lat 1325–1327, 1335–1342 i 1346–1358 (*Acta camerae apostolicae*, wyd. J. Ptaśnik w serii *Monumenta Poloniae Vaticana*, t. I–II, Kraków 1913). Przy wszystkich mankamentach tej kategorii źródeł, trzeba pamiętać, że mają one charakter masowy, jak rzadko które źródła średniowieczne; nadają się zatem do badań szacunkowych nad stanem zaludnienia ówczesnej Polski. Inne źródła rachunkowe tego okresu zachowały się jedynie w paru miastach, które pod tym względem wyprzedzały inne instytucje. To samo można powiedzieć o księgach urzędowych. Zachowały je z tej epoki tylko niektóre miasta (Wrocław, Kraków, Olkusz, Gdańsk, Toruń, Kazimierz). Instytucje państwowe i kościelne jeszcze tej kategorii źródeł nie wytwarzały. Jako materiału piśmienniczego dla sporządzania protokołów urzędowych używano jeszcze często tabliczek powleczonych woskiem, zatem nie przeznaczano ich ani do trwałego użytku, ani do przechowywania.

Dla XIV w. dysponujemy bardzo interesującym źródłem, jakim są akta procesów polsko-krzyżackich. Pochodzą one z lat 1320, 1339, 1412 i 1414. Nas interesują tutaj protokoły procesowe z 1339 r. (ogłoszone drukiem w wydawnictwie *Spory i sprawy pomiędzy Polakami a Zakonem Krzyżackim*, wyd. II, t. I, Poznań 1890). Przesłuchano wówczas 126 świadków. Wypowiedzi ich dają nam wgląd w mentalność i szczególnie w poczucie narodowe ludzi z różnych warstw społecznych, powołanych przed trybunał sądzący z ramienia Stolicy Apostolskiej, dla złożenia odpowiednich oświadczeń. Byli wśród nich dostojnicy kościelni i świeccy, duchowni i urzędnicy niższej rangi, rycerze, wójtowie i mieszczanie.

Dla odtworzenia dziejów Polski kazimierzowskiej nieobojętne są dla nas źródła obce, zarówno kroniki, jak i dokumenty. Spośród źródeł węgierskich na uwagę zasługuje tzw. *Kronika dubnicka*, powstała jako kompilacja z dawniejszych kronik z terenu Węgier w latach siedemdziesiątych XIV w. Autora jej bliżej nie znamy. Zawiera ona fragment, dotyczący okresu lat 1345–1355, a przejęty z jakiegoś współczesnego opisywanym wydarzeniom źródła, być może pochodzącego z kręgu franciszkanów budzińskich. Nie znany nam autor tego fragmentu musiał być blisko związany z dworem Andegawenów, bo pisał w oparciu o relacje bezpośrednich uczestników przedsięwzięć politycznych dworu andegaweńskiego, a zarazem miał wgląd w dokumenty ówczesnej dyplomacji węgierskiej. Znajdujemy tu m. in. obszerny ustęp na temat wypraw ruskich Ludwika Andegaweńskiego i jego współdziałania na Rusi z Kazimierzem Wielkim. *Kronice dubnickiej* zawdzięczamy konkretne szczegółowe wiadomości, skądinąd zupełnie nieznane. Interesujący nas tekst ogłosił Anatol Lewicki, *Kilka przyczynków do dziejów Kazimierza Wielkiego* („Kwart. Hist.", R. 3, 1889, s. 204 – – 213). Wśród źródeł czeskich godna uwagi jest *Kronika* Franciszka, kanonika praskiego (zm. w 1362 r.), pomyślana jako kontynuacja tzw. *Kroniki praskiej*. Jest jednak dziełem mało samodzielnym, bo do r. 1338 streszcza tylko lub przepisuje z pewnymi uzupełnieniami tzw. *Kronikę zbrasławską*, a dopiero po tej dacie wnosi istotnie informacje nowe. Są tu, jak w *Kronice zbrasławskiej*, pewne ustępy dotyczące Polski, a na uwagę zasługuje szczególnie tekst pomieszczony w przedziale czasowym 1333 – 1336 r., który informuje o sprawie wykupienia przez Kazimierza Wielkiego z rąk Jana Luksemburczyka uzurpowanych przez niego praw do korony polskiej. Kronikę opublikowano w serii *Scriptores Rerum Bohemicarum*, t. II, Praha 1784, s. 1 – 196.

Natomiast na s. 197 – 424 znajduje się również dla nas ważna *Kronika* Benesza z Pragi lub z Weitmil, jeden z najznamienitszych pomników czeskiego piśmiennictwa historycznego. Jej autor był kanonikiem praskim i archidiakonem żytyckim, osobą związaną blisko z Karolem IV. Kontynuował tradycję historiograficzną kapituły praskiej. Urodził się przypuszczalnie w 1341 r., a po raz ostatni słyszymy o nim w r. 1375, w którym zapewne zmarł. Kronika obejmuje lata 1283 – 1374. Na jej kartach znajdujemy wiele wiadomości o Polsce, poczynając od zabiegów Wacława II o Kraków, poprzez jego koronację w Gnieźnie, wysiłki Łokietka około likwidacji rządów czeskich w Polsce, koronację Łokietka, likwidację roszczeń luksemburskich do korony polskiej, a skończywszy na sprawach śląskich pod panowaniem czeskim. Jest to bardzo ważne źródło do dziejów Polski i czasów Kazimierza Wielkiego, informujące rzetelnie, jakkolwiek nie we wszystkich sprawach wystarczająco poinformowane.

Wśród kronikarzy niemieckich ważny jest dla nas Jan Vitodoranus albo Jan z Wintertur (w Szwajcarii), autor kroniki sięgającej od czasów pontyfikatu Innocentego III (zm. 1216) i panowania cesarza Fryderyka II (zm. 1250) po r. 1348. Lata 1330 – 1348 przedstawił z autopsji. Pisał począwszy od 1340 r. Interesowały go nie tylko sprawy Niemiec, ale także wydarzenia środkowo- i wschodnioeuropejskie. Kronikę ogłosił w Lipsku w 1723 r. J. G. Eccardus w serii *Corpus historicorum medii aevi*

(t. I). Nowsze jej wydanie znajdujemy w *Monumenta Germaniae Historica*, nowa seria, t. 3, Berlin 1924.

Ze względu na dramatyczny epizod Felicjana Zacha na dworze Karola Roberta, z którym to epizodem tradycja połączyła osobę królewicza polskiego Kazimierza i jego domniemany romans z córką Felicjana Klarą, interesuje nas tutaj kronika Henryka von Mügeln, spisana po niemiecku. Henryk von Mügeln pochodził z Miśni, a jako wędrowny śpiewak bawił w latach czterdziestych i pięćdziesiątych XIV w. na dworach austriackim, czeskim i węgierskim. Interesował się szczególnie sprawami Węgier, a że w gruncie rzeczy przetworzył tylko i nieco uzupełnił praźródło kronik węgierskich, stąd dziełko jego bywa zaliczane do historiografii węgierskiej. Tekst tej kroniki znajdujemy w serii *Scriptores rerum Hungaricarum*, t. 1, Budapest 1937.

Wśród źródeł niemieckich wymienimy jeszcze *Kronikę* Wiganda z Marburga, zwaną *Nową kroniką pruską*. Jej autor był rycerzem i bratem Zakonu Krzyżackiego. Napisał ją wierszem po niemiecku, a ukończył pracę nad nią w 1394 r. Obejmuje ona okres od 1293 do 1394 r. W r. 1464, na życzenie i za pieniądze Jana Długosza, kronika ta została przełożona pośpiesznie, bo w ciągu 22 dni, na język łaciński. Jej oryginał niemiecki zaginął, a zachował się jedynie ów sporządzony dla Długosza tekst łaciński. Mamy jej przekład na język polski Edwarda Raczyńskiego, który wspólnie z Janem Voigtem ogłosił ją w wersji dwujęzycznej: *Chronicon seu annales Wigandi Marburgensis equitis et fratris Ordinis Teutonici*, Poznań 1842.

Ze źródeł francuskich interesuje nas znana kronika rymowana Wilhelma z Machaut, *Zdobycie Aleksandrii*. Zajmuje ona poczesne miejsce w historii literatury francuskiej zarówno ze względu na swoje walory literackie, jak też ze względu na język starofrancuski, w którym została spisana. Jej autor żył w latach 1300 – 1377; był magistrem sztuk wyzwolonych. Jeżeli wierzyć jego relacji własnej, przebywał on przez 30 lat w otoczeniu czy na służbie Jana Luksemburczyka, a zatem w latach 1316 – 1346. U jego boku odbył zapewne podróże na Śląsk i do państwa zakonnego w Prusach, a po drodze musiał być w Wielkopolsce. Poemat Wilhelma z Machaut ma za przedmiot wyprawę wojenną króla Cypru Piotra de Lusignan w 1365 r. do Aleksandrii. Wyprawa ta była poprzedzona podróżą tegoż króla do Europy Środkowej, a więc do Czech i Polski. W 1364 r. był uczestnikiem znanego zjazdu monarchów w Krakowie. Wilhelm z Machaut w tej podróży nie towarzyszył Piotrowi de Lusignan, ale znał jej szczegóły z relacji naocznych świadków.

Dotyczący Polski fragment poematu ogłosił S. Zajączkowski,

Wilhelm de Machaut i jego wiadomości do dziejów Polski i Litwy w XIV w. („Kwart. Hist.", R. 43, 1929, s. 217 – 228).

Naukowa historiografia polska zaczyna się w drugiej połowie XVIII w. Bardzo wcześnie zainteresowała się ona postacią ostatniego króla Piasta. W 1777 r. M. J. Mniszech opublikował w Warszawie książeczkę *Kazimierz Wielki*. Wnet po nim ogłosił swoją *Historię narodu polskiego* (doprowadzoną w 6 tomach do r. 1386) Adam Naruszewicz, jezuita, biskup smoleński i znany poeta; cały V tom tego wydawnictwa (Warszawa 1785) poświęcił autor czasom Kazimierza Wielkiego. Była to pierwsza od czasów Długosza próba oryginalnego spojrzenia na epokę kazimierzowską. Aż do tego bowiem czasu patrzono na nią przez pryzmat Długoszowego dzieła. Nowość ujęcia polegała przede wszystkim na poszerzeniu bazy źródłowej, na wykorzystaniu znacznej liczby źródeł dokumentowych, które od czasów Naruszewicza zaczęto systematycznie gromadzić i coraz pełniej wykorzystywać przy odtwarzaniu obrazu naszej przeszłości.

Kolejne oryginalne opracowanie czasów Kazimierza Wielkiego dał w ubiegłym stuleciu Józef Szujski w *Dziejach Polski*, które ukazały się we Lwowie w latach 1862 – 1866. Dzieło jego liczyło 4 tomy i zostało doprowadzone do r. 1795. Czasy kazimierzowskie (t. I) należą tutaj do okresu, który zaczyna koronacja Przemysła II, a zamyka data śmierci Kazimierza Wielkiego. Cały zresztą okres, zawierający się między latami 1295 – 1370 określił Szujski jako „wiek Kazimierza Wielkiego". Znakomite to w swoim czasie opracowanie dało obraz na tyle uporządkowany i systematyczny, a opis na tyle barwny i przejrzysty, że uczyło i inspirowało przynajmniej dwa pokolenia historyków, zanim zostało zastąpione przez nowe ujęcia podręcznikowe. Syntetyczne bowiem spojrzenie na nasz proces dziejowy Michała Bobrzyńskiego w jego *Dziejach Polski*, ogłoszonych w 1879 r., nie zastąpiło opracowania Szujskiego, które oddziaływało silnie przez nowe wydanie (1895). Niemal równocześnie z Szujskim ogłosił t. I swego dzieła *Geschichte Polens* Jakub Caro (1863). Tom będący chronologiczną kontynuacją dzieła R. Roeppella pod tym samym tytułem, objął lata 1300 – 1386. Czasom kazimierzowskim poświęcona w nim została księga II. Było to opracowanie znacznie obszerniejsze niż Szujskiego. Dobrze udokumentowane źródłowo, stało się – obok tamtego – drugim podstawowym zarysem wiedzy o Kazimierzu Wielkim. Sięgali do niego uczeni, ale ze względu na język zasięg jego oddziaływania był znacznie węższy.

W 1900 r. Jan Korwin Kochanowski ogłosił monograficzne studium panowania Kazimierza Wielkiego. Nieduża jego książka, nosząca tytuł *Kazimierz Wielki. Zarys żywota i panowania*, była w gruncie rzeczy esejem naukowym, ale godna jest uwagi jako pierwsza próba odtworzenia osobowości wielkiego monarchy i motywów jego rozlicznych działań. Fragment dziejów Polski związany z osobą panującego ustępował tu jak gdyby miejsca biografii. Wydarzenia epoki przesuwały się na plan drugi.

W dwudziestoleciu międzywojennym mieliśmy kilka prób zarówno opracowań syntetycznych, w których czasy kazimierzowskie zostały wplecione w dłuższy ciąg naszych dziejów, jak też opracowań monograficznych, w których na czasach tych lub wprost na osobie króla spoczął główny akcent. Na pierwszym miejscu należy wymienić znakomite studium Oswalda Balzera *Królestwo polskie 1295 – 1370*, ogłoszone w trzech tomach w 1919 – 1920 r., które w bardzo obszernym i wielowątkowym wywodzie przedstawiało proces przetwarzania się struktur ustrojowo-politycznych Polski pod panowaniem ostatnich Piastów. Mamy tu liczne polemiki, dyskusje nad szeregiem problemów szczegółowych, bezcenne spostrzeżenia poczynione po raz pierwszy, ale osoby monarchów, w tym i Kazimierza Wielkiego, są tu oczywiście na planie dalszym, ważne o tyle, o ile da się dostrzec ich bezpośredni związek z dokonywającymi się przemianami.

Wśród ujęć syntetycznych wymienić należy trzy znakomite opracowania podręcznikowe w pełni godne uwagi zarówno ze względu na oryginalny udział autorski w każdym z trzech wypadków, jak też ze względu na duży ich zakres problemowy i dobrze utrzymane proporcje między charakterystyką epoki oraz króla jako sprawcy i aktora wydarzeń. Pierwsze z tych opracowań dał w r. 1920 Oskar Halecki w *Historii politycznej Polski, część I, wieki średnie* (*Encyklopedia Polska*, PAU, t. V, cz. I). Drugie wyszło spod pióra Jana Dąbrowskiego w 1926 r., jako część *Dziejów Polski średniowiecznej* (t. II od r. 1506, całość w opracowaniu R. Grodeckiego, S. Zachorowskiego i J. Dąbrowskiego). Trzecie dał Roman Grodecki w 1928 r. w pięknym trzytomowym wydawnictwie *Polska, jej dzieje i kultura*. Wreszcie wspomniany już Jan Dąbrowski ogłosił w 1933 r., na 600-lecie koronacji ostatniego króla Piasta, artykuł *Portret Kazimierza Wielkiego* („Rocznik Krakowski", R. 25), gdzie z dużym talentem nakreślił sylwetkę króla na tle jego epoki.

Jeszcze przed wojną rozpoczął swoje badania nad okresem kazimierzowskim Zdzisław Kaczmarczyk. Pomyślane zostały z dużym rozmachem, a przeprowadzone w sposób systematyczny, z uwzględnieniem wielkiego materiału źródłowego. W efekcie powstało dzieło *Monarchia Kazimierza Wielkiego*, którego tom I ukazał się w Poznaniu w 1939 r. Został poświęcony organizacji państwa, 234 a w szczególności zagadnieniom ustawodawstwa, systemowi administracyjnemu, tj. urzędom, tak ważnej w czasach kazimierzowskich przebudowie skarbowości, a dalej zagadnieniom obronności państwa i aparatowi wymiaru sprawiedliwości. Tom II tego fundamentalnego opracowania ukazał się już po wojnie (Poznań 1947) i został poświęcony organizacji kościelnej oraz zagadnieniom nauki i sztuki. W 1948 r. ten sam autor ogłosił jeszcze książkę *Kazimierz Wielki (1333—1370)*, w której zawarł całość problematyki czasów kazimierzowskich, z zagadnieniami politycznymi włącznie. Tutaj znajdujemy również szczegóły biograficzne dotyczące ostatniego Piasta na tronie polskim. Książka ta została opublikowana bez aparatu przypisów, była bowiem adresowana do szerszego grona odbiorców. Nową, ulepszoną i opatrzoną przypisami jej wersję, ogłosił autor w 1964 r., z okazji jubileuszu 600-lecia uniwersytetu krakowskiego, pt. *Polska czasów Kazimierza Wielkiego*.

Z tej samej okazji została opublikowana w 1964 r. nieduża rozmiarami, ale ważna pod względem treści, książka Jana Dąbrowskiego *Kazimierz Wielki twórca Korony Królestwa Polskiego*. Wiele uwagi poświęcił autor organizacji wewnętrznej państwa kazimierzowskiego i formowaniu się nowej społeczno-ustrojowej treści władzy w państwie, jaka kryła się pod pojęciem Korony Królestwa i co zostało uwidocznione w tytule pracy.

Aspekt wewnętrzny rządów Kazimierza Wielkiego został uwypuklony w pracy Romana Grodeckiego *Działalność gospodarcza Kazimierza Wielkiego*. Praca powstała jeszcze w latach 1926—1927 jako wykład uniwersytecki. Drukiem ukazała się natomiast w pismach pośmiertnych tego uczonego pt. *Polska piastowska* w 1969 r. Obok spraw gospodarczych, stanowiących główną osnowę tej pracy, wiele uwagi autor poświęcił w niej ustrojowej przebudowie państwa polskiego pod panowaniem Kazimierza Wielkiego.

Odrodzone Królestwo Władysława Łokietka i Kazimierza Wielkiego spotkało się po wojnie również z zainteresowaniem nauki obcej. Poświęcił mu uwagę w swoich pracach badawczych prof. Paul W. Knoll z Uniwersytetu w Kalifornii. Jego książka, *The Rise of the Polish Monarchy. Piast Poland in East Central Europe, 1320—1370*, pokazuje polityczne aspekty procesu formowania się monarchii ostatnich Piastów, a Polskę ówczesną jako ważny czynnik w układzie sił środkowowschodniej Europy. Szkoda, że w tej książce, czytanej siłą rzeczy za granicą, nie został ukazany wewnętrzny mechanizm funkcjonowania tej monarchii.

Po wojnie ukazały się nadto mniejsze szkice, poświęcone Kazimierzowi Wielkiemu i Polsce kazimierzowskiej, jak zwłaszcza Józefa Sieradzkiego *Kazimierz Wielki (Próba portretu.* Postulaty nauki), szkic pomieszczony w książce tego autora *Polska wieku XIV* (Warszawa 1959), oraz Jerzego Wyrozumskiego *Kazimierz Wielki i jego dzieło (1333–1370),* broszura stanowiąca 156 tomik serii „Nauka dla wszystkich" (Kraków 1971). Wspomnieć tu należy jeszcze dwa syntetyczne spojrzenia na dziejową rolę ostatniego króla Piasta, które ukazały się w ostatnich latach na łamach „Kultury", a wyszły spod pióra fachowych historyków, specjalistów w zakresie późnego średniowiecza. Jest to artykuł Benedykta Zientary *Kazimierz Wielki – czyli na zakręcie dziejowym* („Kulturą", 1 XI 1970) oraz Henryka Samsonowicza *Kazimierz Wielki* (tamże, 27 VI 1976). Mamy nadto w ostatnich czasach dwie książki popularne, poświęcone ostatniemu koronowanemu Piastowi. Autorką obu jest Anna Klubówna. Pierwsza z nich pt. *Kazimierz Wielki,* ukazała się w r. 1967 w Bibliotece „Światowida", a drugą, pt. *Ostatni z wielkich Piastów,* ogłosiła w 1976 r. Ludowa Spółdzielnia Wydawnicza.

Obraz dorobku polskiej historiografii w badaniach nad epoką Kazimierza Wielkiego nie byłby pełny, gdyby nie wspomnieć o licznych pracach i rozprawach szczegółowych, traktujących o pojedynczych zagadnieniach czy pewnych ich zespołach, a niekiedy swoim ciężarem gatunkowym przewyższających opracowania zarysowe, które traktują to panowanie całościowo. Prac takich mamy wiele. Ich przegląd problemowy znajdzie Czytelnik w szkicu Jerzego Wyrozumskiego *Kazimierz Wielki i jego czasy w nowszej historiografii polskiej,* ogłoszonym w czasopiśmie „Studia Historyczne" w 1970 r. (R. 12, z. 3). Tutaj zwrócimy uwagę na ważniejsze z nich, w szczególności te, z których autor pełniej w niniejszej książce korzystał.

Zaczniemy od stosunków politycznych Polski kazimierzowskiej z innymi państwami i od działalności Kazimierza Wielkiego na tym polu. Syntetyczną charakterystykę przedsięwzięć politycznych króla dał K. Jasiński w pracy *Kazimierz Wielki jako polityk* (Sprawozd. Tow. Nauk. w Toruniu", nr 24, 1970, druk 1972).

Stosunki z Zakonem Krzyżackim i rolę w ich zakresie Kazimierza Wielkiego pozwalają odtworzyć m. in. prace: H. Paszkiewicz, *Ze studiów nad polityką krzyżacką Kazimierza Wielkiego,* „Przegl. Hist.", t. 25, 1925; J. Karwasińska, *Sąsiedztwo kujawsko-krzyżackie 1235–1343,* Warszawa 1927; S. Zajączkowski, *Polska a Zakon Krzyżacki w ostatnich latach Władysława Łokietka,* Lwów 1929; M. Małuszyński, *Próba analizy bitwy pod Płowcami (27 IX 1331),* „Przegl. Hist.-Wojskowy", R. 1, 1929, z. 1; J. Karwasińska, *Proces polsko-krzyżacki w Warszawie przed sześciuset laty*, Warszawa 1946; J. Sieradzki, R. Łąkowski, *Traktat kaliski z roku 1343*, w: *Osiemnaście wieków Kalisza*, t. II, Kalisz 1961; M. Bіşkup, *Analiza bitwy pod Płowcami i jej dziejowego znaczenia, „Ziemia Kujawska"*, t. I, 1963; H. Chłopocka, *Procesy Polski z Zakonem Krzyżackim w XIV wieku. Studium źródłoznawcze*, Poznań 1967; K. Górski, *Zakon Krzyżacki a powstanie państwa polskiego*, Wrocław 1977.

Dla charakterystyki stosunków polsko-brandenburskich w czasach, kiedy Kazimierz Wielki wchodził u boku swego ojca na arenę życia politycznego i kiedy sprawował już samodzielne rządy wymienić należy przede wszystkim prace: K. Potkański, *Zdrada Wincentego z Szamotuł*, Rozpr. AU wydz. Hist.-Filoz., t. 38, 1899, oraz wznowienie w wyborze pism tego autora *Lechici, Polanie, Polska*, w oprac. G. Labudy, Warszawa 1965; A. Kłodziński, *W obozie cesarskim*, „Przegl. Polski", t. 153, 1904; tenże, *Rokowania polsko-brandenburskie w roku 1329*, Rozpr. AU Wydz. Hist.-Filoz., t. 47, 1905; J. Gładyszówna, *Ludwik Wittelsbach margrabia brandenburski wobec Polski*, „Roczniki Hist.", R. 9, 1933; S. Zajączkowski, *Polska a Wittelsbachowie w pierwszej połowie XIV wieku*, w: *Prace historyczne w 30-lecie działalności profesorskiej Stanisława Zakrzewskiego*, Lwów 1934.

Stosunki polsko-andegaweńskie znalazły odbicie szczególnie w następujących pracach: J. Leniek, *Kongres wyszehradzki*, „Przewodnik Nauk. i Literacki", R. 12, 1884; J. Dąbrowski, *Elżbieta Łokietkówna*, Rozpr. AU Wydz. Hist.-Filoz., t. 57, 1914; O. Halecki, *O genezie i znaczeniu rządów andegaweńskich w Polsce*, „Kwart. Hist.", R. 35, 1921; J. Dąbrowski, *Polityka andegaweńska Kazimierza Wielkiego*, „Kwart. Hist.", R. 36, 1922.

Stosunki polsko-luksemburskie w czasach Kazimierza Wielkiego nie były dotąd przedmiotem osobnych studiów, jakkolwiek poświęcano im wiele uwagi zarówno w monografiach tego władcy, jak też w pracach poświęconych dziejom Śląska. Wśród tych ostatnich wymienić należy przede wszystkim: opracowanie J. Dąbrowskiego w dziele zbiorowym PAU *Historia Śląska od najdawniejszych czasów do roku 1400*, pod red. S. Kutrzeby, t. I, Kraków 1933; analogicznie na uwagę zasługuje opracowanie E. i K. Maleczyńskich w *Historii Śląska* t. I, pod red. K. Maleczyńskiego, cz. I – II, Wrocław 1960 – 1961; w tym zakresie ważne są nadto prace: R. Grodecki, *Rozstanie się Śląska z Polską w XIV w.*, Katowice 1938; K. Jasiński, *Śląsk w polityce Kazimierza Wielkiego*, „Sprawozd. Wrocł. Tow. Nauk.", 26, 1971, A, Wrocław 1972.

237 Sprawę Rusi Halicko-Włodzimierskiej w czasach kazimierzow-

skich omawiają zwłaszcza: A. Prochaska, *W sprawie zajęcia Rusi przez Kazimierza Wielkiego*, „Kwart. Hist.", R. 6, 1892; A Lewicki, *Jeszcze w kwestii zajęcia Rusi Czerwonej przez Kazimierza Wielkiego*, „Kwart. Hist.", R. 9, 1895; A. Prochaska, *Dokument graniczny czerwonoruski z 1352 r.*, „Kwart. Hist.", R. 14, 1900; S. Zakrzewski, *Wpływ sprawy ruskiej na państwo polskie w XIV wieku*, „Przegl. Hist.", t. 23, 1921 (1922); H. Paszkiewicz, *Polityka ruska Kazimierza Wielkiego*, Warszawa 1925 (pełne opracowanie zagadnienia). Tu należy również wspomnieć pracę A. Czuczyńskiego, *Traktat książąt litewskich z Kazimierzem Wielkim z roku 1366*, „Kwart. Hist.", R. 4, 1890, oraz K. Chodynicki, *Próby zaprowadzenia chrześcijaństwa na Litwie przed r. 1386*, „Przegl. Hist.", t. 18, 1914, s. 215 – 319. Z polityką ruską Polski XIV w. wiąże się kontrowersyjna sprawa mołdawska, której uwagę poświęcił Z. Spieralski w artykule *W sprawie rzekomej wyprawy Kazimierza Wielkiego do Mołdawii*, „Przegl. Hist.", t. 52, 1961, z. 1.

Na stosunki Polski kazimierzowskiej z Danią zwrócił uwagę K. Maleczyński, najpierw w drobnej publikacji źródłowej: *Dwa niedrukowane akty przymierza Kazimierza Wielkiego z Danią z r. 1350 i 1363*, „Kwart. Hist.", R. 45, 1931, a następnie w rozprawce: *Przymierza Kazimierza Wielkiego z Danią w r. 1350*, w: *Prace historyczne w 30-lecie działalności profesorskiej Stanisława Zakrzewskiego*, Lwów 1934.

Na politykę Kazimierza Wielkiego względem Pomorza Zachodniego zwrócił z osobna uwagę jako jeden z pierwszych S. Kętrzyński w pracy *Zapis Kazimierza Wielkiego dla Kazimierza Bogusławowica*, „Przegl. Hist.", t. 14, 1912. W dwudziestoleciu międzywojennym zagadnienie to stało się przedmiotem kilku prac S. Nowogrodzkiego: *Między Luksemburgami, Wittelsbachami a Polską (Pomorze Zachodnie a Polska w latach 1323 – 1370)*, Gdańsk 1936 (odb. z „Rocznika Gdańskiego", t. 9 – 10); *Walka o bikupstwo kamińskie za Kazimierza Wielkiego*, „Jantar", R. 2, 1938, z. 4; *Polityka Kazimierza Wielkiego wobec północnego handlu Polski*, „Jantar", R. 3, 1939, z. 2. Po wojnie zainteresowanie problematyką Pomorza Zachodniego znacznie wzrosło, stąd i polityce Kazimierza Wielkiego w tym zakresie poświęcono sporo uwagi. Wymienimy tu tylko niektóre prace: J. Mitkowski, *Pomorze Zachodnie w stosunku do Polski*, Poznań 1946; tenże, *Kazimierz Wielki wobec Pomorza Zachodniego*, „Szczecin — Miesięcznik Pomorza Zachodniego", z. 11/12, 1958; K. Maleczyński, *Polska i Pomorze Zachodnie w walce z Niemcami w wieku XIV i XV*, Gdańsk 1946; K. Pieradzka, *Kaźko szczeciński (1345 – 1377) na tle polityki pomorskiej Kazimierza Wielkiego*, Warszawa 1947.

238

Ważne zagadnienie stosunków Kazimierza Wielkiego z Mazowszem znalazło odbicie (oprócz monografii panowania tego króla) w takich pracach, jak: E. Maleczyńska, *Książęce lenno mazowieckie 1351 – 1526*, Lwów 1929; A. Swieżawski, *Polityka mazowiecka Kazimierza Wielkiego*, „Rocznik Mazowiecki", III, 1970; K. Jasiński, *Zjazd na Mazowszu w kwietniu 1369 i jego geneza*, „Acta Univ. Nicolai Copernici. Nauki Hum.-Społ.", z. 58, Historia, nr 9.

Stosunki gospodarcze Polski kazimierzowskiej i działalność króla na polu ekonomiki spotkały się z dużym zainteresowaniem historyków. Odrębny problem dostrzegł w nich w cytowanej już pracy *Działalność gospodarcza Kazimierza Wielkiego* R. Grodecki (praca z lat 1926 – 1927, drukowana w 1969 r.), a także F. Bujak, *Życie gospodarcze Polski za czasów Kazimierza Wielkiego*, „Wiad. Hist.-Dydakt.", R. 2, 1934, z. 3/4.

Mamy cały szereg prac na temat zaludnienia Polski interesującego nas okresu. Są to: T. Ladenberger, *Zaludnienie Polski na początku panowania Kazimierza Wielkiego*, Lwów 1930; tenże, (T. Ładogórski), *Studia nad zaludnieniem Polski XIV wieku*, Wrocław 1958; J. Mitkowski, *Uwagi o zaludnieniu Polski na początku panowania Kazimierza Wielkiego*, „Roczniki Dziej. Społ. i Gosp.", R. 10, 1948; W. Dziewulski, *Nowa praca o zaludnieniu ziem polskich w XIV wieku*, „Zapiski Historyczne", t. 27, 1962, z. 1; E. Vielrose, *Próba szacunku wpłat ludności na świętopietrze w Polsce w wieku XIV – XVI*, „Kwart. Hist.", R. 62, 1955, nr 4/5; K. Buczek, *Rachunki świętopietrza jako podstawa badań nad zaludnieniem Polski XIV wieku*, w: *Mediaevalia. W 50 rocznicę pracy naukowej Jana Dąbrowskiego*, Warszawa 1960; T. Ładogórski, *Spór o ocenę rachunków świętopietrza i liczebność zaludnienia Polski XIV wieku*, „Kwart. Hist. Kult. Mat.", R. 10, 1962, nr 1 – 2; por. też I. Gieysztorowa, *Badania nad historią zaludnienia Polski*, „Kwart. Hist. Kult. Mat.", R. 11, 1963, nr 3 – 4.

Bardzo ważne miejsce w działalności wewnątrzpaństwowej Kazimierza Wielkiego zajmowała polityka miejska. Jest to widoczne z wielu monografii miast polskich, których tu przytaczać nie będziemy. Zwrócimy uwagę na niektóre tylko ważniejsze prace z tego zakresu, jak zwłaszcza: S. Piekarczyk, *Studia z dziejów miast polskich w XIII – XIV w.*, Warszawa 1955, rozdz. V i VI; M. Patkaniowski, *Polityka miejska Kazimierza Wielkiego*, „Sprawozd. PAU", t. 43, 1938, nr 3; J. Widawski, *Miejskie mury obronne w państwie polskim do początków XV wieku*, Warszawa 1973; S. Fischer, *Kazimierz Wielki i jego stosunek do Bochni i Bocheńszczyzny*, Bochnia 1934; S. Gawęda, *Polityka Kazimierza Wielkiego wobec miast górniczych*, „Studia i Materiały do Dziejów Żup

Solnych w Polsce", t. 3, 1974.

Rozwój górnictwa i rzemiosł tego czasu znajduje odzwierciedlenie w pracach: J. Krzyżanowski, *Wolność górnicza w Polsce (do końca XIV w.)*, Kraków 1935; D. Molenda, *Górnictwo kruszcowe na terenie złóż śląsko-krakowskich do połowy XVI wieku*, Wrocław 1963; J. Wyrozumski, *Państwowa gospodarka solna w Polsce do schyłku XIV wieku*, Kraków 1968; B. Zientara, *Dzieje małopolskiego hutnictwa żelaznego XIV–XVII w.*, Warszawa 1954; H. Samsonowicz, *Rzemiosło wiejskie w Polsce XIV–XVII wieku*, Warszawa 1954; A. Mączak, *Sukiennictwo wielkopolskie, XIV–XVII wiek*, Warszawa 1955; A. Wyrobisz, *Szkło w Polsce od XIV do XVII wieku*, Wrocław 1968; J. Wyrozumski, *Tkactwo małopolskie w późnym średniowieczu*, Warszawa–Kraków 1972.

Na stosunki handlowe, żywo interesujące króla i jego doradców, rzucają światło: S. Kutrzeba, *Handel Krakowa w wiekach średnich na tle stosunków handlowych Polski*, Kraków 1902; Ł. Charewiczowa, *Handel średniowiecznego Lwowa*, Lwów 1925; L. Koczy, *Związki handlowe Wrocławia z Polską do końca XVI wieku*, Katowice 1936; M. Magdański, *Organizacja kupiectwa i handlu toruńskiego do roku 1403*, Toruń 1939; S. Kalfas-Piotrowska, *Stosunki handlowe śląsko-polskie za Kazimierza Wielkiego*, „Roczniki Tow. Przyj. Nauk na Śląsku", t. 5, 1936; S. Nowogrodzki, *Polityka Kazimierza Wielkiego wobec północnego handlu Polski*, „Jantar", R. 3, 1939, z. 2; H. Lesiński, *Kontakty handlowe Wielkopolski z Pomorzem Zachodnim w XIV–XV wieku*, „Stud. i Mat. do Dziej. Wielkop. i Pom.", t. 4, 1958; K. Myśliński, *Lublin a handel Wrocławia z Rusią w XIV i XV w.*, „Rocznik Lub.", III, 1960.

Osadnictwu wiejskiemu na prawie czynszowym, któremu z reguły król udzielał swego poparcia, poświęcono już bardzo wiele uwagi. Pełniej omówili je zwłaszcza Z. Kaczmarczyk, *Kolonizacja niemiecka na wschód od Odry*, Poznań 1945, oraz M. Friedberg, *Kultura polska a niemiecka*, t. I, Poznań 1946. Królewska polityka w stosunku do posiadłości i majątków ziemskich znalazła odbicie zwłaszcza w pracach: K. Potkański, *Sprawa restytucji*, „Rozpr. AU Wydz. Hist.-Filoz.", t. 39, 1900; tenże, *Jeszcze sprawa restytucji*, tamże, t. 42, 1902; polemiczne recenzje obu prac Potkańskiego pióra W. Semkowicza w „Kwart. Hist.", R. 15, 1901 i R. 16, 1902; J. Luciński, *Majątki ziemskie panującego do 1385 roku*, Poznań 1967; A. Gąsiorowski, *Donacje Kazimierza Wielkiego dla rycerstwa*, „Stud. i Mat. do Dziej. Wielkop. i Pom.", t. 13, 1979, nr 1.

Zabiegom Kazimierza Wielkiego około należytej wartości obiegowej pieniądza polskiego poświęcone są zwłaszcza prace: W. Ter-

lecki, *Reforma monetarna Kazimierza Wielkiego*, „Wiad. Numizm.",
R. 6, 1962, z. 3/4; J. Szwagrzyk, *Szerokie grosze praskie na
ziemiach polskich 1302—1547*, „Ze Skarbca Kultury", z. 18, 1967;
R. Kiersnowski, *Wielka reforma monetarna XIII—XIV w.*, cz.
I, Warszawa 1969; tenże, *Pradzieje grosza*, Warszawa 1975.
Spośród licznych prac dotyczących działalności ustawodawczej
państwa kazimierzowskiego, zwrócimy uwagę tylko na niektóre:
F. Piekosińki, *Uwagi nad ustawodawstwem wiślicko-piotrkowskim króla
Kazimierza Wielkiego*, Kraków 1891; tenże, *Jeszcze słowo o ustawo-
dawstwie wiślicko-piotrkowskim króla Kazimierza Wielkiego*, „Rozpr.
AU Wydz. Hist.-Filoz.", t. 33, 1896; S. Kutrzeba, *Statut wielkopolski Kazimierza Wielkiego*, „Sprawozd. PAU", t. 26, 1921, nr 3;
S. Roman, *Geneza statutów Kazimierza Wielkiego. Studium źródłoznawcze*, Kraków 1961; M. Bobrzyński, *O założeniu wyższego
i najwyższego sądu prawa niemieckiego na zamku krakowskim*, „Rozpr.
AU Wydz. Hist.-Filoz.", t. 4, 1875; F. Piekosiński, *Przywilej
króla Kazimierza Wielkiego w przedmiocie założenia sądu wyższego
prawa niemieckiego na zamku krakowskim*, tamże, t. 35, 1897; J. Krzyżanowski, *Statut Kazimierza Wielkiego dla krakowskich żup solnych*,
„Rocznik Krakowski", R. 25, 1934; R. Grodecki, *Ordynacja
Kazimierza Wielkiego dla krakowskich żup solnych z 1368 roku*,
„Studia i Mat. do Dziej. Żup Solnych w Polsce", t. 3, 1974;
S. Kutrzeba, *Przywilej Kazimierza W. dla Żydów*, „Sprawozd.
PAU", t. 27, 1922, nr 10.
Formie ustrojowej i ideologii władzy państwa Kazimierza Wiel-
kiego dotyczą w szczególności prace: J. Dąbrowski, *Korona Kró-
lestwa Polskiego w XIV wieku. Studium z dziejów rozwoju polskiej
monarchii stanowej*, Wrocław—Kraków 1956; tenże, *Corona Regni
Poloniae — problemy zjednoczenia państwowego w XIV w.*, w: *VIII
Powszechny Zjazd Historyków Polskich. Historia Polski do połowy
XV wieku*, Warszawa 1960; tamże ciekawa dyskusja, w której
udział wzięli: J. Baszkiewicz, E. Maleczyńska, M. Dragan,
S. Zajączkowski, J. Dąbrowski. Należy tu jeszcze wspomnieć pole-
mikę z J. Dąbrowskim K. Grzybowskiego, „Corona Regni"
a „Corona Regni Poloniae", „Czasop. Prawno-Hist.", t. 9, 1957,
z. 2.
W zakresie stosunków wewnętrznych Polski kazimierzowskiej
ważne są studia nad kancelarią tego władcy: S. Kętrzyński,
O elementach chronologicznych dokumentów Kazimierza Wielkiego,
„Rozpr. AU Wydz. Hist.-Filoz.", t. 56, 1913; K. Jasiński,
Uwagi nad kancelarią Władysława Łokietka i Kazimierza Wielkiego,
„Zapiski Tow. Nauk. w Toruniu", t. 19, 1953. Zarys obyczaju
dyplomatycznego dał R. Grodecki, *Kongres krakowski w roku 1364*,
Warszawa 1939. Obronności państwa dotyczą prace: Z. Kaczmar-

241

czyk, S. Weyman, *Reformy wojskowe i organizacja siły zbrojnej za Kazimierza Wielkiego*, Warszawa 1958; K. Olejniak, *Działalność militarna Polski w czasach Kazimierza Wielkiego*, „Prace Wydz. Fil.-Hist. UAM w Poznaniu", Historia nr 24, 1966; także cytowana praca J. Widawskiego *Miejskie mury obronne*.

Stosunek Kościoła do państwa znajduje odzwierciedlenie w licznych stosunkowo pracach, wśród których wymienimy: W. Abraham, *Powstanie organizacji Kościoła łacińskiego na Rusi*, t. I, Lwów 1904; T. Silnicki, *Dzieje i ustrój Kościoła na Śląsku do końca XIV w.*, *Historia Śląska* PAU, t. II, Kraków 1939; cytowana książka Z. Kaczmarczyka, *Monarchia Kazimierza Wielkiego*, t. II, Poznań 1946; J. Dowiat, *Historia Kościoła katolickiego w Polsce (do połowy XV w.)*, Warszawa 1968; B. Nowicka, *Rola polityczna arcybiskupów gnieźnieńskich za Kazimierza Wielkiego i ich stosunek do króla*, Włocławek 1931; M. Niwiński, *Biskup krakowski Jan Grotowic i zatargi jego z Władysławem Łokietkiem i Kazimierzem Wielkim*, „Nova Polonia Sacra", t. III, 1934; tenże, *Biskup krakowski Bodzanta i Kazimierz Wielki*, „Collectanea Theologica", t. 17, 1936.

W dorobku kulturalnym Polski czasów Kazimierza Wielkiego liczy się przede wszystkim założenie uniwersytetu w Krakowie. Sprawie tej poświęcono w historiografii wiele uwagi. Wymienić tu należy przede wszystkim prace: S. Krzyżanowski, *Poselstwo Kazimierza Wielkiego do Awinionu i pierwsze uniwersyteckie przywileje*, „Rocznik Krak.", t. 4, 1900; H. Barycz, *Z zagadek uniwersytetu kazimierzowskiego w Krakowie*, „Przegl. Zachodni", nr 9/10, 1952; tenże, *Znaczenie założenia uniwersytetu kazimierzowskiego w Krakowie*, „Zeszyty Nauk. UJ. Historia", z. 2, 1956; tenże, *Trudne początki*, w zbiorze jego prac *Alma Mater Jagellonica*, Kraków 1958; J. Dąbrowski, *Czy uniwersytet kazimierzowski działał na Kazimierzu?*, „Rocznik Bibl. PAN w Krakowie", R. 5, 1959 (1961); tenże, *Czasy Kazimierza Wielkiego*, w: *Dzieje Uniwersytetu Jagiellońskiego w latach 1364–1764*, t. I, pod red. K. Lepszego, Kraków 1964; O. Halecki, *Sześćsetlecie Uniwersytetu Kazimierza Wielkiego*, „Teki Historyczne", t. 13, 1964; A. Vetulani, *Początki wszechnicy krakowskiej*, „Czasop. Prawno-Hist.", t. 16, 1964, z. 2; tenże, *Początki najstarszych wszechnic środkowoeuropejskich*, Wrocław 1970; K. Pieradzka, *W cieniu Kazimierzowskiej i Jagiellońskiej Wszechnicy*, w: *Kraków stary i nowy*, pod red. J. Bieniarzówny, Kraków 1969; Z. Kozłowska-Budkowa, *W sprawie uniwersytetu kazimierzowskiego*, „Studia Historyczne", R. 12, 1969, z. 2; A. Strzelecka, *Pierwsze lata istnienia Uniwersytetu Jagiellońskiego w świetle nowych badań*, w: *Szkice z dziejów Krakowa*, pod red. J. Bieniarzówny, Kraków 1969. Dla innych dziedzin życia kulturalnego epoki 242 ważne są zwłaszcza prace: A. Bochnak, J. Pagaczewski, *Dary złotnicze Kazimierza Wielkiego dla kościołów polskich*, „Rocznik Krak.", t. 25, 1934; J. Dąbrowski, *Dawne dziejopisarstwo polskie (do roku 1480)*, Wrocław 1964.

Przy charakterystyce osobowości Kazimierza Wielkiego i jego życia prywatnego na szczególną uwagę zasługują prace: S. Kętrzyński, *Ze studiów genealogicznych* (szkic: *Nieznany dokument Kazimierza Wielkiego z r. 1344*), odbitka z „Miesięcznika Herald.", R. 13, 1934; E. Sulimczyk Swieżawski, *Esterka i inne kobiety Kazimierza Wielkiego*, w: *Zarysy badań historycznych nad dziejami, historiografią i mitologią*, t. III, Warszawa 1894, rec. O. Balzer w „Kwart. Hist.", R. 9, 1894; A. Semkowicz, *Adelajda, Krystyna i Jadwiga, żony Kazimierza Wielkiego*, „Kwart. Hist.", R. 12, 1898; Z. Kozłowska-Budkowa, *Z ostatnich lat Kazimierza Wielkiego*, cz. 2, *Ostatnie małżeństwo Kazimierza Wielkiego*, „Małop. Stud. Hist.", R. 6, 1963 (1964); J. Żarnecki, *Nieznany posąg Kazimierza Wielkiego*, „Prace Komisji Historii Sztuki PAN", t. VIII – 1, 1939; R. Grodecki, *Zgon Kazimierza Wielkiego*, w: *Mediaevalia. W 50 rocznicę pracy naukowej Jana Dąbrowskiego*, Warszawa 1960.

Wywód genealogiczny Kazimierza Wielkiego

16. KAZIMIERZ II
Sprawiedliwy,
ks. sandom., krak.,
kujaw. i mazowiec.
* 1138, † 5.V.1194
∞ 1163

17. HELENA,
c. Rościsława
ks. smoleńskiego,
w. ks. kijowskiego,
† m. 1202 a 1206.

18. ŚWIĘTOSŁAW,
ks. nowogrodzko-sie-
wierski i przemyski.
∞ 1187

19. JAROSŁAWA,
Ruryka II ks. owruckiego,
w. ks. kijowskiego.

20. MIESZKO (I)
ks. raciborski i opolski
† 16.V.1211

21. LUDMIŁA,
† 20.X (1211?)

22. ...

23. ...

24. ODON,
ks. poznański
i kaliski,
* m. 1141 a 1149,
† 20.IV.1194.

8. KONRAD I,
ks. mazowiecki
* 1187 (1188),
† 31.VIII.1247

∞ 1207

9. AGAFJA,
† po 31.VIII.1247

10. KAZIMIERZ I
ks. opolski i raci-
borski
* 1178 lub 1179,
† 13.V.1229
lub 1230

11. VIOLA
z Bułgarji,
† 7.IX.1251

4.
KAZIMIERZ I
ks. kujawski
i łęczycki
* ok. 1211
† 14.XII.1267

∞ ok. poł. 1257

5.
EUFROZYNA
† 4.XI
po r. 1291

2.
WŁADYSŁAW
ŁOKIETEK
król polski
* 1260,
† 2.III.1333

∞ ok. 1279

1.
KAZIMIERZ
WIELKI
król polski,
* 30.IV.1310
† 5.XI.1370

25. WYSZESŁAWA,
c. Jarosława Ośmiomysła,
ks. halickiego lub jego syna
Włodzimierza,
† po r. 1194.

26. MSZCZUJ I,
rządca Pomorza wsch.,
† 1.V.1220.
∞ ok. 1181

27. ZWINISŁAWA,
c. Mieszka III Starego,
* przed 1168,
† 4.IX.1240.

28. ANDRZEJ II,
król węgierski,
z rodu Arpadów.
* 1176, † 1236.
∞ przed 1203

29. GERTRUDA,
c. Bertolda III
hr. v. Andechs, margr.
Istrji, ks. Meranu
i Dalmacji, † 1213.

30. TEODOR I Laskaris,
cesarz grecki w Nicei,
* 1176, † 1222.

31. ANNA,
c. Aleksego III
cesarza greckiego z rodu
Paleologów, wdowa po
Izaaku Komnenie,
† przed 1218.

12. WŁADYSŁAW
ODONICZ
ks. kaliski
i wielkopolski,
* ok. 1190,
† 5.VI.1239

∞ m. 1217 a 1220

13. JADWIGA
† 29.XII.1249

14. BELA IV
król węgierski,
* 1206,
† 1270

∞ 1218

15. MARJA
LASKARIS

6.
BOLESŁAW
POBOŻNY
ks. kaliski
* 1221,
† 13.IV.1279

∞ 1256

7.
JOLENTA
HELENA
* ok. 1244,
† 16 lub 17 VI
po r. 1297

3.
JADWIGA
* ok. 1266
† 10.XII.1339

Wg: Z. Wdowiszewski, *Wywód przodków Kazimierza Wielkiego*, „Miesięcznik Heraldyczny", nr 9, 1936.

Zakończenie

Kształt terytorialny Polski zmieniał się wielokrotnie w ciągu jej dziejów. Rzadko który naród doświadczył przesunięć przestrzennych tak częstych i tak daleko idących. Mogły one wzmacniać lub osłabiać potencjał ludnościowy, gospodarczy i kulturalny naszego państwa, zawsze jednak rozrywały w pewnej mierze ciągłość historycznego rozwoju, opóźniały proces powstawania tych więzi wewnątrzpaństwowych, które w długim trwaniu tworzą monolit narodu i państwa. Zmiana przynależności państwowej jakiegoś terytorium wpływała zawsze bardzo silnie na losy zamieszkujących je ludzi, stawiając ich wobec dylematu trwania przy własnym obyczaju i języku, a zarazem powolnej degradacji społecznej, albo przebudowy własnej świadomości i przystosowania jej do politycznych koniunktur.

Państwo Bolesławów miało bardzo korzystną budowę przestrzenną. Jeżeli jej zręby tworzono świadomie, to w dziele tym przejawił się geniusz pierwszych Piastów. Jeżeli zaś był to splot przypadków, musimy go uznać za szczęśliwy. Państwo to objęło niemal dokładnie dorzecza dwu wielkich rzek: Odry i Wisły, nie mające między sobą silniej zarysowanego działu wodnego, lecz tworzące wspólnie zwartą geograficzną całość, o licznych naturalnych elementach obronnych na obrzeżach. Świetnie wznoszona budowla zachwiała się bodaj najsilniej w okresie rozbicia dzielnicowego, zwłaszcza w XIII w., gdy jednolite niegdyś państwo przekształciło się ostatecznie w szereg księstw i księstewek o różnych orientacjach i sprzecznych nierzadko interesach politycznych. Szczęśliwie dla Polski tego okresu cesarstwo w pierwszej połowie stulecia ciążyło wyraźnie ku sprawom włoskim, a w drugiej pogrążyło się w „wielkim bezkrólewiu". Gdy w 1246 r. wymarła austriacka dynastia Babenbergów, Czechy i Węgry zaangażowały swoje siły w walkę o spadek po niej. Ruś, ujarzmiona przez Tatarów, a w części halicko-włodzimierskiej rozdarta konfliktami wewnętrznymi, nie przedstawiała żadnego zagrożenia. Krzyżaków absorbowały na razie podbój Prus i budowa państwa zakonnego, a starcia zbrojne ze Świętopełkiem pomorskim w latach czterdziestych i pięćdziesiątych dodatkowo odwracały ich uwagę od innych graniczących z Prusami terytoriów. Tylko Brandenburgia, która w połowie XIII w. weszła w posiadanie Ziemi Lubuskiej, w ciągu następujących po tym wydarzeniu paru dziesiątków lat wdarła się w głąb słabo zasiedlonego, pokrytego lasami pasa ziem po prawym brzegu Noteci, między Wielkopolską i Pomorzem Zachodnim, tworząc tu tzw. Nową Marchię.

W XIV w. państwo polskie zostało odsunięte od swojej pierwotnej granicy zachodniej. Pomorze Zachodnie, nigdy w pełni z resztą ziem polskich nie zintegrowane, już w drugiej połowie XII w. weszło pod zwierzchność Marchii Północnej i cesarstwa. Śląsk stał się w znacznej części lennem czeskim pod koniec panowania Władysława Łokietka, przy czym Wrocław i znaczna część księstwa głogowskiego dostały się pod bezpośrednie władanie Czech. Krzyżacy zajęli Pomorze Gdańskie w latach 1308 – 1309, a u schyłku panowania Łokietka rozciągnęli swoją władzę na ziemię dobrzyńską i Kujawy. W tym samym czasie księstwo płockie na Mazowszu stało się lennem Jana Luksemburczyka. Wszystko to były wydarzenia bardzo groźne, bo mogły obrócić w niwecz całą wytworzoną dotychczas wspólnotę polityczno- -kulturalną. Jej obrona na okaleczonym już mocno terytorium, jak też zespolenie tych elementów jej struktury, które zostały nadwerężone w okresie rozbicia dzielnicowego, stały się historycznym zadaniem dwu ostatnich Piastów na tronie polskim.

Czasy Kazimierza Wielkiego to ciąg uporczywej walki o miejsce Polski w Europie. Przejawiła się ona niewątpliwie w rozpaczliwych wysiłkach zmierzających do przywrócenia dawnej polskiej granicy zachodniej i północnej. Przyniosły one jednak nader skromne rezultaty. Pojawił się natomiast w naszych dziejach czynnik nowy, w postaci znacznego przesunięcia na wschód polskiej granicy państwowej i objęcia nią Rusi Halicko-Włodzimierskiej. Polska weszła w konflikt z napierającą na tę część Rusi Litwą i z groźnymi wciąż jeszcze na wschodzie Tatarami. Wdała się również w zawiłą grę dyplomatyczną z państwem węgierskim. Odległym finałem konfliktu polsko-litewskiego była nasza unia z Litwą, a efektem rozgrywek z Węgrami – panowanie andegaweńskie w Polsce. Obie te sprawy ściśle się zresztą ze sobą zespoliły. Sprawa tatarska natomiast pozostała dziedzictwem przyszłych pokoleń. To, co było najbardziej istotne w tych przemianach, to trwałe przesunięcie się osi państwa polskiego na wschód i równie trwałe naruszenie tej jego struktury terytorialnej, którą dali mu pierwsi Piastowie. Pewnemu zachwianiu uległa wspólnota polityczno-kulturalna, oparta na wytworzonej we wczesnym średniowieczu zwartości etnicznej państwa. Wspólnota ta miała przecież dość sił żywotnych, aby trwać nadal w zmienionych już warunkach, a nadto wytworzyć nowe więzi ekonomiczne i społeczno-ustrojowe.

247 Polska stanęła wobec alternatywy zmajoryzowania pokrewnej jej

grupy etnicznej na wschodzie, której kultura uformowała się jednak w innym kręgu cywilizacyjnym i pod innymi wpływami, lub wykształcenia takich form koegzystencji, które pozwalałyby na swobodny rozwój grupy zaanektowanej, tj. na zachowanie jej obyczaju i mowy. Czy zdołała wytworzyć w tym układzie jakieś nowe wartości cywilizacyjne, czy i w jakim stopniu zdołała zespolić elementy sobie obce i dać im trwałe ramy kulturowe, to pytania, które wykraczają daleko poza czasy Kazimierza Wielkiego.

W naszej świadomości historycznej te ważkie przemiany Polski czternastowiecznej łączą się nierozerwalnie z Kazimierzem Wielkim. Wśród konieczności dziejowych i w sytuacjach politycznie trudnych dostrzegalna jest zawsze jego postać, zapobiegliwego gospodarza i organizatora życia zbiorowego, władcy, który na polskim zakręcie dziejowym stworzył trwały zrąb państwowej budowli. Na ogół nie kwestionuje się osiągnięć Polski kazimierzowskiej wewnątrz państwa ani osobistych zasług króla na tym polu. Rozumiał on prądy i tendencje rozwojowe swojej epoki, nie tamował ich, ale starał się im nadać bieg jak najbardziej korzystny. Na wielką skalę popierał wiejskie i miejskie osadnictwo na prawie czynszowym, a szczególną opieką otaczał handel, rzemiosła i górnictwo. Stworzył pieniężny skarb państwowy o dochodowości, jakiej nie osiągnęła już o wiele rozleglejsza Polska jagiellońska. Łożył wiele na budowę murów obronnych w szeregu miast, a także na wznoszenie potężnych zamków, przez co pozostał w pamięci potomnych jako twórca Polski murowanej. Jego licząca się z tradycją i z rzeczywistością bogata działalność ustawodawcza wprowadziła ład wewnętrzny w państwie i poszanowanie prawa, które w nadanej mu wówczas formie stało się zdobyczą o dużej trwałości i wielkim terytorialnym zasięgu. Mając mocne podstawy materialne swojej władzy i wyrobioną pozycję polityczną Polski w ówczesnym świecie, podjął król śmiałą myśl założenia uniwersytetu w Krakowie. Jeżeli sam nie był wrażliwy na piękno, to rozumiał przecież jego potrzebę, o czym świadczy zarówno wysoki poziom artystyczny sztuki jego czasów, jak też osobista jego troska o to, aby stołecznego Krakowa nie oszpecano niestosownymi budowlami.

Kazimierz Wielki stworzył niezbędne dla zjednoczonego państwa urzędy centralne, ale pozostawił zarazem dawne dzielnicowe w granicach i kompetencjach „ziemskich", świadom, że są one mocno osadzone w tradycji społeczeństwa. I ten model okazał się również bardzo trwały. Otoczył się doradcami, których sam sobie starannie dobierał i którzy tworzyli radę królewską, stały organ rzeczoznawców i opiniodawców na najwyższym państwowym szczeblu. Trudno jest dziś odróżnić to, co płynęło z inicjatywy i przeświadczeń samego króla, od tego, co sugerowali mu jego doradcy. Trudno dociec, kiedy narzucał swoją wolę dostojnikom współdecydującym o ważnych przedsięwzięciach państwowych, a kiedy ulegał presji czy perswazjom otoczenia. Na pewno nie był władcą uległym opiniom innych, ale nie miał też cech despoty, paraliżującego poczucie współodpowiedzialności za losy państwa u tych, do których rady i zgody się odwoływał. Giętki w decyzjach, dotrzymywał kroku wybitnym współczesnym mu władcom środkowoeuropejskim, z którymi utrzymywał żywe kontakty, przez których był szanowany i ceniony jako partner polityczny.

Umknęło z pamięci zbiorowej to, że pokojowej polityce Kazimierza Wielkiego nader często towarzyszył szczęk oręża, a także to, że w trwałym jego zamyśle i w usilnych dążeniach całego panowania był organizm polityczny o zachodniej i północnej granicy Polski Bolesławów. Pojawiają się niekiedy głosy oskarżenia o zły jego wybór środków politycznego działania i o nie najlepszy kierunek wysiłków i dążeń w rozgrywkach i przetargach z sąsiadami. Nie trudno tu jednak wykryć doświadczenia i doznania z innej epoki, beztrosko przenoszone o kilka wieków wstecz, a nie liczące się z rzeczywistością, w której żył i działał ostatni król-Piast.

Dość pobłażliwie obchodzi się nasza tradycja z przywarami osobistymi Kazimierza Wielkiego, choć surowo je wytknął największy historiograf polskiego średniowiecza Jan Długosz. Król był zapewne niełatwy w obejściu, gniewał się i oburzał, nie gardził suto zastawionym stołem, chętnie polował i oddawał się rozrywkom, a w licznych romansach i przygodach erotycznych narażał interes dynastii. Był w tym wszystkim może trochę śmieszny, ale zarazem bliski współczesnym i potomnym, bardziej niżby tego można oczekiwać po jakiejś posągowej nieskazitelności.

Indeks nazwisk*

---

* W indeksie zastosowano następujące skróty: abp – arcybiskup, bp – biskup, c. – córka, kr. – król, królowa, ks. – książę, księżna, s. – syn, w. – wielki, zob. – zobacz, ż. – żona.

254

Spis ilustracji

257

Spis treści

W cyklu biograficznym Ossolineum ukazały się

W. A. Serczyk, Piotr I Wielki, Wrocław 1973; wyd. 2, Wrocław 1977

W. A. Serczyk, Katarzyna II, Wrocław 1975; wyd. 2, Wrocław 1983

J. Baszkiewicz, Maksymilian Robespierre, Wrocław 1976

W. A. Serczyk, Iwan IV Groźny, Wrocław 1977

J. Demel, Aleksander Cuza, Wrocław 1977

S. Grodziski, Franciszek Józef I, Wrocław 1978; wyd. 2, Wrocław 1983

S. Grzybowski, Henryk Walezy, Wrocław 1980; wyd. 2, Wrocław 1985

S. Salamonowicz, Fryderyk II, Wrocław 1981; wyd. 2, Wrocław 1985

J. Wyrozumski, Kazimierz Wielki, Wrocław 1982

J. Baszkiewicz, Ludwik XVI, Wrocław 1983; wyd. 2, Wrocław 1985

T. Wituch, Garibaldi, Wrocław 1983

J. Skowronek, Ks. Józef Poniatowski, Wrocław 1984

S. Grzybowski, Elżbieta I, Wrocław 1984

Z. Libiszowska, Tomasz Jefferson, Wrocław 1984

W przygotowaniu:

M. Bogucka, Maria Stuart

S. Cynarski, Zygmunt August

D. Czerska, Borys Godunow

J. Gierowski, August II Mocny

S. Grzybowski, Jan Zamoyski

T. Kotula, Septimiusz Sewerus

A. Krawczuk, Aleksander Wielki

W. Magdziarz, Ludwik XIV

J. Pawłowska, Gandhi

J. Staszewski, August III Sas

F. Tych, Julian Marchlewski

A. Zakrzewski, Wincenty Witos